青年法学学术著作
资助出版项目

青年法学学术著作
资助出版项目

国家社会科学基金青年项目“数据保护的知识产权治理理论与实施机制研究”（项目批准号：23CFX025）成果

论信息私力控制与法律保护

On Private Control Over Information and Its Legal Protection

张浩然 著

法律出版社
LAW PRESS·CHINA
—— 北京 ——

图书在版编目(CIP)数据

论信息私力控制与法律保护 / 张浩然著. -- 北京 : 法律出版社, 2023

ISBN 978 - 7 - 5197 - 7462 - 2

Ⅰ. ①论… Ⅱ. ①张… Ⅲ. ①数据保护－科学技术管理法规－法律适用－中国 Ⅳ. ①D922.175

中国国家版本馆 CIP 数据核字(2023)第 005681 号

论信息私力控制与法律保护
LUN XINXI SILI KONGZHI YU FALÜ BAOHU

张浩然 著

责任编辑 刘晓萌
装帧设计 李 瞻

出版发行 法律出版社
编辑统筹 法治与经济出版分社
责任校对 王晓萍
责任印制 吕亚莉
经　　销 新华书店

开本 710 毫米×1000 毫米 1/16
印张 23　**字数** 337 千
版本 2023 年 10 月第 1 版
印次 2023 年 10 月第 1 次印刷
印刷 三河市龙大印装有限公司

地址:北京市丰台区莲花池西里 7 号(100073)
网址:www.lawpress.com.cn
投稿邮箱:info@lawpress.com.cn
举报盗版邮箱:jbwq@lawpress.com.cn

销售电话:010 - 83938349
客服电话:010 - 83938350
咨询电话:010 - 63939796

书号:ISBN 978 - 7 - 5197 - 7462 - 2
定价:118.00 元

凡购买本社图书,如有印装错误,我社负责退换。电话:010 - 83938349

前　言

在调整民事主体之间对物之价值控制、开发与利用的法律关系中,法律一般通过授予某人优先地位,排除他人对物进行干涉。受法律保护主体的确定标准可分为两类:第一,建立在人与物之间事实关系的基础上给予保护;第二,不考虑人与物之间的事实关系,而基于法律认可的原因授予一种"资格"对特定主体进行保护。有效的财产权制度构建应当是发现二者有效率的组合。

在传统物权制度中,前者为占有制度,后者为所有权制度。在信息财产保护中,同样依此两种路径:第一,类似于传统有体物,通过排他性控制客体本身来保障排他性地实现客体上的利益;第二,采取"客体共享,利益排他"的模式,将信息占有与收益、使用、处分权能相分离,允许信息在全社会共享,而就信息的商业化利用行为设定排他性权能,形成组合的"权利束"。在传统信息传播环境下,由于信息具有"共识性"特点,一经公开即不胫而走而成为社会共识,很难通过对信息的物理控制达到其不受侵害的目的。故第一种类似于有体物的物理排他性方式仅在有限领域适用,如商业秘密、技术措施以及加密电视节目信号等;在现有信息保护制度构造中,主要采取后者即法定知识产权模式,如著作权、商标、专利制度等。但随着科学技术、文化意识和商业贸易的发展,新的信息客体及其利用方式不断涌现,法定产权制度受“知识产权法定”限制而面临冲击和挑战,一直遵循着“技术革新—法律变革”的历史规律向前演进。

进入数字时代之后,这一经典的问题再次出现:对以大数据为代表的新的信息客体形式,是否有必要确立新的知识产权权利类型或权能?国内外理论探讨中,设立“数据财产权”观点甚嚣尘上。比较法实践却并未将这一设想付诸实施,而是倾向于在认可企业对数据事实控制的前提下,依控制范围界定数据归属和保护边界。例如,美国《计算机欺诈与滥用法》(Computer Fraud and Abuse Act,CFAA)类比于普通法上侵入土地(trespass to land),对网络虚拟空间及其内部控制信息提供保护,由企业代码控制界定数据保护边界;2018 年日本修改的《日本不正当竞争防止法》在全球范围内较早地为大数据提供专门立法保护,类比于商业秘密制度构建“限定提供数据”制度,仅对限定提供、累积产生价值并通过电磁管理措施控制的信息提供保护;欧盟在放弃“数据财产权”构想之后,欧盟委员会针对大数据保护问题,基于物权法上占有制度而提出一种类似于商业秘密保护的“防御性权利”。

技术进步使企业以私力控制信息的能力不断增强,信息一经公开即不胫而走的“共识性”特点发生变化,在法定权利之外,企业私力保护为立法面对技术变革新问题时提供了新的规制方式和可能。这一趋势在互联网技术产生之初即已显现:互联网诞生之后信息流动曾短暂地得到极大的解放,此后企业以私人力量控制信息传播的能力空前强大。这种转变体现在两个方面:第一,信息传播由“商品范式”转向“服务范式”,逐渐与物理载体相脱离而转向以网络空间访问为中心,由传统的图书、CD 等产品交易转向访问网络空间、接触特定信息的权限获取;第二,企业可通过代码设置界定互联网架构而界定用户行为规则,有学者称之为“代码即法律”,这种变化导致企业可通过代码设置建立对信息的事实控制,并不因信息公开或传播而失去其控制。在著作权保护受互联网技术冲击时,企业首先以技术措施进行私力保护,著作权立法也选择接纳这种私人力量并以此为基础提供补充性保护。随之而来的问题是,面对不断出现的新客体形式(如大数据),是否必然需要扩张知识产权的法定权利谱系去适应?或者如果企业可建立对信息的私力控制,“知识产权”范式已不再必要,能否通过在法律上界定事实控制成立的一般条件并赋予补充性保护,将技术变革带来的挑战交由企业自身以技术手段解决?

本书以当前大数据保护论争为视角,致力于探讨企业对信息的私力控制与法律保护及知识产权设权之间的关系,以及如何定位、构建对信息私力控制的法律保护体系。正文分为两部分,前两章为第一部分,后三章为第二部分。

第一部分以大数据保护为视角,探讨信息财产保护中基于企业私力控制提供法律补充保护与知识产权设权保护两种制度之间的关系,主张对大数据在企业对信息控制之上提供补充性法律保护更具效率优势。

第一章是界定研究范畴、提出法律问题。首先介绍大数据的概念、特征、类型,根据数据生成、利用、交易实践,提炼出网络公开数据、开放平台共享数据、开发数据产品三种典型数据产权纠纷类型,进而论证法律上界定数据归属、保护范围之必要。

由于数据的本质是“机器可读信息”,与既有知识产权制度调整客体具有近似性,故本书首先在既有知识产权制度框架内检讨对大数据的保护可能性。专利法的客体为技术方案,商标法的客体为承载商誉的标识符号,二者均难以对大数据提供直接保护;最为接近的是著作权法的汇编作品的保护、商业秘密保护和反不正当竞争法一般条款保护。但现有大多数大数据集合难以满足独创性要求,即使满足该要件,著作权法上也难以对大数据内容提供保护,故著作权法上的汇编作品保护难以满足保护要求;商业秘密制度仅可对部分大数据提供保护，且其秘密性和保密性要求与数据自由流动、开放分享需求不相容，难以在大数据领域广泛适用；反不正当竞争法一般条款是司法实践中处理大数据纠纷的主要依据，由于诉诸商业道德具有高度抽象性和模糊性，一方面会导致司法裁判标准不一致和不可预见，另一方面司法实践受传统劳动财产权学说影响而将“搭便车”“不劳而获”与违反商业道德等同化，忽视“模仿是竞争的天然血脉”，导致竞争利益权利化而缺乏利益平衡的制度设计。故有必要在既有制度体系外建构大数据保护制度。

第二章是总结比较法经验、理论学说，厘定我国大数据保护的基本路径，主张应当基于企业的信息私力控制，补充性地构建法律保护制度。

本章首先对比较法上大数据保护经验进行系统提炼，考察对象为欧盟、美国、日本三个法域。欧盟法上，欧盟委员会及德国等成员国最早曾提出“数据所有权”的设想，却遭到强烈反对而放弃，当前主要认为可通过解释适用数据库特别权利制度提供保护，或基于民法占有制度构建一种类似于商业秘密制度的“防御性权利”，排除他人对其事实控制数据的非法盗用。美国法上，知识产权制度中版权法以及信息盗用侵权均无法为大数据提供恰当保护，商业秘密保护虽然具有理论上的可能性，实践中主要适用 1986 年 CFAA 对入侵计算机行为的规制，该制度衍生自普通法上的侵入土地，最早旨在规制黑客入侵行为，随着立法扩张和判例法演进，事实上成为网络环境下商业秘密制度的替代性和扩张性机制，其赋予计算机系统所有者排除他人访问其网络空间和获取其控制信息的一般性权利，对大数据可纳入该制度加以保护。日本法上，在既有制度难以为大数据集合提供充分保护的前提下，为避免法定授权模式阻碍数据流动，《日本不正当竞争防止法》类比商业秘密制度建立起“限定提供数据”制度，对具有限定提供性、相当累积性、电磁管理性的技术或商业信息，禁止他人获取、使用、公开的不正当竞争行为。

围绕此议题，我国理论界存在数据财产权说、新设知识产权说、竞争法保护说三种观点。数据财产权主张按照劳动财产理论类推有体物的保护逻辑建立新的财产权类型,认为劳动创造价值则必然对应财产权,但这可能会不加区分地将事实、公共数据纳入私有财产权利而阻塞信息传播渠道。除此之外,争议主要围绕于设定新的知识产权(如数据库特别权利),或对信息控制的事实提供保护(如完善商业秘密制度),或建立二者的组合。大多数学者研究集中于立法设权路径的研究,而对后者研究较少,从前述比较法经验来看,日本法及美国法上以企业对数据事实控制为前提建立起了完整的保护制度。

为弥补该理论断层,笔者将具体分析互联网环境下信息传播环境发生的实质性改变,从而论证该路径的可行性:信息直接传递主体由人转向机器,信息传递内容由语义、语用信息转向句法信息,信息传播与物理载体相脱离、信息传播形式由商品范式转向服务范式。这使企业可以通过控制建立起信息传播的私人秩序,从而"使诚信的人保持诚信",法律仅需在企业私力控制的第一层保护之上提供补充性保护即可维护市场正常运行,这一路径已在版权法技术保护措施立法中得到证明,而为信息财产保护提供了一种新的可能。

基于此,本章进而探讨在知识产权设权与信息控制事实保护两种模式之间的路径选择问题。在经济学视角下,信息生产的高成本、复制的低成本、非排他性占有特点,导致如果在完全自由市场条件下会存在信息利用的"搭便车"和外部性问题,从而导致信息生产的市场失灵,因此有必要建立产权保护恢复市场运行从而实现创新资源配置的最优。在此意义上,"产权"是经济学视角下的产权,包括个人以直接或间接形式获取商品剩余价值的能力,不仅包括国家承认和保护的权利(法定产权),而且包括个人通过私人力量、合同等保护其资产的能力(事实产权)。从知识产权法避免市场失灵的功利主义目标出发,在信息财产保护过程中,必然要重新构建一种既容纳事实产权也容纳法定产权的"广义知识产权"框架进行体系分析和整体考量。日本田村善之教授曾提出“市场与法律之作用的分担理论”,即虽然信息具有非竞争、非排他、非易耗的特性,但并非存在完全的外部性或市场失灵,市场以及企业自身也存在一种自我调节机制,如果市场自身能够正常运行以及会有适度的创新成果开发,则法律没有理由介入;如果市场存在事实层面的激励机制但会被人为破坏,法律则应予介入,但限于维护该事实层面的激励机制而恢复市场的自律性作用(如商业秘密保护),即“支撑型激励机制”;只有事实层面的激励机制缺失或无法独立运行时,才有必要人为地设定法定知识产权,即“创设型激励机制”。依据该观点,在存在事实保护机制时其具有选择上的优先性。该理论体系化地厘清了包括反不正当竞争法在内的广义上知识产权制度之间的关系和内部分工,但以创新激励作为不同制度模式配置的核心目标却未尽然合理。

本章认为,知识产权设定的经济学目标是将知识产权创造和使用的价值与其社会成本之间的差值最大化,其包含社会总体收益的最大化,包含有效生产激励、最大化成果流动和最小化社会成本三个子目标,数据保护是采用支撑型激励机制还是创设型激励机制应从这三个目标综合衡量:就有效生产激励目标而言,事实产权较之法定产权具有产权保护的确定性和有效性优势;就最大化成果流动目标而言,二者保护效果不存在明显差异;就最小化社会成本目标而言,法定产权会与企业事实控制保护重叠而增加无谓损失,并且缺乏法律确定性而增加交易成本。故建议采“支撑型激励机制”,即以企业对信息私力控制为第一层保护,法律补充性地提供第二层保护,是效率最优的选择。

第二部分探讨信息控制事实在既有法律体系中如何定位以及如何构建信息私力控制的法律保护制度。

第三章探讨信息控制在既有知识产权法中能否被恰当定位的问题。知识产权法中对信息私力控制的保护主要通过商业秘密制度,其严格地限定于具有秘密性、价值性、保密性的商业秘密信息,在网络环境下企业通过代码控制可以实现信息部分甚至全部公开,却可在事实上排除他人获取和利用,企业对信息的控制已经超出既有商业秘密制度保护范围而难以得到恰当定位。著作权法上技术保护措施制度部分地回应了此问题,但仅延及著作权法意义上的作品保护,而无法适应和调整大数据等新的领域。本章回归二者制度目标,探索进一步制度完善和体系化构造的可能。

回归商业秘密制度演进史,其正当性理论经历了合同义务、财产权理论、一般善意义务再向财产权理论过渡的过程,目前主要存在保护财产权和维护商业道德两种争论,从商业秘密保护的经济学原理出发,其保护原因在于企业私力将创新成果经济价值内部化而恢复市场自治,具有法律上独立保护的正当性,与是否违反商业道德不存在必然关联,按照财产权理论解读更具现实意义。从其生成史及制度模式来看,其财产权建立的基础是基于信息"占有"成立的一种事实财产权,其保护范围仅及于其事实控制内容而排除他人干涉,而并非作为一种"所有权"而对该信息绝对地享有排他性权利。既有秘密信息之外的信息控制能否获得法律保护,应探讨其能否满足类似民法占有保护之理论前提。

关于著作权法上技术措施尤其是接触控制措施保护的正当性,有学者将其解读为一种著作权法上新的经济权利,但这缺乏知识产权设权的理论正当性和可行性,也与著作财产权设置逻辑并不相符,其保护应取决于著作权权能之外对信息私力保护而产生的利益,但这种私力保护的法律属性及其保护原因却未被阐明,导致无法直接对技术措施制度进行扩张和完善。其与商业秘密制度存在相似性,民法占有制度对私力之禁止为其提供了一种解释可能,故笔者进一步转向信息占有保护的可能和制度探讨。

第四章探讨了信息控制事实在民法体系中的定位问题。由于既有知识产权制度无法对信息控制事实保护提供一般理论基础,故而有必要寻求民法制度的支撑。传统民法主要适用占有制度调整民事主体对物的事实支配关系,传统理论认为,占有的对象仅及于有体物而不适用于信息等无体物。

为回应传统观点，本章从信息占有保护的必要性、正当性、可行性和制度构造四个方面进行探讨：

第一，追溯民法上占有制度的生成史和比较法模式。在民法体系中，占有制度是区别于所有权制度而对物之支配和利用关系保护的独立制度，其功能定位与规范要件并非一成不变，而是随着社会进步不断扩展占有观念、扩大对事实支配范围的保护。我国占有制度受德国法影响，秉持现有"物必有体"的传统观念而排斥信息占有，但《德国民法典》确立"物"的概念之时信息价值并未真正显现。以第一次工业革命为转折发展至今，信息已成为社会重要财产类型，其归属确定与事实支配关系均具有法律意义。在传统信息传播环境下，对信息控制的保护可以通过有形载体的占有或者所有保护实现，进入互联网时代后，物理控制转变为电磁技术措施，降低通过载体的物权行使而提供法律保护的可能性，故而产生了信息占有保护之必要，比较法中亦不乏对无体物占有保护的制度模式。

第二，回归民法占有制度的正当性，论证对信息进行占有保护的理论正当性和现实意义。关于占有制度的正当性，德国法上存在和平秩序保护说、人格保护说、本权保护说、利益维续说四种观点，普通法上霍姆斯、波洛克以及现代法经济学学者也从和平秩序保护、本权保护等观点解释占有制度，戈德雷则不仅承认占有之上维续利益，而且进一步指出从社会福利最大化视角，占有保护可以实现物的最大化利用以及所有权有效保护。故而，占有保护正当性可分为道义论和功利主义理论两种观点。就道义论下不同学说争议，本书回归占有理论的哲学基础即康德和黑格尔的财产哲学，认为和平秩序保护说、人格保护说、本权保护说从不同侧面解释了该问题，但占有的根本目的在于通过禁止私力而维护康德所称的"绝对命令"，即为保障人与人之间的平等性以及实现人与人交往时与他人意志相协调的秩序，必须保证按照社会共同意志认可方式体现的意志不受侵犯。信息同样能够成为意志作用的对象，如果对其建立起社会一般认可的排他性控制，即可获得而占有保护,排除法律禁止私力的侵害。在功利主义理论视角下,信息控制的保护可以实现鼓励信息生产、最大化传播利用的功能,以及获得法定知识产权保护的情况下可间接保护本权不受侵害。故而,信息占有保护同样符合占有的正当性目标。

第三,回归占有构成规范要件,反对信息占有成立,主要包括两个方面:其一,由于信息的无体性,不能建立占有的外部事实支配;其二,由于信息具有非排他性而难以绝对地排除他人占有和使用,故谈不上产生任何"排除他人干涉"的事实上的管领力。笔者认为,首先,就占有的物理性要件而言,占有制度早期的确以物理性接触为前提,现代占有制度中,占有支配力的取得并不必以物理性持有为必要,也不以完全排除外力干涉状态为必要,而只要根据一般社会观念,其人对该物已处于可排除他人干涉的状态,即可构成占有。信息由于其无体性必须依附于特定载体而被感知,可以附着于载体之上被控制,通过保密排除他人干涉,从而成立事实支配力。其次,就占有的绝对性要件而言,信息之上能否成立占有保护,与是否赋予其权利推定、时效取得等所有权相关效力应区别讨论而不能混为一谈。信息的非独占性导致其无法实现权利表征功能从而不具有权利推定、时效取得效力,但占有制度的核心是独立于所有权而对物之事实支配调整的制度,物之支配的绝对性是《德国民法典》制定过程中所有权制度的产物,但这一特性却不必然排斥适用占有保护。事实上,日耳曼法以及普通法上并不存在全面支配客体的"所有权"制度,而认可一物之上可以成立多个占有而分别保护,《德国民法典》事实上也将占有制度与所有权制度相区别,吸收日耳曼法上占有制度中的多重占有而建立间接占有制度,还规定"部分占有"制度,虽然无法适用所有权推定、时效取得,但可禁止私力侵害并主张占有保护。信息之上可以通过保密措施等实现事实控制,虽然无法排除他人通过独立发现等方式占有信息,但这可以理解为部分占有,仅对其事实控制的部分可禁止私力侵害。

第四,在承认占有保护正当性的基础上,参考比较法上对信息控制事实保护的相关制度,完成网络环境下信息占有取得、丧失、保护法律制度的具体建构。

关于信息占有保护客体,由于民法上的物应满足独立于人身之外、具有价值性和可支配三个要件,故占有保护信息除独立于人身之外、可支配外,还应当具备价值性才具有法律上保护的意义。根据交易价值和实用价值要求,信息占有保护客体应限于无法从公开渠道直接获得,且具有一定商业价值的信息。

关于占有取得与丧失,传统商业秘密以及接触控制措施切断信息的传播性,排除外力对信息的获取、利用和传播,故应当具有事实支配力而成立占有。除此之外,占有的事实支配力成立并不以完全排除外力干涉状态为必要,占有制度的重要意义在于以法律之力维护和平秩序而减少私人成本,只要根据一般社会观念可认为该物已处于可排除他人干涉的状态即成立占有。网络环境下一般社会观念尚处于形成过程之中,有必要从促进信息创造和共享的政策目标出发,以法律为信息控制事实界定恰当保护范围,引导社会观念形成从而建立信息传播的良好秩序。从比较法来看,美国法上以“合并原则”将信息拟制为动产,即信息可附着于有形载体或电子文件而作为动产进行事实控制,从而适用侵占之诉加以保护;德国法上,不动产占有与所有者可享有“家宅权”而排除他人进入及获取内部信息,网络空间占有与所有者可享有“虚拟家宅权”而排除他人进入及获取内部信息,美国1986年CFAA也将计算机系统作为不动产加以保护。参照该拟制逻辑,可以将物理世界占有逻辑类推于网络空间建构信息占有取得条件:其一,信息可附着于特定电子文件载体作为动产,占有人可以通过对电子文件进行加密等方式体现其事实支配力而成立占有;其二,对信息的实施支配力可以通过对其存在和呈现的虚拟空间支配加以体现。关于对虚拟空间支配力成立的条件,比较法上存在依控制者对其网络空间所有权或占有而成立、因代码限制而成立、因用户合同或访问政策而成立的不同范式。依所有概括承认所有权人对网络空间访问的支配力将破坏“网络默认开放”的假设,但以代码限制为保护前提会导致开放的网络空间走向封闭,也存在较高的界权成本。故应以政策范式作为支配力成立的认定要件,即他人以明确、清晰的访问政策条件限制、排除他人访问的,即可认定其对网络空间具有事实支配力,进而成立对信息的占有。这在符合社会观念的前提下,以法律之力降低私人保护的成本,也将最大限度维持网络空间的开放性。除直接和原始的占有取得外,占有人可以通过对转让、许可等方式产生继受取得。在占有人对第三人许可使用的情况下,根据法律上的媒介关系,占有人对其自身同时创设间接占有,可适用间接占有的规定行使占有保护请求权。当占有人失去对信息的事实管领力时,占有人即丧失其占有。

从占有制度效力上,由于信息无法被独占而难以起到权利表征的作用,故不能适用先占取得、时效取得、所有权推定等制度,仅可适用占有保护制度。在信息占有保护制度中,从侵害形式来看,占有保护功能在于防止法律所禁止的私力,故信息占有保护范围应当仅及于占有人事实控制之下的信息;有体物侵占一般要求导致原占有人丧失占有,信息占有保护的是其信息内在价值而非载体本身,但由于信息本身具有非独占、非排他的特性,他人侵害行为一般并不排除权利人对信息内容及其载体的利用,只要破坏权利人事实管领力而获取相关信息即已足够。在占有保护方式上,可分为物权法保护方式和债权法保护方式。物权法保护方式中,占有人可进行私力救济,主张返还原物请求权、妨害防止请求权、消除危险请求权。返还原物请求权行使中,占有人可要求侵权人销毁或向占有人返还一切存储该信息的相关载体文件,但在客观无法返还或者排除其占有的情况下,应禁止其对侵占信息的进一步利用及传播行为。占有返还请求权的义务人,应当包括侵占人及其概括继受人,对于以交易等方式取得的特定继受人,则占有物返还义务人应以恶意继受人为限,善意继受人不属于占有返还请求权的义务人,但善意继受人获知该侵权事实后即转化为恶意继受人，占有人对其在先获取以及原有范围内继续利用该信息不具有请求权，但可禁止其进一步的信息传播行为。债权法保护方式中，占有人可根据《民法典》第 462 条主张损害赔偿请求权，要求侵占人、概括继受人以及恶意特定继受人对其占有使用收益损失、占有标的灭失以及支出费用进行损害赔偿；占有人还可根据《民法典》第 985 条主张不当得利返还请求权，要求侵占人返还信息利用的收益。在二者请求权发生竞合时，占有人可以择一行使，请求权达到目的时另一请求权归于消灭。

第五章是大数据保护的法律秩序建构问题。针对数据保护纠纷，理论上可以通过解释论方法直接适用民法占有制度而建构起大数据保护的法律秩序。但实践层面，我国民法制度体系中规定了有体物的占有保护请求权，对无体物的占有保护存在观念差异，与有体物保护存在一定区别，在法律解释和适用中具有不确定性。随着大数据保护问题不断凸显，为实现法律确定性价值，可基于民法占有保护一般理论，在《反不正当竞争法》或未来商业秘密专门立法中建立类似于商业秘密保护的"合法控制数据"制度，即对采取技术措施加以控制、无法从数据控制人之外的公开渠道直接获得、具有相当数量的累积而产生独立分析和利用价值的数据，禁止他人的不正当获取、利用和公开行为。

同时，为实现数据控制者与相关主体之间的利益平衡，可在竞争法框架下对数据保护作出限制。首先，通过反垄断法提供一般规制，禁止市场支配地位企业拒绝继续交易或拒绝共享必要设施而排除限制竞争；其次，由于数字市场本身具有垄断高风险性，应由行业监管部门建立特殊行业管制机制，事先界定相关市场、分析市场竞争性，为市场支配企业设置公平、合理、无歧视的数据共享义务和数据互操作性义务；最后，对于相对优势地位企业，可通过滥用相对优势地位条款加以规制，强制其向依赖性企业以公平、合理、无歧视条件共享数据，以实现大数据保护与共享的利益平衡。

目录

导　论

一、研究背景

（一）财产保护的两种秩序：法定财产权和事实财产权

无论是从劳动权利或人格保护的自然权利理论出发，还是从鼓励生产、物尽其用的功利主义出发，都有必要赋予私有财产权。[1] 在调整民事主体之间对有形物之价值控制、开发与利用的法律关系中，法律一般通过类似手段进行调整，即赋予某个人或某个群体优先地位，并规定其他人避免对物进行干涉。受法律保护主体的确定标准可分为两类：[2] 第一，建立在人与物之间事实关系的基础之上，如法律会保护那些占有争议不动产的人；第二，法律保护主体的确定也可以不考虑人与物之间的现存事实关系，人们可以根据某种法律认可的原因授予一种"资格"对特定主体进行法律保护。在有形财产权保护中，前者为对物

---

[1] See Richard A. Posner, *Savigny, Holmes, and the Law and Economics of Possession*, 86 Virginia Law Review 535 (2000)；[美] 威廉·费歇尔：《知识产权的理论》，黄海峰译，载刘春田主编：《中国知识产权评论》第1卷，商务印书馆2002年版。

[2] 参见[意]鲁道夫·萨科、[意]拉法埃莱·卡泰丽娜：《占有论》，贾婉婷译，中国政法大学出版社2014年版，第3~4页。

的占有,后者为对物的所有权。法律对财产的保护可以在这二者之间择其一,或彼此结合。[1] 理查德·A. 波斯纳认为,在财产权的界定之中事实上的财产权与法定的财产权均不可或缺,单靠二者之一都会造成严重的无效率,一种有效的财产权法律制度可能是一种混合制度,一种结合书面权利和占有权利的制度,经济分析的任务则是发现二者的有效率组合。[2]

根据人类认知和对生产要素支配能力的发展,财产的概念与范围一直处于不断变化之中,[3]至今已由罗马法时代的有体物扩展到作为客观世界三要素的物质、能量、信息的全部类型。[4] 尤其进入信息社会,财产体系迎来了财产的"非物质化革命",社会财富的比重结构也相应发生变化,有形财产相对比重下降,信息等无形财产的地位空前提高。[5] 在财产权保护的正当性层面,信息等非物质或者无体财产与传统有体财产并无本质不同,均存在保护劳动以及人格实现的自然权利考量,以及避免外部性而维护市场竞争实现社会福利最大化的功利主义考量。但是在界权方式层面上,二者却存在本质上的不同。信息天然地具有非竞争性(non-rivalry)、非排他性(non-excludability)、非易耗性(inexhaustibility)等公共物品特性,在某一时空内对于信息的占有和利用并不排斥他人占有和利用,信息一旦被生产后即不再具有稀缺性,理想状态下不必通过产权配置,反而信息共享将有助于社会福利的最大化。产权配置需要解决的是未被生产的信息的稀缺性问题,

[1] 参见[意]鲁道夫·萨科、[意]拉法埃莱·卡泰丽娜:《占有论》,贾婉婷译,中国政法大学出版社 2014 年版,第 3~4 页。根据法国学者卡尔波尼埃的观点,财产上设定的关系分为"设定于财产之上的法律关系"和"设定于财产之上的事实关系"两种,前者为所有权而后者为占有,对财产在事实上的支配(有可能与本权相分离)即为占有。参见尹田:《法国物权法上的占有制度》,载《现代法学》1997 年第 5 期。

[2] See Richard A. Posner, *Savigny, Holmes, and the Law and Economics of Possession*, 86 Virginia Law Review 535 (2000).

[3] 参见[奥]卡尔·门格尔:《国民经济学原理》,刘絜敖译,上海人民出版社 2001 年版,第 5 页。

[4] 参见刘春田:《知识财产权解析》,载《中国社会科学》2003 年第 4 期;朱谢群:《信息共享与知识产权专有》,载《中国社会科学》2003 年第 4 期。

[5] 参见吴汉东:《财产的非物质化革命与革命的非物质财产法》,载《中国社会科学》2003 年第 4 期。

由于信息具有生产高成本和复制低成本的特点，一旦生产面世之后将难以进行排他性占有和利用来回收成本，将导致“搭便车”和无效率行为，[1]需要人为地制造信息的稀缺性即配置产权以解决信息生产和商业运用问题。理论上存在两种路径：[2]第一，类似于传统有体物，通过排他性控制客体本身来保障排他性地实现客体上的利益；第二，“客体共享，利益排他”，即区别于传统物权基于有体物的天然排他性整体性地配置客体上的利益，而是将信息的占有与收益、使用、处分权能相分离，允许信息在全社会共享，但就信息的商业化利用形式设定排他性权能，而形成组合形式的“权利束”。[3]

第一种路径适用于信息领域存在较强的局限性：信息的传播不完全取决于对其载体的所有或占有，其非竞争、非排他特性决定了其一经表达或表现出来即不胫而走而成为社会共识，可由任何人在任何时间、任何地点获得并以相对低成本进行复制，靠发明人或创造人对其载体的占有并不能排除他人的占有和使用。[4] 对于部分信息成果（如作品）而言，不表达或表现出来则难以体现出它的社会价值，则无法适用第一种路径；有的虽然可以通过排他性控制而独占其客体上的利益，但由于存在较高制度成本且不利于传播，故在信息财产保护中“客体共享，利益排他”模式占据主导地位，对符合创新性要求的发明创造、文艺作品赋予排他性利用的法定产权。即便如此，由于法定知识产权客体类型、保护期限以及执法成本等问题，企业针对特定信息仍然倾向于通过私人力量建立排他性控制而建立“事实财产权”，国家

---

〔1〕 参见[美]威廉·费歇尔：《知识产权的理论》，黄海峰译，载刘春田主编：《中国知识产权评论》第1卷，商务印书馆2002年版。

〔2〕 参见朱谢群：《信息共享与知识产权专有》，载《中国社会科学》2003年第4期。类似地，纪海龙认为，排他性可以通过两种方式构造，一种是物理上的排他性，另一种是规范上的排他性，即通过法律创造的排他性（如传统的知识产权）。参见纪海龙：《数据的私法定位与保护》，载《法学研究》2018年第6期。

〔3〕 参见吴汉东：《财产的非物质化革命与革命的非物质财产法》，载《中国社会科学》2003年第4期。

〔4〕 参见彭诚信：《智力成果、知识产权与占有制度》，载《法商研究》2002年第6期。

也以特别法形式对企业信息控制的事实加以确认和保护。例如,反不正当竞争法对商业秘密的保护,著作权法对技术措施、加密电视节目信号的保护等。

在法定财产权即知识产权模式中,其一般根据信息的商业化利用形式设定排他性权能,而形成组合形式的"权利束"。随着科学技术、文化意识和商业贸易的发展,新的知识信息客体及利用方式不断涌现,必然会对既有的知识产权法定框架产生挑战。由于信息具有公共物品属性和无损耗属性,对于有价值信息设置法定排他权必将阻塞公众利用该信息的渠道,其社会影响远超过在有体物上创设物权,因此由国家界定的产权秩序必须遵循"知识产权法定主义",即知识产权的种类、权利以及诸如获得权利的要件及保护期限等关键内容必须由成文法确定,除立法者在法律中特别授权外,任何机构不得在法律之外创设知识产权,〔1〕这也导致了对于新的知识客体的法律保护滞后性和不确定性。

面对不断出现的新的信息客体和利用形式,理论界不断提出新的法定产权模型,司法实践中也通过"法官造法"不断创设新的权利类型作为回应。不容忽视的是,既有知识产权体系对其创新成果无法提供及时、确定性保护的前提下,企业将首先选择"自我界定的产权",即通过保密措施、技术手段等建立对于信息的排他性控制。法律作用必然要以现实力量为基础,〔2〕面对新出现的信息客体形式和利用方式,法律保护体系构建或者法定产权的授予必然要以企业既有支配事实为基础,如果无视企业对其信息的事实支配而盲目套用既有知识产权权利模式,必然将带来立法与现实因错位而失

---

〔1〕 参见郑胜利:《论知识产权法定主义》,载郑胜利主编:《北大知识产权评论》第2卷,法律出版社2004年版;李扬:《知识产权法定主义及其适用——兼与梁慧星、易继明教授商榷》,载《法学研究》2006年第2期。

〔2〕 参见[美]小奥利弗·温德尔·霍姆斯:《普通法》,冉昊、姚中秋译,中国政法大学出版社2006年版,第187页;李琛:《法的第二性原理与知识产权概念》,载《中国人民大学学报》2004年第1期。

效或重复保护。

对此，田村善之教授批判："在出现个别知识产权法没有明文规定的对象时，就直接认为这是在法律保护上的欠缺，因此有必要进行能保护该对象的知识产权法立法，这样的短浅观点散见于学术界。"[1]其从纠正市场失灵或者知识产权激励的整体目标[2]出发，认为对信息财产保护不应当仅仅关注知识产权制度之内，知识产权制度之外还存在一种作为事实存在的激励机制，有必要构建一种容纳这些机制的研究或评价体系。田村善之教授称之为"市场指向型的知识产权法"，或者"市场与法律之作用的分担理论"。[3] 具体而言，虽然信息本身具有非竞争、非排他、非易耗的特性，但是并非完全地存在外部性或市场失灵，市场和创新主体内部本身也存在一种自我调节机制。[4] 例如，最开始生产新产品、开发新商业方法的人，直到模仿者出现之前，可以独立开拓新兴事业直到收回其投入成本（市场先占利益的激励机制）；企业主体自身也可以采取保密或相关措施控制信息的传播（"秘密管理的激励机制"和"对规避性技术手段的限制机制"）等。在此情况下，即使没有通过法律介入设置知识产权，仍然正常运行或仍会有适度的成果得到开发。在这种情况下，人为地创设权利来规制人类行为自由就丧失了依据，即没有理由设置知识产权。[5] 法律仅应当在市场自治不足以发

---

[1] ［日］田村善之：《田村善之论知识产权》，李扬等译，中国人民大学出版社 2013 年版，第 11 页。

[2] 田村善之教授认为，市场通过竞争机制，将有关财物、服务需求供给情况的信息以价格的形式向人们进行传播，从而带来有效率的资源配置，更好地激励财务、服务供给。其前提在于人们的投入以及产出可以得到准确反映。但是对于信息产品的生产而言其具有特殊性，知识生产的高成本、复制的低成本、没有特定对手的占有特征，导致信息利用的"搭便车"行为和无效率即外部性问题，因此需要将这种外部性内部化，最典型的形式即赋予一定产权进行知识创作的激励从而纠正市场失灵。这就是知识产权的激励理论。参见［日］田村善之：《田村善之论知识产权》，李扬等译，中国人民大学出版社 2013 年版，第 8 页。

[3] 参见［日］田村善之：《日本知识产权法》，周超、李雨峰、李希同译，知识产权出版社 2011 年版，第 9～17 页。

[4] See Michael J. Burstein, *Exchanging Information without Intellectual Property*, 91 Texas Law Review 227 (2012).

[5] 参见［日］田村善之：《田村善之论知识产权》，李扬等译，中国人民大学出版社 2013 年版，第 11 页。

挥作用的情况下加以介入,包括两套机制:第一,支撑型激励机制,即存在于事实层面的激励机制,如果没有来自法律层面的支撑,即难以发挥其自律功能的情形下,[1]需要通过法律手段来恢复其自律性作用。第二,创设型激励机制,当市场既存的激励机制对研发新产品、新商业方法存在不足时,有必要判断是否应该人为地创设一种对于成果开发具有激励作用的制度设计。由于创新成果一般多采用的是信息的方式,当将其隐匿化存在困难时,如果没有法律的介入,则不可避免地会出现“搭便车”行为,而需要人为地赋予信息生产者排他性地利用信息的权利,使其成为市场上可定价交易的财产从而实现资源的最优配置,这乃是激励创设性知识产权法律制度。

因此,如何实现信息产权保护中事实产权与法定产权的最优配置,不仅在有体物领域,而且在知识产权法尤其是新的信息客体保护上也是无法绕开的话题。

(二)完善信息财产事实保护体系之必要

随着数字时代的到来,新的信息形式的产权界定和保护问题——以当前大数据(Big Data)保护论争为典型,对知识产权法定框架再次产生了挑战,立法也面临是否有必要介入,以及支撑型激励机制与创设型激励机制之间如何抉择的经典拷问。

第一,技术变革推动了新的信息财产形式的出现。人类由“小数据”向“大数据”时代升级:传感器、智能设备制造的进步使企业可以收集、存储海量数据;大数据算法、机器学习等技术进步使得人类可以在短时间内获取、分析大量非结构化数据。这使大数据集合具有了两方面的独立价值:其一,其可以提供更全面的信息为市场主体提供决策服务。其二,大数据分析允许生产者直接以数据创造新的产品。比如,通过数据训练算法,以及通过人工智能对数据的分析直接进行创作和发明。大数据分析为人类需求提供了

[1] 例如,即使企业拥有完备的秘密管理体制,也不能完全避免在保险柜中所保存的秘密资料被盗、知晓商业秘密的从业人员被收买等风险。

新的满足方式，数据成为一类新的独立生产要素，[1]进而产生了用户与企业、企业与企业之间合理界定数据归属、利用的现实需求。

第二，面对新出现的信息客体形式，既有知识产权法体系框架中难以提供恰当定位和保护：专利法的客体为技术方案，并不保护信息的展示，商标法的客体为承载商誉的标识符号，也难以对数据信息提供直接保护。在著作权法中，与大数据最为接近的著作权客体形式是数据库作品。然而，一方面，著作权法不保护不具备独创性的事实性数据本身；另一方面，即使数据库制作者在对数据的选择、整理和编排过程中作出独创性贡献可以将其作为汇编作品保护，但其保护的仅仅是数据选择或者编排的结果，无法阻止他人单纯复制该大数据集合并对外提供的行为。

第三，面对知识产权法保护的空白领域，司法实践、不同国家立法以及理论界贡献出了不同的制度方案。

司法实践面对企业间数据利用纠纷，一般适用反不正当竞争法一般条款提供宽泛保护，裁判思路为：(1)确认数据收集者对于其数据集付出了实质性投资，对于数据具有竞争法上的利益；(2)基于未经用户授权收集个人信息、违反平台合作协议、超出必要范围构成实质性替代抑或以“不劳而获”违反抽象的商业道德等理由，认定他人的数据获取行为具有不正当性，构成不正当竞争。司法机关通过反不正当竞争法一般条款的广泛适用，对当前实践中的大数据保护需求进行了有效回应，但与保护范围模块化的知识产权相比，反不正当竞争法一般条款在确保规制周延性的同时存在认定标准模糊、保护例外与限制情形不明确的缺陷，现有实践中可能将竞争利益权利

[1] 生产要素，是指创造商品或服务所需的必要投入。中国共产党第十九届中央委员会第四次全体会议通过的《中共中央关于坚持和完善中国特色社会主义制度 推进国家治理体系和治理能力现代化若干重大问题的决定》提出：“健全劳动、资本、土地、知识、技术、管理、数据等生产要素由市场评价贡献、按贡献决定报酬的机制”；中共中央、国务院《关于构建更加完善的要素市场化配置体制机制的意见》提出：“加快培育数据要素市场”。

化，面临知识产权“法官造法”的风险。[1] 有学者认为，“这种做法非常接近于为企业就其合法形成的数据确立一种新的排他性财产权”。[2]

比较法上，主要存在以下几种制度方案：欧盟法上，解决数据利用问题最接近的制度是1996年数据库指令所确定的数据库特别权利制度。[3] 即对于在制造者获取、验证、展示其数据内容方面作出实质性投资的，受数据库特别权利保护，其他人不得提取和再利用数据库的全部或实质性部分。面对目前大数据集合保护存在的问题，欧盟主要成员国之一德国通过解释学上的构造将该制度适用于大数据领域。[4] 美国法上，企业主要通过《计算机欺诈与滥用法》(Computer Fraud and Abuse Act, CFAA)对其计算机系统内处于其实际控制下的数据提供保护，即任何未经授权或超出授权，访问计算机以及获取受保护计算机内部信息的行为将获得刑事制裁和民事权利的救济；[5] 日本法上，2018年《日本不正当竞争防止法》修改专门针对大数据确立了一种类似于商业秘密的保护模式——“限定提供数据”保护，对于相当数量累积、以电磁方式加以控制并向有限对象提供的数据集合，有权排除他人未经同意的获取、使用或披露行为。[6]

在我国大数据保护探讨中，立法中关于确立数据财产权的声音不断。2016年7月《中华人民共和国民法总则(草案)》(以下简称《民法总则(草

---

[1] 例如，在“酷米客”诉“车来了”案中，法院首先即认定数据收集者对于其“信息数据的占有、使用、收益及处分享有合法权益”，而从权益受损推论侵害行为的不正当性，并抽象认为其“不劳而获”“食人而肥”违反商业道德。参见深圳市谷米科技有限公司诉武汉元光科技有限公司等不正当竞争纠纷案，深圳市中级人民法院(2017)粤03民初822号民事判决书。

[2] 龙卫球：《再论企业数据保护的财产权化路径》，载《东方法学》2018年第3期。

[3] See Josef Drexl, *Data Access and Control in the Era of Connected Devices: Study on Behalf of the European Consumer Organisation BEUC* (Dec. 2018), https://www.beuc.eu/publications/beuc-x-2018-121_data_access_and_control_in_the_area_of_connected_devices.pdf.

[4] See Matthias Leistner, *Big Data and the EU Database Directive 96/9/EC: Current Law and Potential for Reform*, in S. Lohsse, R. Schulze & D. Staudenmayer eds., Trading Data in the Digital Economy: Legal Concepts and Tools, Nomos Press, 2017, p. 27-58.

[5] See 18 U.S. Code § 1030.

[6] 参见刘影、眭纪刚：《日本大数据立法增设“限定提供数据”条款及其对我国的启示》，载《知识产权》2019年第4期。

案）》）征求意见稿在第 108 条第 2 款第 8 项中，将数据信息纳入知识产权的客体范围，使之和作品、商标、专利等并列成为知识产权客体。[1] 正式颁布的《中华人民共和国民法总则》（以下简称《民法总则》，已失效）删除该项而将数据财产保护问题留待特别立法规定。[2] 在地方立法中，如 2021 年 6 月 29 日深圳市通过的《深圳经济特区数据条例》第 4 条规定，“自然人、法人和非法人组织对其合法处理数据形成的数据产品和服务享有法律、行政法规及本条例规定的财产权益”；第 58 条规定，“市场主体对合法处理数据形成的数据产品和服务，可以依法自主使用，取得收益，进行处分”。根据该条例的规定，市场主体对其处理数据享有类似于物权所有权的使用、收益、处分的数据财产权。理论上就数据保护提供了不同的思路：最早，部分民法学者从劳动财产理论出发，基于公平原则，认为应当为数据经营者设立类似于有体物所有权的“数据财产权”，赋予其对收集数据占有、使用、收益、处分的权利；[3] 基于数据非竞争、非排他的特性，以及对于数据共享价值的逐步认知和重视，[4] 绝对的“数据财产权”的讨论逐渐式微，更多的学者们回到知识产权法的框架内来讨论。其一，有学者主张应当发挥商业秘密制度的作用，对于符合秘密性、价值性、保密性的数据，优先通过商业秘密法进行保护；[5]

---

[1] 2016 年 7 月《民法总则（草案）》征求意见稿第 108 条规定：“民事主体依法享有知识产权。知识产权是指权利人依法就下列客体所享有的权利：（一）作品；（二）专利；（三）商标；（四）地理标记；（五）商业秘密；（六）集成电路布图设计；（七）植物新品种；（八）数据信息；（九）法律、行政法规规定的其他内容。”

[2] 《中华人民共和国民法典》（以下简称《民法典》）第 127 条规定：“法律对数据、网络虚拟财产的保护有规定的，依照其规定。”

[3] 参见龙卫球：《数据新型财产权构建及其体系研究》，载《政法论坛》2017 年第 4 期；龙卫球：《再论企业数据保护的财产权化路径》，载《东方法学》2018 年第 3 期；王玉林、高富平：《大数据的财产属性研究》，载《图书与情报》2016 年第 1 期；齐爱民、盘佳：《数据权、数据主权的确立与大数据保护的基本原则》，载《苏州大学学报（哲学社会科学版）》2015 年第 1 期；程啸：《论大数据时代的个人数据权利》，载《中国社会科学》2018 年第 3 期。

[4] 参见梅夏英：《在分享和控制之间 数据保护的私法局限和公共秩序构建》，载《中外法学》2019 年第 4 期；王利明：《数据共享与个人信息保护》，载《现代法学》2019 年第 1 期。

[5] 参见杨雄文、黄苑辉：《论大数据的商业秘密保护——以新浪微博诉脉脉不正当竞争案为视角》，载《重庆工商大学学报（社会科学版）》2019 年第 4 期。

对于处于企业事实控制之下的非完全公开信息，可能难以符合秘密性、保密性要件而获得商业秘密保护，类似于《日本不正当竞争防止法》规定的“限定提供数据”制度，有学者建议将商业秘密制度扩张至对限定公开信息的保护。〔1〕 其二，有学者认为无法通过商业秘密制度保护数据，主张通过设立法定权利保护数据，如数据库特别权利制度〔2〕、有限的公开传播权〔3〕，或者通过责任规则赋予数据收集者合理报酬请求权〔4〕权利模型。

立足大数据保护的比较法路径及理论探讨，其保护制度建构需要确定的一个前置性问题是，立法应当选择事实路径还是财产路径，即选择在企业对其数据事实控制的基础上提供支撑型激励机制，还是为数据提供创设型激励机制即界定归属、设定法定权利？

日本、美国均未选择法定产权而以企业对数据事实控制为基础提供补充性的法律保护。不可忽视的客观现实是，随着技术进步信息的传递形式正在发生变化，〔5〕从信息的传播主体来看，信息传播正由人与人之间的传递转向机器与机器之间的传递；从传递内容形式上，其由语义层面过渡到句法层面计算机代码本身，信息内容与其载体逐渐呈现合一性而不可分离；在信息传播载体层面，信息传递与其有形载体之间的关系正在减弱，其逐渐不再以其载体所有权转移为前提，企业完全可以不转移对信息载体的控制，〔6〕而

〔1〕 有学者提出，值得商业秘密保护的信息不一定是绝对秘密的，只要是合理努力防止公开的信息即可，商业秘密制度本身可以减少企业的保密措施，促进数据的公开和流转。参见刘继峰、曾晓梅：《论用户数据的竞争法保护路径》，载《价格理论与实践》2018 年第 3 期。

〔2〕 参见徐实：《企业数据保护的知识产权路径及其突破》，载《东方法学》2018 年第 5 期。

〔3〕 参见崔国斌：《大数据有限排他权的基础理论》，载《法学研究》2019 年第 5 期。

〔4〕 参见石丹：《大数据时代数据权属及其保护路径研究》，载《西安交通大学学报（社会科学版）》2018 年第 3 期。

〔5〕 See Russell Belk, *You Are What You Can Access: Sharing and Collaborative Consumption Online*, 67 Journal of Business Research 1595 (2014).

〔6〕 具体而言，信息传播实现了“从书本到云”的变化，指的是信息产品的交易形式由过去有形信息之载体（如书本、光盘等）转化为了网络环境中的访问权限，在购买相应信息产品的时候，相关的法律关系也发生了改变。双方的法律关系也由一次性的永久交换转变为临时性的服务合同。Vgl. Herbert Zech, Vom Buch zur Cloud: Die Verkehrsfähigkeit digitaler Güter, ZGE/IPJ 5 (2013), S. 368.

通过对其服务器或虚拟空间的访问设置，自我界定对信息的流转秩序，故有学者称人类已进入“后所有权经济”（post-ownership economy）或“路径时代”（age of access）。从大数据生成、利用的第一性社会现实来看，企业所创造或收集的数据在绝大多数情形下处于企业的实际控制之下，即数据在生成、收集之后，首先存储在企业服务器之中，根据商业模式不同，其可以选择不对外开放进行独占性利用，或通过开放应用程序接口以及开放数据产品进行有限公开利用，或完全置于公开网络由公众进行访问和利用。在此情况下，如果采用传统的法定产权思维，概括地赋予市场主体对其大数据集合的排他性利用权利，可能会赋予原本属于公有领域可自由访问的内容排他性权利，导致事实保护机制与法律保护机制的重叠，进一步造成不必要的无谓损失（deadweight loss）。参考田村善之教授市场与法律之作用的分担理论，如果在市场主体对信息传播排他性控制的事实之上，法律提供辅助性保护而能恢复市场的自律性机制，其相对于设立法定产权模式应当具有制度选择上的优先性。

然而，现行对于信息控制的法律保护主要局限于具有秘密性、价值性、保密性的商业秘密保护，如世界贸易组织《与贸易有关的知识产权协定》（Agreement on Trade-Related Aspects of Intellectual Property Rights，TRIPs）第 39 条规定，自然人和法人应有可能防止他人对其合法控制信息的不正当获取、使用和披露，但以该信息具有秘密性、价值性和保密性为前提。由于早期信息“公开性”“共识性”的特点正在改变，随着企业对信息控制能力的增强，即使其将信息向多数人甚至全社会公开后，其仍然有可能控制信息的传播范围、利用形式，支撑型的法律保护似乎落后于技术发展和企业对信息控制的现实。故有必要考虑适应技术进步扩张对信息控制事实的法律保护，传统知识产权制度框架在技术变革中面临滞后和僵化的缺陷时，允许企业首先自我界定信息的保护和流转秩序。

为了适应这种变化，除传统的商业秘密制度之外，比较法中对于信息控制事实的保护机制正在不断扩张。例如,欧盟早期对于有条件获取的广播电视信号加以保护;美国 CFAA 禁止未经允许对他人计算机系统内信息的获取和利用;德国民法上对有体财产的保护也不断扩张到对其内部信息的保护,其基于对不动产所有和占有的"家宅权"(Hausrecht),禁止未经允许对其内部信息的传播和利用,[1]在网络环境下进一步演绎出了网络运营商的"虚拟家宅权"(Virtuelles Hausrecht),禁止他人对其网站未经允许的访问和信息获取。[2] 在大数据集合保护的讨论中,美国法上将其对计算机系统的保护适用于大数据保护领域,德国法实践中也存在以虚拟家宅权保护数据的尝试,《日本不正当竞争防止法》突破了商业秘密"秘密性"的限制扩张至限定公开数据,完全基于企业对数据控制的事实加以保护。在放弃数据所有权的设想之后,欧盟委员会基于物权法上的占有而提出了一种类似于商业秘密保护的"防御性权利"(defensive rights),[3]部分欧洲学者也转向了"数据占有"的讨论,即对数据的事实支配状态提供一般性保护。[4]

在传统知识产权法探讨中,研究集中于创设型激励机制研究,即基于某种法律认可而授予一种"资格"对特定主体进行法律保护,如基于文艺作品的独创性、技术方案的创造性以及商标符号的显著性而授予法定的知识产权并进行保护。对信息私力控制的保护必要性和保护机制研究较少,主要集中于既有商业秘密保护、版权法技术措施制度框架内的法律适用问题,对

---

[1] 例如,对其内部体育赛事转播、建筑的拍摄固定,对于摄影绘画的复制等。Vgl. BGH GRUR 2011, 323; BGH GRUR 2013, 623;BGH NJW 2019, 757.

[2] Vgl. Philipp Maume, Bestehen und Grenzen des virtuellen Hausrechts, MMR 10 (2007), S. 620 ff.

[3] See European Commission, *Commission Staff Working Document on the Free Flow of Data and Emerging Issues of the European Data Economy Accompanying the Document Communication Building a European Data Economy* (Jan. 2017), https://eur-lex. europa. eu/legal-content/EN/TXT/? uri = CELEX%3A52017SC0002.

[4] Vgl. Eckert Martin, Digitale Daten als Wirtschaftsgut: digitale Daten als Sache, SJZ 112 (2016), S. 245 ff; Thomas Hoeren, Datenbesitz statt Dateneigentum-Erste Ansätze zur Neuausrichtung der Diskussion um die Zuordnung von Daten, MMR 1 (2019), S. 5 ff.

其法律属性、保护机制缺乏体系化的研究，难以适应随着技术进步企业私力扩张的第一性现实。从市场与法律之作用的分担视角来看，企业对信息控制的事实应当属于知识产权法视野中不可或缺的一部分。以大数据保护论争为切入视角，本书致力于研究信息私力控制的保护必要性、法律属性和制度构建，具体解决以下问题：

第一，面对大数据集合这一新出现的信息客体形式，在信息网络技术环境下，相较于创设新的法定产权，基于民事主体的信息控制事实构建支撑型激励机制是不是更为有效的路径？

第二，随着企业对信息控制能力的增强，既有知识产权法框架下相关制度能否对其恰当定位和规制，即通过现行商业秘密制度、技术保护措施制度或者类似制度进行调整，或是否存在对信息控制事实保护机制完善的必要？

第三，如果存在制度完善之必要，如何对信息控制事实在法律上进行定性并相应地构建或完善保护制度？

在既有法律制度无法提供明确答案的前提下，本书试图回归到一般法层面寻求共通的正当性价值、制度原理并完成规则构建。具体而言，知识产权法为民法的特别法，民法上对于财产事实支配适用占有制度保护，那么这一制度能否适用于信息领域，作为对信息控制事实保护的一般规则呢？传统民法主要解决有体物的归属和保护问题，以《德国民法典》为代表，占有的客体仅及于有体物而不及于信息等无体物。但罗马法后期产生了无体物的概念以及无体物的准占有制度，在现代民事立法中，如《奥地利普通民法典》承袭了罗马法观念，将民法上的物分为有体物和无体物，二者均适用于占有制度。普通法上，其虽然没有统一的占有概念，对占有的保护散见于侵占(conversion)之诉、侵犯动产(tresspass to chattels)之诉、侵入他人土地(trepass to land)之诉、妨害(nuisance)之诉，但随着财产权形态的发展其客体由有体物逐渐向无体物扩张，美国法上将其应用于体育赛事节目、实验数据等保护。基于此，本书将回归占有制度的正当性基础、构成要件，分析信息占有保护的正当性基础和制度可能，以及其与既有的商业秘密法、技术保护措施和知识产权法框架体系之间的关系，从而试图以民法占有制度统摄信息控制事实的法律保护体系。

最后，如果民法占有制度在信息领域适用，其将如何应用于当前数据财产保护争议，以及能否回应相关问题？本书试图探索信息控制法律保护的一般理论，并将其适用于大数据领域而构建起数据保护和共享的法律秩序。

二、用语界定

在具体展开讨论之前，有必要先对基本用语进行界定。

本书欲探讨的是与法定知识产权平行的事实产权保护问题，故调整对象与传统知识产权制度具有类似性，关于知识产权的对象，存在智力成果说、信息说、知识说、符号说、无形财产说、形式说、知识产品说、精神产物说等不同学说。郑成思教授等认为，知识产权的客体是信息；[1]刘春田教授则从哲学上对信息的定义出发，认为信息是先天存在的客观实在，无所谓真假、不具有传递性，故不能成为知识产权的客体，知识是人类对客观世界认识的描述，知识产权保护的对象是知识的一部分，是指由人类创造并经由法律的标准加以检验而获予保护的那些“形式”。[2] 一般认为，物质、能量、信息是构成世界的三大基本元素，广义上的信息具有主客观双重属性，既包括作为物质属性的信息，也包括由人所认知的“再生信息”，法律所调整的信息必然是人类可认知和传递的信息。[3] 故二者争论可能只是对同一事物“横看成岭侧成峰”的不同表述，二者争论结果对本书讨论影响差别并不明显。同时，在现行国际条约及立法中，TRIPs 第 2 部分第 7 节将商业秘密定义为

---

〔1〕 参见郑成思、朱谢群：《信息与知识产权》，载《西南科技大学学报（哲学社会科学版）》2006 年第 1 期。

〔2〕 参见刘春田：《知识财产权解析》，载《中国社会科学》2003 年第 4 期。

〔3〕 参见张玉敏、易健雄：《主观与客观之间——知识产权“信息说”的重新审视》，载《现代法学》2009 年第 1 期。

"对未披露信息的保护",即其对象本质上是信息。《中华人民共和国反不正当竞争法》(以下简称《反不正当竞争法》)也将商业秘密落脚于信息进行定义。[1] 由于商业秘密保护是既有知识产权法中信息私力控制保护的最主要制度,故本书适应现有立法而采"信息"概念。

"信息控制"表述来自 TRIPs 第 39 条第 2 款即通常所认为的商业秘密保护条款的定义,TRIPs 实际上并未直接采用"商业秘密"的定义,而规定的是"他人合法控制之下信息"(information lawfully within their control)的保护,其规定"自然人和法人应有可能防止其合法控制的信息在未经其同意的情况下以违反诚实商业行为的方式向他人披露,或被他人取得或使用",保护主体为"信息合法控制人"(the person lawfully in control of the information)。根据该条款,只要通过合法的途径控制持有了相关信息,即可得到法律的保护,[2]而构成秘密性、价值性、保密性的"未披露信息"(undisclosed information)是进一步界定"控制"成立的要件。本书探讨的核心问题在于,随着技术的发展、社会观念的进步,信息"控制"的成立是否应当止步于具有秘密性、价值性、保密性的商业秘密信息,还是应具有更广泛的适用和保护范围。同时,为与法定产权以公共权力保护信息相区分,本书采用"信息私力控制"的表述,在内涵上应与"信息控制"相一致。

因此,本书将题目界定为"信息私力控制与法律保护",讨论核心内容之一也在于探讨能否以民法占有制度解释商业秘密制度中的"控制"概念,或者直接将民法占有制度适用于信息领域,从而建构起信息事实财产的法律保护体系。在本书中,"信息控制"一词因情境不同而具有两种内涵,第一,作为一种事实描述,其一般性地表明控制人占有、利用信息,施加限制、影响

---

[1] 《反不正当竞争法》第 9 条第 4 款规定:"本法所称的商业秘密,是指不为公众所知悉、具有商业价值并经权利人采取相应保密措施的技术信息、经营信息等商业信息。"

[2] 参见[瑞]瑞托·赫尔提:《欧盟商业秘密制度的最新发展与中国比较研究》,李陶译,华中科技大学法学院"反不正当竞争法修订与商业秘密立法"研讨会会议论文,2017 年 6 月 17 日于武汉。

或支配而排除他人的干涉;第二,作为一种法律评价,其描述受法律保护占有的“事实支配力”要件成立。除了本书第四章、第五章制度建构部分,前三章的“信息控制”主要是第一种意义上的一种事实描述。

三、研究现状

现行研究中缺乏对于信息控制事实或者信息之上私力保护的一般研究,主要局限在三个具体领域:商业秘密保护、技术保护措施制度,以及知识产权与民法占有制度之间的关系。

前两者主要是关于法律制度的具体适用研究,对现有制度在新的技术条件下如何适用的反思建构不足。其中,商业秘密制度研究主要集中于其构成、侵权认定、限制例外以及保护程序方面,虽有关于商业秘密保护正当性基础、法律属性的探讨(孔祥俊教授认为商业秘密保护的立法基础在于尊重商业道德与维护竞争秩序,保护智力成果、激励发明创造与提高经济效率,保护人格权;[1]张玉瑞教授认为商业秘密法律的保护宗旨在于维护商业道德、促进研究与开发[2]),但现有研究限于不同理论学说的糅合,解释和维护现有制度模式有余,缺乏独立、完整理论建构,面对新出现的信息控制形式反思和建构能力不足。在版权法领域,面对互联网的冲击,《世界知识产权组织版权条约》(WIPO Copyright Treaty,WCT)和《世界知识产权组织表演和录音制品条约》(WIPO Performances and Phonograms Treaty,WPPT)确立的技术保护措施制度开启了版权保护的新范式。针对其正当性,尤其是接触控制措施的正当性,学者们产生了困惑并进行了集中讨论。有学者试图按照立法规定将其强行解释于著作权法下,提出其确立了一项新的经

---

〔1〕 参见孔祥俊:《商业秘密保护法原理》,中国法制出版社1999年版,第1~7页。
〔2〕 参见张玉瑞:《商业秘密法学》,中国法制出版社1999年版,第140~146页。

济权利,存在"接触权"[1]、"技术措施权"[2]等权利理论,但由于其难以符合著作权权利的一般特征而受到了广泛批评;[3]另有观点则认为,访问控制措施是一种自助行为,其正当性在于私力保护的正当利益,[4]其不仅局限于版权领域,还存在保护其他信息私力保护行为的可能性。[5] 该探讨却止步于将接触控制措施定义为一种私力保护行为,并未进一步明确其法律属性和正当性基础,导致其缺乏类推适用的理论依据和可操作性标准。

关于信息与民法占有制度的讨论主要局限于作为法定知识产权的智力成果能否适用民法占有制度的问题,而未讨论一般信息能否适用占有保护的问题。如前所述,法定化知识产权的保护模式实际上是"客体共享,利益排他",即不保护对于信息客体的独占,而保护对信息使用收益的独占,其主要探讨的是作为权利化的知识产权是否适用准占有的问题,对于建立事实上排他性控制的信息是否适用占有则讨论较少。在此方面,早在 20 世纪 50 年代,史尚宽先生便指出知识产权至少可以适用占有制度中的取得时效和准占有;[6]谢在全认为,"著作权、商标权、专利权等无体财产权……系准占有之客体,不仅为通说所认同,且准占有制度于此等财产权,实具有重要作用";[7]陈华彬教授也认为知识产权为准占有之客体。[8] 也有观点反对知识产权适用民法占有或准占有制度,其原因主要在于两方面:第一,作为知

---

〔1〕 熊琦:《论"接触权"——著作财产权类型化的不足与克服》,载《法律科学(西北政法大学学报)》2008 年第 5 期。

〔2〕 李扬:《简论技术措施和著作权的关系》,载《电子知识产权》2003 年第 9 期。

〔3〕 参见郭禾:《规避技术措施行为的法律属性辩析》,载《电子知识产权》2004 年第 10 期;李琛:《论知识产权法的体系化》,北京大学出版社 2005 年版,第 96 页;王迁:《版权法保护技术措施的正当性》,载《法学研究》2011 年第 4 期。

〔4〕 参见王迁:《版权法保护技术措施的正当性》,载《法学研究》2011 年第 4 期;董慧娟:《版权法视野下的技术措施制度研究》,知识产权出版社 2014 年版,第 107 ~ 118 页。

〔5〕 参见王迁:《论规制视频广告屏蔽行为的正当性——与"接触控制措施"的版权法保护相类比》,载《华东政法大学学报》2020 年第 3 期。

〔6〕 参见史尚宽:《物权法论》,中国政法大学出版社 2000 年版,第 84、605 页。

〔7〕 谢在全:《民法物权论》,中国政法大学出版社 1999 年版,第 1033 页。

〔8〕 参见陈华彬:《物权法原理》,国家行政学院出版社 1998 年版,第 822 页。

识产权客体的无体物无法被实际控制,《德国民法典》第 584 条规定了占有的对象只能是物,而第 90 条又指出“法律上的物权仅指有体物”。德国法学者认为,无体物不具有能够表明占有的外部事实支配;文艺作品并不被其使用者占有,而只能被接受、理解和分享;物的有体性使它区别于无形财产和权利,只有物可以在实体上被控制,实体的剥夺和侵害只能在物上发生,只能对物实施占有。[1] 第二,作为知识产权客体的信息具有非排他性,不能被独占而无法适用民法占有制度。[2] 基于同样原因,有学者认为占有的权利推定、善意取得、取得实效以及占有保护请求权均无法适用于知识产权领域。[3] 对此,反对观点认为,虽然知识产权客体无法被独占而不能适用时效取得等方式,但不应绝对地排除占有制度,善意取得制度以及占有保护请求权仍有适用的空间。信息的共享性特征是以信息的传播性为基础的,没有信息的传播性也就无所谓共享性,如果采用人为的措施在信息披露以前切断信息源的传播性,信息同样具有了如同有形物物理排他性一般的非共享性,即独占性,如商业秘密、技术措施加密的情形,对此可适用占有保护请求权以及在特定情形下成立善意取得。[4] 然而,反对观点仅以占有制度解释现有制度合理性,并未回答在知识产权保护之外的一般信息能否适用占有制度以及适用条件。

---

〔1〕 参见[德]汉斯·布洛克斯、[德]沃尔夫·迪特里希·瓦尔克:《德国民法总论》,张艳译,中国人民大学出版社 2014 年版,第 317 页。

〔2〕 由郑成思教授主持起草的民法典知识产权篇专家建议稿第 5 条建议:“知识产权的客体表现为一定的信息,一般不能作为占有的标的,故不适用于占有相关的制度,如时效取得等。”其主要理由在于,诸如股东权之类的权利物权适用于准占有并不错,特定的股东权及其客体不可无限制地交给无数人,而特定的复制权、改编权、翻译权之类的相应作品,则可以无限制地交给无数人。由于无体、作为知识产权客体的信息,不可能被单独占有,因此以占有或准占有为第一要件的民法上的“取得时效”,决不能适用于知识产权。参见郑成思:《民法典(专家意见稿)知识产权篇第一章逐条论述》,载《环球法律评论》2002 年第 3 期。类似观点参见彭诚信:《智力成果、知识产权与占有制度》,载《法商研究》2002 年第 6 期。

〔3〕 参见刘家瑞:《论知识产权与占有制度》,载《法学》2003 年第 10 期。

〔4〕 参见董涛:《知识产权还需要占有制度吗?——知识产权给占有制度带来的困惑与重构》,载《浙江大学学报(人文社会科学版)》2009 年第 4 期。

四、研究意义

本书以大数据保护对既有知识产权法框架提出挑战为出发点，并不旨在遍历式地检索各种制度而建构起一套全面的大数据保护体系，而是以此为视角，研究对象集中于民事主体对信息控制的事实，检讨既有制度体系中对信息控制事实保护的现状、问题以及体系化完善之可能，从而为信息网络环境下新出现的信息客体保护提供一种新的制度选项。本书在以下方面具有理论创新意义：

第一，信息控制事实的法律保护制度建构对知识产权法发展具有体系补足意义。由于信息本身具有非竞争、非排他、非易耗的公共物品特性，一旦生产之后便可以低成本复制传播而导致生产者无法将其收益内部化，故需要人为地建立信息的排他性以维护信息生产的竞争过程而促进创新。一是法定产权，即国家立法在发明创造、文艺作品、商业标记上确立的专利权、著作权、商标权等知识产权；二是事实产权，立法保护之外企业自身可以通过限制信息的传播渠道而实现排他性控制。二者之间具有相互补充的作用：法定知识产权具有更强的保护效力，但受“知识产权法定”限制，不断出现的新的信息客体形式往往难以嵌入既有框架，导致了其对于新的知识产权客体保护具有滞后性和不确定性。企业自我界定的事实产权对于弥补“知识产权法定”缺陷、维护竞争过程具有重要作用，考虑到社会现实具有第一性，法律调整具有第二性，如果企业自我界定产权秩序已经能够弥补市场失灵，法定产权也不再具有必要性。尤其是随着网络环境下信息传播渠道聚合和加密技术的发展，一定情形下企业私力保护强于法律保护，事实产权甚至替代法定产权在发挥更为重要的作用。目前对企业信息控制的法律保护，主要依据商业秘密以及因版权保护而生的技术措施等碎片化制度，其保护正当性论证局限于违反法律的强制性规定，未完成更深层次的正当性证成和法律属性界定，无法突破现有框架而完成体系化建构，适应技术变革下出现的新商业模式和诉求。因此,企业对其有价值的信息事实上的排他性控制如何定性,以及是否存在法律保护的正当性亟须理论上的澄清。本书试图在共同作为事实支配保护的民法占有制度与商业秘密、技术措施等制度之间建立体系勾连,以信息占有保护作为事实产权保障的一般机制,从而不断适应社会变革,建立起法定知识产权与事实上的知识财产权互补的法律体系,为大数据保护、体育赛事节目转播、非个人信息的保护等提供新的制度选择。

第二,本书将打破知识产权法与传统民法在财产控制事实状态保护上的隔阂,实现民法占有制度的现代化发展。财产控制的事实状态具有特殊的法律保护意义,基于维护和平秩序、维续利益、保护本权、人格保护以及物尽其用等利益考量,自罗马法以降,大陆法及普通法国家均对物之上的事实管领力即占有加以保护。无论是形成于公元前的罗马法,还是近现代法典化运动中颁布的《法国民法典》《德国民法典》,由于其当时社会财产形态主要是有形物,占有制度保护对象也均局限于有形物。随着信息化和数字化的到来,社会财产形态正经历“非物质化革命”,信息财产在社会财富中的比重不断上升,民事主体借助技术手段对于信息建立排他性控制的情形逐渐普遍。从交易形式上来看,服务商与用户之间的交易由过去的有形载体所有权转移转化为访问权限或占有权限的授予,进入“后所有权”时代;从权利侵害形式上来看,占有防止的私力侵害形式也由物理侵害扩展到网络环境下的入侵计算机系统、复制删除修改数据等无形方式。[1] 我国《民法典》作为“信息时代的民法典”,则需要回答相关问题:对作为无体物的信息的事实支配是否具有法律保护意义?传统民法上的占有制度能否扩张至信息客体?《民法典》“占有”部分并未对占有客体和构成要件作出直接规定,本书将回顾占有制度的正当性基础和制度演进史,论证对信息等无体物提供占

---

〔1〕 Vgl. Linda Kuschel, Digitale Eigenmacht-Digitale Eingriffe in vernetzte Sachen als Herausforderung für den possessorischen Besitzschut, AcP 220 (2020), S. 98.

有保护具有理论上的正当性,从教义学层面论证当前占有制度适用于无体物的解释可行性,借鉴比较法上对于信息控制事实保护的不同制度模式,完成“信息占有”各要件的制度建构,从而弥补传统民法占有制度在无体物领域的空白。

第一章
问题缘起:大数据保护立法挑战

第一节 大数据保护法律问题

一、基本范畴界定

大数据是进入21世纪以后数据收集和分析技术发展的新生产物,但“数据”的概念早就存在,其概念界定以“数据”概念界定为前提。[1] 不同的语境下,“数据”有不同定义:在科学意义上,数据即“有根据的数字”,是指对客观世界进行记录的结果,是以数字或文字等形式呈现的客观实体属性的值,[2] 在《大辞海》中,数据被定义为“一组表示客观事实的可鉴别的符号”。[3] 在

---

〔1〕 1980年托夫勒在其《第三次浪潮》(*The Third Wave*)中对未来技术发展进行展望和设计,最早预言“‘大数据’是第三次浪潮的华彩乐章”。参见[美]阿尔文·托夫勒:《第三次浪潮》,黄明坚译,中信出版社2006年版,第47页。

〔2〕 参见徐子沛:《数据之巅:大数据革命,历史、现实与未来》,中信出版社2014年版,第255页。

〔3〕 参见“数据”词条,载大辞海网,http://www.dacihai.com.cn/search_index.html?_st=1&keyWord=%E6%95%B0%E6%8D%AE,最后访问日期:2022年5月15日。

计算机科学中,不仅限于客观事实的记录或反映,数据被定义为一切信息的机器可读形式或称为"机器可读信息"(machine-readable information)。例如,根据国际标准化组织(International Organization for Standardization, ISO)的定义,数据是以适合通信、解读、处理的形式存储的可解读的信息体现。[1]信息为"关于在特定语境下具有特定含义之客体——如事实、事件、东西、过程或思想包括理念——的知识"[2]。根据上述定义,信息是指具有内容含义的知识,而数据则是信息的体现形式。目前,关于"大数据"保护的讨论主要集中在信息与通信技术领域,国内学者基本可就数据的概念达成共识,即区分于日常生活中各种纸面统计数据,以及以文字、图像或视频等形式显示的信息,"数据"限于在计算机及网络上流通的在二进制的基础上以 0 和 1 的符号组合而表现出来的比特形式,即为"机器可读信息"。[3] 因此,《中华人民共和国数据安全法》(以下简称《数据安全法》)第 3 条第 1 款规定:"本法所称数据,是指任何以电子或者其他方式对信息的记录。"

相对于一般意义上的数据,大数据并非产生了一类独立的全新客体,本质上其仍然是"机器可读信息"的范畴,不同之处在于数据量的累积以及数据分析技术的进步使之具有了独特的交易价值,从而产生了法律上进一步界权、保护之必要。关于何为"大数据",目前缺乏统一定义,根据经济合作与发展组织(Organisation for Economic Co-operation and Development,

---

〔1〕 Data is "A reinterpretable representation of information in a formalized manner suitable for communication, interpretation, or processing". See ISO/IEC 2382 - 1:1993, https://www.iso.org/obp/ui/#iso:std:iso-iec:2382:-1:ed-3:v1:en, accessed 15 May 2022.

〔2〕 Information is "Knowledge concerning objects, such as facts, events, things, processes, or ideas, including concepts, that within a certain context has a particular meaning". See ISO/IEC 2382 - 1:1993, https://www.iso.org/obp/ui/#iso:std:iso-iec:2382:-1:ed-3:v1:en, accessed 15 May 2022.

〔3〕 参见梅夏英:《数据的法律属性及其民法定位》,载《中国社会科学》2016 年第 9 期。

OECD)整理,[1]“大数据”通常指代两种情形:第一,数据分析技术,即在新一代技术架构下,通过高速度采集、发现和分析数据,在合理时间内从大体量、多样性的数据中提取价值。第二,大规模数据集合本身,德毛罗(De Mauroet)等将之定义为:“大数据是以具有高容量、多样性、高速率为特征的数据集合,其需通过技术和分析方法来实现其价值转化”[2]。大数据区别于传统数据集合的特点在于四“V”:[3]数据体量庞大(volume),即互联网、物联网等不同来源数据汇集后数据量的爆炸式增长,其大小已经超出了常用软件或者工具在合理时间内捕捉、整理和处理数据的能力;数据类型多样(variety),即数据来源和种类十分庞杂,不仅仅包括文本形式,而且包括音视频、图片等多种数据类型,并体现出“非结构性特征”;快速变化(velocity),即数据样本采集和更新的高速度,也决定了数据具有较高的时效性;低价值密度(value),即数据样本具有较低的价值密度,但具有较高的商业价值。本书讨论的并非数据分析手段,而是已经生成的数据集合的保护问题,因此主要在后一种意义上使用“大数据”的概念,即大规模的数据集合。

与传统知识产权的对象“信息”类似,数据以及大数据同样具有非竞争、非排他、非易耗的特性,但其与一般信息存在不同的传播对象及方式。从符号学上而言,信息的传播可以从三个层次进行构建:句法(syntactics)、语义(semantics)和语用(pragmatics)。句法是指在符号层面(如0和1)根据特定规则进行的组织和构造,语义则表示含义层面,更高层次的语用则指向信息所追求的目标。在传统知识产权法对象中,专利权所保护的发明技术方案、商标法所保护的商业标志属于信息的语用层面,著作权法上的作品以及外

[1] See OECD, *Data-Driven Innovation Big Data for Growth and Well-Being* (Oct. 2015), http://www.keepeek.com/Digital-Asset-Management/oecd/science-and-technology/data-driven-innovation_9789264229358-en#.V65MoVuLTZ4#page1.

[2] Andrea De Mauroet et al., *A Formal Definition of Big Data Based on Its Essential Features*, 65 Library Review 122 (2016).

[3] See Chris Snijders et al., "*Big Data*": *Big Gaps of Knowledge in the Field of Internet*, 7 International Journal of Internet Science 1 (2012).

观设计中的设计属于语义层面,数据是字符层面的数量与构造,主要涉及的是句法信息。[1] 德国学者韦伯(Wiebe)等认为,[2]应当将数据与传统知识产权对象进行区分,其传输直接涉及的是机器与机器间的传播,是信息在处理、存储或者交流过程中的中间形态。

从外延上来看,数据根据不同区分标准可以分为不同类型:(1)根据收集、存储的方式不同,数据可分为结构化数据与非结构化数据。[3] 结构化数据,是指根据预先定义好的模型(包括数据类型、关系等)进行的数据收集和存储,其价值密度较高,更加易于处理和直接获取其中有价值信息;非结构化数据则并非按照预先设定的模型进行存储,[4]需要各种复杂算法才能获取其中价值。大数据与传统的结构化数据库的主要不同就在于,通过数据处理算法上的进步可以将传统结构化的数据库与非结构化的数据结合在一起分析获取其中价值,这也导致数据样本量的大小决定着大数据集合的价值。(2)根据是否可以识别个人身份或是否具有"可识别性",数据可分为个人数据与非个人数据,凡是可以识别出自然人身份的即为个人数据,除此之外即为非个人数据。[5] (3)根据数据采集的方式不同,可分为以下几种:一是贡献数据(volunteered data),是指用户个人自行在网络上分享的网络资料,如姓名、生日、照片等;二是观测数据(observed data),从用户或机器的活

---

〔1〕 See Herbert Zech, *Information as Property*, 6 Journal of Intellectual Property, Information Technology and Electronic Commerce Law 192 (2019).

〔2〕 See Andreas Wiebe, *Protection of Industrial Data—A New Property Right for the Digital Economy*?, 10 GRUR International 879 (2016); Denis Pombriant, *Data*, *Information*, *Knowledge*, 14 Computer Law Review International 97 (2013).

〔3〕 See French Autorité de la concurrence, German Bundeskartellamt, *Competition Law and Data* (May 2016), https://www.bundeskartellamt.de/SharedDocs/Publikation/DE/Berichte/Big%20Data%20Papier.pdf?__blob=publicationFile&v=2.

〔4〕 如用户在社交媒体上生成的内容、图片、视频、监测数据、传感器数据、呼叫中心信息、地理位置信息、天气数据、经济数据、政府数据以及报告研究、网络搜索趋势和网络日志文件等所形成的数据集合,全球现有的数据中只有5%的数字数据是结构化且能适用于传统的数据,超过95%的是非结构化的数据。参见[英]维克托·迈尔-舍恩伯格、[英]肯尼思·库克耶:《大数据时代:生活、工作与思维的大变革》,盛杨燕、周涛译,浙江人民出版社2013年版,第64页。

〔5〕 参见程啸:《论大数据时代的个人数据权利》,载《中国社会科学》2018年第3期。

动中自动获得的行为数据,如用户访问网站内容记录、设备运行状况等;三是衍生数据(inferred data),是指以用户贡献数据或观测数据为基础通过复杂运算而获得的衍生数据,基于个人购买产品的倾向、信用评级等通过聚类算法或预测得出分类数据。[1] (4)根据数据的应用场景不同,可分为互联网数据和工业数据。[2] (5)根据数据的应用方式不同,可分为以下几种:一是非匿名使用个体数据(non-anonymous use of individual-level data),是用于提供个性化服务的任何个体层面数据,如音乐应用利用用户听歌历史记录数据进行个性化推荐;二是匿名使用个体数据(anonymous use of individual-level data),即需要访问个人数据,但并非直接向生成数据的用户提供个性化服务,如利用电影评论为每个人提供更好的推荐;三是聚合数据(aggregated data),是指不可逆转地汇总的标准化数据,如国家人口普查报告;四是情境数据(contextual data),是指不从个人级别数据派生的数据,如道路信息、卫星数据等。[3]

二、大数据保护实践纠纷

在大数据技术出现之前,人们主要利用电子数据系统进行数据项的记录、存储、更新、检索和处理,技术变革实现了从"小数据"时代向"大数据"时代的实质性转变:[4] 由于网络连接、应用程序、传感器及智能设备的进步,企

---

[1] See Jacques Crémer, Yves-Alexandre de Montjoye and Heike Schweitzer, *Competition Policy for the Digital Era* (May 2019), http://ec. europa. eu/competition/publications/reports/kd0419345enn. pdf; French Autorité de la concurrence, German Bundeskartellamt, *Competition Law and Data* (May 2016), https://www. bundeskartellamt. de/SharedDocs/Publikation/DE/Berichte/Big%20Data%20Papier. pdf? __blob = publicationFile&v = 2.

[2] See Japan Fair Trade Commission, *Report of Study Group on Data and Competition Policy* (Jun. 2017), https://www. jftc. go. jp/en/pressreleases/yearly – 2017/June/170606_files/170606 – 4. pdf.

[3] See Jacques Crémer, Yves-Alexandre de Montjoye and Heike Schweitzer, *Competition Policy for the Digital Era* (May 2019), http://ec. europa. eu/competition/publications/reports/kd0419345enn. pdf.

[4] 参见崔国斌:《大数据有限排他权的基础理论》,载《法学研究》2019 年第 5 期。

业可以生成、收集、存储海量数据；随着大数据算法、机器学习等技术的进步，人类可以在短时间内获取、整理、分析大量非结构化数据。大数据集合目前至少在两方面产生其独立价值：[1]第一，作为生产性信息，企业可以以大数据集合为生产要素制造出新的产品，在操作系统、搜索引擎等典型领域可以通过数据训练算法并提供用户个性化定制服务；第二，提供决策性信息，通过大数据分析可以提供更全面的信息让市场主体作出决策，如优化生产流程、预测市场趋势、定向投放广告和个性化推荐等。

技术进步推动了结构化和非结构化大数据集合的产生并使之具备了前所未有的经济价值，数据成为经济意义上可交易的"财货"(goods)形式。卡尔·门格尔对"财货"四要素的定义为：第一，满足人类的需求；第二，与欲望需求之间存在直接的因果关系；第三，认识到这种因果关系；第四，可以被支配。[2] 技术进步扩大了人类对数据的支配力和与欲望满足之间的因果关系，使其成为一类新的生产要素，从而产生在法律上界定其归属和保护范围的必要性。在数据生成、利用、交易过程中，主要涉及四类利益主体：[3]一是数据生成者，包括互联网以及各种智能设备用户；二是数据收集者，如网络平台、物联网运营商；三是数据获取的相关主体，如相关产品或服务供应商的竞争对手；四是数据再利用的相关主体，主要是数据分析公司。在数据产权归属、保护边界不明确的前提下，不同主体在互动中会产生以下纠纷：

首先，在数据收集者一侧，企业通过在互联网以及物联网上提供平台服

[1] See OECD, *Big Data: Bringing Competition Policy to the Digital Era* (Nov. 2016), http://www.oecd.org/competition/big-data-bringing-competition-policy-to-the-digital-era.htm; French Autorité de la concurrence, German Bundeskartellamt, *Competition Law and Data* (May 2016), https://www.bundeskartellamt.de/SharedDocs/Publikation/DE/Berichte/Big%20Data%20Papier.pdf?__blob=publicationFile&v=2.

[2] 参见[奥]卡尔·门格尔：《国民经济学原理》，刘絜敖译，上海人民出版社2001年版，第5页。

[3] See European Commission, *Study on Emerging Issues of Data Ownership, Interoperability, (re-)Usability and Access to Data, and Liability* (Apr. 2018), http://ec.europa.eu/newsroom/dae/document.cfm?doc_id=51486.

务,在获得个人用户同意的前提下,可直接获得用户贡献数据、机器设备运行以及用户行为产生的观测数据,并基于此加工分析而产生、衍生数据。收集的数据存储在服务器中进行事实控制,因此,数据收集者往往也是数据控制者。数据收集者对数据集合建立了经济学意义上的产权,〔1〕其可以选择对数据仅进行内部分析和利用,形式上包括非公开利用(如利用数据集合训练算法)和以限定公开或者完全公开的方式利用(如美团、大众点评等用户评论网站在网络上公开其用户点评数据),也可以选择在市场上进行直接交易,实践中数据交易模式大致分为离线、在线和托管交易三种。〔2〕

其次,在利益相关的另一端,数据分析公司对大数据可以进行再利用,因此数据对于竞争者进入市场以及相关市场经营者开发互补产品也具有重要意义。除了直接收集相关数据,企业还可以通过以下方式实现数据获取:第一,通过网络爬虫,直接对在线数据进行爬取;第二,通过开放平台以调用开放应用程序接口(Application Program Interface, API)的方式获得平台共享数据使用;第三,直接购买数据产品。由于数据具有一般信息所具有的非竞争、非排他的特点,企业在内部开发利用以及对外商业化交易中无法完全排除第三人对于数据的获取和利用,除当事人之间通过合意安排界定数据的利用和交易秩序外,不可避免地出现他人未经数据收集者允许获取利用数据的情形。

现有立法对于大数据的法律属性定位、保护路径、保护边界及例外规则

---

〔1〕 根据巴泽尔的定义,个人对商品(或资产)拥有的经济产权就是指通过交易个人直接或间接地期望消费商品(或资产的价值)的能力,是与剩余价值的索取紧密相关的权利。参见[以]约拉姆·巴泽尔:《产权的经济分析》(第2版),费方域等译,格致出版社、上海三联书店、上海人民出版社2017年版,第3~4页。

〔2〕 离线数据交易(off-line transaction)又称数据包交易,是指卖方将数据拷贝到交易平台,由平台转移给买方的交易形式。在线数据交易(on-line transaction),也称API交易,是指卖方以数据调用接口的形式向买方提供所需数据。托管数据交易(trusteeship transaction)则指卖方将数据拷贝到交易平台,买方在交易平台提供的环境内使用数据,原始数据不发生转移的交易形式。参见张阳:《数据的权利化困境与契约式规制》,载《科技与法律》2016年第6期。

的规定均不明确，导致司法实践中数据收集者与利用者之间产生系列纠纷。[1] 这可概括为以下典型情形：

1. 未经授权获取网上公开数据。竞争者通过网页爬虫爬取网页数据，如大众点评诉百度不正当竞争案中，[2]大众点评网的经营者通过收集商户介绍和用户点评信息在其消费服务网站上展示，百度公司在其百度地图上向用户提供垂直搜索功能，当用户在百度地图上搜索商户位置时，百度公司通过网络爬虫爬取大众点评网上的用户点评信息向用户展示并提供跳转链接。大众点评认为，百度地图对其用户数据的爬取构成不正当竞争并向法院提起诉讼。类似地，在“酷米客”诉“车来了”案[3]中，谷米公司是“酷米客”公交软件所有人，元光公司是“车来了”公交软件所有人，谷米公司与深圳市交通公司签订《谷米 GPS 设备安装协议》，在公交车上安装 GPS 设备获取公交车运行线路、到站时间等数据信息并通过 App 向用户提供。在向谷米公司协商购买数据未果后，元光公司破解“酷米客”软件的加密系统并大量爬取其服务器中的实时数据，用于其经营的“车来了”软件中，谷米公司遂

[1] 目前，我国已经发生了多起大数据权属纠纷。据不完全统计，其包括：深圳谷米公司诉武汉元光公司不正当竞争纠纷案（“酷米客”诉“车来了”案），广东省深圳市中级人民法院（2017）粤03民初822号民事判决书；大众点评诉百度不正当竞争案，上海知识产权法院（2016）沪73民终242号民事判决书；大众点评诉爱帮网著作权侵权案，北京市海淀区人民法院（2008）海民初字第16204号民事判决书；大众点评诉爱帮网不正当竞争案，北京市第一中级人民法院（2011）一中民终字第7512号民事判决书；百度诉奇虎360不正当竞争案，最高人民法院（2014）民三终字第11号民事判决书；新浪微博诉脉脉不正当竞争案，北京知识产权法院（2016）京73民终588号民事判决书；腾讯诉抖音、多闪不正当竞争案，天津市滨海新区人民法院（2019）津0116民初2091号民事裁定书；淘宝诉美景不正当竞争案，浙江省杭州市中级人民法院（2018）浙01民终7312号民事判决书；阿里巴巴诉南京码注网络科技公司不正当竞争纠纷案，浙江省杭州市滨江区人民法院（2019）浙0108民初5049号民事判决书；抖音诉北京锐创文化传媒公司等抓取短视频案，北京市海淀区人民法院（2019）京0108民初35902号民事判决书；杭州车厘子智能科技公司诉北京轻享科技公司不正当竞争纠纷案，北京知识产权法院（2020）京73民终1598号民事判决书。

[2] 参见大众点评诉百度不正当竞争案，上海市浦东新区人民法院（2015）浦民三（知）初字第528号民事判决书、上海知识产权法院（2016）沪73民终242号民事判决书。

[3] 参见深圳谷米公司诉武汉元光公司不正当竞争纠纷案，广东省深圳市中级人民法院（2017）粤03民初822号民事判决书。

以不正当竞争为由向法院提起诉讼。

2. 在开放平台共享数据的情形下，他人超出授权范围或者授权第三人爬取相关数据。在新浪微博诉脉脉不正当竞争案中，[1]新浪微博与脉脉曾签订《开发者协议》，约定脉脉可以利用微博开放应用程序接口，在普通权限下获取微博用户信息资料并用于脉脉软件的使用，但脉脉超出授权范围抓取了用户信息并将脉脉用户手机通讯录的联系人与新浪微博用户对应。新浪微博认为脉脉未经授权收集用户数据及关联行为构成不正当竞争。类似地，在腾讯诉抖音、多闪不正当竞争案中，[2]腾讯公司（微信、QQ 软件服务提供商）与微播视界公司（抖音软件服务提供商）通过开放应用程序接口进行合作，微信/QQ 向抖音提供开放平台授权登录服务。在腾讯与抖音停止开放平台合作后，抖音继续使用源于微信/QQ 开放平台的用户数据，并将已授权微信/QQ 账号的数据授权给第三方多闪使用。腾讯公司因此主张抖音、多闪未经授权使用其用户数据的行为构成不正当竞争。

3. 对数据衍生产品进行传播和转售的行为。例如，在淘宝诉美景不正当竞争纠纷案中，[3]淘宝公司系淘宝网运营商，其在收集网络用户行为痕迹信息所产生的大量原始数据基础上，以特定的算法通过深度分析过滤、提炼整合后而形成统计型、预测型衍生数据，通过“生意参谋”软件向淘宝、天猫店铺商家提供大数据分析参考。美景公司在其“咕咕互助平台”上组织“生意参谋”用户出租其账户、他人租用相关账户查看“生意参谋”产品数据。淘宝公司认为涉案数据产品是其合法取得的劳动成果，其对数据产品中的原始数据与衍生数据享有财产所有权，而主张美景公司构成不正当竞争。

---

〔1〕 参见新浪微博诉脉脉不正当竞争案，北京市海淀区人民法院（2015）海民（知）初字第 12602 号民事判决书、北京知识产权法院（2016）京 73 民终 588 号民事判决书。

〔2〕 参见腾讯诉抖音、多闪不正当竞争案，天津市滨海新区人民法院（2019）津 0116 民初 2091 号民事裁定书。

〔3〕 参见淘宝诉美景不正当竞争案，杭州铁路运输法院（2017）浙 8601 民初 4034 号民事判决书、浙江省杭州市中级人民法院（2018）浙 01 民终 7312 号民事判决书。

三、问题导出

从大数据生成、利用和交易的实践来看，虽然数据生成后由数据收集者存储于其服务器中进行实际控制建立了事实上的产权，但一旦其对数据进行公开利用，将难以完全排除他人对其数据的爬取，或者对外进行交易许可他人再利用，也难以排除他人对非竞争性数据无限转让的情形，均面临第三人对其大数据集合“搭便车”而无法充分回收投资的风险。由于大数据具有体量庞大、类型多样、快速变化、低价值密度的特点，大数据经济体现出一定的规模经济、范围经济的特点，即必须达到一定的数据量规模和范围才能获得实质性的竞争力，从而产生较高的沉没成本。[1] 由于数据本身具有一般信息的非竞争、非排他和非易耗的特征，对其进行复制的边际成本很低。如果法律上缺乏对于大数据集合的恰当定位和保护，竞争对手可以轻松获取和复制，可能出现两方面的结果：第一，对于必须公开才能利用的数据（如大众点评诉百度不正当竞争案中的用户点评数据），如果缺乏保护将抑制企业在该领域的投资积极性甚至出现市场失灵；第二，对于企业可以隐匿加以利用的数据（如联网汽车中的汽车数据），企业可能为了避免数据落入公有领域，将对数据严密保护并避免交易而抑制数据的流动和再利用。因此，有必要在法律层面明确大数据集合的法律属性、保护路径及边界，从而保护企业投资并促进数据交易。

然而，数据收集者的资本投入只是利益冲突协调的一个方面，网络用户的服务参与是数据的直接来源。随着数据成为一类新的生产要素，对于消费者而言，数据成为其接受产品/服务的基础；对于竞争者、互补产品的提供者而言，数据获取也是其进入市场的前提；对于数据分析者而言，数据分析的用途与价值是不确定的，只有最大限度地促进数据的利用和共享，才能实

---

〔1〕 See Daniel L. Rubinfeld & Michal Gal, *Access Barriers to Big Data*, 59 Arizona Law Review 339 (2017).

现社会福利的最大化。因此,在数据产权保护的讨论中,不仅要实现对投资者单一维度的保护,同时应当兼顾各利益相关方的利益平衡,在促进数据投资和创新、建立良好运作和竞争性的市场、保护用户个人及消费者利益、维护必要的公共利益的不同价值目标之间实现协调和平衡。[1]

因此,需要恰当地选择大数据集合的法律模式,划定边界,从而实现不同利益的兼容和平衡,需将之纳入既有知识产权法框架并进行适应性调整,或根据大数据集合的特征及实践构建起一套全新的大数据保护制度,这已经成为知识产权理论以及立法实践中亟须解答的课题。

第二节 既有立法规制的可能与局限

虽然大数据集合以及分析技术是进入 21 世纪以后的产物,但"数据"这一客体形式早已存在,并可纳入既有知识产权制度的调整框架之内。大数据虽然实现了经济价值上的显著改变,但在客体内容上并未发生实质变化,仍然作为"机器可读信息",存在以既有知识产权制度界权和保护的可能性。为了避免理论探讨中无根据的"随意挥洒",[2]笔者将首先在既有制度框架内讨论对大数据保护的可能路径及局限。在现有知识产权制度中,专利法的客体为技术方案,商标法的客体为承载商誉的标识符号,二者都难以对数据信息提供直接保护。最有可能为数据提供保护的制度选项包括著作权法对汇编作品的保护、商业秘密保护和反不正当竞争法一般条款保护三种途径,现分别探讨如下。

---

[1] See Josef Drexl, *Data Access and Control in the Era of Connected Devices*: *Study on Behalf of the European Consumer Organisation BEUC*(Dec. 2018), https://www.beuc.eu/publications/beuc-x-2018-121_data_access_and_control_in_the_area_of_connected_devices.pdf.

[2] 崔国斌教授评论,"在讨论大数据集合的知识产权问题时,如果我们只是满足于宽泛的'数据'概念的新奇感,不了解现有知识产权制度提供的保护可能性,则很容易产生意外发现全新领域而可以随意挥洒的感觉"。参见崔国斌:《大数据有限排他权的基础理论》,载《法学研究》2019 年第 5 期。

一、著作权法保护

与大数据集合最为接近的知识产权保护客体是著作权法上的数据库作品。《中华人民共和国著作权法》（以下简称《著作权法》）第15条规定了对汇编作品（包括具有独创性数据库）的保护，[1]虽然单纯事实性的数据无法作为作品而获得保护，但如果数据收集者对于数据的选择、整理和编排作出独创性贡献，则能够在整体上对于数据库赋予作为汇编作品的著作权保护。对于大数据集合而言，著作权法上的汇编作品保护存在以下两方面的不适应性：

第一，大多数现有大数据集合难以满足独创性要求。传统数据库中的数据一般为结构化数据，在数据库制作中，制作者一般预先定义好模型（包括数据类型、关系等），进而对有价值数据进行收集和存储。但大数据与传统数据库的不同在于，其大部分是非结构化数据，包括网络社交媒体上生成的内容、图片、视频、监测数据、传感器数据等低价值密度数据的集合，其收集过程虽然也依据一定规则但本身具有自动性和机械性，难以认定为个人思想、感情的表达，更难以具有独创性的数据选择或者体系化结构。例如，在大众点评诉爱帮网案中，大众点评主张其网站上的商户点评以及用户点评内容构成著作权法上的汇编作品，二审法院认为大众点评网以时间顺序排列网友点评内容，不具有独创性，这种点评内容的集合不构成汇编作品。[2]

第二，即使某些情形下大数据可以满足独创性要求构成著作权法上的汇编作品，也难以对其大数据集合中的数据内容形成有效保护。汇编作品

---

〔1〕《著作权法》第15条规定："汇编若干作品、作品的片段或者不构成作品的数据或者其他材料，对其内容的选择或者编排体现独创性的作品，为汇编作品，其著作权由汇编人享有，但行使著作权时，不得侵犯原作品的著作权。"

〔2〕参见大众点评诉爱帮网不正当竞争案，北京市海淀区人民法院（2010）海民初字第24463号民事判决书、北京市第一中级人民法院（2011）一中民终字第7512号民事判决书。

的表达是以体系化方式呈现的信息的集合，保护的是对于既有信息的选择或编排方面，而不能基于其数据内容本身。[1] 例如，《1996 年 3 月 11 日欧洲议会和理事会关于数据库法律保护的第 96/9/EC 号指令》（以下简称《数据库保护指令》）第 3 条第 2 款就明确规定，对于数据库的版权保护并不延及其素材内容本身。[2] 但大数据集合的主要投资与价值均在于多样化构成、大容量的数据本身，而不是其信息选择和编排结构，他人可能仅仅提取数据集合内容进行分析利用实质并不构成对其数据库著作权的侵犯，他人在提取利用时也可以改变内容编排来轻易规避侵权责任。[3] 这导致对于大数据集合难以通过著作权法上的保护来实现保护其投资的目的。

二、商业秘密保护

（一）商业秘密保护可能性

如果数据收集者对其数据通过秘密管理措施加以保护，其有可能作为商业秘密保护。根据《反不正当竞争法》第 9 条的规定，[4] 属于技术信息和经营信息范围、不为公众所知悉、具有商业价值并经权利人采取合理保密措施的信息即可获得商业秘密保护。就大数据能够获得商业秘密保护，可分析如下：

第一，大数据应属于商业秘密保护的技术信息和经营信息范围。商业秘密保护的客体范围具有广泛性和开放性，根据《最高人民法院关于审理侵犯商业秘密民事案件适用法律若干问题的规定》（以下简称《商业秘密司法解释》）第 1 条规定，与技术相关的数据可以认定为《反不正当竞争法》第 9

---

〔1〕 参见王迁：《论汇编作品的著作权保护》，载《法学》2015 年第 2 期。

〔2〕 See Directive 96/9/EC of the European Parliament and of the Council of 11 March 1996 on the Legal Protection of Database, Art. 3(2).

〔3〕 参见林华：《大数据的法律保护》，载《电子知识产权》2014 年第 8 期。

〔4〕 《反不正当竞争法》第 9 条第 4 款规定："本法所称的商业秘密，是指不为公众所知悉、具有商业价值并经权利人采取相应保密措施的技术信息、经营信息等商业信息。"

条规定的“技术信息”，而与经营活动有关的数据等信息，可以认定为“经营信息”。即数据依其功能不同可以作为技术信息或经营信息纳入商业秘密客体的范围。

第二，大数据应“不为公众所知悉”，或一般称为“秘密性”。美国法上，有的法院从其“不为公众所知悉”的要件出发，认为商业秘密应当具有类似于专利法上的新颖性要求，其出发点在于，如果没有新颖性要求，任何行业内的普通知识均可受人垄断，导致诉讼泛滥，使商业信息正常交流受到阻碍，影响正常的生产、经营活动。[1] 故关于商业秘密构成要件，我国有学者认为商业秘密构成要件应当包括保密性、新颖性、实用性以及经济价值性。[2] 但在美国法上，新颖性经常是为界定秘密性内涵而被引用。例如，在凯文尼石油公司案中，[3] 美国联邦最高法院认为，“如果不具有新颖性的就是普遍所知的，那么，某种新颖性就是必要的。因此，就商业秘密来说，秘密性至少是指最低限度的新颖性”。美国《反不正当竞争法重述》第 39 条评论 f 说，“尽管商业秘密案件中有时产生新颖性要求，但新颖性要求只是对本节秘密性和价值性概念，以及排除相关已有技术等价替换要求的另一种表达方式”。在我国法上，《反不正当竞争法》并未直接将新颖性规定为商业秘密的构成要件，而是规定商业秘密须“不为公众所知悉”，笔者在此赞同孔祥俊教授的观点，即“不为公众所知悉”包含了新颖性和秘密性的双重含义，其内涵可以从这两个层面来理解：[4] 新颖性着眼于技术水准，即技术信息或经营信息与通行的技术或经营存在差异；秘密性着眼于市场竞争的角度，强调商业秘密为少数人知悉或者使用。

就商业秘密“不为公众所知悉”要件，有学者认为商业秘密保护与大数

---

〔1〕 参见张玉瑞：《商业秘密法学》，中国法制出版社 1999 年版，第 205 页。

〔2〕 参见吴汉东、胡开忠等：《走向知识经济时代的知识产权法》，法律出版社 2002 年版，第 361～367 页。

〔3〕 See Kewanee Oil Co. v. Bicron Corp., 416 U. S. 470 (1974).

〔4〕 参见孔祥俊：《商业秘密保护法原理》，中国法制出版社 1999 年版，第 32 页。

据不相容:“对于现实中大多数的数据信息而言,信息制作者采集的信息本身大多来自公有领域,是任何人均可以公开渠道直接获取的,显然,将各地为公众所知的信息汇编之后形成的成果认定具有秘密性是荒谬的。”[1]但该观点在两个层面误解了大数据集合与已为公众所知悉的公有领域信息的区别:一是数据与信息或者是句法信息与语义信息的区别。我们通常所称的信息(如《鲁迅全集》),其为公众所知悉的是语义层面的信息,但其经过用户输入或者传感器扫描进一步转化成为数据或者“机器可读信息”,其是指在符号层面(如0和1)构造的句法信息,后者需要电子设备转化而事先不为公众所知悉。二是单个数据条目与整个数据集合的区别。即便单个数据条目不具有秘密性,但经营者将单个条目分别收集形成的数据集合并加密存储的整体,无法轻易从公有领域获得,则仍然可能具备秘密性。[2] 虽然商业秘密的秘密性要件具有新颖性的内涵,但一般认为其为最低限度的新颖性。例如,有的信息可能只是某种信息汇编,同行业的其他人只要付出劳动进行收集整理便可以得到相同或近似的结果,其他人没做而经营者这样做了,这种有新颖性但新颖性的程度极低的信息也可以成为商业秘密。[3]

第三,大数据应当具有价值性。其不仅要求信息具有使用价值即实用性,还要求信息保密而产生交换价值。[4] 因此,《商业秘密司法解释》第7条将《反不正当竞争法》第9条第4款规定的“商业价值”解释为“因不为公众所知悉而具有现实的或者潜在的商业价值”。如前所述,大数据可以作为生产性信息进行训练算法、提供用户个性化服务等,并且大数据分析可以提供决策性信息辅助市场主体作出决策,故而具有直接的实用价值,在其内容无

---

〔1〕 芮文彪等:《数据信息的知识产权保护模式探析》,载《电子知识产权》2015年第4期;何隽:《大数据知识产权保护与立法:挑战与应对》,载《中国发明与专利》2018年第3期;郝思洋:《知识产权视角下数据财产的制度选项》,载《知识产权》2019年第9期。

〔2〕 参见崔国斌:《大数据有限排他权的基础理论》,载《法学研究》2019年第5期。

〔3〕 对此,《商业秘密司法解释》第4条第2款规定:“将为公众所知悉的信息进行整理、改进、加工后形成的新信息,符合本规定第三条规定的,应当认定该新信息不为公众所知悉。”

〔4〕 参见孔祥俊主编:《商业秘密司法保护实务》,中国法制出版社2012年版,第150页。

法从公开渠道获得而由少数主体所掌握的情况下进一步产生交换价值,故而符合商业价值性要件。

第四,大数据应采取合理保密措施而具有保密性。事实上,大多数数据集合处于数据收集者的事实控制之下,根据欧盟委员会的调查,物联网设备产生的数据大部分是由其“所有者”在“孤岛”中生成,拥有大量数据的公司通常倾向于主要使用内部数据分析能力,在大多数情况下数据由同一家公司生成和分析。[1] 其一般通过技术措施限制他人对数据的接触而可满足商业秘密保护的保密性要件。

在此情况下,商业秘密制度将成为大数据集合保护和交易的最为重要的制度基础。目前司法实践中,也存在以商业秘密保护大数据集合的案例,如衢州万联网络公司与周某某等侵害商业秘密纠纷案中,[2] 关于涉案网站数据库中的用户信息是否属于商业秘密,法院认为虽然单个用户名、用户密码、注册时间等信息容易获取,但网站数据库中50多万海量用户的信息却非普遍知悉和可获得的,具有秘密性;该用户数据能够为原告带来经济利益,具有实用性;原告为网站数据库设置密码只有主要技术人员知晓且存在保密条款,可认定为采取了保密措施,故可获得商业秘密保护。在保护方式和力度上,相较于著作权法上对于汇编作品的保护,商业秘密保护更注重数据信息内容本身,只要他人未经允许非法获取、非法使用以及非法披露本身即构成侵权,数据收集者可以主张民事救济,情节严重的可主张行政和刑事救济,实现对其数据收集投资的充分保护。

(二)商业秘密保护局限性

商业秘密在大数据领域存在适用可能,同时也存在较强局限性。因为

---

〔1〕 See European Commission, *Building a European Data Economy* (Jan. 2017), https://eur-lex.europa.eu/legal-content/EN/TXT/? uri = COM:2017:9:FIN.

〔2〕 参见衢州万联网络公司与周某某等侵害商业秘密纠纷案,上海市第二中级人民法院(2010)沪二中民五(知)初字第57号民事判决书、上海市高级人民法院(2011)沪高民三(知)终字第100号民事判决书。

商业秘密的秘密性不仅要求其具有新颖性即持有人的信息与此前公开渠道可获得信息不同,还要求持有人采取合理措施来维持其秘密性。虽然商业秘密保护所要求的秘密性仅要求相对秘密性而非绝对秘密性,[1]但仍然限定于特定范围内,不能为大规模的公众所知悉。[2] 同时,合理保护措施要求限定知悉范围、获得人群,这要求商业秘密不能被轻易公开,只有在对更广泛的公众保持保密的条件下才能向他人披露。[3]

该特质可能与大数据集合保护和共享存在实质冲突:对于前述如物联网领域企业自主生成、收集数据后进行独占控制,完全不对外公开并自主分析利用的情况,商业秘密保护可发挥重要作用。但数据价值最大化实现不是通过生成者一家进行的内部利用和分析,而是通过广泛流通和共享,不同主体对其数据价值的无限挖掘。商业秘密的秘密性和保密措施的要求一定程度上与数据自由流动、公开交易、分享和利用等要求不相容,将商业秘密

---

[1] 1995年《国家工商行政管理局关于禁止侵犯商业秘密行为的若干规定》第2条规定:"不为公众所知悉,是指该信息是不能从公开渠道直接获取的";同年颁布的《最高人民法院关于审理科技纠纷案件的若干问题的规定》第51条也采取了"不能从公共渠道直接获得"的界定标准;2007年颁布的《最高人民法院关于审理不正当竞争民事案件应用法律若干问题的解释》第9条将其解释为"有关信息不为其所属领域的相关人员普遍知悉和容易获得";《商业秘密司法解释》沿用了该界定,其第3条规定的"权利人请求保护的信息在被诉侵权行为发生时不为所属领域的相关人员普遍知悉和容易获得的"即为"不为公众所知悉"。实践中,如成果鉴定、企业内部关系、产品试用、业务关系人等情形"因业务需要"而为他人所知悉不一定破坏秘密性,只要局限于小范围而所知人不扩散也并不会影响法律上商业秘密的存续。参见孔祥俊主编:《商业秘密司法保护实务》,中国法制出版社2012年版,第127页;张玉瑞:《商业秘密商业贿赂:法律风险与对策》,法律出版社2005年版,第43、56~58页。

[2] See Justin Malbon, Charles Lawson & Mark Davison, *The WTO Agreement on Trade-Related Aspects of Intellectual Property Rights: A Commentary*, Edward Elgar Press, 2014, p.581.

[3] 日本法院对于"合理措施"的要求是,商业秘密持有者必须限制获得该信息的人的数量,明确指出该主题是秘密的,且通过电子和物理手段限制访问。在我国,2020年出台的《商业秘密司法解释》并未明确该要件,国家市场监督管理总局2020年9月发布的《商业秘密保护规定(征求意见稿)》第8条将"限定涉密信息的密级、保密期限和知悉范围,只对必须知悉的相关人员告知其内容"作为认定"相应保密措施"的构成要件。

制度作为主要保护机制将限制数据流动和共享。[1] 具体而言,数据在“孤岛”中进行独家收集、利用并非主要以及理想状态,企业在其事实控制之下将其数据以特定条件向不特定主体进行限定公开、差别化公开成为当前数据流通和共享中的重要商业模式,其难以在商业秘密制度下恰当定位并获得保护。具体而言,在前述实践纠纷类型中,对于互联网上的用户贡献数据,其价值实现以向一般公众公开可访问为前提,因此企业将其数据向不特定主体公开,而仅排除特定主体的访问。例如,针对点评类网站上的点评信息及社交媒体用户分享视频、图片等,其一般允许不特定主体访问其内容(区别在于有的不限制任何条件,有的要求用户注册登录等),但通过爬虫协议(Robot 协议)、屏蔽互联网协议(Internet Protocol,IP)地址、设置人机识别等方式排除竞争者通过网络机器人爬取其信息。对于平台收集的观测数据以及衍生数据,其价值实现虽不必然以公开为前提,但通过广泛共享却可实现其数据价值最大化。因此,国内四大互联网平台“BATT”(百度、阿里巴巴、腾讯、今日头条)都采取开放平台策略,一方面对其服务器上数据进行技术措施保护,另一方面向第三方应用开放应用程序接口,通过差别化公开、限定公开的方式向不特定主体进行共享。在此情形下,商业秘密制度“公开/秘密”的二元划分很难将企业控制之下有条件访问信息纳入保护范畴,无论是完全公开的互联网数据还是“半公开”的开放平台数据,都很难认定符合商业秘密的“秘密性”要求。[2] 如果将商业秘密作为大数据保护的主要机制,一旦数据可以为大多数公众自由获得(即使以付费为前提),对这些数据的利用行为,今后则不能作为商业秘密进行保护。在此情况下,市场主体将不得不二选一:要么对数据进行广泛交易获利,面临失去法律保护的风

---

〔1〕 参见朱真真:《大数据时代数据公开与知识产权保护的冲突与协调》,载《中国科技论坛》2019 年第 3 期;何隽:《大数据知识产权保护与立法:挑战与应对》,载《中国发明与专利》2018 年第 3 期。

〔2〕 参见丁晓东:《论企业数据权益的法律保护——基于数据法律性质的分析》,载《法律科学(西北政法大学学报)》2020 年第 2 期。

险,要么限制对外交易主要对其数据进行内部分析,从而实现完整的产权保护。对于必须公开才能利用的用户贡献数据,其将导致企业无法充分回收数据收集投资而损害其投资积极性;对于可隐匿处理的观测数据以及衍生数据,其则会导致企业进一步限制其交易和共享范围。数字技术的核心在于数据共享和再利用,而如果制度保护限制了数据流动,则无异于限制了技术发展路径,因此商业秘密保护制度在大数据领域的应用有限。

三、反不正当竞争法一般条款保护

(一)一般条款适用现状

受限于著作权的"独创性"要求、商业秘密"秘密性"和"保密性"要求以及合同调整的相对性限制,[1] 实践中数据收集者一般通过《反不正当竞争法》主张其对于数据的财产性利益,法院一般适用《反不正当竞争法》第 2 条即一般条款加以调整。为了避免反不正当竞争法一般条款适用的泛化,最高人民法院在"海带配额案"中指出一般条款的适用需要同时满足三个条件:(1)法律对该种竞争行为未作出特别规定;(2)其他经营者的合法权益确因该竞争行为而受到了实际损害;(3)该种竞争行为因确属违反诚实信用原则和公认的商业道德而具有不正当性。[2] 关于不正当行为构成要件,一般认为应当包括存在竞争关系、行为违反诚信原则或公认的商业道德、损害竞

---

[1] 实践中也存在以合同法调整数据纠纷的情形。例如,在上证所信息网络有限公司(以下简称上证信息)诉新华富时指数有限公司(以下简称新华富时)违约案中,上证信息曾通过合同授权新华富时使用上海证券交易所实时股票行情编制指数,授权明确禁止使用上证指数开发衍生产品。法院审理后认为,原、被告之间签订的合同依法有效,新华富时利用上证指数开发指数期货的行为违反合同约定,应承担违约责任。参见上证所信息网络有限公司诉新华富时指数有限公司违约案,上海市浦东新区人民法院(2006)浦民二(商)初字第 2963 号民事判决书。

[2] 参见山东省食品进出口公司、山东山孚集团有限公司、山东山孚日水有限公司与马某某、青岛圣克达成贸易有限公司不正当竞争纠纷案,最高人民法院(2009)民申字第 1065 号民事判决书。

争者的合法权益三个要件。[1] 关于竞争关系认定理论上存在主体和行为两类标准，前者主要包括狭义上同行业经营者之间的竞争，后者则关注于以不正当手段谋取竞争优势或者破坏他人竞争优势的情形，即符合“竞争关系”要件。随着反不正当竞争保护对象的多元化，司法实践中目前倾向于对竞争关系作出宽泛认定，不仅包括同业竞争者之间，而且将不正当谋取竞争优势、损害消费者权益、扰乱市场竞争秩序的行为纳入进来。[2] 在大数据纠纷的司法实践中，只要存在损害他人大数据之上财产利益的结果，法院一般认定竞争关系成立。司法实践认定焦点集中于后两者，即经营者是否对其数据集合拥有合法权益，以及竞争者是否采取不正当竞争行为损害他人权益。针对目前大数据纠纷典型案例的裁判观点进行简要归纳，各法院在既有大数据纠纷中的一般裁判思路为：(1)确认数据收集者在数据收集过程中付出了实质性投资，大数据集合能为其带来经济利益和竞争优势，因此数据收集者对其数据集合具有竞争法上的利益；(2)竞争者采取了不正当竞争行为而损害数据收集者财产利益，关于竞争者行为是否存在不正当性，目前存在多重判断标准，包括“不劳而获”“食人而肥”的抽象道德标准、平台和用户授权标准以及实质性替代标准。

目前，既有案件中司法裁判代表性观点可参见表1－1：

---

〔1〕 对于不正当竞争行为的构成要件，我国学者们根据各自理解与归纳存在不同表述。例如，孔祥俊教授认为，按照《反不正当竞争法》第2条认定不正当竞争行为，包括三个要素：第一，是一种市场竞争行为；第二，违反了市场竞争原则；第三，对市场竞争产生了损害。王先林教授认为，应当包括四个要件：第一，主体是各类市场活动的参与者；第二，行为人实施了与诚实信用原则或其他公认商业道德相违背的行为；第三，行为人主观上具有过错；第四，侵害客体是经营者利益、消费者利益和社会公共利益。种明钊教授认为，应包括四要件：由竞争者所为；以市场竞争为目的；违反公认的商业道德；损害竞争者的合法权益。但这些大都包括竞争关系、违背诚实信用原则或商业道德、损害竞争者合法权益三要素。参见孔祥俊：《商标与反不正当竞争法：原理和判例》，法律出版社2009年版，第686页；王先林：《竞争法学》，中国人民大学出版社2009年版，第97～98页；种明钊主编：《竞争法》，法律出版社2008年版，第113～115页。

〔2〕 参见王文敏：《知识财产法益的类型化研究》，中国人民大学2018年博士学位论文，第116页。

表1-1 司法裁判代表性观点

案件	审理法院	经营者合法权益	不正当竞争行为
“酷米客”诉“车来了”案	广东省深圳市中级人民法院	“酷米客”App后台服务器存储的公交实时类信息数据具有实用性并能够为权利人带来现实或潜在、当下或将来的经济利益，其已经具备无形财产的属性。谷米公司对该软件所包含的信息数据的占有、使用、收益、处分享有合法权益	该信息虽可供公众免费查询，但数据需以不违背权利人意志的合法方式获得。被告行为实为一种“不劳而获”“食人而肥”的行为，且具有非法占用他人无形财产权益、破坏他人市场竞争优势并为自己谋取竞争优势的主观故意，违反诚实信用原则，扰乱竞争秩序，应认定构成不正当竞争行为
大众点评诉百度不正当竞争案	上海知识产权法院	大众点评在收集用户评论的过程中付出了巨额成本，是其核心竞争资源之一，能给汉涛公司带来竞争优势并具有商业价值，汉涛公司对于点评信息具有竞争利益，如果不进行保护，将没有经营者再愿意投入巨额成本进行类似的创新性、基础性的工作，从而抑制经营者创新的动力	在判断擅自收集他人信息行为是否违反公认商业道德时，要考虑互联网信息共享、互联互通的特点，兼顾信息获取者、信息使用者和社会公众三方的利益，既要考虑信息获取者的财产投入，还要考虑信息使用者自由竞争的权利，以及公众自由获取信息的利益。 百度公司用垂直搜索获取大众点评数据本身不具有违法性，但应当遵循“最少、必要”的原则，采取损害最小的措施。本案中，百度抓取并大量全文展示来自大众点评网的信息，实质替代了大众点评网的相关服务，已明显超出了提供网络搜索服务的范围，这种行为损害了汉涛公司的利益，并破坏正常的产业生态，因此构成不正当竞争

续表

案件	审理法院	经营者合法权益	不正当竞争行为
大众点评诉爱帮网不正当竞争案	北京市第一中级人民法院	大众点评网的商户简介和用户点评,是汉涛公司收集、整理和运用商业方法吸引用户注册而来。汉涛公司为此付出了人力、财力、物力和时间等经营成本,由此产生的利益应受法律保护	爱帮科技公司作为提供搜索、链接服务的网络服务商,应遵守法律规定和相关行业规范,对于特定行业网站的信息的利用,须控制在合理的范围内。但爱帮网对大众点评网的点评内容使用,已达到了网络用户无须进入大众点评网即可获得足够信息的程度,超过了适当引用的合理限度,事实上造成爱帮网向网络用户提供的涉案点评内容对大众点评网的相应内容的市场替代,对汉涛公司的合法利益产生实质性损害,违背了公认的商业道德
新浪微博诉脉脉不正当竞争案	北京知识产权法院	数据的获取和使用,不仅能成为企业竞争优势的来源,更能为企业创造更多的经济效益,是经营者重要的竞争优势与商业资源。新浪微博通过其公司多年经营活动积累了数以亿计的微博用户,经过用户同意收集并进行商业利用的用户信息不仅是被上诉人微梦公司作为社交媒体平台开展经营活动的基础,而且是其向不同第三方应用提供平台资源的重要商业资源	在判断商业交易是否诚信或行为是否正当时,需要综合考虑经营者、消费者和社会公众的不同利益。用户信息是新浪微博研发产品、提升企业竞争力的基础和核心,第三方应用未经新浪微博用户及新浪微博的同意,不得使用新浪微博的用户信息。取得用户对个人信息采集和利用的同意,是互联网企业在利用用户信息时应当遵守的一般商业道德。因此,第三方通过 OpenAPI 获取用户信息时应坚持"用户授权"+"平台授权"+"用户授权"的三重授权原则。淘友天下不符合微博《开发者协议》的约定,存在超出授权许可范围抓取教育和职业信息的情况,同时未取得用户许可即获取并使用涉案非脉脉用户的相关新浪微博信息,违反了诚实信用原则和互联网中的商业道德,构成不正当竞争

续表

案件	审理法院	经营者合法权益	不正当竞争行为
腾讯诉抖音、多闪不正当竞争案	天津市滨海新区人民法院	用户信息已成为互联网经营者特别是社交网络平台的核心财富和重要的竞争资源,如何获取、使用这些用户信息也是经营活动的重要内容。在用户同意、保证用户隐私权等其他合法权益不被侵害的前提下,企业对基于自身经营活动收集并进行商业性使用的用户数据整体享有合法权益	第三方通过 OpenAPI 获取用户信息时应坚持"用户授权"+"平台授权"+"用户授权"的三重授权原则。抖音、多闪未经用户和平台授权获取数据,具有不正当性,构成不正当竞争
淘宝诉美景不正当竞争案	浙江省杭州市中级人民法院	网络数据产品虽然表现为无形资源,但可以为运营者所实际控制和使用,并带来经济利益,并实质性具备了商品的交换价值。网络运营者对于其开发的数据产品,应当享有自己独立的财产性权益。同时,限于我国法律目前对于数据产品的权利保护尚未作出具体规定,基于"物权法定"原则,个案审判中不宜确认网络运营者对于数据产品享有财产所有权	美景公司未经授权亦未付出新的劳动创造,直接将涉案数据产品作为自己获取商业利益的工具,明显有悖于公认的商业道德,如不加禁止将挫伤数据产品开发者的创造积极性,阻碍数据产业的发展,进而会影响广大消费者福祉的改善。美景公司的被诉行为实质性替代了涉案数据产品,恶意破坏了淘宝公司的商业模式与竞争优势,已构成不正当竞争行为

(二)一般条款适用问题

司法实践中适用反不正当竞争法一般条款解决大数据纠纷,虽然可以满足个案中纠纷解决的现实需求,但是并未完成大数据集合归属、保护、利用、共享法秩序的真正建构。司法机关在独立适用《反不正当竞争法》第2条时,由于商业道德的抽象性和模糊性,仍然无法避免一般条款适用的以下弊病:[1]

---

[1] 参见王文敏:《知识财产法益的类型化研究》,中国人民大学2018年博士学位论文,第30~37页。

第一，裁判标准不统一和不可预见，所谓“商业道德”本身是一个极富弹性的概念，被告行为本身是否违反商业道德，不同法院基于不同角度可能得出完全相反的结论。[1] 在大数据司法实践中，不同法院就何为不正当竞争行为存在明显的认定冲突。例如，大众点评诉百度不正当竞争案中，上海知识产权法院认为，互联网领域竞争行为是否正当的认定，既要考虑信息获取者的财产投入，还要考虑信息使用者自由竞争的权利，以及公众自由获取信息的利益。百度公司垂直搜索获取大众点评数据本身不具有当然违法性，但当其构成实质性替代即存在市场失灵的风险时才认定构成不正当。但在“酷米客”诉“车来了”案中，深圳市中级人民法院则将他人行为正当与否立基于大数据集合的价值性，其认为“酷米客”存储的数据信息已经具备无形财产的属性，其对信息数据的占有、使用、收益及处分享有合法权益，被告违背权利人意志获取相关数据，实为一种“不劳而获”“食人而肥”的行为，因而具有不正当性。面对不同法院对“商业道德”的不同理解，竞争者很难明晰《反不正当竞争法》对大数据集合的保护范围，从而建立起数据利用、流通、共享的稳定秩序。

第二，竞争利益权利化倾向。受“劳动财产权”学说的直觉号召力影响，部分法官在实践中倾向于将劳动或者投资作为企业对其经营成果享有财产权或获得法律保护的基础，而将“保护劳动所得和合法所得不受他人侵犯”作为一项公理性法律原则，[2] 将“搭便车”“不劳而获”“食人而肥”等与违反诚实信用原则和公认的商业道德画上等号，作为评判竞争行为正当与否的基础。[3] 由此出发极容易不适当地扩张专有权的保护范围，忽视了“模仿是

---

〔1〕 参见吴峻：《反不正当竞争法一般条款的司法适用模式》，载《法学研究》2016 年第 2 期；卢纯昕：《反不正当竞争法一般条款在知识产权保护中的适用定位》，载《知识产权》2017 年第 1 期。

〔2〕 参见崔国斌：《知识产权法官造法批判》，载《中国法学》2006 年第 1 期。

〔3〕 参见蒋舸：《关于竞争行为正当性评判泛道德化之反思》，载《现代法学》2013 年第 6 期。

竞争的天然血脉”,[1]也忽视了劳动财产理论主要适用的有体财产领域与信息等无体财产的不同。由于信息具有公共物品属性和无损耗属性,基于劳动投资或有价值性直接对信息给予排他性保护将阻塞公众利用该信息的渠道、妨害公共领域的行动自由,其社会影响远超过在有体物上创设物权。[2]例如,在“酷米客”诉“车来了”案,腾讯诉抖音、多闪案以及淘宝诉美景案中,法院都是首先确认数据收集者大数据集合的财产性价值和合法利益,以“不劳而获”“食人而肥”等违反商业道德行为作为评判标准,将权利人同意与否作为竞争者数据获取行为正当与否的依据,事实上确立了数据收集者对其数据获取、利用的排他性权利。有学者评论,司法实践试图激活《反不正当竞争法》第 2 条一般条款中的“合法权益”而确立事实上的“数据财产权”,[3]以抽象的不正当竞争行为名义,对非法侵入、使用企业数据等行为加以排除和救济。但其往往从保护企业投资的单方面考量,缺乏对用户支配个人数据、消费者权益、相关利益主体数据访问的利益平衡。例如,“酷米客”诉“车来了”案中,公交车数据本身具有公共属性,且“酷米客”作为该公共数据的单一控制主体,是否有必要保障竞争者获取相关数据的利益;在腾讯诉抖音、多闪案中,腾讯的数据财产利益基于大数据集合整体而产生,但抖音、多闪实际上是在取得用户同意的前提下对单条数据信息进行获取,腾讯公司的保护范围是否仅及于大数据集合的整体或单条数据,以及如何保障用户对其数据的处分权利。以上在现有反不正当竞争法一般条款的框架下都难以得到具体考量。对此,布兰代斯(Brandeis)大法官在国际新闻社诉美联社案(International News Service v. Associated Press)中反对创设“盗用学说”的意见在当今仍然具有借鉴意义:“由司法机关创设或者发现一项新的私法权利时,可能会对公众利益造成严重损害,除非权利的界限得到清晰

---

〔1〕 参见张占江:《论反不正当竞争法的谦抑性》,载《法学》2019 年第 3 期。
〔2〕 参见崔国斌:《知识产权法官造法批判》,载《中国法学》2006 年第 1 期。
〔3〕 参见龙卫球:《再论企业数据保护的财产权化路径》,载《东方法学》2018 年第 3 期。

和明智的界定。因为法院缺乏足够能力去调查在何种情况下私人收集的新闻会对公共利益产生影响,以及在何种情况下为新闻之上的财产权设置必要限制;法院也难以制定充分实施该权利所必要的具体规范,或者引入权利行使时的必要机制。基于此,司法机关应当拒绝去构建一种新的权利秩序,即使对于某些不当情形的补救措施似乎已经很明显。"[1]

四、小结

如前所述,在既有专利、商标、著作权以及商业秘密制度均无法为大数据提供恰当保护机制的前提下,目前司法实践适用反不正当竞争法一般条款是解决实践纠纷的无奈之选,但这却难以成为一种稳定的调整机制。为了实现数据收集者、竞争者、消费者等相关利益主体平衡的利益互动,有必要在既有制度框架外作出整体考量和系统设计。以下将总结比较法经验、理论学说,系统地就大数据保护路径选择、保护边界厘定作出解答。

---

〔1〕 International News Service v. Associated Press, 248 U. S. 215 (1918).

第二章
基于信息控制的保护路径选择

技术发展使大数据成为一类新的生产要素，进而在法律上产生了界权保护探讨之必要。在既有知识产权法框架难以为大数据进行明确定位、周延保护的前提下，需要完善制度设计弥补当前的立法断层。比较法中，欧盟、美国、日本积极探索调整其立法框架以适应数字经济的发展需求，借鉴比较法上的规制模式，我国学者就中国法背景下如何为大数据界权和保护进行了有益探讨，目前主要包括数据财产权说、新设知识产权说、竞争法保护说三种，但就基本规制路径学界尚未达成共识，现以此为基础作进一步探讨。

第一节　大数据保护比较法研究

随着人工智能、物联网、云计算等技术的成熟，全社会数据量呈指数型增长，全球进入以数据为核心的大数据时代，数据作为一类新的生产要素将成为信息时代经济发展的新动力。2010

年以后，欧盟、美国、日本等全球发达国家和地区率先制定大数据战略，加紧建构符合自身利益需求的数据治理体系，从而在全球竞争中取得优势。例如，欧盟2015年提出了“欧洲单一数字市场战略”，提出了包含一系列制度改革建议的单一数字市场完善路线图，从而最大化数字经济增长潜力；[1] 2017年，其进一步发布了“建设欧洲数据经济”的通信文件，就数据流通、访问、传输、责任制度各方面完善提出建议。[2] 2019年，美国白宫行政管理和预算办公室（Office of Management and Budget，OMB）发布《联邦数据战略与2020年行动计划》，规划了美国联邦政府未来10年的数据愿景和行动计划。[3] 2012年，日本政府即推出了《面向2020年的ICT综合战略》，大数据成为发展的重点；2013年6月，日本发布了《创新最尖端信息技术国家宣言》，明确了以发展开放公共数据为核心的日本新信息技术国家战略。[4] 在确立大数据战略之后，相关国家在数据保护层面开展了有益的探索。

一、欧盟法

针对大数据集合，欧盟法并没有专门的立法保护。2015年“欧洲单一数字市场战略”中提出了创设“数据所有权”（data ownership）的倡议；[5] 2017年“建设欧洲数据经济”的通信文件中提出了“数据生产者权”（data

---

[1] See European Commission, *A Digital Single Market Strategy for Europe* (May 2015), https://eur-lex. europa. eu/legal-content/EN/TXT/PDF/? uri = CELEX:52015DC0192&from = EN.

[2] See European Commission, *Building a European Data Economy* (Jan. 2017), https://eur-lex. europa. eu/legal-content/EN/TXT/? uri = COM:2017:9:FIN.

[3] See The United States Office of Management and Budget, *Federal Data Strategy* 2020 *Action Plan* (Jan. 2020), https://strategy. data. gov/assets/docs/2020 - federal-data-strategy-action-plan. pdf.

[4] 参见张冠楠：《大数据时代：日本在做什么》，载《光明日报》2018年5月29日，第12版。

[5] See European Commission, *A Digital Single Market Strategy for Europe* (May 2015), https://eur-lex. europa. eu/legal-content/EN/TXT/PDF/? uri = CELEX:52015DC0192&from = EN.

producer's right)的倡议。[1] 但是，关于数据所有权的倡议一经提出便遭到了强烈反对，主要认为不存在对数据设立排他权的经济学上的正当性基础：当前，并不缺乏对企业创造和收集数据的经济激励，即使没有法定所有权企业也可以通过技术手段对其数据拥有事实上的控制并进行交易，授予企业对大数据集合的法定排他权反而将阻碍数据流动和带来垄断问题。[2] 在成员国中，类似地，德国各州司法部部长会议也提出是否有必要以立法明确数据属性并设置绝对权，如数据所有权(Dateneigentum)。德国各州司法部部长会议数据工作组研究后最终得出结论，[3]认为大数据保护的法律适用不存在空白领域，没有必要专门立法明确数据的属性或者规定数据之上的绝对权，现有立法中的多种保护机制形成了对数据投资和交易保护的"拼图"。设置数据所有权或者其他绝对财产权的立法建议最终被搁置。学者们逐渐回归到既有制度下构建数据保护与数据共享的平衡体系，主要探讨集中于数据库特别权利制度和商业秘密制度的适用。

---

[1] 所谓"数据生产者权"，即对设备所有者或者长期用户授予其对设备生成非个人数据的专有财产权，使其从下游市场的数据商业化过程中获得经济回报。See European Commission, *Commission Staff Working Document on the Free Flow of Data and Emerging Issues of the European Data Economy Accompanying the Document Communication Building a European Data Economy* (Jan. 2017), https://eur-lex.europa.eu/legal-content/EN/TXT/?uri=CELEX%3A52017SC0002.

[2] See e.g., Josef Drexl et al., *Data Ownership and Access to Data-Position Statement of the Max Planck Institute for Innovation and Competition of* 16 *August* 2016 *on the Current European Debate*, Max Planck Institute for Innovation & Competition Research Paper No. 16 – 10; Josef Drexl et al., *Position Statement of the Max Planck Institute for Innovation and Competition of 26 April 2017 on the European Commission's "Public Consultation on Building the European Data Economy"*, Max Planck Institute for Innovation & Competition Research Paper No. 17 – 08; Josef Drexl, *Designing Competitive Markets for Industrial Data-Between Propertisation and Access*, 8 Journal of Intellectual Property, Information Technology and Electronic Commerce Law 257 (2017); P. Bernt Hugenholtz, *Against "Data Property"*, in H. Ullrich, P. Drahos & G. Ghidini eds., Essays on Intellectual Property, Edward Elgar Press, 2018, p. 48 – 71.

[3] Vgl. Arbeitsgruppe, Bericht der Arbeitsgruppe „Digitaler Neustart" (Mai 2017), https://www.justiz.nrw.de/JM/schwerpunkte/digitaler_neustart/zt_bericht_arbeitsgruppe/bericht_ag_dig_neustart.pdf.

(一)数据库特别权利保护

欧盟法框架下,解决数据保护和利用问题最接近的制度是20世纪90年代欧盟为实现“强大数据库”产业的目标而制定的《数据库保护指令》。[1]其对传统数据库提供了两种保护机制:第一,版权法保护,对于其要素选择和编排具有独创性的内容受版权保护;第二,特别权利保护(sui generis right),对于制造者在收集、订正和展示数据方面付出了实质性投资的,其数据库内容受特别权利保护。对于大数据集合而言:首先,根据《数据库保护指令》第3条第1款的规定,版权保护要求数据库要素选择与编排具有独创性,即构成“作者自己的智力创造”(author's own intellectual creation),以自动化和机械化收集为特征、大部分内容是非结构化数据的大数据集合很难满足独创性要求。在保护范围上,《数据库保护指令》第3条第2款明确版权法保护不及于数据内容本身,对于大数据投资保护意义有限,因此基本可以排除版权法上的保护,[2]在此不作过多讨论。其次,特别权利保护并不要求数据库具有独创性,而是以在数据收集、订正和展示中付出实质性投资为要件,其保护对象为数据库内容本身,与目前大数据集合的保护诉求具有较高的契合性,以下我们将重点讨论欧盟法上传统数据库特别权利制度能否适用于大数据集合保护、存在的局限性及完善方案。

1.“特别权利”保护可能性

根据《数据库保护指令》的规定,数据库特别权利保护首先要构成“数据库”,并且在数据收集、订正和展示中付出实质性投资,才能赋予其排除他人大量抽取数据库中全部或实质部分,以及排除他人反复使用数据库实质部分或者全部的权利。笔者以下将分别探讨大数据集合能否作为《数据库保

---

[1] See Directive 96/9/EC of the European Parliament and of the Council of 11 March 1996 on the Legal Protection of Databases, OJ L 77, 27.3.1996, p.20 – 28.

[2] See Josef Drexl, *Designing Competitive Markets for Industrial Data-Between Propertisation and Access*, 8 Journal of Intellectual Property, Information Technology and Electronic Commerce Law 257 (2017).

护指令》规定的“数据库”并符合“实质性投资”而获得保护，以及数据库特别权利所赋予的保护范围能否适用于既有典型纠纷类型并满足实践保护诉求。

(1)“数据库”要件检视

根据《数据库保护指令》第1条的规定，“数据库”应包括以下要件：独立作品、数据或材料的集合，可以以电子或其他方法独立获取，经过系统或有序安排。[1] 首先，数据要求其是独立作品、数据或者其他材料的集合。欧盟法院(Court of Justice of the European Union, CJEU)解释，[2] 只要构成数据库的材料之间可以相互分离而不影响其价值即满足该要求。这一规定的目的在于避免版权法客体与数据库保护重叠(据此，视听、电影、文字或者音乐作品不属于数据库的范畴，例如，一部电影可视为由不同要素组成，但从整体来看其属于一个整体，仅仅能获得著作权法的保护而不属于数据库)。从《数据库保护指令》的立法目的(鼓励投资者开发存储和处理信息功能的系统)出发，欧盟法院对独立材料进行了极为宽泛的解释。其在埃斯特鲍尔出版社案中认为，《数据库保护指令》意义上的“数据库”概念是根据其功能进行定义的，数据库保护的立法目的在于激励在数据存储和处理系统上的投资，以促进信息市场的发展。[3] 只要信息从集合中提出来之后具有独立价值即可被视为独立材料。在该案中，最简单的由二维地图网格+地理名称构成的地理位置信息的组合也构成独立素材。根据此解释，对于大数据集合而言，其由多个数据项组成，而每个数据项都具有其独立的自身价值，大数据集合一般应当可以满足该要件。其次，该独立材料的集合要经过系统、有序的安排，与传统数据库不同，大数据尤其是原始数据在收集过程中并非

---

〔1〕《数据库保护指令》第1条规定：“数据库是指经系统或有序的安排，并可通过电子或其他方法单独获取的独立的作品、数据或者其他材料的集合。”

〔2〕See Case C-444/02, Fixtures Marketing v. OPAP, ECLI:EU:C:2004:697.

〔3〕See Case C-490/14, Freistaat Bayern v. Verlag Esterbauer GmbH, ECLI:EU:C:2015:735.

按照特定类型、关系进行收集，可能与该要求存在冲突。[1] 但《数据库保护指令》对于该要件实际设置门槛较低，根据其立法说明（recital）第 13 条和第 21 条的规定，其并不要求独立要素在物理上以系统、有序的方式进行存储，而只要可以通过技术手段（如电子、电磁）或者其他手段（如索引、目录或者特定分类方法）能够对独立材料进行检索即可。例如，硬盘上一系列无序的数据集合与数据库管理软件进行结合，可以实现数据的检索即认为属于数据库。[2] 因此，即使对于机器生成的原始数据集合，只要可以通过数据分析软件完成对数据的检索即应当认定为数据库。从各成员国的立法来看，其对于数据库含义的界定也是开放式的，这为一系列多样化的信息产品和服务纳入保护提供了空间，即使对于大数据集合而言其一般也可以纳入“数据库”的范畴。

（2）“实质性投资”要件检视

《数据库保护指令》第 7 条第 1 款规定，制造者在获取、订正、展示其数据内容方面进行了实质性投资的，才受特别权利保护。数据库特别权利保护的是数据库制造者的“额头汗水”（sweat of the brow），即其在数据库中投入的技能、劳动和资本。该投资要求可以是定量的也可以是定性的，立法以及欧盟法院判例对此并没有最低要求。但其投资必须付出于获取、订正、展示其数据过程中。“获取”主要是将数据、作品或者其他材料收集纳入其数据库中的行为；“订正”主要涉及数据库中数据文件的检验、更正和更新；“展示”涉及如文件的数字化、关键词创设、用户界面设计等。[3] 就此，根据欧盟

---

〔1〕 See Josef Drexl, *Data Access and Control in the Era of Connected Devices: Study on Behalf of the European Consumer Organisation BEUC*(Dec. 2018), https://www.beuc.eu/publications/beuc-x-2018-121_data_access_and_control_in_the_area_of_connected_devices.pdf.

〔2〕 See P. Bernt Hugenholtz, *Something Completely Different: Europe's Sui Generis Database Right*, in S. Frankel & D. Gervais eds., The Internet and the Emerging Importance of New Forms of Intellectual Property, Wolters Kluwer Press, 2016, p. 211.

〔3〕 See P. Bernt Hugenholtz, *Something Completely Different: Europe's Sui Generis Database Right*, in S. Frankel & D. Gervais eds., The Internet and the Emerging Importance of New Forms of Intellectual Property, Wolters Kluwer Press, 2016, p. 211.

法院的判例,获取数据的投资,是指收集现有材料并将其纳入数据库的投资,而用于生产数据的投资并不在特别权利保护的范围内。就大数据集合而言,能否获得数据库特别权利保护的争议也主要集中于此。[1] 现就大数据集合能否满足该实质性投资要件分析如下。

关于"实质性投资"的定义,CJEU 在赛马日程信息案等 4 件案件中对此进行了解释。[2] 在赛马日程信息案中,英国赛马协会(British Horseracing Board, BHB)组织赛马比赛收集形成了赛马数据库(又称 BHB 数据库)并对外公布赛马数据,[3] 被告是一家赛马博彩公司,其通过收集 BHB 及其许可人公布的信息在网上发布。原告诉称,被告未经许可在网上业务中使用源自 BHB 数据库的数据,是对其数据库内容的实质性部分的提取和再利用,违反了《数据库保护指令》第 7 条第 1 款。由于对《数据库保护指令》第 7 条第 1 款中获取、验证数据库内容进行的实质性投资的含义产生分歧,英国上诉法院请求 CJEU 进行解释。CJEU 审理认为,《数据库保护指令》第 7 条第 1 款规定的获取内容的投资必须理解为在制造数据库的过程中获取、收集独立材料的投资,验证内容的投资是指在数据创造或运行过程中为了保证数据库信息内容准确性、可靠性进行的投资,在数据本身制作过程中进行的投资并不属于此类。在该案中,用于在比赛中制定马匹列表以及进行检查的投资不构成对获取和验证数据库内容的投资。其观点主要来自几个成员国政府的论据,即"《数据库保护指令》规定的特别权利保护的目的是促进建

---

[1] See e. g. , Andreas Wiebe, *Protection of Industrial Data—A New Property Right for the Digital Economy*?, 12 Journal of Intellectual Property Law & Practice 62 (2016); Josef Drexl, *Designing Competitive Markets for Industrial Data-Between Propertisation and Access*, 8 Journal of Intellectual Property, Information Technology and Electronic Commerce Law 257 (2017).

[2] See Case C－203/02, The British Horseracing Board Ltd. and Others v. William Hill Organization Ltd. , ECLI:EU:C:2004:695.

[3] 该案中,原告 BHB 是英国赛马业的主管机构,BHB 制订每年的赛马时间安排、监督比赛过程、出版各种赛马出版物以及汇编与赛马有关的数据等。BHB 建立并维护着一个由计算机处理的数据库,该数据库储存大量的与赛马有关的数据,并不断地更新最新信息。BHB 自己会在比赛前一天在报纸上公布相关赛马信息,并许可他人在当天早上向用户发布赛马信息。

立现有信息的存储和处理系统,而不是创造之后能够在数据库存储中的材料”,数据“创造”与“收集”的区分主要是为了平衡投资保护与信息传播之间的关系,避免通过数据库保护对“单一来源数据”的垄断。[1]

数据创造与收集投资的区分也在很大程度上限制了特别权利保护的适用范围,因为特别权利保护制度旨在保护数据库制作的投资,但这种投资很大一部分都存在于数据创造之中,事实上数据库的制作者在收集已有数据和订正已经纳入数据库数据的时候,所花费的投资都不是很大。[2] 有人认为,赛马日程信息案等 4 件案件的判决在事实上“肢解”了《数据库保护指令》所规定的特别权利,使特别权利的存在失去了意义。[3] 数据库特别权利制度适用于大数据领域时也面临这种限制。如前所述,数据可分为贡献数据、观测数据以及在前两者基础上加工而成的衍生数据,[4]根据不同数据类型而有所不同。首先,互联网上的用户贡献数据应当可以获得特别权利保护。对于用户贡献数据而言,如用户个人自行在网络上分享的个人信息、照片、视频、点评信息等资料,各种互联网服务商通过其平台向用户收集并通过其平台进行展示,应当认为其并非创造数据的投资而是数据收集、展示的实质性投资,即可以获得数据库特别权利。例如,在“元搜索引擎”案[5]中,原告对互联网上用户发布的二手车广告进行收集并展示,故其可获得《数据库保护指令》规定的特别权利保护。其次,对于观测数据,或者由各种传感

---

[1] See Estelle Derclaye, Lionel A. F. Bently, *Study in Support of the Evaluation of the Database Directive: Study for the European Commission* (Apr. 2018), https://ssrn.com/abstract=3309661.

[2] 参见李明德等:《欧盟知识产权法》,法律出版社 2010 年版,第 193 页。

[3] See William Cornish, David Llewelyn & Tanya Aplin, *Intellectual Property: Patents, Copyrights, Trademarks & Allied Rights*, Sweet & Maxwell Press, 2007, p. 834 – 836.

[4] See Jacques Crémer, Yves-Alexandre de Montjoye and Heike Schweitzer, *Competition Policy for the Digital Era* (May 2019), http://ec.europa.eu/competition/publications/reports/kd0419345enn.pdf; French Autorité de la concurrence, German Bundeskartellamt, *Competition Law and Data* (May 2016), https://www.bundeskartellamt.de/SharedDocs/Publikation/DE/Berichte/Big%20Data%20Papier.pdf?__blob=publicationFile&v=2.

[5] See Case C – 202/12, Innoweb BV v. Wegener ICT Media BV and Wegener Mediaventions BV, ECLI:EU:C:2013:850.

器以及设备生成的数据集合,其投资主要集中于数据生成过程中智能设备和服务的提供,如通过雷达或者卫星观测,以及通过传感器监测驾驶数据、水电消费数据等,后续大数据分析中一般也不会再进行《数据库保护指令》第7条第1款意义上的订正或者展示,似乎很难认为符合"实质性投资"要件。2018年欧盟委员会《数据库保护指令》评估报告指出:"在目前的情况下,《数据库保护指令》似乎不适用于设备生成数据,这些数据库的生成与其数据的创造密切相关,而判例法将对于内容创建的投资排除在特别权利的保护之外。"[1]

因此,目前关于特别权利在大数据领域应用的讨论也主要集中于设备生成数据领域,欧盟法院对此并没有明确判决。在成员国实践和理论探讨中,一种方案是对于设备生成数据不适用特别权利保护而适用其他机制;[2]另一种方案则是对《数据库保护指令》第7条数据收集的投资进行广义解释,将特别权利应用到观测数据的保护。

德国联邦最高法院在"高速公路收费"(Autobahnmaut)案[3]中即采取此路径。在该案中,原告"收费站"(Toll Collect)公司代表德国联邦政府收取联邦高速公路过路费,其通过其安装在各高速公路收费站的终端设备根据车辆通行情况确定收费数据。用户可以选择以AGES公司的加油卡(Tankkarten)进行支付,原告会提前一天将相关数据发送给AGES,被告实际上发行该加油卡并且是AGES的合伙人,其在网站上向用户提供"交易管理器",用户可以提前在网站上查看其收费数据。因此,原告主张被告侵犯了其《德国著作权法》第87b条的数据库制作者权利(《数据库保护指令》所规定的特别权利在德国法转化后的权利)。汉堡地区法院、高等法院在一审、二审中

---

〔1〕 Estelle Derclaye, Lionel A. F. Bently, *Study in Support of the Evaluation of the Database Directive: Study for the European Commission* (Apr. 2018), https://ssrn.com/abstract=3309661.

〔2〕 参见本部分"(二)商业秘密法保护"。

〔3〕 See BGH MMR 2011, 188.

均认为原告向 AGES 传输的数据集合属于受保护的数据库并且被告构成对该数据库的实质性利用，被告向联邦最高法院提起上诉。德国联邦最高法院审理认为，其认可 CJEU 在赛马日程信息案中的解释，即《数据库保护指令》中的“实质性投资”仅应当是对既有数据收集、订正、展示的投资，而不是对创造的构成数据库内容的数据本身的投资。但在本案中，原告通过其收费系统记录的数据，如加油卡的编号、车辆编号、收费里程日期、驾驶路线长短等数据，是在原告记录之前即已经存在的，原告仅进行了收集和分类，不同于原告计算后的通行费等首次由原告生成的数据，对事先已经存在的信息进行数字化转化将视为数据收集而非创造。[1] 此外，联邦最高法院还确认，原告向第三方支付费用建设和运营数据中心，其不仅仅用于计算收费数据，还包括收集数据的汇编和处理，其均非数据生成的投资而是数据订正和展示的投资。按照此标准，数据“创造”与“收集”的边界变得模糊，绝大多数设备生成数据都将被纳入“特别权利”的保护范围。[2] 按照此标准，卫星或雷达系统观测到的数据以及传感器收集的数据将视为已有信息的收集而非创造，将可以适用特别权利保护，但对于首次由计算机运算生成的数据将属于“创造”的数据而被排除在保护范围之外，[3] 如瑞安航空(Ryanair)案中的航班时刻表即属此类。[4]

2.“特别权利”保护周延性

数据库特别权利保护的客体是整个数据的集合而非数据个体。根据《数据库保护指令》第 7 条第 1 款的规定，数据库制造者有权排除他人对数

---

[1] 类似地，在赛程表(Fixture)案之后，英国上诉法院认为可以观察到的事实(如足球进球得分)并非创造数据。See Case C－444/02, Fixtures Marketing v. OPAP, ECLI:EU:C:2004:697; Football Dataco & Others v. Stan James Plc. & Others and Sportradar GmbH & Others, Court of Appeal (Civ. Division), 6 February 2013, [2013] EWCA Civ. 27.

[2] See Matthias Leistner, *Big Data and the EU Database Directive 96/9/EC: Current Law and Potential for Reform*, in S. Lohsse, R. Schulze & D. Staudenmayer eds., Trading Data in the Digital Economy: Legal Concepts and Tools, Nomos Press, 2017, p. 27－58.

[3] See P. Bernt Hugenholtz, *Against "Data Property"*, in H. Ullrich, P. Drahos & G. Ghidini eds., Essays on Intellectual Property, Edward Elgar Press, 2018, p. 48－71.

[4] See Case C－30/14, Ryanair Ltd. v. PR Aviation BV, ECLI:EU:C:2015:10.

据库内容全部以及其实质性部分的提取和再利用的权利。[1] 对于非实质性部分的提取和再利用是允许的,第7条第5款进一步规定,以重复和系统的方式对数据库内容的非实质性部分加以利用,与正常使用该数据库相抵触或者不合理地损害了制作者的合法利益的情况应当被禁止。

在实践中,CJEU对数据库特别权利的范围进行了宽泛的解释。关于数据提取,在赛马日程信息案中,[2] CJEU认为,数据提取不仅包括对数据库内容的直接提取,非直接的数据提取和再利用也构成其侵权,即使被告不从权利人处直接获得数据,而是从衍生自权利人数据库的第三方来源获得数据也构成侵权。在直接媒体出版公司案[3]中,CJEU认为,提取并非限于对数据完全的复制,《数据库保护指令》的立法目的在于保护获取、验证、提供数据过程中进行的实质性风险投资,保护其投资结果不受任何未经授权的占用。从该目的出发,其第7条"提取"概念必须理解为任何未经授权的占用数据库全部或部分内容的行为,即存在一种将相关数据库中的全部或部分内容"转移"到另一种数据库的行为,无论其以电子手段复制还是手抄,是否与原数据库存在竞争、大小相同或不同。因此,在该案中,被告仅仅从原诗歌单中选择了部分诗歌而以完全不同的选择方式进行发布也构成侵权。

关于数据再利用,其并不要求事实上一次性向公众传播数据库的全部或实质部分内容,但只要不特定主体可以访问数据库的全部或实质部分,构成对其投资的损害即构成侵权。在"元搜索引擎"案中,[4] CJEU认为,《数据保护指令》第7条第1款"再利用"应当解释为任何未经数据库制造者同意而向公众提供数据库内容的行为,因为此行为剥夺了其收回投资成本的

---

[1] "提取"(extract)被定义为,采取任何方法或形式,将数据库内容的全部或实质部分永久或暂时转移到另一载体上;"再利用"(re-utilizing)被定义为,通过发行、出租、在线传输或其他传输方式,将数据库的全部或部分内容向公众传播。

[2] See Case C-203/02, The British Horseracing Board Ltd. and Others v. William Hill Organization Ltd., ECLI:EU:C:2004:695.

[3] See Case C-304/07, Directmedia Publishing, ECLI:EU:C:2013:850.

[4] See Case C-202/12, Innoweb, ECLI:EU:C:2013:850.

机会。在该案中，首先，元搜索引擎在数据库制造者预期的访问方式之外向终端用户提供该数据库的访问路径，用户不必通过数据库主页就可以访问获得相关数据；其次，其即使没有向用户提供数据库的全部，也提供了实质性部分，事实上，通过该元搜索引擎可以访问整个数据库的内容，虽然检索的标准由每个用户具体界定，只有数据库的部分内容被访问和向用户展示，但是实际向用户显示检索的多少是无关紧要的，事实上整个数据库的内容都已经向用户提供访问，从而剥夺了其收回投资成本的机会。故通过元搜索引擎自动收集其他网站和搜索引擎上的信息应当构成对他人数据库内容的再利用。基于 CJEU 的在先判例，在前述“高速公路收费”案中，德国联邦最高法院同样对向公众传播进行了广义解释。虽然每个卡车用户仅能获得其个人相关收费信息，每次并未提供数据部分或全部，对于每条信息并没有向多人提供，但德国联邦最高法院认为，该权利旨在确保数据库制作者对其数据收集、订正、展示投资的保护，应当将再利用的概念解释为任何未经数据库制作者同意而公开传播其成果，从而剥夺其利润收入和收回其投资的行为。仅允许用户访问自己相关数据是数据库常见的数据类型，被告未经原告允许向不特定主体提供该服务，将构成对其回收投资的侵害而属于再利用行为。

通过对数据提取和再利用行为的广义解读，除了对单个数据或者非实质性部分不予保护，特别权利涵盖了所有未经允许复制或传播数据库内容而损害投资者投资的情形。在大数据语境下，无论是开发数据库产品或大数据库分析，单个或者少量数据的意义有限，大都涉及对数据的复制，即对数据库的提取和再利用，因此目前对大数据集合的获取和利用行为将落在数据库制作者的排他权范围内。[1]

3. “特别权利”保护局限性及完善可能

基于 CJEU 在赛马日程信息案等案中关于创造数据投资与获取数据投

---

〔1〕 Vgl. Kirsten J. Schmidt, Herbert Zech, Anwendungen die Tatbestandsvoraussetzungen der § § 87a ff. UrhG erfüllen können, CR 7 (2017), S. 417.

资的区分,有学者认为特别权利保护并不适用于大数据领域。但是在实践中,无论是平台数据还是设备生成数据,在欧盟法尤其是德国法框架下特别权利保护可能成为大数据保护最直接的制度选择。莱斯特纳(Leistner)教授认为,[1]数据库特别权利保护的门槛在现行法框架下和实践中被设定得非常低,大多数传感器或设备产生数据都可能被数据库特别权利所涵盖,并且现实中数据库使用的大多数场景都需要多来源、整体数据的利用,将构成对《数据库保护指令》第7条第2款或至少第5款数据库权利的侵犯,其对于调整当前的数据经济具有巨大的潜力。

同时,学者们担心数据库特别权利对于大数据集合过于宽泛的保护,给予数据收集者完全的排他性权利,会排除相关利益主体的合理使用,并限制数据流动和再利用。[2] 特别权利保护面临最直接的问题是,对于特别权利的限制和例外情形要远窄于版权法,且版权法上的限制和例外情形无法在数据库特殊保护中适用。[3] 在立法之初,欧盟委员会在《数据库保护指令》草案中给予了特别权利10年的保护期限,并规定了较为严格的例外和强制许可制度,但提交给欧盟理事会后,其从鼓励建立强大的数据库产业这一目标出发,采取了"高标准、严保护"的立法思路,[4]经济与社会委员会在提交给理事会的意见中提出:"某种客体是否应该被保护?通过规定短期限的知识产权保护并附加强制许可来对这个问题进行妥协是错误的。更可采取的办法是,判断它是否符合保护的条件,如果符合,就赋予其高标准的知识产

〔1〕 See Matthias Leistner, *Big Data and the EU Database Directive 96/9/EC: Current Law and Potential for Reform*, in S. Lohsse, R. Schulze & D. Staudenmayer eds., Trading Data in the Digital Economy: Legal Concepts and Tools, Nomos Press, 2017, p.27 –58.

〔2〕 See Josef Drexl, *Designing Competitive Markets for Industrial Data-Between Propertisation and Access*, 8 Journal of Intellectual Property, Information Technology and Electronic Commerce Law 257 (2017).

〔3〕 See Annette Kur et al., *First Evaluation of Directive 96/9/EC on the Legal Protection of Databases—Comments by the Max Planck Institute for Intellectual Property, Competition and Tax Law, Munich*, 37 International Review of Intellectual Property and Competition Law 551(2006).

〔4〕 参见[澳]马克·戴维森:《数据库的法律保护》,朱理译,北京大学出版社2007年版,第64页。

权保护。”[1]因此,此后《数据库保护指令》将保护期限延长为15年,删除了强制许可制度,并仅保留了两项限制。《数据库保护指令》第8条规定,对于数据库的非实质性部分,数据库制作者不得阻止合法用户的提取和再利用,但是这种使用不得与数据库的正常利用相冲突,也不得损害数据库制造者的合法利益。第9条规定了特别权利的例外情形,允许成员国规定可不经授权直接对数据库实质内容提取和使用的情形:为私人目的提取非电子数据库内容,在说明来源的前提下为教学和科学研究并在非商业目的的合理范围内提取,以及为了公共安全、行政司法程序而提取。因此,就特别权利在大数据领域的适用,理论中存在两种建议方案:[2]第一,特别权利制度本身的存在就极具争议性,应当排除或者严格限制“特别权利”在大数据领域的适用,在企业自身通过技术手段对数据建立排他性控制的前提下,通过商业秘密以及合同法调整建立大数据的保护和交易秩序;[3]第二,确立对大数据集合的排他权利即特别权利保护,可在复杂的数字网络经济中简化合同交易中对于数据利用的框架设计,提供必要的法律控制和确定性,降低交易成本。对于不足其可以在现有框架下进行调整和改进,一种方案是引入类似于美国版权法上合理使用的一般条款增强数据获取,另一种方案则是界定对其权利限制的具体情形。目前,这主要涵盖以下方面:[4]

第一,改进《数据库保护指令》第8条第1款合法用户的权利。在现实

---

〔1〕 Economic and Social Committee, Opinion on the Proposal for a Council Directive on the Legal Protection of Databases, para 2.6.2, 1993 O.J. (C 19).

〔2〕 See Josef Drexl, *Designing Competitive Markets for Industrial Data-Between Propertisation and Access*, 8 Journal of Intellectual Property, Information Technology and Electronic Commerce Law 257 (2017).

〔3〕 See Josef Drexl, *Designing Competitive Markets for Industrial Data-Between Propertisation and Access*, 8 Journal of Intellectual Property, Information Technology and Electronic Commerce Law 257 (2017).

〔4〕 See Matthias Leistner, *Big Data and the EU Database Directive 96/9/EC: Current Law and Potential for Reform*, in S. Lohsse, R. Schulze & D. Staudenmayer eds., Trading Data in the Digital Economy: Legal Concepts and Tools, Nomos Press, 2017, p.27 – 58.

情况中,数据库权利人拥有对数据事实上的控制和数据库特别权利的保护,因此,在这种权利人与使用者实力不对称的情况下有必要考虑设置强制规则以克服不公平的合同条款对数据访问的限制。《数据库保护指令》第 8 条第 1 款规定了合法用户对数据库的访问权,但是仅限于对非实质性部分的提取和利用,在大数据情景中,对数据的利用往往要涉及整个数据库的内容。因此,在特定情形下(如数据和文本发掘),有必要考虑将合法用户访问的权利扩展到整个数据库的内容,以进一步适应信息社会的发展。

第二,引入强制许可制度。如果对于数据库实质部分赋予专有权,可能限制第三方访问和利用数据的实际需求。1992 年在立法之初,欧盟委员会就已经考虑到了特别权利对于二级市场的限制,在最早《数据库保护指令》制定的提案中即包含了强制许可的规定。该提案第 8 条[1]规定了“向公众提供的数据库中所包含的作品或材料无法独立地创建、收集或者从其他来源获得”的情形,以及公共机构编制的公开数据库以“公平和无歧视”的条款

---

[1] The Article 8 “Acts performed in relation to the contents of a database-unfair extraction of contents” provides that: 1. Notwithstanding the right provided for in Article 2(5) to prevent the unauthorized extraction and re-utilization of the contents of database, if the works or materials contained in a database which is made publicly available cannot be independently created, collected or obtained from any other source; the right to extract and re-utilize, in whole or substantial part, works or materials from that database for commercial purposes, shall be licensed on fair and non-discriminatory terms. 2. The right to extract and re-utilize the contents of a database shall also be licensed on fair and non-discriminatory terms if the database is made publicly available by a public body which is either established to assemble or disclose information pursuant to legislation, or is under a general duty to do so. 3. Member States shall provide appropriate measures for arbitration between the parties in respect of such licenses. 4. The lawful user of a database may, without authorization of the database maker, extract and re-utilize insubstantial parts of works or materials from a database for commercial purposes provided that acknowledgment is made of the source. 5. The lawful user of a database may, without authorization of the database maker, and without acknowledgment of the source; extract and re-utilize insubstantial parts of works or materials from that database for personal private use only. 6. The provisions of this Article shall apply only to the extent that such extraction and re-utilization does not conflict with any other prior rights or obligations, including. the legislation or international obligations of the Member States or of the Community in respect of matters such as personal data protection, privacy, security or confidentiality.

进行强制许可,并规定了仲裁机制,考虑到个人数据、隐私、数据安全和保密之间的利益平衡。但立法采取“高标准、严保护”的立法思路后,该制度最终被删除。如果按照德国法院的宽泛解释路径,对设备生成的大数据集合加以保护,不可避免地将会导致对单一来源数据的垄断问题,在《数据库保护指令》未来修改中应当考虑设置强制许可制度,应当以公平、合理、无歧视费率对外进行许可,通过设置谈判条款和仲裁机制以促进强制许可制度实施。

第三,权利限制问题。特别权利的权利例外设计过于狭窄,尤其是与一般的版权例外相比。应当在版权和数据库特别权利之间建立动态联系,将数据与文本挖掘等新版权立法中规定的限制情形在适当条件下自动适用于特别权利。[1]

第四,保护期限问题。数据库的保护期限为 15 年(对于不断有更新的数据库而言,可能导致永久性保护),大数据与一般数据库的开发和利用时期相比具有较强的时效性,15 年的保护时间过长。因此,在修订《数据库保护指令》时,应当减少保护期以与实际需求一致。对于持续性更新的数据库,对更新的实质部分进行有限的保护。[2] 替代选择就是将数据特别权利转换为一种注册工业产权,[3] 在这种情况下,注册费应该随着时间的推移而大幅增加,以便促使权利人在有限时间内通过有价值的数据库收回投资。

2018 年,欧盟委员会发布了关于《数据库保护指令》的第二次评估的专

---

〔1〕 See Matthias Leistner, *Big Data and the EU Database Directive* 96/9/*EC*: *Current Law and Potential for Reform*, in S. Lohsse, R. Schulze & D. Staudenmayer eds., Trading Data in the Digital Economy: Legal Concepts and Tools, Nomos Press, 2017, p. 27 – 58.

〔2〕 See Matthias Leistner, *Legal Protection for the Database Maker-Initial Experience from a German Point of View*, 33 International Review of Intellectual Property and Competition Law 458 (2002).

〔3〕 Vgl. Herbert Zech, Information als Schutzgegenstand, 1. Aufl. 2012, S. 437 – 440.

家报告,[1]其中专门涉及大数据保护问题。关于特别权利能否适用于大数据领域,其仅仅提到"特别权利没有系统地涵盖大数据和单一来源数据库的情形",同时提到"特别权利可能比预想的要更广泛地适用于大数据"。但其并未打算通过修改立法澄清是否在大数据领域适用,而是等待欧盟法院案例法的发展。专家报告认为,大数据以及传感器和设备产生数据增加了《数据库保护指令》对于竞争的影响:一是共同所有权,在数据越来越多的网络世界中,更加难以识别数据库的制造者或者投资者;二是就传感器产生数据而言,《数据库保护指令》可能导致对唯一来源数据库的特殊保护,从而对竞争产生负面影响。以下改革方案可供潜在方案加以引入:其一,将强制许可作为潜在的解决方案加以引入,要求特别权利的所有者在特定情况下向第三方提供强制许可;其二,引入注册要求,通过要求寻求特别权利保护的制造者明确声称他们拥有这样一项权利,解决不确定性和信息不充分的担忧,使使用者更容易寻求许可;其三,在数据库特别权利保护标准不断扩张的情形下,可以进一步扩大《数据库保护指令》第 9 条中的保护例外情形,以及保持与版权保护中的例外情形相一致;其四,将保护期限缩短至 5 年,可以无限续期,但是对于旧的数据库内容向公众免费提供。

(二)商业秘密法保护

如前所述,数据依其生成方式不同可分为贡献数据、观测数据以及在前两者基础上加工而成的衍生数据,[2]对于用户生成的贡献数据,一般可以在

---

[1] See Directorate-General for Communications Networks, Content and Technology (European Commission) et al., *Study in Support of the Evaluation of Directive 96/9/EC on the Legal Protection of Databases* (May 2018), https://op.europa.eu/en/publication-detail/-/publication/5e9c7a51-597c-11e8-ab41-01aa75ed71a1.

[2] See Jacques Crémer, Yves-Alexandre de Montjoye and Heike Schweitzer, *Competition Policy for the Digital Era* (May 2019), http://ec.europa.eu/competition/publications/reports/kd0419345enn.pdf; French Autorité de la concurrence, German Bundeskartellamt, *Competition Law and Data* (May 2016), https://www.bundeskartellamt.de/SharedDocs/Publikation/DE/Berichte/Big%20Data%20Papier.pdf?__blob=publicationFile&v=2.

特别权利下获得保护。对于由设备生成的观测数据，一种路径即如上提到的德国联邦最高法院对于“实质性投资”的广义解释路径，将其纳入特别权利保护范围；另一种路径则是基于企业对其数据控制的事实，以商业秘密制度提供补充性保护。德雷克斯尔（Drexl）教授认为，即使不存在专门的财产权或排他权，企业对其大数据集合也存在第一层次的事实保护机制，对于大多数设备生成数据而言，企业本身能够通过技术手段将他人排除在外。[1] 2016年，欧盟通过了专门的《2016年6月8日欧洲议会和欧盟理事会关于保护未披露的技术诀窍和商业信息（商业秘密）防止非法获取、使用和披露的第2016/943号（欧盟）指令》（以下简称《商业秘密保护指令》），[2]实现了各成员国商业秘密制度的协调。其认为商业秘密制度可以作为数据控制者对其数据事实排他性的“法律强化器”（legal intensifier），同时商业秘密对于现实交易秩序侵入性更弱的特点，可以在为数据控制者提供充分保护的同时避免对数据流动造成不必要的限制。具体而言，根据《商业秘密保护指令》第2条第1款的规定，商业秘密所保护的信息需要具有：（1）秘密性，即不能够为相关领域人员所公知或容易获得；（2）价值性，即这种信息由于其保密性而具有一定的“商业价值”；（3）保密性，其必须由合法控制该信息的人采取合理的保密措施。关于商业秘密的秘密性、价值性和保密性界定存在灵活性，可以根据信息的价值进行广泛的解释和保护，以实现鼓励创新与数据获取之间的平衡。具体而言，设备生成的单个数据可能不符合《商业秘密保护指令》的价值性要件，但对于大数据集合整体而言其应当满足价值性要求，只要其采取合理保密措施且不为公众所知悉即可获得保护。从保护范

---

〔1〕 See Josef Drexl, *Designing Competitive Markets for Industrial Data-Between Propertisation and Access*, 8 Journal of Intellectual Property, Information Technology and Electronic Commerce Law 257 (2017).

〔2〕 See Directive (EU) 2016/943 of the European Parliament and of the Council of 8 June 2016 on the Protection of Undisclosed Know-how and Business Information (Trade Secrets) Against Their Unlawful Acquisition, Use and Disclosure (Text with EEA relevance) OJ L 157, 15.6.2016, p.1–18.

围上,《商业秘密保护指令》前言第16条明确商业秘密是一项“防御性权利”而非“排他性权利”,其仅仅调整“非法获取、使用和披露商业秘密”的行为,同时允许独立发明/发现、反向工程以及其他符合诚实信用商业实践的获得行为,为数字经济中实现保护信息不被盗用的商业利益与信息传播自由的公共利益之间的平衡提供了广泛空间。然而,商业秘密保护主要面临的挑战是,如前所述,并非所有的大数据都可以采取保密措施,而且大数据需要广泛流动和共享才能实现价值最大化的特质也与商业秘密的“秘密性”要件相冲突,从而可能限制数据流动。一种改进方案是,以商业秘密制度对企业数据控制的事实进行保护,同时构建专门的数据访问机制促进数据流动。例如,为用户赋予数据可携带权(data portability right)或数据获取权(data access right)〔1〕、竞争法下对数据的强制许可〔2〕、建立行业特殊管制机制

〔1〕 例如,约瑟夫·德雷克斯尔(Josef Drexl)认为可以通过一般的数据访问权设置解决平台基于数据对用户的锁定问题。这应包括以下元素:(1)数据访问权应设计为不可转让的法定权利,可以访问事实上的数据控制者的数据。(2)数据访问权不限于个人数据。(3)数据访问权应扩展到权利人需要充分利用连接设备的所有数据。这包括修复设备、将设备与其他设备连接以及接收或提供数据相关服务所需的数据。(4)访问权的持有者应该是拥有合法利益以充分利用数据的人,尤其包括设备的所有者或长期用户。(5)立法不应仅限于保护消费者。(6)数据访问权应包括将数据传输给第三方或提供数据相关服务的实体。(7)该权利不得转让给任何其他人。(8)数据访问权不应影响他人的数据保护权。(9)数据访问权应优先于相关数据中的特殊数据库权利和制造商的商业秘密保护。但是,制造商应被授权对数据访问权的持有者施加保密义务,以保护商业机密免受第三方,特别是设备市场中的竞争对手的侵害。(10)访问权的持有者是否以及在何种条件下有义务为获取访问权支付费用,应在灵活的FRAND制度的框架内进行管理和决定。(11)应允许有权授予访问权的人在完全尊重数据访问权的情况下,在最终用户许可协议的框架内规范数据访问和使用的具体条款。(12)立法应包括禁止制造商对连接设备的分销商施加限制,避免其限制权利持有人行使数据访问权的可能性。(13)为了一般访问权和特定产业领域访问权的实施,还需要建立特定的实施机制,消费者权益保护机构应当对数据访问权的实施提供集体救济。See Josef Drexl, *Data Access and Control in the Era of Connected Devices: Study on Behalf of the European Consumer Organisation BEUC*(Dec. 2018), https://www.beuc.eu/publications/beuc-x-2018-121_data_access_and_control_in_the_area_of_connected_devices.pdf.

〔2〕 See Josef Drexl, *Designing Competitive Markets for Industrial Data-Between Propertisation and Access*, 8 Journal of Intellectual Property, Information Technology and Electronic Commerce Law 257 (2017).

(sector specific regulation)等。[1]

除此之外,因循着商业秘密制度从企业对数据控制事实加以保护而避免授予法定产权对数据流动造成过度限制的逻辑,欧盟委员会提出了类似于商业秘密的另一种“防御性权利”(defensive rights)。[2] 商业秘密保护需以“秘密性”为前提,大数据往往需要在广泛范围内进行共享而难以符合“秘密性”要件,但其在共享的同时却仍然保持着对第三人的排他性,因此将相关要件适用到大数据领域时需要重新考量。欧盟委员会提出以这种“防御性权利”提供类似于民法占有而非所有权的保护,[3]即根据数据控制者合法占有并排除他人访问的事实界定权利归属,赋予数据的事实持有者一种类物权的防御性权利,排除他人对其事实控制数据的非法盗用,禁止未经授权获取数据再利用的第三人效力,以及对使用未经授权获取数据的损害赔偿请求权,从而在为数据控制者提供稳定产权保护的前提下加强数据流通和共享。

二、美国法

美国法上,对大数据的保护可分为知识产权法上的保护和普通法上的保护两方面:知识产权法上对于部分大数据保护提供了理论上的可能性,但在实践中并未被广泛援引和适用;由普通法上侵入土地类比衍生出的对计算机入侵(computer trespass)规制的制度,提供了一种网络环境下商业

---

[1] See Josef Drexl, *Data Access and Control in the Era of Connected Devices: Study on Behalf of the European Consumer Organisation BEUC* (Dec. 2018), https://www.beuc.eu/publications/beuc-x-2018-121_data_access_and_control_in_the_area_of_connected_devices.pdf.

[2] See European Commission, *Commission Staff Working Document on the Free Flow of Data and Emerging Issues of the European Data Economy Accompanying the Document Communication Building a European Data Economy* (Jan. 2017), https://eur-lex.europa.eu/legal-content/EN/TXT/?uri=CELEX%3A52017SC0002.

[3] See Herbert Zech, *Information as a Tradable Commodity*, in A. De Franceschi ed., European Contract Law and the Digital Single Market, Cambridge University Press, 2016, p. 51.

秘密制度的替代性机制,成为目前大数据集合保护主要制度基础。

(一)知识产权法保护

虽然数据与知识产权客体具有一定相似性,但知识产权制度并未在美国法上成为大数据集合保护的主要方式。与大数据集合最接近的客体形式应当是传统数据库,在美国法上对大数据集合以知识产权法保护的可能性可以通过传统数据库保护的知识产权路径进行检视。在欧盟对数据库保护特别立法的背景下,美国民间一直存在对数据库保护特别立法的建议,1996~2004年多个立法议案被提交国会,但最终均未通过。[1] 美国法下,主要可通过版权法、盗用侵权(misappropriation doctrine)以及商业秘密制度加以保护。

1. 版权法保护

对于大数据集合可考虑版权法上的保护。在版权法体系下,其注重对作品的经济利用,独创性要求低于作者权体系下"作者人格"或者"作者精神产物"的标准,[2]作为版权法体系的代表性国家,美国长期以来奉行"额头流汗"理论,只要作者独立创作并付出了劳动和技巧(labor and skill),其表达即可以作为作品获得版权法上的保护。[3] 尤其在汇编作品中,只要汇编者在收集相关事实、数据或资料的过程中付出劳动和技巧,即可以获得版权保护。[4] 但以菲斯特(Feist)案为转折,美国版权法上的独创性标准由"额

---

〔1〕 这些议案包括:《1996年数据库投资与知识产权反盗版法案》《1997年信息汇编反盗版法案》《1999年信息汇编反盗版法案》《1999年消费者及投资者使用信息法案》《2004年数据库和信息收集作品不当使用法》。参见[澳]马克·戴维森:《数据库的法律保护》,朱理译,北京大学出版社2007年版,第201~224页;姬蕾蕾:《数据权的民法保护研究》,西南政法大学2019年博士学位论文,第55页。

〔2〕 See Jane C. Ginsburg, *A Tale of Two Copyrights: Literary Property in Revolutionary France and America*, 64 Tulane Law Review 991 (1990);[德]西尔克·冯·莱温斯基:《国际版权法律与政策》,万勇译,知识产权出版社2017年版,第41~42页。

〔3〕 See Blunt v. Patten, 3 F. Cas. 762, 2 Paine, 393 (1828).

〔4〕 参见李明德:《美国知识产权法》(第2版),法律出版社2014年版,第247页。

头流汗”向“最低限度的创造性”(a modicum of creativity)转变,[1]对于数据库如果其数据的选择、协调、编排只有具有“最低限度的创造性”才可以获得保护,以客户姓名字母顺序编排的电话号码簿等单纯事实信息的汇编由于不具有独创性而无法获得版权法上的保护。“最低限度的创造性”标准仍然低于作者权体系下“作者精神产物”的要求,对于部分传统结构化的数据库而言,其通过对事实性信息加入独创性表达相对比较容易满足独创性要求而可以获得版权法上的保护。[2] 而对于非结构化的大数据集合而言,其收集过程具有一定的自动性和机械性,本质上仍然应当属于单纯事实性汇编,而难以作为版权加以保护。同时,美国版权法保护仅及于数据库作者创作的材料即数据的呈现方式而非数据本身,[3]也导致了版权保护在美国大数据保护实践中并未成为广泛选择的制度选项。

2. 盗用侵权保护

对于大数据集合,还可考虑通过盗用侵权加以保护。在1918年国际新闻社诉美联社案中,[4]美国联邦最高法院首次提出了盗用侵权规则。该案涉版权法保护之外但付出实质性投资收集的新闻信息如何避免被他人不当利用的问题,联邦最高法院基于防止“不劳而获”的正义良知而确立了对新闻信息的“准财产权”。其认为:“在衡平法庭上,当涉及不正当竞争问题时,如果原告花费实质性成本正当获得的东西能够以实质性利润正当销售,盗用了这种东西的竞争对手为自己的利益和损害原告的目的而对其进行处分,就不能判决这种东西太难以捉摸或易于消失以至于不认为是财产。它

[1] 在该案中,美国联邦最高法院澄清:“版权中所使用的独创性这一术语,不仅仅意味着作品是由作者独立创作的(与复制他人的作品相反),而且至少具有某种最低限度的创造性。当然,创造性要求的水平是极低的,甚至有一点点就可以满足。”See Feist Publications, Inc. v. Rural Telephone Service Co., 499 U. S. 340 (1991).

[2] See e. g., CCC Info. Servs. v. MacLean Hunter Mkt. Reports, Inc., 44 F. 3d 61 (2d Cir. 1994).

[3] See 17 U. S. Code § 102.

[4] See International News Service v. Associated Press, 248 U. S. 215 (1918).

具有判定竞争对手对它的盗用由于违背正义良知而构成不正当竞争所需要的全部财产属性。”不过对于该原则的适用仍存在争议,如威斯康星州最高法院对此采取了宽泛解释,满足以下条件即构成盗用侵权:(1)在信息生产过程中花费时间、劳动、金钱;(2)双方存在竞争关系;(3)对原告造成商业损害即构成盗用侵权。[1] 该解释类似于我国法院在适用《反不正当竞争法》一般条款时对"商业道德"的引用,存在极强的劳动财产权的痕迹,有可能在知识产权制度之外赋予事实性信息一种异乎寻常的保护程度,第一个投入实质性资源开发特定产品的人(无论其是否具有创造性)将对其享有独占权,直到榨取全部商业价值为止,其将造成一种无限拓展的、永久的知识产权形式。对该判决也可以作出更狭窄的解释,例如,在切尼兄弟诉多丽丝公司案(Cheney Bros. v. Doris Silk Corp.)中,汉德大法官认为其仅应当适用于与当时案件实质相似的情形。不同州法院对此也持不同态度,例如,纽约州、加利福尼亚州、佛罗里达州迅速采纳该规则,马萨诸塞州、伊利诺伊州等最初否决后转向接受,多个州法院完全拒绝遵循。[2]

在该判例颁布后不久,联邦最高法院先后出台判例废除了其在联邦层面的适用,并限制了其在州法上的适用范围:1938 年,在伊利铁路诉汤普金斯案[3]中,美国联邦最高法院废除了联邦普通法,即废除了联邦层面的盗用规则,其判定在美国没有独立的联邦普通法,而普通法在每一个州都是一个独立的实体,由于美新社诉美联社案的判决是联邦判决,理论上法院可以将其置之不理,而不再具有任何拘束力。此后,盗用侵权规则实质上仅存在于有限的州层面的司法实践中。1964 年以后,联邦最高法院在西尔斯·罗巴克公司诉斯蒂夫费尔公司案(Sears, Roebuck & Co. v. Stiffel Co.)中提出

---

〔1〕 See Mercury Record v. Economic Consultants, 218 N. W. 2d 705 (Wis. 1974).

〔2〕 参见[澳]马克·戴维森:《数据库的法律保护》,朱理译,北京大学出版社 2007 年版,第 186 ~ 188 页。

〔3〕 See Erie Railroad Co. v. Tompkins, 304 U. S. 64 (1938).

了联邦先占规则(federal pre-emption),限制了州法上盗用侵权的适用范围。[1] 根据先占规则,如果知识产权制定法已经对规定的客体进行调整,原告就不能再依靠盗用侵权,除非他对被告的不法行为的诉讼请求涉及某种附加要素的主张,这种附加要素超出了证明违反相关知识产权立法所需要的要素范围。[2] 联邦最高法院判例由于仅涉及专利案件,最初就先占规则的效力范围还存在争议,1976 年美国版权法立法时,其第 301 条进一步明确了版权法对于反不正当竞争案件的先占效力,其规定:“与第 106 条载明的作品版权通常范围内的任何专有权相当的所有法定权利或衡平法权利,只能由本章规定……此后,任何人都不得依据任何州之普通法或成文法对上述作品享有上述权利或与之相当的权利。”[3] 因此,根据先占规则,对不受版权法保护的信息集合本身不能适用盗用侵权,除非涉及不法行为的附加要素主张。实践中,承认盗用侵权的各州法院也将盗用原则的适用限制在与国际新闻社诉美联社案情相似的较窄领域,一般要求:(1)原告以一定成本收集信息;(2)信息具有时间敏感性;(3)被告对该信息“搭便车”利用;(4)被告与原告存在直接竞争;(5)该“搭便车”行为会削弱投资者生产产品或服务的激励,对其产品或服务的存在或品质产生实质性威胁。[4] 因此,盗用侵权规则仅在新闻信息、金融信息等有限领域适用,并未承担起一般性地调整大数据归属、利用纠纷的功能。

---

[1] 在该案中,联邦最高法院提出:“专利制度是这样一种制度,在那里,统一的联邦标准被慎重地用来促进发明,同时维持自由竞争……正如一个州不能直接侵蚀联邦专利法一样,它也不能根据其他一些法律,如禁止不正当竞争,对与联邦专利法目标相抵触的事物给予保护。”Sears, Roebuck & Co. v. Stiffel Co., 376 U.S. 225, 230–231 (1964). 在此后的 Bonito Boats, Inc. v. Thunder Craft Boats, Inc. 案中,该观点再次得到联邦最高法院的确认。See Bonito Boats, Inc. v. Thunder Craft Boats, Inc., 489 U.S. 141 (1989).

[2] 参见[澳]马克·戴维森:《数据库的法律保护》,朱理译,北京大学出版社 2007 年版,第 191 页。

[3] 17 U.S. Code § 301.

[4] See NBA v. Motorola, Inc., 105 F.3d 841 (2d Cir. 1997).

3. 商业秘密保护

除此之外,不公开数据有可能获得商业秘密法上的保护。在美国各州法上,均对于具有秘密性、价值性、采取保密措施的信息给予商业秘密保护。[1] 2016年,美国国会正式通过了《2016年商业秘密保护法案》(Defend Trade Secrets Act of 2016,DTSA),赋予联邦法院对于侵犯商业秘密案件的管辖权,统一法律标准和加强商业秘密保护。[2] 一方面,如前所述,虽然部分符合商业秘密要件的大数据集合可以获得保护,但是商业秘密保护的秘密性与保密性要求本质上与数据流通和共享相冲突,绝大多数公开或广泛共享的数据难以获得商业秘密法上的保护;另一方面,商业秘密在实践中并未成为数据收集者广泛诉诸的保护机制,1986年CFAA构建了一种对计算机系统访问和信息获取的排他性机制,其保护计算机所有者排除未经授权的访问和信息获取,成为网络环境下联邦商业秘密保护的替代和扩张机制,为非公开信息甚至是部分公开信息提供了强有力的保护,而成为目前大数据保护的主要方式,以下将进行具体讨论。

(二)普通法保护

在大数据集合无法在既有知识产权框架下直接获得保护的前提下,美国法实践中并未采取传统界定信息客体、确定数据归属、设定权利的模式,而是借由普通法中财产权的保护制度,通过对数据存储载体的保护,保障企业对于数据支配和利用的事实。具体而言,实践中包括侵犯动产和类推侵入土地对入侵计算机系统的保护两种路径尝试。

1. 侵犯动产

普通法上,动产侵权主要包括侵害动产和动产侵占两种类型。[3] 前者

---

[1] 参见李明德:《美国知识产权法》(第2版),法律出版社2014年版,第175~226页。

[2] 参见郑淑凤:《美国商业秘密保护最新立法阐释及其对中国的启示》,载《电子知识产权》2016年第10期。

[3] See Dan B. Dobbs, Paul T. Hayden & Ellen M. Bublick, *Hornbook on Torts*, West Academic Publishing, 2016, p. 190 – 216.

主要指他人故意以法定可感知的方式侵害原告对于动产的占有的行为，包括干扰原告对其动产的接触和使用等；[1]后者指他人故意对原告动产进行实质控制严重损害原告占有权利的行为。[2] 随着计算机和互联网的出现，有学者认为普通法上的财产不仅仅限于有体物，如域名应当成为一类新的动产类型，相对于版权，侵害动产是控制网站访问和获取相关内容更为直接的方式。[3] 该观点在美国司法实践中得到体现，1996 年美国加利福尼亚州上诉法院在节俭电话公司诉贝泽内克案[4]中认为，电子和电子信号具有足够的物理性和有形性而构成相互干扰，对于电话系统的电子入侵可以适用于侵犯动产。1997 年，在计算机服务公司诉网络促销公司案[5]中，俄亥俄州南区法院首次将该原则运用扩张到互联网领域，将原告计算机服务公司的电子邮件服务器认定为普通法意义上的动产，对于被告网络促销公司向原告大量发送未经请求的垃圾电子邮件，法院认为，虽然其并未真正地占有原告的计算机服务器，但其发送的电子邮件导致原告计算机系统运行速度

---

〔1〕 美国《侵权法重述(第二次)》第 217 节"侵犯动产的方式"规定，对动产的侵犯可以如下方式作出：(a)故意剥夺他人对动产的占有，或(b)故意使用或乱动他人所占有的动产。第 218 节"对占有人的责任"规定，侵犯动产者在并且只在以下情形中对动产的占有人承担责任：他剥夺了该他人对该动产的占有，或该动产在其状况、质量或价值方面受到了破坏，或该占有人在实质长时间内剥夺了对该动产的使用，或他给该占有人或给该占有人对其享有某一受法律保护权益的某人或某物造成了人身伤害或损害。参见[美]爱伦·M. 芭波里克选编：《侵权法重述纲要》(第 3 版)，许传玺等译，法律出版社 2016 年版，第 47～49 页。

〔2〕 美国《侵权法重述(第二次)》第 222a 节"非法占有由何构成"规定：(1)非法占有是对一动产故意施行统辖或控制，该统辖或控制如此严重地干涉了他人控制该动产的权利，以致行为人可以被正当地要求向该他人赔偿该动产的全部价值。(2)在确定该干涉的严重性和要求行为人赔偿该动产全部价值的正当性时，应考虑以下重要因素：①行为人施行统辖或控制的范围和持续时间；②行为人主张与该他人的控制权在事实上相抵触的某一权利的意图；③行为人的善意；④所造成的对该他人控制权的干涉的范围和持续时间；⑤给动产造成的损害；⑥给该他人造成的不便和花费。参见[美]爱伦·M. 芭波里克选编：《侵权法重述纲要》(第 3 版)，许传玺等译，法律出版社 2016 年版，第 51～52 页。

〔3〕 See I. Trotter Hardy, *The Ancient Doctrine of Trespass to Web Sites* (Dec. 1996), https://scholarship.law.wm.edu/facpubs/1198; Raymond S. R. Ku, *Cyberspace Law: Cases and Materials*, Wolter Kluwer Press, 2016, p. 839.

〔4〕 See Thrifty-Tel, Inc. v. Bezenek, 54 Cal. Rptr. 2d 468 (Cal. Ct. App. 1996).

〔5〕 See CompuServe Inc. v. Cyber Promotions, Inc., 962 F. Supp. 1015 (S. D. Ohio 1997).

变慢,减少了原告的付费订户可利用资源价值而导致了金钱损失,而构成对动产的侵害。在易趣网案[1]中,该原则从规制互联网上的垃圾邮件逐渐扩展到对互联网上数据的抓取。该案中,竞买人底价公司(Bidder's Edge)通过网络爬虫爬取易趣网(eBay)上的销售信息并展示在自己的网站上,易趣网主张其爬取行为构成动产侵权。根据动产侵占原则,易趣网需证明被告未经授权干扰其计算机服务器且造成了实质性损害,被告网络爬虫的访问无疑会构成对其计算机服务器的干扰,但如何定义对其计算机系统的实质损害则存在争议。法院对此采取了宽泛理解,即虽然被告的机器人只占据了原告服务器空间的一小部分或者微不足道,但是其仍然剥夺了原告利用该部分的能力,其使用他人财产的行为足以构成侵犯动产。这事实上赋予了前述学者所称的网络所有者允许或者完全排除他人对其网站访问的权利,进而可以控制其网站上数据的传播与利用。此后该原则在相关案件中得到沿用,限制他人对网站数据的获取。[2] 该原则的适用无疑会限制互联网领域的自由访问和信息传播,2003 年加利福尼亚州最高法院在英特尔诉哈米迪案[3]中推翻了易趣网案中的立场,重新对侵犯动产中损害的含义进行了界定,即认为动产侵犯成立的前提是原告必须证明被告对其计算机系统物理功能的实际干扰,或者存在出现干扰的可能性。在技术层面,随着服务器承载力和网络带宽的发展,用户访问或者网络爬虫对于计算机系统网络的物理功能产生实际干扰的情形有限,这实际上限制了网站所有者随意排除他人访问其公开网站进而实现数据保护目的的可能。例如,在怀特布法罗风险投资集团诉得克萨斯大学案中,第五巡回上诉法院即认为:"由于爬虫不会对动产造成物理侵害,因此,必须有证据表明计算机或计算机网络的功

---

[1] See eBay v. Bidder's Edge, 100 F. Supp. 2d 1058 (N. D. Cal. 2000).

[2] See Register. com, Inc. v. Verio, Inc., 126 F. Supp. 2d 238 (S. D. N. Y. 2000); Oyster Software v. Forms Processing, 2001 WL 1736382 (N. D. Cal. 2001).

[3] See Intel Corp. v. Hamidi – 30 Cal. 4th 1342, 1 Cal. Rptr. 3d 32, 71 P. 3d 296 (2003).

能由于网络爬虫的使用而产生了不利影响。在此当事人未提供此类证据，因此法院不能同意地区法院的调查结果，即认为仅使用网络爬虫进入公开网站收集信息，即满足侵害动产中的损害要求”[1]。

2. 类推侵入土地——入侵计算机系统

普通法上，侵犯动产不仅要求对他人对动产的占有产生干扰，还要求存在实际的损害，由于难以证明计算机以及网络服务器的实质损害，实践中网站所有者很难以侵犯动产为由排除他人对其网站的访问和数据获取行为。除此之外，普通法上还存在侵入土地情形，[2]即被告本身或者故意导致某一物体进入原告占有的土地，即构成侵权。侵犯土地属于本身可诉的侵权，原告无须证明存在具体的损害事实。换言之，被告实施了行为本身即意味着损害。将物理世界的财产法适用于网站等网络虚拟空间，首先面临传统财产分类上的困难，即属于不动产(land)还是动产(chattel)，如果仅仅从其载体(计算机或服务器)来看其应当属于动产，但对于有具体地址路径的虚拟空间而言其又具有不动产之不能移动、不可灭失属性。[3] 除了在司法实践

[1] White Buffalo Ventures, LLC v. University of Texas, 420 F. 3d 366 (5th Cir. 2005).

[2] 美国《侵权法重述(第二次)》第158节“故意侵入土地的责任”规定，在下列情形下，一人应当向他人承担侵入之责任，而不论他是否因此给该他人受法律保护的权益造成侵害：(1)其故意进入该他人所占有的土地，或故意导致某一物体或第三人进入该他人占有的土地，或(2)其故意在该土地上停留，或(3)其故意不从该土地上将其有义务移走的物体移走。参见美国法律研究院：《侵权法重述第二版：条文部分》，许传玺等译，法律出版社2012年版，第64页。

[3] 英国法学家早年为发挥土地的特别效用而归纳了不动产的十大基本特征：永久性、安全性、有限性、外部影响性、可收益性、资本增值功能、必需性、投资目标、可遗赠性、权力与地位的象征。参见[英] F. H. 劳森、[英] 伯纳德・冉德：《英国财产法导论》，曹培译，法律出版社2009年版，第3页。该十大基本特征与英国历史上土地的特殊财产地位有关。在概念规范层面，日耳曼法是普通法的主要渊源，其动产和不动产的区分标准更为清晰和有直接借鉴意义，其标准有二：第一，标的物能不能移动；第二，标的物是否容易灭失。参见由嵘：《日耳曼法简介》，法律出版社1987年版，第48页。

中将计算机和服务器以侵犯动产加以保护,美国网络安全立法[1]将虚拟空间类比于物理空间而类推侵入土地制度,构建起了虚拟世界的网络访问规则,[2]赋予了计算机所有者对其虚拟空间的排他性权利,并延及对其虚拟空间内部信息的保护。

具体而言,为规制网络领域的黑客入侵和计算机犯罪行为,1986 年美国国会制定了 CFAA。其规定了 7 种计算机欺诈和滥用行为:(1)计算机间谍活动;(2)侵入计算机,并获取政府、金融或商业信息;(3)侵入政府计算机;(4)使用计算机进行欺诈;(5)损害受保护的计算机;(6)贩卖政府或商业计算机密码;(7)威胁损害受保护的计算机。在立法目的上,其最初仅在于规制明显危害联邦利益的计算机犯罪行为,但随着互联网的发展,国会不断修改立法扩大该法案的适用范围。[3] 这包括两方面:(1)在适用主体层面,最初违反该法的行为将构成联邦犯罪,仅由联邦检察院进行追诉,1994 年立法修改后将其上升为一项独立的民事权利,其授权受害者提起独立民事诉讼,规定"任何因违反该规定遭受损失者,对违法者提起民事诉讼要求损害赔

---

[1] 在联邦层面,1986 年美国国会通过了《计算机欺诈与滥用法》,防止受保护计算机(protected computers,包括联邦政府计算机、金融计算机、用于或影响州际或国外商业或通信的计算机)受侵入、破坏、威胁,以及被用于欺诈手段;在各州层面,美国 50 个州都通过了计算机犯罪立法,规制未经授权的计算机访问或者入侵计算机系统。See U. S. National Conference of State Legislatures, *Computer Crime Statutes* (Apr. 2022), https://www.ncsl.org/research/telecommunications-and-information-technology/computer-hacking-and-unauthorized-access-laws.aspx. 但由于《计算机欺诈与滥用法》规制对象"受保护计算机"基本上涵盖了所有接入互联网的计算机,即几乎可以在所有案件中适用,并成为大多数案件中原告的首选,故以下主要讨论联邦立法。See U. S. National Conference of State Legislatures, *Computer Crime Statutes* (Apr. 2022), https://www.ncsl.org/research/telecommunications-and-information-technology/computer-hacking-and-unauthorized-access-laws.aspx.

[2] See Orin S. Kerr, *The Limits of Computer Conversion*: *United States v. Collins*, 9 Harvard Journal of Law & Technology 9 (2009); Orin S. Kerr, *Norms of Computer Trespass*, 116 Columbia Law Review 1143 (2016).

[3] See Deborah F. Buckman, *Annotation*, *Validity*, *Construction*, *and Application of Computer Fraud and Abuse Act* (18 U. S. C. A. § 1030), 174 American Law Reports, Federal 101 (2001).

偿、禁令救济以及其他衡平救济”;[1](2)在保护对象层面,最初立法仅保护“联邦利益计算机”(federal interest computer,主要包括联邦政府以及金融计算机),1996年立法修改替换为“受保护计算机”,[2]几乎将所有的计算机都纳入受保护范围。CFAA第1030(a)(2)条规定了计算机入侵行为,其禁止任何未经授权或超出授权,故意访问计算机并获取受保护计算机信息的行为。这在事实上赋予了计算机所有者排除他人未经允许访问其计算机的排他性权利,实践中,该条款成为企业保护其大数据的主要方式。

在规制入侵计算机行为中,关于“未经授权”(without authorization)和“超出授权”(exceeds authorized access)的定义,实际上决定了计算机所有者对其虚拟空间的利用和排他权利范围。然而,立法并未对该概念进行明确界定,这也成为实践中争议的核心。理论上,奥林·S.科尔(Orin S. Kerr)教授认为CFAA中的“未经授权”或“超出授权”可能涉及三类情形:[3](1)当计算机所有者与用户存在用户使用协议时,超出协议约定范围;(2)超出目的功能(intended function),访问人利用一定的技术手段访问计算机,其访问或利用方式超出计算机允许访问的目的功能或通常利用方式;(3)在计算机所有者与他人存在相关合同义务时,如计算机所有人与其雇员,“当雇主发现雇员使用计算机的目的与雇主利益相悖时”,主张“超出授权”。除此之外,还可将可能被认定为未经授权或超出授权的情形归纳为5种行为范式:[4]

---

〔1〕 See 18 U.S. Code § 1030 (g).

〔2〕 根据18 U.S. Code § 1030 (e)(2)条的规定,“受保护计算机”一词是指计算机——(A)专门由金融机构或美国政府使用,或者,虽并非专门用于此用途,但由金融机构或美国政府使用,其犯罪行为影响到金融机构或美国政府使用的;或者(B)用于或影响州际或国际商业或通信,包括位于美国境外的计算机,其使用影响美国的州际或国际商业或通信……根据(B)项的规定,一般的电脑(包括手机)在介入互联网之后都具有用于州际或国际通信的性质,而被纳入“受保护计算机”的范围。

〔3〕 See Orin S. Kerr, *Cybercrime's Scope: Interpreting "Access" and "Authorization" in Computer Misuse Statutes*, 78 New York University Law Review 1596 (2003).

〔4〕 See Patricia L. Bellia, *A Code-Based Approach to Unauthorized Access Under the Computer Fraud Abuse Act*, 84 George Washington Law Review 1442 (2016).

(1)代理范式(agency paradigm),其通常出现在使用雇主计算机系统信息的不忠诚(前)雇员与雇主竞争的情况下;[1] (2)访问规范范式(norms-of-access paradigm),其类似于科尔教授提出的"超出目的功能"的情形下,强调CFAA对于计算机访问的限制基于对计算机功能或访问权限的共同理解或合理期待;[2] (3)政策范式(policy paradigm),即CFAA下对于计算机的访问是不是未经授权的,应当基于计算机系统的所有者对于允许访问边界的用户政策设定;[3] (4)合同范式(contract paradigm),其与政策范式类似,都基于计算机所有者对其访问边界的设置,不同之处在于合同范式要求二者之间成立合同以作为限制用户访问的依据;(5)代码范式(code paradigm),即是否构成未授权的访问取决于个人是否违反了基于代码系统的障碍或者其中的某些限制。[4]

对于以上可能构成"未经授权"或"超出授权"的类型化情形,美国不同法院以及不同时期的认定标准存在差异。自1991年互联网产生至2018年,美国共有61个法庭意见涉及CFAA在数据抓取案件中的应用,其始于2000年,经历了广泛适用(2000~2009年)、限缩适用(2009~2013年)、再次扩张(2013~2018年)到再次限缩(2018年至今)的过程。[5]

(1)广泛适用

在2000年之初,法院几乎接受了上述所有的授权理论,对于以上任何形式的限制访问的情形下(政策、合同、代码、合理预期、代理)的未经允许的数据抓取都构成"未经授权的访问"。

---

[1] See International Airport Centers, L. L. C. v. Citrin, 440 F. 3d 418 (7th Cir. 2006).

[2] See United States v. Morri, 928 F. 2d 504 (2d. Cir. 1991).

[3] See America Online Inc. v. National Health Care Discount, Inc., 2000 U. S. Dist. Lexis 17055, 121 F. Supp. 2d 1255 (N. D. Iowa, Sep. 29, 2000).

[4] See WEC Carolina Energy Sols. LLC v. Miller, 687 F. 3d 199 (4th Cir. 2012).

[5] See Andrew Sellars, *Twenty Years of Web Scraping and the Computer Fraud and Abuse Act*, 24 Journal of Science & Technology Law 372 (2018).

（2）限缩适用

2009～2013 年，法院对未经授权的访问作出了更为严格的解释，法院依据技术控制措施而不是仅仅依靠合同或者原则上的义务来认定未经许可的访问。在此阶段，几乎所有法院都认定构成未经许可的访问是一般所说的“黑客行为”或者绕过基于代码对于计算机的控制。例如，在 LVRC 控股集团诉布瑞卡案[1]和合众国诉诺萨尔案[2]中，法院都认为雇主与雇员之间的保密限制不是 CFAA 下承担责任的事由。

（3）再次扩张

2013 年以后，这种限定解释的趋势就中止了，以克雷格列表公司诉 3Taps 公司案[3]为转折。在该案中，克雷格列表公司是一个分类信息网站（类似于国内早期的 58 同城），3Taps 公司从克雷格列表公司网站上进行爬虫，然后在自己网站上作聚合展示。克雷格列表公司向 3Taps 发了律师禁令信（cease-and-desist letter）并且屏蔽了 3Taps 公司的 IP 地址来限制其访问，要求停止行为。但是 3Taps 公司也采用技术手段绕开了屏蔽继续爬取克雷格列表公司网站上的内容。克雷格列表公司依据 CFAA 向法院提起诉讼。在审查被告是否“超越授权的访问权限”时，法院走向了两个极端：第一，虽然克雷格列表公司网站上的使用条款有明确声明禁止爬虫爬取，但法官并不认同该声明可以触发 CFAA 的访问限制，保留了在 LVRC 控股集团诉布瑞卡案和合众国诉诺萨尔案中限缩范围以及对于技术措施的强调。第二，其从根本上扩大了“未经授权”的访问权限，认定克雷格列表公司事后函告声明行为和技术手段构成了对之前访问权限的“撤销”，涵盖了任何可以识别出撤销访问权限的机制的情况——无论是技术上的还是非技术上的，构成对于他人计算机系统的入侵。在该案中，法院曾考虑到“一个门槛问题，

[1] See Analyses of LVRC Holdings LLC v. Brekka, 581 F.3d 1127 (9th Cir. 2009).

[2] See United States v. Nosal, 676 F.3d 854 (9th Cir. 2012) (en banc).

[3] See Craigslist Inc. v. 3Taps Inc., 964 F. Supp. 2d 1178, 1185 (N.D. Cal. 2013).

即如果一个本来可以公开访问的网站的所有者采取措施限制特定实体(如所有者的竞争对手)的访问,CFAA 是否适用”,但是法院最终认为,“计算机所有者有权撤销他们授予的授权”。类似地,在脸书诉 Power Ventures 公司案〔1〕中,第九巡回上诉法院认为,“被告在以下情形将会违反 CFAA,即未经允许侵入他人计算机,或虽有允许,但此允许被明确撤销”。此案中,被告 Power Ventures 公司网站的工作模式为:在脸书或其他网站的页面中,提取和汇总用户的社交网络信息。当脸书用户在被告网站上提供他们的登录凭证时,被告就获取了受密码保护的脸书会员资料。当用户在被告的网站上选择某些选项时,该消息将被传送给脸书系统内的用户的朋友。脸书已发出勒令其停止该行为的禁止信函,要求被告停止访问用户页面上的信息。第九巡回上诉法院发现,被告收到脸书的禁止信函之后仍破解其网址屏障并继续访问脸书服务器的行为,违反了 CFAA 的规定。在此之后,法院广泛地颁布禁令禁止未经允许的数据爬取行为,其不再基于代码的授权机制,也没有仔细分析“访问限制”和“使用限制”,而是根据网站告知数据抓取者其访问被撤销,甚至服务条款协议的内容等机制,认定 CFAA 下的违规行为。

(4)再次限缩

以 hiQ 实验室诉领英案〔2〕为转折,“未经授权”的界定再次回归到代码范式。在克雷格列表公司诉 3Taps 公司案之后,联邦各法院对于计算机所有者访问授权的宽泛解释无疑赋予了计算机所有者对其计算机空间及其控制内容的完全排他性权利。这也导致了广泛的社会批评,有学者称之为“技术领域最糟糕的法律”。〔3〕 因为互联网的内在特质在于其开放性,互联网协议的本质是其默认允许所有人自由访问,CFAA 赋予了计算机所有者对默认开

〔1〕 See Facebook, Inc. v. Power Ventures, Inc. et al., 844 F.3d 1058 (9th Cir. 2016).

〔2〕 See hiQ Labs, Inc. v. LinkedIn Corp., 938 F.3d 985 (9th Cir. 2019).

〔3〕 Tim Wu, *Fixing the Worst Law in Technology* (Mar. 2013), http://www.newyorker.com/online/blogs/newsdesk/2013/03/fixing-the-worst-law-in-technology-aaron-swartz-and-the-computer-fraud-and-abuse-act.html.

放空间的排他性权利,在社会公众尚未就网络空间的行为规范达成共识时,以目的功能、用户政策、使用合同界定其访问授权范围,难以清晰地向一般网络用户界定外部责任范围。换言之,网络所有者的排他性权利不具有社会公开性,从而导致在互联网中大多数访问行为都有可能被界定为违法,这也极大地限制了网络空间的信息传播自由。理论中不断主张重新回归代码范式,通过技术措施明确地向所有用户释放其“拒绝访问”的信号。[1]

在 hiQ 实验室诉领英案中,第九巡回上诉法院再次申明了代码控制的限定要求,明确对于公众获取数据不适用访问“撤销”的规定。该案中,hiQ 公司成立于 2012 年,主要为客户提供数据分析服务,hiQ 公司使用各种软件和手动方式来收集信息。近年来,hiQ 公司将领英网站的公开个人资料部分作为其原始数据来预测员工行为,如他们什么时候可能辞职。[2] 2017 年,领英向 hiQ 公司发出警告函,声称 hiQ 公司不当地“访问和复制”领英网站的公开个人资料信息,主张其违反 CFAA,要求 hiQ 公司“放弃和停止访问或尝试访问或使用领英的网站、计算机、计算机系统、计算机网络、计算机程序和存储在其中的数据”。第九巡回上诉法院认为,CFAA 必须在其制定的历史背景下进行解释,同时考虑到国会立法目的。CFAA 不是为了管控互联网上公共网站的访问,而是旨在处理黑客攻击或非法入侵私人的、经常受到密码保护的大型计算机,将 CFAA 应用于访问向公众开放的网站将会阻碍公众获取信息的自由。法院借鉴了科尔教授关于“网络假定开放”的理论,[3]认

---

〔1〕 See Orin S. Kerr, *Norms of Computer Trespass*, 116 Columbia Law Review 1143 (2016); Patricia L. Bellia, *A Code-Based Approach to Unauthorized Access Under the Computer Fraud Abuse Act*, 84 George Washington Law Review 1442 (2016).

〔2〕 hiQ 公司不分析领英网络的非公开访问数据,如个人资料信息或者可见的成员私人数据,这部分只有以成员身份登录时才可见,并且,hiQ 公司不会重新发布收集的信息而是应用分析来为其客户提供分析建议。

〔3〕 其认为,网络本质上被认为是开放的,因为它允许世界上的任何人发布信息,并允许其他任何人在没有授权的情况下接触此信息。See Orin S. Kerr, *Norms of Computer Trespass*, 116 Columbia Law Review 1143 (2016).

为网络本质上是开放的,因为它允许世界上的任何人发布信息,并允许其他任何人在没有授权的情况下接触此信息,只有创建起必要屏障区分互联网中开放空间与封闭空间,“未经授权”“超出授权”才能成立,如计算机系统所有者设置登录身份认证、密码保护限制,而他人绕过限制措施访问或绕过身份验证接入网站的情况下才存在。CFAA 中使用的“授权”,一般强调访问计算机或网站的主体限制,而并非访问方式限制,该案中,hiQ 公司虽然绕过了爬虫协议和 IP 地址限制措施,但其访问的仍然是公开可见的数据,故其并未违反 CFAA。该案与克雷格列表公司诉 3Taps 公司案、脸书诉 Power Ventures 公司案有较强的相似性,第九巡回上诉法院认为,与之存在实质性不同的是,领英案中的数据可公开访问,其他案件中数据不具有公开性而未经授权无法访问。

第九巡回上诉法院判决之后,领英向联邦最高法院提出申诉。此后在范伯伦诉合众国(Van Buren v. United States)案中,美国联邦最高法院对 CFAA 中“超出授权”作出了新的解释,[1] 并因此撤销了第九巡回上诉法院对 hiQ 实验室诉领英案的判决,要求基于范伯伦诉合众国案意见重新作出判决。[2] 在该案中,佐治亚州前警察范伯伦(Van Buren)通过其巡逻车上的计算机为他人检索相关机动车车牌号信息进行牟利,该行为违反了警局禁止非基于执法目的而获取数据库信息的规定。美国联邦调查局依据 CFAA 认为其超出授权访问计算机,而构成入侵计算机系统罪,地方法院和美国联邦第十一巡回上诉法院均认定其罪名成立。范伯伦向联邦最高法院申诉,美国联邦最高法院对该案进行了提审。双方的争议问题在于如何理解“超出授权”,即何为“经授权访问计算机,并利用此访问来获取或更改计算机中访问者无权以此获取或更改的信息”(to access a computer with authorization

---

[1] See Van Buren v. United States, 593 U. S. __ (June 3, 2021).

[2] See LinkedIn Corp. v. hiQ Labs, Inc., No. 19 – 1116, 593 U. S. __(GVR Order Jun. 14, 2021).

and to use such access to obtain or alter information in the computer that the accesser is not entitled so to obtain or alter)。范伯伦认为,CFAA 中“此”(so)的含义是访问方式,即某人通过其授权访问的计算机获取其不具有访问权限部分的信息,如果某人对该信息具有访问权限而获取,则并不构成对 CFAA 的违反,无论其是否用于不正当目的。政府则认为,CFAA 中“此”的含义更为宽泛,“无权以此获取”(is not entitled so to obtain)概括地说指的是访问该信息的方式和情景,权利人可以通过明确具体传达的限制界定授权访问的方式和情景,当他人超出这种授权,即构成“超出授权”。美国联邦最高法院认为,从法律文本和立法历史来看,都支持范伯伦的解释,更为重要的是,如果按照政府的解释,大量普通的对计算机的操作就会构成犯罪,从而导致刑事处罚被滥用。因此,联邦最高法院最后判定,所谓“超出授权”,仅指的是某人有权访问计算机,但计算机特定区域的信息(如某一文件、文件夹或者数据库)是访问禁区,其仍然访问该区域并获取相关信息的情形,并不规制对已授权访问信息的滥用行为。该案中,范伯伦本身对相关信息存在访问权限,但未按照规定目的进行访问的情形,并不构成“超出授权”。尽管联邦最高法院在范伯伦诉合众国案中对“超出授权”作出了狭义的解释,但联邦最高法院仍然认为范伯伦诉合众国案的判决将对 hiQ 实验室诉领英案的结果存在影响,而撤销了第九巡回上诉法院的判决,但这并不意味着对于“代码范式”的否定。从案情来看,范伯伦诉合众国案中主要解决的是“超出授权”的问题,hiQ 实验室诉领英案中主要解决的是“未经授权”的问题,联邦最高法院要求超出授权的前提在于计算机系统所有者明确限定一个禁止访问的区域或者“门槛”,对于已经授权访问信息是否符合授权目的在所不问,这将直接影响到前述合同范式、代理范式、政策范式以及规范范式的适用。但联邦最高法院并没有直接排除代码范式,该判决主旨与第九巡回上诉法院判决存在共通之处,即都对“未经授权”或者“超出授权”作出狭义上的解释,都要求权利人对其授权范围作出客观、明确的界定。2022 年

4月18日，第九巡回上诉法院依据联邦最高法院判例重新作出了判决，不出意外的是，其认定，联邦最高法院在范伯伦诉合众国案中的判决进一步支持了其在先判决的观点，认为“当某一用户规避计算机关于访问权限的一般规则（如用户名和密码要求）将构成对于CFAA‘未经授权’访问计算机规定的违反，当某一计算机网络一般性地允许公众访问其数据，用户访问其公共可获取数据，则并不构成CFAA下未经授权的访问行为”，即“未经授权”以及“超出授权”的认定仍应以代码范式为前提。[1]

综上所述，虽然美国1986年CFAA“旨在处理黑客攻击或非法入侵私人的、经常受到密码保护的大型计算机”，但在技术不断发展的背景下，随着立法扩张和判例法演进，其赋予了计算机所有者排除他人访问和信息获取的一般性权利。CFAA事实上成为网络环境下商业秘密制度的替代性和扩张性机制：其对商业秘密制度的替代性体现在，随着技术的发展，企业对信息存储的电子化依赖逐渐增加，大多数商业秘密案件都可能涉及计算机访问，CFAA演变成联邦立法下规制电子形式的商业秘密盗用行为的手段。[2] 其扩张性体现在，从客体范围上，其并不具有商业秘密保护所要求的秘密性、价值性、保密性要件，而是以“未经授权”或“超出授权”为前提（以权利人对外建立起排他性控制为前提）；从其法律后果上，其具有排除第三人未经许可获取、限制内部人员对外披露的宽泛效力。在DTSA颁布之前，美国商业秘密主要通过各州普通法进行保护，虽然存在美国统一州法委员会的《统一商业秘密法》示范法、《侵权法重述》和《反不正当竞争法重述》作为协调工具，但对跨州案件必须分别提起诉讼、不同州关于商业秘密认定标准和举证责任存在很大差异。在此背景下，CFAA事实上成为联邦保护商业秘密（主

---

〔1〕 See hiQ Labs, Inc. v. LinkedIn Corp., No. 17-16783 (9th Cir. Apr. 18, 2022).

〔2〕 See Patrick J. Manion, *Two Steps Forward, One Step Back: The Defend Trade Secrets Act of* 2016 *and Why the Computer Fraud and Abuse Act of* 1984 *Still Matters for Trade Secret Misappropriation*, 43 Journal of Legislation 289 (2016).

要是互联网环境下侵犯商业秘密)的主要法律依据,联邦法院通过宽泛解读不仅将 CFAA 用于外部第三人未经许可盗用保护信息,还用于内部员工盗用信息的情形;[1] DTSA 通过之后,有学者也继续主张通过 CFAA 加强网络环境的商业秘密保护。[2] 在大数据领域,CFAA 这一"类商业秘密"的制度发挥着事实上的作用。

三、日本法

在日本,第四次工业革命中的物联网和大数据被认为是其经济复兴的契机,因此在早期日本各界就讨论了关于现行法律框架下大数据如何保护的问题,在确认无法在既有法律框架下给予大数据适当法律规制的前提下,日本类比于商业秘密制度并拓宽了其保护要件要求,在《日本不正当竞争防止法》中设置了专门的"限定提供数据"条款对大数据加以保护。[3]

(一)既有制度规制之可能性

在大数据的讨论中,日本学界首先对现有制度中对大数据规制的可能性进行了探讨。其主要包括以下方面:在专利法上,根据《日本专利法》第 2 条第 1 款的规定,专利权的客体是"发明",即利用自然规律进行的具有高度技术性思想的创造,但数据仅仅是信息的展示,不属于专利法保护客体的范畴。在著作权法上,《日本著作权法》对传统数据库提供著作权保护,其第 12 条第 2 款第 1 项规定,当数据库因对信息的选择或者体系之构成而具有独创

---

〔1〕 See Graham M. Liccardi, *The Computer Fraud and Abuse Act: A Vehicle for Litigating Trade Secrets in Federal Court*, 8 John Marshall Review of Intellectual Property Law 155 (2008); Patrick J. Manion, *Two Steps Forward, One Step Back: The Defend Trade Secrets Act of* 2016 *and Why the Computer Fraud and Abuse Act of* 1984 *Still Matters for Trade Secret Misappropriation*, 43 Journal of Legislation 289 (2016).

〔2〕 See Patrick J. Manion, *Two Steps Forward, One Step Back: The Defend Trade Secrets Act of* 2016 *and Why the Computer Fraud and Abuse Act of* 1984 *Still Matters for Trade Secret Misappropriation*, 43 Journal of Legislation 289 (2016).

〔3〕 参见刘影、眭纪刚:《日本大数据立法增设"限定提供数据"条款及其对我国的启示》,载《知识产权》2019 年第 4 期。

性的，可以获得著作权保护。但其仅仅包括一小部分具有独创性的数据库，而且对数据库的版权保护也不能及于事实性的数据项本身，即使认可数据的排列具有独创性并将之作为作品，但若将数据抽出而改变其排列，其也不在著作权的权利范围之内。[1] 与之前讨论类似，在《日本著作权法》上大数据集合也难以构成著作权法所保护的作品以及排除他人对内部数据的提取和利用行为。在《日本不正当竞争防止法》上，如果数据收集者将数据集合作为秘密加以管理，则有可能被认定为商业秘密受到法律保护，但一方面只有符合被管理性、非公开性和有用性要件的数据才可以获得保护，另一方面大数据集合一旦被公众知晓，今后则难以获得商业秘密保护，其无法解决前述的数据广泛利用和共享问题。[2] 此外，《日本不正当竞争防止法》还提供对技术管理体制的保护，如果数据控制者对其数据设置技术限制性手段保护，其可以通过反不正当竞争法排除他人制造、销售规避技术装置及程序的行为，但不能延及该规避措施本身，当大数据纠纷主要涉及经营者之间而非经营者与用户之间时，该保护意义有限。虽然《日本不正当竞争防止法》并未像我国的反不正当竞争法设置一般条款，但《日本民法典》第709条对法益的侵权法保护可提供一般保护。侵权法一般条款适用于信息客体时存在一定限制，类似于美国法上适用盗用侵权时的联邦先占规则，即对于不受知识产权法保护的信息客体，如果不涉及其他不法行为的附加要素则不能适用侵权法一般规则，否则将与知识产权立法的目的存在冲突。据此标准，如果大数据难以满足著作权法保护和商业秘密保护要件，也很难适用侵权责任一般条款加以保护。[3]

---

〔1〕 参见［日］田村善之：《日本知识产权法》，周超、李雨峰、李希同译，知识产权出版社2011年版，第418页。

〔2〕 上野達弘「自動集積される大量データの法的保護」パテント70巻2号(2017年)32頁以下。

〔3〕 田村善之「限定提供データの不正利用行為に対する規制の新設について—平成30年不正競争防止法改正の検討」年報知的財産法2018－2019(2018年)28頁以下。

（二）专门立法保护——“限定提供数据”制度

在既有制度难以为大数据集合提供充分规制的前提下，自 2017 年起，日本政府着手探讨是否有必要通过专门立法调整大数据保护和利用。[1] 从立法技术看，对大数据的不当利用行为的规制存在客体保护路径和行为规制路径两种选择。前者着眼于客体设置保护权利，以欧盟《数据库保护指令》所确定的数据库特别权利为典型；后者侧重于规制大数据的不当利用行为本身，以商业秘密的保护为典型，着眼于确定行为样态。鉴于赋权路径可能阻碍他人对数据的合理利用，因此讨论最终倾向于行为规制路径，但是现有商业秘密制度与数据广泛分享和利用的现实存在冲突，如果将大数据通过商业秘密制度保护，则势必要改革现有商业秘密保护要件。因此，日本决定以对不正当竞争行为的规制为基础，在商业秘密制度之外，重新确定一个受保护的外延，通过类型化不正当利用数据行为再加以规制。[2] 自 2017 年起，日本启动了《日本不正当竞争防止法》的修改，将不正当获取数据行为纳入不正当竞争的范围，并适应现实需求将扩大对技术措施手段的保护作为方向。[3] 2017 年 7 月，日本经济产业省设置不正当竞争防止小委员会专门负责法律修改，其以数据获取规制最小化为基本方针，为了实现数据持有者与数据获取主体之间的利益平衡，参照并改造现有商业秘密制度确立了“限定提供数据”（限定提供データ）制度。在 2018 年修改通过、2019 年正式施行的《日本不正当竞争防止法》中，第 2 条第 1 款第 11 ~ 16 项规定了对非法

---

〔1〕 経済産業省「第四次産業革命を視野に入れた知財システムのあり方に関する検討会について」（平成 28 年 10 月発行），https://www.meti.go.jp/committee/kenkyukai/sansei/daiyoji_sangyo_chizai/pdf/001_01_00.pdf。

〔2〕 参见刘影、眭纪刚：《日本大数据立法增设“限定提供数据”条款及其对我国的启示》，载《知识产权》2019 年第 4 期。

〔3〕 参见知识产权战略本部「新たな情報財検討委員会報告書」（平成 29 年 3 月発行），https://www.kantei.go.jp/jp/singi/titeki2/tyousakai/kensho_hyoka_kikaku/2017/johozai/houkokusho.pdf。

获取、使用、披露"限定提供数据"作为不正当竞争行为的规制,[1]根据经济产业省《限定提供数据指南》的解释,[2]日本"限定提供数据"保护制度构建如下:

1."限定提供数据"定义

《日本不正当竞争防止法》第2条第2款第7项规定:"本法所规定的'限定提供数据',是指作为营业向特定对象提供的,累积到一定规模并通过电磁方式(运用电子、磁力这类无法通过外观感知到的方法)存储并且加以管理的,与技术或经营相关的信息。"与商业秘密制度类似,"限定提供数据"保护客体被定义为"技术或商业信息"。"技术或商业信息"是指在生产经营活动中使用或者预期使用的信息。具体而言,技术信息包括地图数据("数据"包括文本、图像、声音、视频等)、机器操作数据、AI技术软件开放使用的数据集等信息;商业信息包括消费趋势数据和市场研究数据等信息。一般的技术或商业信息获得保护需要满足有限提供性、相当累积性和电磁管理性三个要件。

(1)有限提供性

限定提供性要件将对象限定为作为营业向特定对象提供的数据。"作为营业"(業として)是指数据所有者反复持续提供数据的情况,即使是免费

[1] 《日本不正当竞争防止法》第2条第1款第11~16项规定,下列行为构成不止当竞争行为:"十一、通过窃取、欺诈、强迫等不正当手段,获取限定提供数据的行为(以下称为'限定提供数据不当获取行为'),以及使用、公开通过不当获取行为所取得的限定提供数据的行为。十二、明知是他人通过不当获取行为取得的限定提供数据,仍然获取该数据,以及获取后继续使用、公开数据的行为。十三、虽然(善意)取得限定提供数据,但知悉存在相关不当取得行为后,继续公开该数据的行为。十四、将从持有限定提供数据的营利主体(以下称为限定提供数据持有人)处合法取得的限定提供数据,以获取不正当利益或者损害限定提供数据持有人为目的,将限定提供数据予以使用(仅限于违反数据管理义务的使用行为)、公开的行为。十五、明知是他人通过不当公开行为所公开的限定提供数据(符合第十四条规定的不当公开行为),或者明知存在不当公开行为,仍然获取该数据,以及获取后继续使用、公开数据的行为。十六、虽然(善意)取得限定提供数据,但知悉该数据存在被不当公开的情形后,继续公开该数据的行为。"

[2] 経済産業省「限定提供データに関する指針」(平成31年1月発行),https://www.meti.go.jp/policy/economy/chizai/chiteki/guideline/h31pd.pdf。

提供或向个人提供,只要能确认所有人有反复持续提供数据的意思表示,也属于“作为营业”。“特定对象”是按照特定条件对数据进行访问的主体,其与人数多少无关。

(2)相当累积性

相当数量累积要件的目的是保护累积到具有效用的电子数据。关于“相当数量”的“限定提供数据”是作为生产经营目的提供的数据,并且根据每个数据的性质判断通过“相当大的数量”积累而具有价值的数据。在进行判断时,需要考虑通过电磁方法累积产生数据的附加值、利用的可能性、交易价格以及投入收集和分析付出的劳动力、时间、成本等。如果产生了相应的价值,则判断存在相当数量累积。

(3)电磁管理性

限定提供数据被限定为“通过电磁管理方法,作为提供给特定人员的信息”,根据《日本不正当竞争防止法》第 2 条第 1 款第 7 项规定,其立法目的在于,通过这样做向外界澄清了向特定人员提供数据的管理意愿,从而提高除特定人员之外的第三方可预测性,保证经济活动的稳定性和交易安全。电磁管理性主要是为了实现数据传播、利用的可控性,第三方必须能够通过电磁管理措施识别持有者的管理意图,仅适用于特定人员使用。电磁管理的具体内容和管理程度视企业规模、业态、数据性质和其他因素而不同,但必须是一种可以通过第三方普遍容易识别的控制手段。[1] 如果采取措施仅防止他人复制但是不执行访问控制,则不具有电磁管理性。

(4)适用除外情形

为了避免“限定提供数据”保护与现有制度存在重叠保护和过度保护,

---

〔1〕 具体而言,实现电磁管理的技术通过用户认证实现,构成要素包括 ID、密码、IC 卡、特定终端机器、访问令牌、生物识别信息等。另外,也可通过对数据、通信、网站和电子邮件等进行加密,或与 VPN 等专用电路等技术进行组合来使用。経済産業省「限定提供データに関する指針」(平成 31 年 1 月発行), https://www. meti. go. jp/policy/economy/chizai/chiteki/guideline/h31pd. pdf。

其排除了对两类客体的保护：

第一，商业秘密除外。商业秘密的构成要件为秘密性、价值性、保密性，限定提供数据的构成要件为有限提供性、相当累积性、电磁管理性，二者之间的客体要求具有相似性，商业秘密的要件事实上严格于限定提供数据，如果是将构成商业秘密的数据对外许可向特定主体提供，其也有可能同时构成“限定提供数据”。为避免二者的重复，立法将商业秘密从数据管理中排除。根据经济产业省的解释，“商业秘密”是由商业运营商管理的信息作为秘密，“作为秘密管理”是“商业秘密”（《日本不正当竞争防止法》第2条第1款第6项）的保护要求。“保密可控性”要求应通过保密管理措施向员工明确表明拥有商业秘密的公司的保密管理意图，并确保员工等对此类保密管理意图的可识别性。至少，持有人必须愿意作为秘密进行控制。关于限定提供数据，可以通过ID、密码等采取诸如电磁管理的措施，并且向第三方设定“禁止向第三方公开”的义务。但是如果这些措施仅仅是以获利为目的，只要目的得到满足，任何人都可以获得该数据。这些不是作为商业秘密管理的意图。

第二，开放数据除外。[1] 为了避免对于公有领域的侵占，立法规定开放数据不作为“限定提供数据”保护，即任何人都可以免费使用而不限定向特定主体提供的广泛可用的数据被称为“开放数据”。由于任何人都可以使用，因此将此行为排除在获取、使用、披露限定提供数据保护范围之外。其构成包括两个方面：其一，关于“免费向公众提供的信息”，“免费”意味着没有必要付费来获得数据。假设不需要支付金钱，但是需要通过提供相应数据来换取数据，或者需要购买数据所提供的附带产品等，由于需要对数据的价值有一定付出，故不能认为是免费的。“向公众开放”意味着未指定数量

---

〔1〕《日本不正当竞争防止法》第19条规定：“获得具有相当数量累积的数据是免费向公众开放的，或者获得的限定提供数据与免费向公众开放的数据相同，并且继续使用、公开数据的行为”，不属于不正当竞争行为，不受该法规制。

的人可以访问数据。例如,任何人都可以自由访问网站上发布的数据。但“向公众免费提供的信息”不仅限于完全无条件提供的信息,虽然设定了某些义务(如来源声明等),但这也是未指定数量的人可以访问数据的情况。其二,与开放数据“相同”意味着基本相同。例如,在简单和机械地改变“开放数据”的顺序的情况下,它被认为是基本相同的,或者当“限定提供数据”的一部分与“对公众可自由获得的信息”基本相同时,该部分应当是排除保护的对象。

2. 不正当行为

关于与“有限供应数据”相关的行为,考虑到有限供应数据控制者和用户之间的平衡,应考虑有限供应数据控制者的利益,以促进整体数据的分配和利用。故而仅具有高度恶性的行为,被定义为“不公平竞争”。《日本不正当竞争防止法》第 2 条第 1 款第 11 ~ 16 项规定了获取、使用、披露限定提供数据的不正当竞争行为,保护客体限定在限定提供数据,行为类型上包括获取、使用、公开三种基本行为类型。“获取”是指将数据置于其控制之下,以及由个人或第三方通过记录数据的媒介等获取数据本身的行为,在无法转移存储介质的情况下包括通过数据刮屏(screen scraping)的方式获取数据行为;“使用”是指使用数据的行为,如使用获得的数据进行研究和开发、人工智能、算法训练等;“公开”是指将数据置于第三方可了解的状态,第三方不必实际获取,如将他人数据发布在网站上即认为是数据的公开行为。从行为对象上,获取、使用、公开的目标应当是限定提供数据的全部或部分,要求具有相当的数量累积,具有可利用的价值。但如果相当数量累积的数据是通过连续或者间歇获得的结果,一系列行为可以被视为一个行为,可能仍然构成不正当竞争。

《日本不正当竞争防止法》第 2 条第 1 款第 4 ~ 10 项中关于商业秘密的规定,限定提供数据制度对数据获取、使用、公开行为提供了必要规制,包括三类情形:

第一类是第三人直接不正当获取数据的行为(《日本不正当竞争防止法》第2条第1款第11项)。与《日本不正当竞争防止法》第2条第1款第4项规定的不正当获取类型相同,没有访问权限的人通过窃取、欺诈和不正当访问等违反法律规定的行为,以及同等程度的违反公序良俗的手段,破坏密钥和加密措施等管理手段,从所有者获取限定提供数据的行为,以及不正当获取后使用和公开的行为,被视为不正当竞争行为。

第二类是有权获取者违反诚实信用原则的行为(《日本不正当竞争防止法》第2条第1款第14项)。限定提供数据的所有者对业务委托方、被许可人、会员及从业者等具有访问权限的人提供限定提供数据,在这种情况下,以下两种行为被视为不正当竞争行为:第一,如果这些具有访问权限的人以获得不正当利用为目的,或以损害所有人利益为目的而采取的行为;第二,以数据所有人不许可的方式(违反第三人提供禁止义务和目的以外使用禁止义务等)使用和公开数据对数据所有者造成损害的行为。

第三类是不当“继受取得”行为。由于数据非竞争、非排他的性质,前述两类情形下他人不当取得数据后可能很容易复制和向第三方传播而对数据所有者构成损害,因此有必要提供必要预防和救济措施,赋予大数据集合保护对第三人的效力,同时出于交易安全考量要对善意第三人加以保护。以诚实信用原则或者善意或恶意为标准,《日本不正当竞争防止法》将第三人对不当获取数据转得及后续行为规定为不正当竞争,包括获取时恶意转得类型(《日本不正当竞争防止法》第2条第1款第12项、第15项)和事后恶意转得类型(《日本不正当竞争防止法》第2条第1款第13项、第16项)两种类型。前者是指明知存在不正当交易行为,包括明知该数据是不当获取或公开而获得,仍然通过交易获取限定提供数据以及进一步使用、公开的行为;后者是指交易对象不知道存在不正当行为而获取限定提供数据,事后在得知存在不正当行为的情况下公开了限定提供数据。鉴于保护交易安全的必要性,类似于商业秘密制度,《日本不正当竞争防止法》对于善意第三人也提供了必要保护。首先,其对不当取得数据的继受取得、利用、公开利用行为的规制,均不及于善意第三人;其次,对于事后才知晓存在不当数据获取行为的交易相对人,在其知晓之前,依合同授权对数据的公开、利用并不构成侵权,[1]即使在知晓之后,其也可以在原交易范围内继续利用大数据,只是不能进一步公开该不当取得数据。

3. 救济措施

对于不正当获取、利用和公开限定提供数据的行为,数据持有者可以主张停止侵害、损害赔偿、恢复原状等民事救济措施。除此之外,立法过程中有意见主张引入刑事处罚措施,但由于目前数据交易时间并不充分,立法者担心如果引入刑事处罚会抑制数据交易积极性,因此与商业秘密制度相区别,《日本不正当竞争防止法》在限定提供数据制度中并未规定刑事处罚措施。

第二节　大数据保护理论学说

针对实践中出现的大数据纠纷,我国学者对如何为大数据界权和保护进行了有益探讨,目前主要包括数据财产权说、新设知识产权说、竞争法保护说三种,现分别讨论如下。

一、数据财产权说

随着数字经济时代大数据集合价值的凸显,部分民法学者从劳动财产理论出发,主张基于企业在数据收集过程中的投资以及促进数据交易而设

[1] 《日本不正当竞争防止法》第19条规定:"通过交易取得限定提供数据的主体(仅限于获取数据之时不知悉存在不当公开,或者不知悉曾涉及不当获取、不当公开情形的主体),在其取得合同权利的公开范围内公开限定提供数据的行为",不属于不正当竞争行为,不受该法规制。

立数据财产权。[1] 例如,龙卫球教授认为:“数据资产权不仅促进数据产品交易本身,也特别促进了数据加工的开展,直接促进了数据经营和数据资产创造,因为这种绝对化赋权立足劳动正当论,使得数据加工及其添附价值得到格外重视,数据从业者可以凭借其极具有价值创造意义的数据加工活动,取得其对数据产品的绝对权进而获得其财产利益。”[2] 在数据集合所有权归属上,参照民法上的添附理论,数据财产权归属于其数据收集和加工者。例如,程啸教授认为:数据企业通过大量收集个人信息以及非个人信息形成了新的数据集,而无数个人信息汇集成的数据集就成为一个新的客体并在其上产生了数据企业的民事权利。这种法律效果与民事主体合法建造房屋而自该房屋建造完毕之时取得房屋的所有权是相同的。换言之,数据企业只要是合法地收集并存储数据,就可以基于这种行为取得对数据的权利,此种权利的产生是基于法律行为的权利的原始取得,而不是通过买卖等法律行为从他人那里继受或派生取得权利。至于数据企业从基础数据中产生的增值数据,更是如此。[3] 在权利属性上,数据财产权接近于物权设计,具有绝对性和排他性,是权利人直接支配特定的数据财产并排除他人干涉的权利。其权能包括数据财产权人对自己的数据财产享有的占有、使用、收益、处分

---

〔1〕 该观点可主要参见龙卫球:《数据新型财产权构建及其体系研究》,载《政法论坛》2017 年第 4 期;龙卫球:《再论企业数据保护的财产权化路径》,载《东方法学》2018 年第 3 期;程啸:《论大数据时代的个人数据权利》,载《中国社会科学》2018 年第 3 期;许可:《数据保护的三重进路——评新浪微博诉脉脉不正当竞争案》,载《上海大学学报(社会科学版)》2017 年第 6 期;王玉林、高富平:《大数据的财产属性研究》,载《图书与情报》2016 年第 1 期;齐爱民、盘佳:《数据权、数据主权的确立与大数据保护的基本原则》,载《苏州大学学报(哲学社会科学版)》2015 年第 1 期。

〔2〕 龙卫球:《数据新型财产权构建及其体系研究》,载《政法论坛》2017 年第 4 期;类似地,学者许可认为:“数据集合由数据业者创设或生成。通过为每个用户创设一个用户文档(profile),数据业者可以对信息进行搜集、记录、存储和分析,最终形成富有经济价值的数据产品。毫无疑问,这些都需要建立组织、培训技能、付出劳动和支付费用。正如 20 世纪初,就事实记载和描述的‘新闻’是否成立财产权的论争一样,如果不赋予数据业者以数据权,就意味着任何人可以在没有播种的地方将他人的收获物攫为己有。”参见许可:《数据保护的三重进路——评新浪微博诉脉脉不正当竞争案》,载《上海大学学报(社会科学版)》2017 年第 6 期。

〔3〕 参见程啸:《论大数据时代的个人数据权利》,载《中国社会科学》2018 年第 3 期。

的权利。有学者根据物权法上自物权——他物权的分割,而建立数据所有权——数据用益权的二元权利结构,在数据所有权之外设立包含控制、开发、许可、转让四项权能的数据用益权。[1]

二、新设知识产权说

对于部分民法学者从劳动财产理论出发、类比于传统物权主张设立财产权的观点,有学者认为,[2]与传统有体财产不同,大数据集合具有信息公共物品所具有的非竞争、非排他的特性,在其上设置排他性权利必将阻塞权利人之外获取该信息的渠道,其对于社会所造成的影响必然远超过在有形物上创设物权。尤其大数据不仅仅由企业收集,而且是用户行为及其设备信息数字转化的结果,具有一定的事实性和公共性,[3]如果不加区分地赋予数据收集者以财产权,必然会造成其信息传播的阻碍和事实性数据的不当垄断。因此,部分学者从功利主义或者规制市场失灵的角度来探讨立法介入领域及规制路径。这可分为以下两种观点:

第一,特别立法说。有学者认为,不仅现有知识产权路径不足以为企业数据提供有效、全面和可靠的保护,大数据本身的性质和利用方式也与既有知识产权保护机制不协调。因此,其主张对大数据保护进行特别立法,包括参照欧盟数据库指令模式设置特别权利保护、[4]按照责任规则赋予数据生产者报酬请求权[5]等。

---

[1] 参见申卫星:《论数据用益权》,载《中国社会科学》2020 年第 11 期。

[2] 参见丁晓东:《论企业数据权益的法律保护——基于数据法律性质的分析》,载《法律科学(西北政法大学学报)》2020 年第 2 期;崔国斌:《大数据有限排他权的基础理论》,载《法学研究》2019 年第 5 期。

[3] 参见高富平:《个人信息保护:从个人控制到社会控制》,载《法学研究》2018 年第 3 期;吴伟光:《大数据技术下个人数据信息私权保护论批判》,载《政治与法律》2016 年第 7 期。

[4] 参见徐实:《企业数据保护的知识产权路径及其突破》,载《东方法学》2018 年第 5 期。

[5] 参见石丹:《大数据时代数据权属及其保护路径研究》,载《西安交通大学学报(社会科学版)》2018 年第 3 期。

第二,有限设权说。有学者认为,虽然现有知识产权体系无法为大数据集合提供周延保护,但其仅仅属于有限空白领域,立法的任务是识别这些空白领域并提供补充规制。例如,崔国斌教授认为,大数据集合保护并非全新的法律领域,早在传统数据库时代数据就被纳入知识产权法的保护范围,"诞生于'小数据'时代的知识产权法还是表现出了很强的适应性,在大数据产权保护方面只是留下些许空白":首先,对于秘密性、价值性、保密性信息可以通过商业秘密加以保护;其次,即使事实性的数据无法直接获得著作权保护,但是作为单个数据条目有可能获得著作权而实现迂回保护的目的,并且其还可以设置技术措施加以保护。其认为,大数据领域的市场失灵主要存在于处于公开状态而没有独创性的大数据集合,对其可按照欧盟数据库指令的方式设置特别权利或者邻接权。〔1〕 类似地,丁晓东教授认为,可以按照类型化和场景化的方式界定大数据集合的保护,对于非公开数据应该提供商业秘密保护,对于半公开数据应该提供类似欧盟数据库特别权利保护,对于公开的数据可通过反不正当竞争法考虑到采取技术限制等场景加以调整。〔2〕

三、竞争法保护说

除了将大数据集合设立排他性权利,有学者从完善反不正当竞争法的规制角度进行了探讨。(1)商业秘密制度的扩张适用。刘继峰认为,根据对数据控制者以外的所有人公开及推送的角度,可将数据分为两类:第一类是对所有人无差别公开的内容;第二类是并非无差别对所有人公开的数据。互联网时代第二类数据竞争居多,其进一步可分为两类:一是完全不公开的数据,其符合秘密性特征而应当获得商业秘密保护;二是差别公开或者有条

〔1〕 参见崔国斌:《大数据有限排他权的基础理论》,载《法学研究》2019 年第 5 期。

〔2〕 参见丁晓东:《论企业数据权益的法律保护——基于数据法律性质的分析》,载《法律科学(西北政法大学学报)》2020 年第 2 期。

件公开的数据,由于访问者仅可获得部分大数据集合的访问权限,可以将其视为具有秘密性而获得商业秘密保护。(2)对于对所有人完全公开的数据,无法通过商业秘密保护,而应适用反不正当竞争法一般条款加以保护。[1]关于一般条款的适用完善,有学者认为对大数据集合(或公开的大数据集合)不应当设定排他性权利而应当作为一种法益加以保护。[2] 在具体侵权认定方面,杨翱宇建议在判断是否不当获取数据时应考量数据的性质与目的、被盗用数据的数量、产出原有数据所需的劳动和投资、数据盗用的市场影响、原有数据的时效性等因素。[3]

第三节 大数据保护路径选择

面对大数据保护的立法挑战,在我国理论界,目前存在数据财产权说、新设知识产权说、竞争法保护说三种不同观点,学界就基本规制路径尚未达成基本共识。笔者以下将对比较法制度和理论争议进行具体解析、比较和批判,以厘定我国大数据保护制度构建的基本路径。

一、信息财产保护理论基础

在大数据保护理论探讨中,不同制度模式理论模型的根本性区别在于所基于的信息财产保护正当性理论不同,数据财产理论基于洛克的劳动财产学说,主张在法律上绝对化赋权而保护劳动创造;新设知识产权说与竞争法保护说则更多地基于功利主义理论,主张从有限市场失灵处进行法律干预。就基本理论分歧,有必要首先明晰信息财产保护的正当性理论和目标,

---

〔1〕 参见刘继峰、曾晓梅:《论用户数据的竞争法保护路径》,载《价格理论与实践》2018 年第 3 期。

〔2〕 参见梅夏英:《数据的法律属性及其民法定位》,载《中国社会科学》2016 年第 9 期;宁立志、傅显扬:《论数据的法律规制模式选择》,载《知识产权》2019 年第 12 期。

〔3〕 参见杨翱宇:《美国法信息盗用制度的演进及其对我国数据财产权益保护的启示》,载《政治与法律》2019 年第 11 期。

进而作为不同制度路径比较和保护制度构建的基础。

（一）劳动财产理论批判

反不正当竞争法一般条款的司法适用，以及部分民法学者关于大数据集合保护的讨论，很大程度上都受到劳动财产学说的影响，认为信息财产只要具有类似于传统有体财产的有价值性和可支配性即存在法律上保护的必要，将付出的投资或者劳动作为界定财产归属的依据，而将“保护劳动所得和合法所得不受他人侵犯作为一项公理性的法律原则”，认为“搭便车”“不劳而获”“食人而肥”具有天然的不正当性。因此，在司法实践中产生了法定知识产权之外的类似“数据财产权”及其他一系列权利，在理论建构中即类比于有体物所有权而产生了“数据财产权”人对其数据占有、使用、收益、处分的财产权。

劳动财产学说虽然在有体财产中具有较强的解释力，但直接适用于非竞争、非排他的信息领域却弊端明显。在洛克的劳动财产理论模型之下，财产权的建构逻辑在于，“上帝将世界赐予人类共有，但每个人对他自身享有一种所有权，只要他使任何东西脱离了自然存在的状态，并加入了自己的劳动，即附加了他自己的东西，那么它们就变成了他的所有物……劳动使它们与大家共有的东西区别开来；与作为万物之母的自然赋予了它们的相比，劳动又增益了一些东西，这样它们就成了他的私有权利……在通过契约维持共有的情况下，我们可以看到，那就是共有的东西取出一部分，并使之脱离自然状态，这样财产权就产生了”[1]。但其主要是从有体财产出发，能否在无体财产领域直接适用则存在疑问。就社会运行的前提条件而言，对于万物归人类共有、人对自身和劳动的所有权、人应当遵循理性的方式进行生活，知识领域与有形财产则并不存在明显差异。但就私有财产制度的必要性而言，有形财产则与无形财产之间存在本质上的差异。对于有形财产而

[1] [英]约翰·洛克：《政府论》（下篇），丰俊功、张玉梅译，北京大学出版社2014年版，第37～38页。

言,其必须拨归私有才能加以利用,因此必须建立私有财产制度进行调整;但对于无形信息而言其具有非竞争性,即使不拨归私有也可以正常加以利用,因此从洛克的传统路径上难以直接证成对共有领域信息授予财产权的正当性。从财产权的获得方式而言,洛克式的财产取得要件并非劳动创造价值即已足够,而是要满足财产权的社会公开性或对世性前提,即劳动使其与共有的东西区别开来且有所增益,才能成为私有财产,[1]并且其授予的前提在于留给他人足够多且同样好的东西。[2] 根据洛克理论,有体物可以通过占有、添附等形式使财产脱离公有状态而向社会公示。但对于信息而言,劳动者虽然可以在公有领域非竞争性信息的基础上,运用个人劳动进行进一步的加工和生产,创造出与公有领域不同的新的知识或信息,但智力成果的创造并非完全的“无中生有”,作品创作以及技术发明都是既有知识之上的累积性创新。个人在公有领域之上的添附或创造,在何种程度上脱离公有领域属于完全“新的财产”面临现实上的判断困难,如果不加区分地加以保护,则面临罗伯特·诺齐克式的“番茄汁”悖论,即“把一罐番茄汁倒进大海,然后主张对整个海洋的所有权”。此外,与传统有体财产不同,信息具有公共物品所具有的非竞争、非排他的特性,在其上设置排他性权利必将阻塞权利人之外所有人获取该信息的渠道,对社会影响的范围远超过在有体物上创设物权。如果无法清晰界分个人劳动创造和公有领域的信息,将会导致个人对公有领域的不当垄断和侵占,洛克“留给他人足够多且同样好”的前提也难以实现。

因此,劳动财产学说在无体财产领域面临是否有必要对信息赋予法律

---

[1] 洛克认为:“在占有土地之前,一个人可以采集尽可能多的野果,捕杀、驯养尽可能多的野兽,这样他就对自然状态下的自生产品付出了自己的劳动,通过各种方式改变了自然使他们所处的状态,通过付出劳动,那么这个人就占有了它们。”参见[英]约翰·洛克:《政府论》(下篇),丰俊功、张玉梅译,北京大学出版社 2014 年版,第 43 页。

[2] 参见[英]约翰·洛克:《政府论》(下篇),丰俊功、张玉梅译,北京大学出版社 2014 年版,第 36 页。

保护、如何界定劳动财产保护范围以及如何实现与信息获取公共利益平衡的局限。简单地类推有体物的保护逻辑而主张“数据财产权”的逻辑有失轻率，并且无法为数据收集者与竞争者、数据分析主体、用户之间的利益平衡建立精细化的分析框架，有劳动即应当保护的预设也会不加区分地将具有事实性和公共性的数据纳入数据收集者的排他性范畴，而阻塞信息传播的渠道，既有理论已对其作出了充分的回应和批评，笔者因此对“数据财产权”学说不再做过多延伸和探讨。

(二)功利主义下市场与法律的作用分担理论

相较之下，从功利主义或社会整体福利出发，可以为信息财产的授予、权利范围及限制提供更科学和精细的框架。在劳动财产理论框架下，其财产私有以财产利用之必要为基础，但对于信息而言，其非竞争、非排他的特性决定了不拨归私有也可以正常加以利用，从而难以直接证成对信息授予财产权的正当性。从经济学的角度来看，“已产生”即公有领域的知识不具有稀缺性，对其不必要授予财产权，但未创造信息却是稀缺的，因为信息生产具有特殊性，其具有生产的高成本、复制的低成本、没有特定对手的占有特征，如果法律不加介入会导致信息利用的“搭便车”行为和外部性问题，进而导致信息生产的市场失灵。根据熊彼特的理论，未知信息的开发或者“破坏性创新”才是经济发展和社会进步的真正根源。[1] 为实现促进知识生产的目标，一种方式是由阿罗(Arrow)提出，即将知识等同于灯塔、国防等公共物品，由政府进行统一投资或者提供补贴进行开发，并在全社会进行分享利用；[2]另一种方式则是将外部性内部化，通过授予创造者以产权而自由开发

〔1〕 参见[美]熊彼特：《熊彼特经济学：全集》，李慧泉、刘霈译，台海出版社2018年版，第379~380页。

〔2〕 See Kenneth J. Arrow, *Economic Welfare and the Allocation of Resources for Invention*, in National Bureau of Economic Research ed., The Rate and Direction of Inventive Activity: Economic and Social Factors, Princeton University Press, 1962, p. 609-625.

其投资前景,以市场竞争的过程实现资源配置的最优化。[1] 但信息生产不同于灯塔或者国防的特点在于,信息创新不能被提前获知,且其生产的过程需要既有信息的累积和不同主体所持有信息的互动,而政府决策无法有效地判断创新方向并将不同的信息组织起来进行生产。按照哈耶克的"知识"理论,"现实生活的运行中存在着一种未经组织的知识,即关于特定时空情势的知识,每个人都掌握着独一无二的知识,比其他人更有优势,决策只有由每个具体个人作出或者在一定合作框架下作出,知识才能在社会中得到充分的运用"。[2] 市场的优势即在于通过竞争机制以价格的形式将各种产品服务需求供给的情况向全社会传播,从而将各种信息组织起来进行最优的资源配置,这也决定了需要通过产权配置将知识生产成果内部化,从而通过市场竞争的过程实现资源最优配置。但知识产权保护也是有成本的,从经济学的视角来看,知识产权保护的最终目标提供一种产权激励,以将知识产权创造和使用的价值与其社会成本(包括制度运行成本)之间的差值最大化即社会总体收益的最大化,进而需要考量三个问题:[3] 第一,新的足够数量的信息可否在恰当的时候被创造出来?第二,创造新的信息可否用于生产,即是否可以为生产者和产品服务的消费者产生社会效益最大的流动?第三,在新知识被创造的条件下,在生产中所需的社会成本是否会降至最低限度?这也是知识产权制度在设计过程中需要不断回应的目标,笔者以下将其概括为有效生产激励、最大化成果流动和最小化社会成本三个目标。

---

[1] See Edmund W. Kitch, *The Nature and Function of the Patent System*, 20 Journal of Law and Economics 265 (1977).

[2] 参见[英]F. A. 冯·哈耶克:《个人主义与经济秩序》,邓正来译,生活·读书·新知三联书店2003年版,第121页;[日]田村善之:《田村善之论知识产权》,李扬等译,中国人民大学出版社2013年版,第8页。

[3] See Stanley M. Besen & Leo J. Raskind, *An Introduction to the Law and Economics of Intellectual Property*, 5 Journal of Economic Perspectives 3 (1991); Paul A. David, *Intellectual Property Institutions and the Panda's Thumb: Patents, Copyrights, and Trade Secrets in Economic Theory and History*, in M. B. Wallerstein et al. eds., Global Dimensions of Intellectual Property Rights in Science and Technology, National Academy Press, 1993, p. 24 – 25.

如果从外部性内部化或避免市场失灵的视角来看,经济学上的产权不仅包括法律上的所有权或知识产权。根据巴泽尔对产权的定义,经济学上的产权指的是个人对商品(或资产)拥有的经济产权,就是指通过交易个人直接或间接期望消费商品(或资产的价值)的能力,是与剩余价值的索取紧密相关的权利。[1] 其产权的实现受一系列因素的影响,包括产权人直接通过私人力量、合同保护其资产的能力("事实产权"),以及主要通过警察和法院执行权力的官方保护,国家承认和保护的法定权利("法定产权")。[2] 经济学上产权的定义与法学上财产权的概念虽然存在不同,但具有一定的启示意义。从知识产权法避免市场失灵的功利主义目标来看,既然私人的产权保护在知识产权制度之外事实上发挥着促进创新成果开发的激励作用,便意味着我们应当避免一种新的知识财产类型出现,即应当授予法定产权保护的定式思维,而有必要重新构建一种既容纳事实产权也容纳法定产权的"广义知识产权"分析框架和体系进行整体考量。

日本田村善之教授提出了"市场与法律之作用的分担理论",[3] 即虽然信息本身具有非竞争、非排他、非易耗的特性,但是并非完全存在外部性或市场失灵,市场或创新主体内部本身也存在一种自我调节机制。例如,最开始生产新产品、开发新商业方法的人,直到模仿者出现之前,可以独立开拓新兴事业直到收回其投入成本(市场先占利益的激励机制);企业主体自身也可以采取保密或相关措施控制信息的传播("秘密管理的激励机制"和"对规避性技术手段的限制机制")等。在此情况下,即使没有通过法律介入设置知识产权,仍然正常运行或仍会有适度的成果得到开发。在这种情况下,

[1] 参见[以]约拉姆·巴泽尔:《产权的经济分析》(第2版),费方域等译,格致出版社、上海三联书店、上海人民出版社2017年版,第3~4页。

[2] 参见[以]约拉姆·巴泽尔:《产权的经济分析》(第2版),费方域等译,格致出版社、上海三联书店、上海人民出版社2017年版,第3页。

[3] 参见[日]田村善之:《日本知识产权法》,周超、李雨峰、李希同译,知识产权出版社2011年版,第9~17页。

人为地创设权利来规制他人行为自由就不具有必要性，也就没有理由设置知识产权。法律仅应当在市场自治不足以发挥作用的情况下加以介入，包括两种机制：(1) 支撑型激励机制。存在于市场之中的事实层面的激励机制，如果没有来自法律层面的支撑，也会出现不能发挥其自律功能的情形，如即使企业拥有完备的秘密管理体制，也不能完全避免在保险柜中所保存的秘密资料被盗、知晓商业秘密的从业人员被收买等风险，故存在法律干预的必要性。但也应主要依赖于市场上存在的事实上的激励机制，只有在事实上的激励机制本身不能发挥自律性功能时，需要通过法律手段来恢复其自律性作用。(2)创设型激励机制。当市场既存的激励机制对研发新产品、新商业方法存在不足时，则有必要判断是否应该人为地创设一种对于成果开发具有激励作用的制度设计。由于成果一般多采用的是信息的方式，当将其隐匿化存在困难时，如果没有法律的介入，则不可避免地会产生"搭便车"行为。因此，为了把市场竞争原理引入信息生产机制，人为地赋予信息生产者排他性地利用信息的权利，即激励创设性知识产权法律制度。从功利主义理论出发，整个知识产权理论所围绕的核心即在于，法律在何种前提下介入，选择保护企业事实产权或创设新的法定产权。围绕社会福利最大化的整体目标，在路径选择和制度设计中，有效生产激励、最大化成果流动和最小化社会成本三个经济学的目标将成为判断和衡量的基准。

二、既有学说解析与批判

将大数据保护探讨置于功利主义视角下进行观察，除"数据财产权"理论外，当前理论争议主要集中于新设知识产权模式与反不正当竞争法调整模式的探讨，或称为权利法与行为法模式。该区分主要是基于现行立法将其归属于著作权法等知识产权法或由反不正当竞争法调整所作出的分类，笔者赞同崔国斌教授的观点,[1]即权利法与行为法之间的区分并非绝对性的,并且这种区分对于大数据规制路径的选择也不具有实质性的启发意义。在经典财产权观念下,财产权的构建模式是由客体界定权利,将财产权理解为对客体即物的绝对性支配。[2] 在现代财产观念下,已普遍接受霍菲尔德财产权本质是对人性而非物性的理论,即财产权并非对某物的绝对性支配(其客体可以是物也可以不是物),而是调整人与人之间的不特定性权利。[3] 财产权在现实主义的概念化和去结构化之后,不再受其客体的束缚而成为一种对世性权利的"权利束",[4]将这一系列权利组合到一起形成"财产权"的意义在于,以符合社会观念的方式进行"模块化"处理可以降低社会交易成本。[5] 对于数据控制者在大数据之上的利益,只要其能够满足利益归属内容确定性、社会典型公开性、普遍排除效能即可以作为财产意义上的权利。[6] 基于此,"只要该管制或排他的内容可以被概括为权利人排除公众对某种客体的利用行为,权利人可以自由转让这一利益,则无论管制或排他的范围宽窄,其实都可以被视为一种财产权利。无视现代社会的商业实践,单纯以排他或保护范围的宽窄来区别反不正当竞争法模式和财产权模式,已经没有太大意义"[7]。故大数据规制问题的核心不在于知识产权(权利法)或反不正当竞争法(行为法)的区分,而在于选择何种规制模式从而恰当地界定数据控制者排除他人对数据获取、利用的范围。

民法上,在调整民事主体之间对财产之价值控制、开发与利用的法律关

---

[1] 参见崔国斌:《大数据有限排他权的基础理论》,载《法学研究》2019 年第 5 期。

[2] 参见梅夏英:《民法权利客体制度的体系价值及当代反思》,载《法学家》2016 年第 6 期。

[3] See Wesley N. Hohfeld, *Fundamental Legal Conceptions as Applied in Judicial Reasoning*, 26 The Yale Law Journal 710 (1917).

[4] 参见熊丙万:《实用主义能走多远?——美国财产法学引领的私法新思维》,载《清华法学》2018 年第 1 期。

[5] See Henry E. Smith, *Intellectual Property as Property: Delineating Entitlements in Information*, 116 The Yale Law Journal 1636 (2007).

[6] 参见于飞:《侵权法中权利与利益的区分方法》,载《法学研究》2011 年第 4 期。

[7] 崔国斌:《大数据有限排他权的基础理论》,载《法学研究》2019 年第 5 期。

系中,法律一般通过类似手段进行调整,即赋予某个人或某个群体优先地位,并规定其他人避免对物进行干涉。受法律保护主体的确定标准可分为两类:第一,建立在人与物之间事实关系的基础之上。例如,法律会保护那些占有争议不动产的人、穿着他人衣服的人。按照这种逻辑,只有那些现存的事实关系才具有重要性,过去的状态不再重要,因为事实关系已经终止,由其产生的后果也已经终止。第二,法律保护主体的确定也可以不考虑人与物之间的现存事实关系,人们可以根据某种法律认可的原因授予一种“资格”对特定主体进行法律保护。[1] 在既有理论以及比较法上对大数据规制的讨论中,也主要围绕这两种模式或二者的结合进行:第一,界定信息客体的保护条件,赋予某个人或某个群体优先地位,并规定禁止他人进行特定的干涉行为。第二,基于企业信息控制的事实提供一种补充性保护。例如,有学者主张利用商业秘密制度对秘密进行保护,并扩张商业秘密的秘密性要件和合理保密措施要件将其适用于区别公开数据。

在我国理论界,学者们多关注大数据集合设权保护的前一路径,对后一路径即以企业信息控制事实为基础而提供支撑型激励机制的探讨较少。除依据劳动财产理论主张设立数据财产权外,有的学者从规制市场失灵出发作出了如下区分:对于不公开的大数据集合,可以通过商业秘密制度对其信息控制的事实加以保护,不存在市场失灵;对于无法将数据隐匿的情况,基于信息“不胫而走”的特性,主张在法律上界定受保护信息的客体而赋予其排他性资格。

但其秘密与公开的二元分析框架存在一定局限和不足:第一,存在数据创造激励并不意味着排除法定产权或者法律进一步调整之必要,目前学说对于市场失灵的分析主要局限于是否缺乏对于数据生产投资的激励。例如,崔国斌教授认为,对于保密性的大数据集合可获得有效的商业秘密保

---

〔1〕 参见[意]鲁道夫·萨科、[意]拉法埃莱·卡泰丽娜:《占有论》,贾婉婷译,中国政法大学出版社2014年版,第3~4页。

护,因此仅在公开数据领域存在有限的市场失灵而存在设权之必要。但从社会福利最大化的目标出发应当综合考虑有效生产激励、最大化成果流动和最小化社会成本三个目标,前述市场失灵的分析主要从数据生产投资的激励出发,但如前所述,商业秘密保护的秘密性和合理保密措施要件与大数据广泛共享和流通的特质存在冲突,难以满足“最大化成果流动”目标而无法排除法定产权或法律进一步保护的必要。第二,即使无法将信息秘密化处理也并不意味着“不胫而走”,技术发展赋予了企业对非秘密性信息之上进行私人保护构建事实产权的能力,并不当然地存在市场失灵而需要设立法定产权。在秘密信息与完全公开信息的二元划分之外,出现了有限公开信息的第三极,随着技术发展网络空间信息传播的现实发生了变化,概括而言,包括以下层面:从信息的传播主体来看,信息传播正由人与人之间的传递转向机器之间的传递;从传递内容上,其由语义层面过渡到句法层面计算机代码本身,信息内容与其载体逐渐呈现合一性而不可分离;[1]从信息传播形式上,其正由商品范式(commodity paradigm)向服务范式(service paradigm)转变,信息传递并不以其载体所有权转移为前提,企业可以非排他性地允许多数人访问利用其信息,但并不失去排除不特定人对其信息进行获取、利用、公开的能力。其具有秘密保护生产激励的优势,同时克服了无法满足最大化成果流动目标的缺陷,在设置法定产权之外提供了一种被目前理论忽视、新的制度可能。按照市场与法律之作用的分担理论,这将实质性地影响法律是否应当介入以及是否应当授予排他性权利。在我国大数据规制制度构建之前,有必要首先发现大数据产业现实中的这种事实产权机制,正视以企业自我界定产权为基础提供支撑型法律保护的制度可能,进而从社会福利最大化的角度衡量比较设定法定产权与保护事实产权之间优劣所在并作出规制路径选择。

---

〔1〕 Vgl. Herbert Zech, Information als Schutzgegenstand, 1. Aufl. 2012, S. 167.

三、基于信息私力控制保护之现实可能性

在法律秩序构建中,社会现实是第一性的,法律规制是第二性的。法的第二性原理决定了法律不能无视第一性的社会现实,只选择它能够调整的事物、采用它能够实现的手段进行调整,而不能与社会现实形成冲突。[1] 欲构建大数据保护法律秩序,首先我们必须了解大数据生成、利用和交易的基本环境,即网络空间是如何被规制的。

根据劳伦斯·莱斯格(Lawrence Lessig)的"可怜原点理论"(pathetic dot theory),[2]对社会生活的规制存在 4 种方式:法律(law)、市场规律(market)、社会行为准则(norms)和架构(architecture,即技术基础设施),围绕同一规制目标可以通过不同的方式来实现,而且这 4 种方式之间存在彼此的互动关系,立法者在进行秩序建构时即可以考虑直接或间接的方式,但核心问题在于哪种方式可以更好地实现规制的目标。其中,架构层面客观世界本身的特质(如生物、地理、技术等层面),无论是建构的还是发现的,都实际约束着人们的行为方式,这也是法律规制、市场运作、行为规范的基础。网络空间中社会生活的"预设环境"或"架构"即代码,互联网和网络空间对于用户行为最直接的规制是通过代码施加的,乔尔·R. 瑞登伯格(Joel R. Reidenberg)断言"代码即法律",[3]代码正成为政府在立法之外实现其规制目标的新的补充性工具,网络空间的基础架构即代码规则不同导致了人们行为规则的边界。具体而言,其区分出网络空间的不同部分,决定人们能够在其中做什么、不能够做什么。[4]

---

〔1〕 参见李琛:《法的第二性原理与知识产权概念》,载《中国人民大学学报》2004 年第 1 期。

〔2〕 See Lawrence Lessig, *The New Chicago School*, 27 The Journal of Legal Studies 661 (1998).

〔3〕 See Joel R. Reidenberg, *Lex Informatica: The Formulation of Information Policy Rules through Technology*, 76 Texas Law Review 553 (1997).

〔4〕 参见[美]劳伦斯·莱斯格:《代码 2.0:网络空间中的法律》,李旭、沈伟伟译,清华大学出版社 2009 年版,第 28 页。

在互联网环境下,代码控制的作用已在版权法中得到体现。网络空间产生之初,人们往往认为互联网是完全自由而不受政府规制的,因为政府无法确定行为规制的基本要素,即行为人是谁、行为人在哪里、行为人做了什么,[1]从而带来了诸多失范行为。在与信息传播密切相关的著作权领域,传统物理世界中,作品传播的架构层面是依靠物理载体的复制和发行。首先,复制、发行高成本的技术特性事实上保护着作者的权利;其次,作者可以通过对作品载体复制、发行的控制和监控来实施其对作品的法定排他性权利。[2] 互联网的出现实现了全球范围内网络的互联互通,信息流动得到了极大的解放,同时带来了诸多失范行为。数字技术的出现使低成本的完美复制成为可能,计算机网络又使作品可以不受地域、时间的限制在全球范围内即时地分发,每个人都可能替代性地成为具有全球影响力的出版商,作者在网络空间中却难以实时地监控作品传播行为和确定传播者。[3] 互联网环境下严格的版权执法似乎已经不再可能,有学者即认为版权规则已经无法适应网络环境故而需要重新构建信息的传播秩序,内容制作者面对互联网环境之初产生了4种策略:[4]拒绝者(Naysayers),即拒绝将其作品通过互联网发行,从而保持严格的产权保护;封锁者(Locksmiths),其优先地通过数字版权管理技术和合同控制作品的发行,而将版权作为保护其创作内容的最后手段;颠覆者(Subverters),即通常所称的"著佐权"(copyleft),采用与著作权法相反的方式仅保留优先权能,而允许使用者对作品自由使用、传播、修改,但要求其修改后的衍生作品必须以同等方式回馈社群;探索者

---

[1] 参见[美]劳伦斯·莱斯格:《代码2.0:网络空间中的法律》,李旭、沈伟伟译,清华大学出版社2009年版,第27页。

[2] See Primavera De Filippi, *Copyright Law in the Digital Environment: Private Ordering and the Regulation of Digital Works*, Lambert Academic Publishing, 2012, p.45.

[3] See National Research Council, *The Digital Dilemma: Intellectual Property in the Information Age*, The National Academies Press, 2000, p.3-4.

[4] See Daniel Zimmerman, *Living Without Copyright in a Digital World*, 70 Albany Law Review 1375 (2007).

(Explorers),即放弃对作品的控制权,获得创作的一次性报酬之后(如通过创作众筹)即将其作品贡献给社会而免费利用。事实上第一种“拒绝者”的策略已经被实践证明失败,因为在数字技术广泛应用的前提下,内容制作者虽然自己将其作品融入互联网但仍然无法彻底排除他人将作品在互联网上传播。放弃产权界定以及由竞争市场配置资源的后两种策略在实践中也并未广泛实施,通过代码控制的“封锁者”经历实践检验成为目前版权保护中最普遍采用的形态。

虽然互联网在初始阶段呈现一种“无政府主义”状态,但其并不必然会持续下去。因为在虚拟世界中,代码是其基本“架构”,代码规定了网络空间行为的行为限制,网络服务商作为虚拟空间的创造者实际掌握着代码的构造。面对作品传播的失范行为,网络服务商首先会通过代码矫正来实现对其虚拟空间的自我治理,基于足够的商业利益驱动,其会适应现实的改变创制出一种私人秩序(private ordering)。[1] 其包括有限开放网络空间的代码限制,最简单的方式是,操作系统要求用户注册身份并设定访问权限,访问控制系统可以识别并追踪每个成员身份、数据对象的身份以及每个用户对特定数据对象拥有的权限(读取、复制、更改、执行等),每当系统收到服务请求则会读取相关权限管理信息决定允许或拒绝;包括对于完全开放网络空间的代码限制,即并不限制用户对虚拟网络空间的访问但是限制进一步复制等行为,如对信息采用特定格式并发送浏览器插件使其可以正常阅读但是不能存储或打印,或者直接对信息进行加密,仅允许具有特定权限的用户或者计算机进行处理。[2] 借助代码设定一种可信系统(trusted system)正在形成,通过对作品传播的事实控制,版权人可以按照自己设定的条款出售作

[1] 参见[美]劳伦斯·莱斯格:《代码2.0:网络空间中的法律》,李旭、沈伟伟译,清华大学出版社2009年版,第87页。

[2] See National Research Council, *The Digital Dilemma: Intellectual Property in the Information Age*, The National Academies Press, 2000, p. 158 – 164.

品,并且能够保证双方签订的合同如实履行。[1] 在利益驱动下,一只看不见的手正在构建一种与网络空间诞生时的"无政府主义"完全相反的架构,来实现对作品传播的严格控制。版权保护模式由侵权事后法律救济转向"版权保护的前置化",使"技术引发的问题由技术本身来回答"。[2] 劳伦斯·莱斯格对此评价,"在网络空间中,代码能够取代法律成为保护知识产权的主要武器,而且它的作用越来越大。这是一种私人的防护,而非国家法律的保护"。[3]

然而,一切技术保护措施都是有成本的,也没有技术保护措施可以提供完美保护,与任何安全系统一样,对其破解仅仅是时间、精力和创造力的问题。技术发展日新月异,以前受保护的系统变得不再安全,社会环境的变化也使得对于安全系统的挑战变得更具有吸引力。技术保护措施"基本上可使诚信的人保持诚信"(keep fundamentally honest people honest),在一定程度上保护数字信息。[4] 同时,需要法律针对一般诚信人之外提供补充性的保护。因此,20 世纪 90 年代美国信息基础设施特别工作组在评估互联网对版权法影响的绿皮书和白皮书中均提出,技术保护措施可以保护版权和作者进行许可和版权管理,建议立法应当提供保护措施来支持企业的"版权管理方案"。[5] 这也成为《世界知识产权组织版权条约》和《世界知识产权组

---

〔1〕 参见[美]劳伦斯·莱斯格:《代码 2.0:网络空间中的法律》,李旭、沈伟伟译,清华大学出版社 2009 年版,第 194 页。

〔2〕 参见董慧娟:《版权法视野下的技术措施制度研究》,知识产权出版社 2014 年版,第 46 页。

〔3〕 [美]劳伦斯·莱斯格:《代码 2.0:网络空间中的法律》,李旭、沈伟伟译,清华大学出版社 2009 年版,第 191 页。

〔4〕 See National Research Council, *The Digital Dilemma: Intellectual Property in the Information Age*, The National Academies Press, 2000, p. 13, 153 – 154.

〔5〕 See Information Infrastructure Task Force Intellectual Property and the National Information Infrastructure, *A Preliminary Draft of the Report of the Working Group on Intellectual Property Rights: The Green Paper* (Jul. 1994), https://www.calstatela.edu/main/ipwg.htm; Information Infrastructure Task Force, *The Report of the Working Group on Intellectual Property Rights, Intellectual Property and the National Information Infrastructure: The White Paper* (Sep. 1995), https://www.eff.org/files/filenode/DMCA/ntia_dmca_white_paper.pdf.

织表演和录音制品条约》规定技术措施保护的建议基础,从而建立起了在全球范围内对版权技术措施保护的全球秩序。以事实控制为基础,以版权法保护为补充机制,著作权人从而构建起一种作品传播的"私人秩序"。[1]

就大数据领域而言,虽然在法律规制的层面著作权法所保护的独创性作品与新兴大数据集合存在质的不同,但在信息传播的技术架构层面二者却是相同的。著作权法上的作品要通过数字化转译为"机器可读信息"才能进行传输,即构成大数据集合意义上的数据,代码所规制的也是机器之间的数据传输行为,数字环境下著作权的私人保护模式同样适用于大数据领域,大数据集合的持有者事实上建立起了类似于著作权法上的"数字权利管理"措施。具体而言,数据共享与现实中数据纠纷主要发生于三种情形中:第一,通过网页爬虫,直接对在线数据进行爬取;第二,通过开放平台以调用API的方式获得平台共享原始数据;第三,交易数据产品,如在淘宝诉美景案中,淘宝将数据拷贝到交易平台,买方在交易平台提供的环境内使用数据。对于后两种形式,采取的是有限开放网络空间的代码规制方式,即其仅对有限主体开放,通过用户身份注册和访问权限设定,访问控制系统可以识别并追踪每个成员身份、数据对象的身份以及每个用户对特定数据对象拥有的权限(读取、复制、更改、执行等),每当系统收到服务请求便会读取相关权限管理信息决定允许或拒绝,从而实现其数据交易的"私人秩序"。第一种情形类似于完全开放网络空间的代码限制,其并不限制用户对网络空间内容的访问,但不同于版权保护措施,其限制的并非用户的复制行为而是网络爬虫对大数据集合的爬取,如通过爬虫协议告示不允许爬取[2]、人机

〔1〕 See Primavera De Filippi, *Copyright Law in the Digital Environment: Private Ordering and the Regulation of Digital Works*, Lambert Academic Publishing, 2012, p. 45.

〔2〕 "robots. txt"是一种存放于网站根目录下的文本文件,其告知网络爬虫,此网站中的哪些内容是不可以被爬取的,哪些内容是可以被爬取的,类似于一种"君子协定",爬虫遵守或者不遵守完全在于爬虫作者的意愿。

识别[1]、访问频率限制[2]等限制措施。

笔者在此无意对于大数据保护的技术措施作穷尽列举，而旨在说明网络空间信息传播的特点在发生根本性变化，在“机器与机器”的信息传递中，“人与人”信息一旦公开，“不胫而走”、无法控制的特点便不再适用。[3] 通过代码控制可以在数字空间建立起类似于对有体物的排他性控制，这为法定产权之外信息财产的保护提供了一种新的可能。德国学者蔡希（Zech）将这种变化描述为“信息的剥离”。[4] 这种变化主要发生在两方面：

第一，信息传递主体由人与人之间的传递转向机器之间的传递，信息传递内容由语义、语用信息转向句法信息。最早，文字、语言的出现允许人类将其意识层面的信息进行客观记录并进行传递，后续印刷术、照相机、电报、电话、留声机、广播、电视等使信息生产和传播的成本不断降低，但是仍然是人与人之间就语义信息进行的直接传递。但在网络空间中，人与人之间的信息传递首先以计算机传递为媒介，一些信息的接收和处理主体已经不再是人，如软件、大数据集合等首先经过机器处理过滤之后再传递给人。在传

[1] 全称“全自动区分计算机和人类的公开图灵测试”（Completely Automated Public Turing test to tell Computers and Humans Apart，CAPTCHA），俗称验证码测试，作为服务器的计算机会自动生成一个问题由用户来解答。这个问题可以由计算机生成并评判，但是只有人类才能解答。由于机器无法解答 CAPTCHA 的问题，回答出问题的用户即可视为人类。

[2] 访问频率指的是单位时间内客户端发出网络请求的次数，用户浏览网页的频率不会像爬虫程序那么高，网站开发者可以将访问频率过高的客户端视为爬虫程序而禁止访问。

[3] 传统观念认为，信息具有“公开性”“共识性”的特点，一经表达或表现出来即“不胫而走”而成为社会共识，可由任何人在任何时间、任何地点获得，靠发明人或创造人对其载体的占有并不能排除他人的占有和使用。See Pamela Samuelson, *Information as Property: Do Ruckelshaus and Carpenter Signal a Changing Direction in Intellectual Property Law*, 38 Catholic University Law Review 365 (1989). 国内研究可参见彭诚信：《智力成果、知识产权与占有制度》，载《法商研究》2002 年第 6 期。

[4] 蔡希认为，信息作为经济生活中的重要商品存在法律界定交易秩序和规制的必要。但随着技术的发展，逐渐呈现“信息的剥离”（德语为“Abstraktion von Information”，英文为“abstraction of information”）趋势，即信息从其与物理载体、人类创造者、特定含义、人类接受者的联系中逐渐脱离出来，既有法律体系中界定和规制信息的几种依据逐渐失去规范意义，而应当寻求新的规范基础。Vgl. Herbert Zech, Information als Schutzgegenstand, 1. Aufl. 2012, S. 167; Herbert Zech, *Information as Property*, 6 Journal of Intellectual Property, Information Technology and Electronic Commerce Law 192 (2019).

递内容上,信息在符号学上可以分为句法(syntactics,也有学者翻译为“指号”)、语义(semantics)、语用(pragmatics)三个层面。句法层面是指在符号层面(如0和1)根据特定规则进行的组织和构造,语义层面指向的是符号排列背后的含义,往更高层次的语用则指向信息所追求的目标。〔1〕 人与人之间的传递主要是语义与句法之间的传递,传统通信模型总是围绕“与什么相关的信息”;机器与机器之间传递的主要是句法层面的信息即代码符号的组合,是过去人与人之间处理、存储或者交流信息过程中的中间形态。〔2〕 信息含义在机器传递中已不再重要,数据文件价值关键在于其是否存在可以被计算机处理的代码,而不在于其是否具有可被人类理解的有用的含义。这种改变带来的结果是,应当将对人与人之间以及机器与机器之间信息传播的一般理解与规制方式区分开来,将对机器间信息传播作为一个独立观察和调整的维度。例如,在自由访问的网络环境中,信息的含义已经完全被公开,但并不意味着信息即“不胫而走”失去控制,而需要考察对于句法层面信息获取是否存在限制。

第二,信息传播与物理载体相脱离,而建立起以代码空间为核心的传播秩序。信息传播形式由商品范式转向服务范式,或实现了“由书本到云”的变化。〔3〕 信息传播传统上依靠有形载体的转让实现,但随着技术的发展信息存储、传递的成本不断降低,直到计算机和互联网技术的出现,信息传播载体的无体化、网络空间的非竞争性、低成本且不受时间和物理距离限制的网络访问形式,使得信息传播可以完全不依靠有形载体的转移,内容提供者可以在其网络空间内集中提供和传播其信息,信息传播由商品交易转变为

---

〔1〕 参见[美]莫里斯:《指号、语言和行为》,罗兰、周易译,上海人民出版社1989年版,第260页。

〔2〕 See Denis Pombriant, *Data, Information, Knowledge*, 14 Computer Law Review International 97 (2013); Andreas Wiebe, *Protection of Industrial Data-a New Property Right for the Digital Economy?*, 10 GRUR International 879 (2016).

〔3〕 Vgl. Herbert Zech, Vom Buch zur Cloud: Die Verkehrsfähigkeit digitaler Güter, ZGE / IPJ 5 (2013) S. 368 ff.

网络空间访问的服务提供,信息接收者或购买者购买到的是网络空间的访问权限,其可以接触并利用特定信息或者计算能力。[1] 例如,在现实大数据交易中,其与传统的发行图书、CD、计算机软件等不同,往往不是直接的数据文件或产品转让,而是作为一种服务向他人提供数据库访问的权限,如数据分析服务、数据库服务、原始数据服务(如开放 API 向他人实时地提供原始数据访问)。[2] 二者之间的核心区别在于,类似于物的占有,如果进行信息产品的交易,同时也转移了对信息的事实控制(如转让他人可对图书、CD 进行复制,对计算机软件可以进行反编译),产品购买者原则上永久性地获得了对信息的控制权并可无限转让;在服务范式下,数据库访问权的授予并不会带来对数据控制的实质转移,在服务器和网络带宽允许的情况下,网络空间的访问是非排他的,代码控制数据控制者可以授权无数人进入其网络空间访问数据进行访问,该访问权限仅在特定时间内且不可无限转让,原则上数据控制者并不失去对其大数据集合的控制权。

基于以上两点改变,数据控制者可以通过代码建立起对其大数据集合的事实控制,界定哪些人有权访问哪些数据以及哪些数据能够与其他数据通信,建立起其数据控制、利用、流转的"私人秩序",并不因数据广泛交易和共享而失去其大数据集合的事实控制。

当然,类似于版权保护技术措施面临的问题,代码控制无法提供完美保护,而只能"基本上使诚信的人保持诚信",但无法阻止不法者破坏、绕开技术措施。任何安全系统的破解仅仅是时间、投入和创造力的问题[比如,对于访问频率限制措施,竞争对手会通过虚拟专用网(Virtual Private Network,

---

〔1〕 吴伟光教授认为,"网络经济联系中的经济组织形式已开始脱离传统的单个商品和市场交易这样的概念而形成新的组织形式,商品和服务的概念在变得模糊,企业通过代码技术形成代码空间,将自己的商品、服务、劳动、智慧以及创意等综合在一起形成新的社会供给而不断和实时地提供给社会,代码空间已经成为社会成员相互组织和配合的重要媒介"。参见吴伟光:《构建网络经济中的民事新权利:代码空间权》,载《政治与法律》2018 年第 4 期。

〔2〕 See Herbert Zech, *Data as a Tradeable Commodity-Implications for Contract Law* (Nov. 2017), https://ssrn.com/abstract=3063153.

VPN）等欺骗手段伪造众多的 IP 地址，躲过权利人的技术封锁，以尽可能多地复制数据］。如果没有法律干预，数据收集者和竞争对手很容易陷入丛林规则主导的无休无止的消耗战。[1] 现有关于数据保护的纠纷，大多是绕开企业技术限制措施而获取数据的情形。因此，有必要进一步提供法律上的补充保护。在规制方式选择上，大数据集合处于企业事实控制之下的第一性社会现实，提供了一种在法定产权之外，通过法律保护企业自我界定的事实产权而恢复市场自治功能的可能，同时也对既有信息控制法律体系提出了挑战。具体而言，商业秘密是知识产权法体系中对信息控制事实保护的主要制度，其遵循秘密性与公开性的二元界分，仅保护具有秘密性且以合理保密措施维持其秘密性的信息。但这种划分主要是基于人与人之间语义和语用信息传播而界定的，机器之间的信息传播与语义内容无涉，语义信息完全公开也并不影响企业对句法信息的控制。将传统商业秘密制度适用于机器间的信息传播即数据领域，一方面其秘密性前提与数据共享本质存在冲突，另一方面无法保护语义被公开的信息，故难以适应技术发展的现实而发挥提供支撑型机制恢复市场自治的功能。因此，美国法和日本法均在商业秘密制度之外提供了一种类似制度，其以第三人机器可识别的代码控制界定信息保护的排他性范围，而为企业自我界定的产权秩序提供了补充性的法律保护。尽管二者制度设计有所不同，笔者在此无意进一步讨论二者之间优劣选择问题，而旨在说明随着第一性的社会现实的改变，在法定知识产权制度路径之外，尚存在一种完全独立可行的事实产权保护路径。

四、基于信息私力控制保护之效率更优性

技术发展为企业在数字空间建立对信息的事实产权成为可能，除了法定设权模式，法律完全可以提供一种支撑型激励机制而恢复市场对于信息

---

〔1〕 参见崔国斌：《大数据有限排他权的基础理论》，载《法学研究》2019 年第 5 期。

产品生产的自律作用。因此,大数据法律保护制度的构建,应当在设定法定产权与事实产权保护两种路径之间进行权衡和选择。

首先,关于权衡的标准,田村善之教授的“市场与法律之作用的分担理论”指出,存在于市场之中的事实层面的激励机制具有选择上的优先性。即使在法律规制成为必要之时,也应该基本上主要依赖于市场中存在的事实上的激励机制。只有在例外的情况下,才可能存在法律规制的方法,即事实上的激励机制本身不能发挥自律性功能时,需要通过法律手段来恢复其自律性作用。[1] 因为创设型知识产权制度与支撑型相比存在明显的不足,其大大限制了权利人以外的第三人利用成果的机会,这种排他性保护提高了减少社会整体利益的危险性,所以法律必须在设立排他权激励产生的社会收益与排除他人使用的成本之间作出权衡。权衡的方式是由法律界定所保护的条件(如专利的创造性、作品独创性要求),这种由权威界定的方式相对于市场决定的方式在效率上存在不足,且具有较高的制度运行成本。[2] 该观点以其现实功能体系化地厘清了包括反不正当竞争法在内的广义上知识产权制度之间的关系和内部分工,但以创新激励作为不同制度模式配置的核心目标却有待商榷,依据该观点,事实保护机制具有选择上的优先性。

然而,知识产权设定的经济学目标是将知识产权创造和使用的价值与其社会成本之间的差值最大化即社会总体收益的最大化,包含有效生产激励、最大化成果流动和最小化社会成本三个子目标,[3] 前述学说仅从有效生产激励一元目标出发而有待完善。就大数据保护的事实产权与法定产权路径选择应当从这三个目标出发进行综合衡量,如果设权路径在以上三个目

---

〔1〕 参见[日]田村善之:《日本知识产权法》,周超、李雨峰、李希同译,知识产权出版社 2011 年版,第 9 ~ 17 页。

〔2〕 参见[日]田村善之:《日本知识产权法》,周超、李雨峰、李希同译,知识产权出版社 2011 年版,第 15 ~ 16 页。

〔3〕 See Stanley M. Besen & Leo J. Raskind, *An Introduction to the Law and Economics of Intellectual Property*, 5 Journal of Economic Perspectives 3 (1991).

标的实现中相对于事实路径具有明显的效率优势，则存在法定设权之必要，否则以支撑型机制保护企业对其信息的事实控制状态从而恢复市场自治是更为合理的选择。

其次，关于比较对象选取，法定设权路径中，理论上主要包括两种观点：一种观点主张对大数据集合进行特别立法，如按照责任规则赋予数据生产者报酬请求权。[1] 另一种观点则主张以类型化或场景化的方式提供保护，如崔国斌教授认为，大数据集合仅存在有限的规制空白，对于不公开数据可以通过既有商业秘密制度保护，对于耗费实质投资并达到一定规模的大数据集合可设置有限排他权，即公开传播权；[2] 丁晓东教授认为，对于非公开数据应该提供商业秘密保护，对于半公开数据应该提供类似欧盟数据库特别权利保护，对于公开的数据可通过反不正当竞争法考虑采取技术限制等场景加以调整。[3] 第一，就数据生产者报酬请求权而言，其理论出发点在于为数据收集者提供合理报酬避免市场失灵，同时采取责任规则的方式促进数据广泛流通和共享。该观点与前述信息生产中政府补贴的观点类似，在信息充分且交易成本为零的理想条件下该方案值得赞同。市场的优势即在于通过竞争机制以价格的形式将各种产品服务需求供给的情况向全社会传播，从而将各种信息组织起来进行最优的资源配置，故理想情况下的责任规则或数据生产者报酬请求权缺乏现实操作可行性。[4] 第二，就类型化或场景化保护主张而言，其忽略了依据不同情景设定不同强度保护模式时“劣币

---

〔1〕 参见石丹：《大数据时代数据权属及其保护路径研究》，载《西安交通大学学报（社会科学版）》2018 年第 3 期。

〔2〕 参见崔国斌：《大数据有限排他权的基础理论》，载《法学研究》2019 年第 5 期。

〔3〕 参见丁晓东：《论企业数据权益的法律保护——基于数据法律性质的分析》，载《法律科学（西北政法大学学报）》2020 年第 2 期。

〔4〕 关于奖励制度与产权制度的区别经济学上已经讨论较多，相关综述可参见 Dean Baker, Arjun Jayadev & Joseph Stiglitz, *Innovation, Intellectual Property, and Development: A Better Set of Approaches for the 21st Century* (Jul. 2019), https://cepr.net/images/stories/reports/baker-jayadev-stiglitz-innovation-ip-development-2017-07.pdf。

驱逐良币”的可能性。例如,丁晓东教授从促进数据共享利用的角度出发,认为对于公开数据应当适用反不正当竞争法一般条款保护,对于半公开数据可适用类似欧盟法对数据的特别权利保护,由于保护强度的差异,企业可能将完全公开数据转化为半公开数据从而获得更强的产权保护,这反而进一步限制了数据的流动;对于不公开数据,丁晓东、崔国斌教授认为可以通过商业秘密制度保护,但在对公开或半公开数据以特别权利保护的前提下,缺乏将符合数据库特别权利要件的大数据集合排除在外的正当性和现实区分可行性,毋宁对大数据集合采取特别权利保护的一般模式,同时对于符合商业秘密特征的数据给予商业秘密的补充性保护。故笔者主要以此为对象分析法定设权模式的制度效用。事实产权保护主要是由企业通过技术措施自我界定大数据的保护、利用、流转秩序,对其补充性的法律保护方式选择上,美国法以传播载体即计算机系统或“代码空间”为规制客体,禁止未经允许的计算机访问和数据获取行为;日本法以“信息”为规制客体,由电磁管理措施界定保护范围,禁止他人未经允许的获取、利用、公开行为。二者存在规制客体的选择不同,但从美国目前司法实践以及日本立法来看,其在法律后果上却存在相似性,即均以第三人机器可识别的代码控制界定信息保护的排他性范围,故本部分主要以此为对象分析事实产权保护模式的制度效用。

现就两种制度模式从有效生产激励、最大化成果流动、最小化社会成本三个层面比较分析如下:

1. 有效生产激励

根据传统经济学理论,市场通过竞争机制,有关财物、服务需求供给情况的信息以价格的形式向人们进行传播,从而实现资源配置的最优化,更好地实现财物、服务供给,这是将市场作为资源配置的基础性机制的原因所在。市场合理运作的前提在于人们的投入以及产出可以得到准确反映,但信息具有一定公共产品的特性,即生产的高成本、复制的低成本、没有特定对手的占有特征，导致信息利用的“搭便车”行为和无效率即外部性问题，解决的方式是保护生产者的完整产权，即将这种外部性内部化从而恢复市场竞争和价格机制的作用。因此，有效生产激励的核心在于对生产者投资成果保护的有效性。

虽然数据具有信息的公共物品特性，但生产激励并非当前大数据领域的突出问题，因为无论是互联网还是物联网领域，大多数数据是以较低的成本作为企业生产经营的副产品而生成，在互联网平台往往具有双边（或多边）市场的特点，其通过建设网络基础设施收集用户数据的投资并非必然通过直接的数据利用或交易进行回收，也包括通过其他业务领域回收投资。例如，搜索引擎竞价排名、社交媒体平台广告收入、电子商务平台收取佣金等才是其业务的盈利基础。在物联网领域，如特斯拉的智能汽车，其传感器安装、数据存储分析等成本的回收主要通过其产品一次性销售和服务提供来实现。[1] 但这并非意味着对于大数据集合不需要产权保护，只意在澄清生产激励不应当成为产权授予考量的最主要因素。产权保护使企业对其大数据投资的收益内部化，可以吸引更多在数据收集领域的投资和业务模式创新。同时，某些业务模式完全以收集用户数据为业务基础（如大众点评），随着大数据经济的兴起，市场中也存在专门收集交易数据的数据中介（data broker）业务模式，其有效地促进了数据共享，如果缺乏对大数据集合的产权保护，将导致此类投资激励的缺失。[2] 故仍然存在产权保护的必要性。

但如前所述，大数据集合之上一般首先存在企业以技术措施自我界定的事实产权，对于未经许可的数据获取行为，法定设权模式在于通过法律界定付出实质性投资的大数据集合的权利归属，赋予权利人排除任何人复制、

---

〔1〕 See Josef Drexl, *Designing Competitive Markets for Industrial Data-Between Propertisation and Access*, 8 Journal of Intellectual Property, Information Technology and Electronic Commerce Law 257 (2017).

〔2〕 See Ivan Stepanov, *Introducing A Property Right over Data in the EU: The Data Producer's Right-An Evaluation*, 34 International Review of Law, Computers & Technology 65 (2020).

向公众传播其大数据集合的效力。事实保护模式在于以法律保护强化代码控制措施的效力,排除他人未经允许的数据获取、利用、公开行为。就保护范围而言,法定设权模式不仅排除他人的不当数据获取、公开行为,还可排除后续第三人的获取、公开行为;事实保护模式主要排除他人的不当数据获取、公开行为,对于不当取得数据的继受取得、公开行为,其仅排除恶意第三人而不及于善意第三人。理论上,法定授权模式在保护范围上要比事实保护模式更为周延。但产权保护效果的衡量不仅要看文本意义上保护承诺,还应当考量权利执法的有效性问题。与互联网和数字技术出现时面临的版权保护难题类似,如果仅仅赋予企业对大数据集合的法定权利而没有技术保护措施的法律支持,首先导致的结果是企业之间绕过与反绕过技术限制丛林规则,侵权者可以相对低成本地进入他人网络空间、获取数据,不当获取的数据一旦脱离了权利人的实际控制范围就将重新归入原来"无政府主义"的网络空间。虽然在理论上权利人可以排除他人对数据的提取和传播行为,但事实上难以及时地发现侵权行为、确定侵权行为人、制止侵权行为和获得最终救济。以法律保护支持代码规制的优势在于:首先,代码的约束力量蕴含于人们的行为之中,无须依赖外部力量即可实现对人们行为规制的效果。其次,代码的约束效果具有极强的确定性,与法律不同,除非外部力量的干预,否则代码将排除一切人工干预,为人们提供最为明确且可预见的行为指引。最后,代码的约束效果不会因被规制者主观上是否知道代码规制存在而受影响,因为其不仅是一种观念上的规制,更是一种客观规律的存在。[1] 其以一种事前的方式从根本上减少了未经允许不当获取数据的可能性,相较于法定设权模式更加具有确定性和有效性的优势。从日本"限定提供数据"制度来看,仅通过事实产权保护即可建立起完整的产权保护机制,故有效生产激励层面不存在新设法定权利的必要。

[1] 参见梅夏英:《数据的法律属性及其民法定位》,载《中国社会科学》2016 年第 9 期。

2. 最大化成果流动

只有当知识的创造可以传播给他人进行消费，或者直接或间接地用于其他的生产和服务，才能真正促进生产力和经济福利。尤其在数字经济下，数据的互惠分享是互联网赖以生存的基础生态规则，[1]不同数据分析者可以在不同用途下对数据进行发掘，从而实现数据价值的最大化。[2] 2016 年工业和信息化部发布的《大数据产业发展规划（2016—2020 年）》将数据开放共享作为大数据发展的 5 个原则之一，提出"树立数据开放共享理念，完善相关制度，推动数据资源开放共享与信息流通"。2020 年发布的《工业和信息化部关于工业大数据发展的指导意见》提出，"推动工业数据开放共享。支持优势产业上下游企业开放数据，加强合作，共建安全可信的工业数据空间"。

最大化成果流动或者促进数据的商业化利用是法定设权的重要理由之一，其理论的出发点是阿罗关于信息交易所提出的"信息悖论"。[3] 根据其观点，信息交易的前提是潜在的购买者能够评价该信息的价值，而评价信息价值要求潜在购买者对信息进行了解，但潜在购买者一旦充分了解了作为交易对象的信息，其就不必要再进行购买，会导致信息交易无法实现。另外就是信息的购买者购买之后可能对信息进行转售，进而对于原来销售者的利益产生实质影响。如前所述，大数据集合生成之后，其一般处于企业的事实控制之下，在既有法律框架下其可获得商业秘密的保护，可以解决前述的生产激励问题，但多方合作的物联网架构要求实现数据在不同主体之间的交易，而且广泛分享才能实现数据价值的最大化。但大规模的数据分享有

[1] 参见梅夏英：《在分享和控制之间 数据保护的私法局限和公共秩序构建》，载《中外法学》2019 年第 4 期.

[2] 参见姬蕾蕾：《数据权的民法保护研究》，西南政法大学 2019 年博士学位论文，第 70 页。

[3] See Kenneth J. Arrow, *Economic Welfare and the Allocation of Resources for Invention*, in National Bureau of Economic Research ed., The Rate and Direction of Inventive Activity: Economic and Social Factors, Princeton University Press, 1962, p. 609 - 625.

可能难以满足商业秘密秘密性和合理保密措施的要求，并且在交易过程中一旦泄露则将完全失去保护。[1] 故有学者认为，在缺乏法定财产权保护的情况下，这限制了数据控制者广泛分享和交易数据的积极性，[2]因此提出以法定设权的方式来为数据控制者提供稳定的法律保护预期从而促进数据广泛交易。但解决信息悖论的方式并非法定设权一种。如前所述，在数字空间中信息的传播形式存在两方面的重要变化：第一，信息传递主体由人转向机器，信息传递内容由语义、语用信息转向句法信息，信息含义在信息传递中已不再重要。这意味着可以实现数据内容公开但不失控，潜在交易对象可以了解语义层面的信息内容，但是无法直接获得句法层面的数据代码。第二，信息传播过程与物理载体相脱离，信息传播形式由商品范式转向服务范式，内容提供者可以在其网络空间内集中提供和传播其信息，信息接收者获得的仅是对虚拟网络空间的访问权，其并不带来对数据控制的实质转移。在服务器和网络带宽允许的情况下，网络空间的访问是非排他的，数据控制者可以授权无数人进入其网络空间进行访问，该访问权限仅在特定时间内且不可无限转让，原则上数据控制者并不因交易共享失去对其大数据集合的控制权。故数据控制者可以通过代码建立起对其大数据集合的事实控制，界定哪些人有权访问哪些数据以及哪些数据能够与其他数据通信。在事实产权保护路径下，日本法和美国法上不再受商业秘密秘密性和合理保密措施的限制，而是以企业代码设置边界确定保护范围，从而允许企业在大规模范围内对其数据进行交易共享，同时不必担心数据被泄露而无法获得保护。因此，在促进数据流动方面，法定设权路径与事实产权保护二者并不存在明显的效果差异。

---

〔1〕 See Josef Drexl, *Designing Competitive Markets for Industrial Data-Between Propertisation and Access*, 8 Journal of Intellectual Property, Information Technology and Electronic Commerce Law 257 (2017).

〔2〕 See Herbert Zech, *Data as Tradeable Commodity*, in A. De Franceschi ed., European Contract Law and the Digital Single Market, Insentia, 2016, p. 51.

3. 最小化社会成本

通过产权化激励知识生产和促进知识流动存在一定的成本，即其本质上赋予了产权人对于特定知识产品垄断定价的权利，理想状况下潜在的创新竞争即动态竞争的过程会使市场处于类似完全竞争状态。[1] 但这仍然会在以下方面增加成本：[2] 一是权利人垄断价格的授予仍然排除了一部分人利用该信息的可能，即产生无谓损失。[3] 二是创新的累积性成本。信息产品的生产具有累积性，即其很难存在绝对的无中生有而必然以在先信息为基础，产权保护一方面会增加后续创新者的成本，另一方面对某些公共信息的垄断（如专利法上的科学原理、著作权法的思想、数据库保护中单一来源数据）将阻碍他人的后续创新活动从而阻断动态竞争的过程。三是制度运行、产权交易所产生的制度成本。从社会整体福利最大化的角度来看，信息财产保护要实现成本的最小化，并保证知识产权创造和使用的价值与其社会成本之间的差值最大化。

第一，从减少无谓损失的角度来看，在大数据领域，企业通过技术措施 + 合同调整的方式首先存在第一层数据保护、交易的私人秩序。区别于公共立法，直接相关的私人主体通常能更加准确地反映其行业需求，由于存在一定界权成本的限制，其会谨慎地根据业务竞争需要准确地选择数据客体范围甚至访问对象施加技术措施保护，其他的则贡献给公众自由获取，并且其可以更加灵活地随时选择保护或者放弃产权。[4] 事实产权保护以一种

[1] 参见[美]熊彼特：《熊彼特经济学：全集》，李慧泉、刘霈译，台海出版社 2018 年版，第 381 页。

[2] See William M. Landes & Richard A. Posner, *An Economic Analysis of Copyright Law*, 18 Journal of Legal Studies 325 (1989).

[3] See Stephen M. Maurer, *Intellectual Property Incentives: Economics and Policy Implications*, in R. Dreyfuss & J. Pila eds., The Oxford Handbook of Intellectual Property Law, Oxford University Press, 2018, p. 144.

[4] See P. Bernt Hugenholtz, *Codes of Conduct and Copyright Enforcement in Cyberspace*, in I. A. Stamatoudi ed., Copyright Enforcement and the Internet, Kluwer Law International, 2012, p. 306 - 307.

对现实交易秩序侵入性更弱的方式,即以法律维护企业通过技术措施建立的私人秩序。法定设权致力于调整市场竞争的一般情形即存在“一刀切”的问题,数据库特别权利保护付出实质性投资的大数据集合,统一赋予权利人排除他人对其数据库实质内容或全部内容的提取和再利用。如果选择在大数据集合上创设新的知识产权,可以预见的是数据控制者一般仍会对其大数据集合采取技术保护措施加强保护,[1]则不可避免地面临两种保护秩序的重叠问题,即原来数据控制者放弃保护进入公有领域,数据重新进入其排他性范围。这一问题将突出地体现在公开数据领域,对于未设定技术保护措施的数据将重新纳入权利人的排他性范围,赋予了其生产激励、成果流动之外不必要的排他性权利,增加了社会的无谓损失。

第二,关于交易成本,主要是法律确定性的问题。作为对世性的财产权利,法定设权模式必须清晰地界定其权利保护的客体和范围,但在大数据领域这却存在现实的困难。就欧盟数据库特别权利而言,其保护的是在数据收集、订正、展示过程中付出实质性投资的数据库,在权利内容上排除他人对其数据库实质内容或全部内容的提取和再利用。对于一首歌或者一部电影,一般公众很容易了解其保护客体的范围所在,但对于大数据集合,其事实上是一堆零散数据的堆积,并且其数据集合具有动态性和不断变化的特点,对于一般公众很难获知何为其数据的全部内容以及实质部分,难以界定其合理利用非实质部分与侵权的边界。[2] 尤其在网络空间由爬虫机器人爬取数据的情形下,爬虫机器人更无法确定何为权利人数据库内容以及何为侵权,这将导致原本自由访问的网络空间动辄得咎。有学者担心由于缺乏权利保护范围的确定性,专利领域“专利蟑螂”(patent trolls)利用问题专利

---

[1] See Andreas Wiebe, *Protection of Industrial Data—A New Property Right for the Digital Economy?*, 10 GRUR International 879 (2016).

[2] See P. Bernt Hugenholtz, *Against "Data Property"*, in H. Ullrich, P. Drahos & G. Ghidini eds., Kritika: Essays on Intellectual Property, Edward Elgar Press, 2018, p. 48 – 71.

进行策略性维权的现象在数据领域也会出现,即“数据蟑螂”(data trolls),从而压缩社会创新的公共空间,增加社会创新成本。[1] 相对于此,事实产权保护路径具有更强的确定性优势,其保护的前提在于数据控制者首先将其受保护数据区别于公众可获取数据,并通过合理的代码控制向他人公示其保护范围。如前所述,这种代码控制不会因被规制者主观上是否知道代码规制存在而受影响,因为其不仅是一种观念上的规制,更是一种客观技术环境的约束。其产生的制度运行成本无疑比法定设权模式要更小。

第三,关于创新的累积性成本,有学者反对说,从公共政策的角度来看,权利人过度依赖技术措施保护,会显著降低数据的流动性和可及性,使原本不受法律保护的数据获得保护。互联网企业采取技术措施保护数据资源,也使网络市场朝更加封闭的纵向一体化方向发展。这压缩了公共领域的空间,限缩了接触数据的公众范围,也增加了数据收集者推广其业务的成本。[2] 现实是在完全自由的网络空间下法定产权面临执法困难,尤其是企业对企业(Business to Business, B2B)的数据交易一般会采取端到端的最低限度加密,[3]数据收集者有法定产权也很难发现侵权行为存在。因此,企业天然地会选择以代码改变网络架构首先进行私人保护,而将法律救济作为最后的措施。即使是在数据信息上设定法定产权,数据拥有者仍然会对其大数据集合采取技术保护措施。以前述著作权技术措施保护为例,尽管计算机软件和音乐作品作者可以获得版权保护,但权利人仍然采用技术手段加以保护。[4] 同时,技术措施法律保护的意义在于为数据收集者对其数据事实控制提供了一种“法律强化器”(legal intensifier),以减少企业在设置、

---

〔1〕 See Wolfgang Kerber, *A New (Intellectual) Property Right for Non-Personal Data? An Economic Analysis*, 65 GRUR International 989 (2016).

〔2〕 参见崔国斌:《大数据有限排他权的基础理论》,载《法学研究》2019 年第 5 期。

〔3〕 Vgl. Peter Hoppen, Sicherung von Eigentumsrechten an Daten, CR 12(2015), S. 802 ff.

〔4〕 See Andreas Wiebe, *Protection of Industrial Data—A New Property Right for the Digital Economy?*, 10 GRUR International 879 (2016).

维护技术措施层面的成本,而非增加数据收集者推广其业务的成本。理论上企业采取合理代码控制使他人知悉其行为边界即可获得法律上的保护,从而避免无休止的技术措施绕过与反绕过的丛林法则。因此,代码限制或者互联网走向封闭是企业追逐私利而产生的不可避免的结果。在公共信息获取方面,事实产权保护以一种对现实交易秩序侵入性更弱的方式,在对数据控制者提供充分保护的同时避免对数据流动造成进一步的限制。换言之,其至少没有让情况变得更坏。

此外,技术保护措施的担忧还在于,普遍性的技术措施保护将使原本不受法律保护的数据获得保护。例如,欧盟《数据库保护指令》第 8 条规定了向公众提供的数据库的合法用户的权利,第 15 条规定了任何限制该权利的合同无效,有学者进一步主张适应大数据经济的特点扩大合法用户权利范围、将版权限制例外情形纳入并引入对单一来源数据的强制许可。[1] 因此,如果采取技术措施保护,则会将本留给公有领域内容过度地纳入保护范围。但其实权利例外的设置并非法定设权模式的专利或者并非有权利才能有例外。例如,针对版权领域版权人以技术保护措施+许可合同构建的作品传播的私人秩序对公众获取信息造成的限制,除了在版权法上规定技术保护措施的保护例外情形,还可以通过消费者权益保护、反不正当竞争法、反垄断法、行业自治等方式进行规制;[2] 大数据领域,在企业对其数据集合进行事实控制的基础上,可以在不同的法律框架下保障公众和竞争者对数据的有效获取。例如,为保障个人对其数据的有效获取,欧盟《一般数据保护条例》(General Data Protection Regulation, GDPR)第 20 条规定了数据主体对其个人数据的数据携带权,《2019 年 5 月 20 日欧盟议会和理事会第 2019/

---

〔1〕 See Matthias Leistner, *Big Data and the EU Database Directive 96/9/EC: Current Law and Potential for Reform*, in S. Lohsse, R. Schulze & D. Staudenmayer eds., Trading Data in the Digital Economy: Legal Concepts and Tools, Nomos Press, 2017, p. 27-58.

〔2〕 See Reto M. Hilty, *Intellectual Property and Private Ordering*, in R. Dreyfuss & J. Pila eds., The Oxford Handbook of Intellectual Property Law, Oxford University Press, 2018, p. 898.

770 号关于提供数字内容和数字服务合同相关内容的指令》第 16 条第 2 款规定了消费者在数字服务结束后对其非个人数据的获取权，有学者还主张为用户设置一般性的数据获取权，保障用户对其数据控制和自由流动。[1]在企业数据获取层面，可以通过反垄断法实现对于数据的强制许可，有学者主张类似于电信市场的特殊行业管制经验，系统地规定消费者权利、竞争者之间的网络互连和数据共享义务。[2]因此，对于公有领域的保留，采取设权路径或者事实产权保护并不存在实质性的效用差别，关键在于如何在新兴的数字经济中准确地识别相关公共利益范围，至于具体将其如何嵌入既有法律框架则都留有空间。

因此，比较设定法定产权和事实产权保护两种路径，后者在有效生产激励、最大化成果流动、最小化社会成本的综合效率上要优于前者，故并不存在法定设权之必要，以支撑型激励机制为企业的信息控制提供法律补充保护从而恢复市场自治是更为合理的选择。以下将立足于知识产权法和民法进一步探讨该支撑型激励机制构建的路径和模式。

---

[1] See Josef Drexl, *Data Access and Control in the Era of Connected Devices: Study on Behalf of the European Consumer Organisation BEUC* (Dec. 2018), https://www.beuc.eu/publications/beuc-x-2018-121_data_access_and_control_in_the_area_of_connected_devices.pdf.

[2] See Jacques Crémer, Yves-Alexandre de Montjoye & Heike Schweitzer, *Competition Policy for the Digital Era* (May 2019), http://ec.europa.eu/competition/publications/reports/kd0419345enn.pdf; UK Digital Competition Expert Panel, *Unlocking Digital Competition* (Mar. 2019), https://assets.publishing.service.gov.uk/government/uploads/system/uploads/attachment_data/file/785547/unlocking_digital_competition_furman_review_web.pdf.

第三章
信息控制的知识产权法定位

随着信息传播形式的改变，面对大数据这一新的信息客体形式，跳出以往抽象界定客体、分配归属、划定权能的法定设权方式，以企业对信息控制的事实产权为基础，法律提供一种补充性机制而恢复市场的自治功能，是更为理性和有效率的选择。既有知识产权制度中对信息控制事实保护主要存在于商业秘密制度以及著作权法对技术措施的保护，但二者均无法直接适用于大数据领域：商业秘密保护遵循秘密性与公开性的二元界分，仅保护具有秘密性且以合理保密措施维持其秘密性的信息，但这种划分主要是基于人与人之间语义信息传播而界定的，随着信息传播转向机器间句法信息传播，信息含义本身已不再重要，“公开而不失控”成为可能，既有商业秘密保护框架难以为信息控制事实提供充分保护，这也与数据流通和共享的本质存在冲突；技术保护措施是适应机器间信息传递形式而产生的，其以企业代码控制界定信息保护和流转秩序，但目前技术措施的保护仅限于“为保护著作权和与著作权相关的权利”之必要，而不适用于其他未获著作权及相关权利保护的信息，关于技术措施尤其是“接触控制措施”本身正当性尚存在疑问，[1]而难以直接向大数据等领域扩张适用。

因此，美国法通过 CFAA 规制未经授权、超出授权的计算机访问行为，保护企业对其信息的代码控制；日本法则通过扩张商业秘密的秘密性、价值性、合理保密措施要件，允许企业以其电磁管理措施界定大数据的保护范围。比较法上不同的制度现象和可能无疑为我们解决大数据问题提供了一种制度模式和方向。但如果进行特别立法或者制度移植则应当保持谨慎性，从知识产权制度的特性出发亦不可忽视其共性特点，避免产生知识产权法内部冲突以及知识产权法与民法、民事诉讼法等外部冲突。[2] 法律作为一门科学以体系化为特征，面对技术发展对既有制度体系的挑战，制度更新应当重视整体性或者体系化思维。李琛教授认为，“欲知旧有体系是否需要替换，先要采用体系化的思维进行检验，如果放弃整体思维，就事论事，容易导致虚假的理论危机，产生无必要的所谓新理论。换言之，体系更新应当以认真的体系清理为前提”。[3] 因此，以下将从发掘体系的发展功能、维护体系一惯性出发，探索信息控制事实的法律定位、保护的正当性基础和制度边界，进而构建起大数据保护的法律秩序。其具体包括两个层面：第一，对既有知识产权法体系中对信息控制事实保护的检讨，在既有商业秘密、技术措施等概念、规则难以解释和调整新的技术现象的背景下，回归到正当性价值层面探索对相应制度更新完善的可能性；第二，知识产权是重要的民事权利类型，在无法从既有知识产权法体系下寻得共通价值和制度可能的前提下，回归民法一般体系寻求滋养，即寻求正当性的价值共容、解释既有概念、演绎和更新规则适用于新的领域，从而建构起信息控制事实的私法保护制度，维护法律体系的一贯性和现实适应力。

---

[1] 参见郭禾：《规避技术措施行为的法律属性辩析》，载《电子知识产权》2004 年第 10 期；王迁：《版权法保护技术措施的正当性》，载《法学研究》2011 年第 4 期。

[2] 参见李明德：《两大法系背景下的作品保护制度》，载《知识产权》2020 年第 7 期；李琛：《论中国民法典设立知识产权编的必要性》，载《苏州大学学报（法学版）》2015 年第 4 期。

[3] 李琛：《论知识产权法的体系化》，北京大学出版社 2005 年版，第 21 页。

第一节 商业秘密制度

一、商业秘密制度扩张保护之可能

知识产权法中对于信息控制事实最主要的保护方式是商业秘密制度。国际立法层面,《保护工业产权巴黎公约》(以下简称《巴黎公约》)第 10 条之二的不正当竞争条款并未直接规定商业秘密保护,仅具有通过解释间接保护商业秘密的作用。TRIPs 是规定商业秘密保护的最主要多边条约,其第 39 条第 2 款规定了对“他人合法控制之下信息”(information lawfully within their control)的保护,规定“自然人和法人应有可能防止其合法控制的信息在未经其同意的情况下以违反诚实商业行为的方式向他人披露,或被他人取得或使用”,保护主体为“信息的合法控制人”(the person lawfully in control of the information)。但这种合法控制信息保护限定在“未披露信息”(undisclosed information)的范畴,即要求此类信息属于秘密、因属于秘密而具有商业价值,并且由该信息的合法控制人采取合理步骤以保持其秘密性。在国内立法层面,TRIPs 第 39 条规定的“未披露信息”保护义务在我国主要通过《反不正当竞争法》来实现,《反不正当竞争法》第 9 条隐去了“他人合法控制之下信息”的表述,保护主体也未采用 TRIPs“信息的合法控制人”的定义,而是直接将保护对象界定为“商业秘密”,采用了类似于 TRIPs 第 39 条第 2 款的定义:“本法所称的商业秘密,是指不为公众所知悉、具有商业价值并经权利人采取相应保密措施的技术信息、经营信息等商业信息”,将保护主体定义为“权利人”。[1]

---

〔1〕 形成对比的是,欧盟《商业秘密保护指令》第 2 条仍然采取了 TRIPs 类似定义,将保护主体界定为“商业秘密持有人”,即任何合法地控制商业秘密的自然人和法人(“trade secret holder” means any natural or legal person lawfully controlling a trade secret)。德国马普所雷托 · 希尔蒂(Reto Hilty)教授认为,TRIPs 这一措辞上的区别,体现了其对商业秘密属性区别于知识产权的基本立场。参见[瑞]瑞托 · 赫尔提:《欧盟商业秘密制度的最新发展与中国比较研究》,李陶译,华中科技大学法学院“反不正当竞争法修订与商业秘密立法”研讨会会议论文,2017 年 6 月 17 日于武汉。

虽然各国立法一般将TRIPs第39条第2款规定直接理解为对商业秘密的保护,但从文本含义来看,该条款直接的保护对象应当是处于"他人合法控制之下的信息"。换言之,只要通过合法的途径控制持有了相关信息,即可得到法律的保护,而秘密性、价值性、保密性要件应当是进一步界定"控制"成立的要件。[1] 直接将商业秘密与"他人合法控制之下信息"等同替换,可能限制该制度顺应技术发展自我调整的空间。

关于"控制"及"合法控制"的内涵,TRIPs本身并没有明确。有学者认为,其是指商业秘密所有人对商业秘密的占有和控制,以及依合同获得商业秘密的持有人对商业秘密的占有和控制。[2] 这仅仅解释了"合法","控制"的内涵仍然并未明确。在语义上,"控制"是指对于某物施加限制、影响或支配。[3] 在法律层面,"控制"概念主要出现在大陆法系物权法或普通法系财产法领域,在占有制度中界定对于物的事实性支配。例如,《德国民法典》第854条规定:"物的占有,因对物有事实控制(德语为'tatsächlichen Gewalt',英语为'actual control')而取得。"普通法虽然缺乏对于占有的统一概念界定,但一般认为,如果某人将某物置于其外在控制之下,则被认为是占有人。[4] 由亨利·史密斯教授领衔的正在编纂的美国《财产法重述(第四次)》试图对占有的概念作出统一定义,草案规定:"如果某人已经建立了对某物的有效控制,并表现出维持这种控制以排斥他人的意图,则其占有

〔1〕 参见[瑞]瑞托·赫尔提:《欧盟商业秘密制度的最新发展与中国比较研究》,李陶译,华中科技大学法学院"反不正当竞争法修订与商业秘密立法"研讨会会议论文,2017年6月17日于武汉。

〔2〕 参见郑友德、钱向阳:《论我国商业秘密保护专门法的制定》,载《电子知识产权》2018年第10期。

〔3〕 参见《韦氏词典》(*Merriam-Webster*)对"控制"(control)一词的解释,载韦氏词典网,https://www.merriam-webster.com/dictionary/control,最后访问日期:2021年5月15日。

〔4〕 参见[英]F. H. 劳森、[英]伯纳德·冉德:《英国财产法导论》,曹培译,法律出版社2009年版,第3页。

该物”[1]。

如果参照该控制概念的理解，对于传统的语义信息而言，其一旦公开即“不胫而走”而无法控制，因此 TRIPs 将处于他人合法控制之下的信息限定于具有秘密性、价值性、保密性的商业秘密，立法与理论上将商业秘密与他人合法控制之下的信息等同视之不存在明显的问题。但如前所述，信息传播以及信息控制的形式发生了实质性变化，由人与人之间语义信息的传播转向了机器之间句法信息的传播，信息含义本身已不再重要，信息“公开而不失控”成为可能。在此背景下，“他人合法控制之下的信息”在外延上已经远超出传统商业秘密的范畴，则有必要探讨“他人合法控制之下的信息”的保护是否仍应当限定在传统商业秘密的范畴，或者作出适当扩张从而适应大数据等领域的技术发展和市场竞争需求。欲探讨该制度可能，必须回归商业秘密制度的正当性基础，考量商业秘密保护的立法目标和正当性基础是什么，以及在技术和社会现实变革的背景下，既有保护要件和模式能否实现该目标。以下将作深入讨论。

我国法上，商业秘密保护并不是一个循序渐进的自发过程，在 1993 年《反不正当竞争法》制定之前我国并不存在专门的商业秘密制度，只有 1987 年《中华人民共和国技术合同法》以及 1991 年修改后的《中华人民共和国民事诉讼法》在合同法和民事程序中涉及商业秘密问题。1991 年中美两国关于延长和修改《中华人民共和国政府与美利坚合众国政府科学技术合作协定》的协议附件一第三章规定了协议下提供或生产的信息构成“商业秘密”

[1] § 1.1. Possession: “A person has possession of a physical thing if the person has established effective control over that thing and manifests an intent to maintain such control to the exclusion of others.” See American Law Institute, *Restatement of the Law Fourth Property* (Tentative Draft No. 1), https://www.ali.org/publications/show/property/#drafts.

的应当依法进行保护，并明确规定了商业秘密的要件；[1]同年，美国正式第一次对中国发起“301 调查”，1992 年中美两国政府签订了《中华人民共和国政府与美利坚合众国政府关于保护知识产权的谅解备忘录》，第 4 条明确规定中国政府依据《巴黎公约》第 10 条之二不正当竞争规定保护商业秘密，并明确中国政府于 1994 年 1 月 1 日前建立相关制度。[2] 这直接推动了我国 1993 年《反不正当竞争法》第 10 条商业秘密制度的确立。[3] 在国际层面，美国极力推动将商业秘密保护纳入 TRIPs，[4]在我国 2001 年加入世界贸易组织后，TRIPs 也成为我国签订的第一个保护商业秘密的多边条约，而直接

---

〔1〕 该协议附件一第三章规定：“在本协定下提供或生产的信息被及时确认为商业秘密的情况下，各方及其参加合作者应当根据所适用的法律、法规和行政管理对其进行保护。符合下列条件的信息应当确认为商业秘密：拥有该信息的人可以从中获得经济利益或者据此取得对非拥有者的竞争优势；该信息是非公知或者不能从其他公开渠道获得；该信息的拥有者未曾在没有保密义务安排的情况下将其提供给他人。”

〔2〕 《中华人民共和国政府与美利坚合众国政府关于保护知识产权的谅解备忘录》（1992 年 1 月 17 日）第 4 条规定：“一、为确保根据保护工业产权巴黎公约第十条之二的规定有效地防止不正当竞争，中国政府将制止他人未经商业秘密所有人同意以违反诚实商业惯例的方式披露、获取或使用其商业秘密，包括第三方在知道或理应知道其获得这种信息的过程中有此种行为的情况下获得、使用或披露商业秘密。二、只要符合保护条件，商业秘密的保护应持续下去。三、中国政府的主管部门将于一九九三年七月一日前向立法机关提交提供本条规定保护水平的议案，并将尽最大努力于一九九四年一月一日前使该议案通过并实施。”

〔3〕 《反不正当竞争法》对商业秘密的规定有两个特点，其中之一就是“在商业秘密保护条件、规定内容及表述方式上，较多地借鉴了美国商业秘密法的做法，也适当地吸收了大陆法系的规定”。参见王学政：《中国反不正当竞争法的理论与立法经验》，载《中国工商管理研究》1998 年第 11 期。

〔4〕 在关税及贸易总协定（General Agreement on Tariffs and Trade，GATT）谈判中，美国于 1987 年 10 月 28 日最早提出了保护商业秘密的建议，随后欧共体、加拿大、瑞士等也提出了相关建议，但受到了巴西、印度以及其他发展中国家的强烈反对。例如，印度认为商业秘密不是知识产权的一种形式，并且依据《巴黎公约》第 10 条之二不正当竞争条款可以得到保护。1990 年 3 月，GATT 总干事根据议案将商业秘密保护写入报告，但要求成员按照《巴黎公约》第 10 条之二的不正当竞争规定保护商业秘密。在此期间，美国以商业秘密保护不足对墨西哥发动贸易制裁，美国、墨西哥、加拿大于 1993 年 12 月 8 日签订的《北美自由贸易协定》第 1711 条明确规定保护商业秘密，该协定是较早规定商业秘密保护的区域自由贸易协定。这实质性地影响了 1994 年 TRIPs 单独规定商业秘密保护。参见 Francois Dessemontet，*Protection of Undisclosed Information*，in C. M. Correa & A. A. Yusuf eds.，Intellectual Property and International Trade-The TRIPS Agreement，Kluwer Law International，2016；张玉瑞：《商业秘密法学》，中国法制出版社 1999 年版，第 10 页。

约束我国的商业秘密法律保护,2017 年《反不正当竞争法》修改后第 9 条关于商业秘密的定义也进一步与 TRIPs 保持一致性。

二、商业秘密制度历史演进与理论变迁

虽然有观点认为,商业秘密制度最早可以追溯到罗马帝国时期的“收买奴隶之诉”(*Actio Servi Corrupti*),禁止第三人通过“收买”(胁迫或贿赂)奴隶的方式以获知其主人的商业秘密信息,[1]但现代意义上的商业秘密制度却是在 19 世纪中期工业革命之后才真正发展形成。[2] 美国法早期的商业秘密保护理论,系由英国衡平法的规则发展而来,[3]当时商业秘密纠纷多发生于掌握一定秘密信息的员工(在早期则为学徒)离开雇主后向竞争者提供其商业秘密信息的情形,[4]在 1860 年之前,美国法院主要依据当事人之间明示不使用或者不公开特定秘密信息的协议以合同法调整商业秘密纠纷,[5]即不存在一般性的商业秘密理论和制度。但合同义务的约束力十分有限,只能要求相对方为一定行为或不为一定行为,却不能发生对第三人的效力。当直接使用商业秘密或者享受商业秘密带来利益的一方不是合同相对人时则难以适用。例如,员工背叛原来雇主而加入其竞争者时,竞争者通常没有义务保守该秘密或者放弃使用该秘密,当被许可人不当地将商业秘密泄露给第三方时也存在这种情形。

---

〔1〕 See A. Arthur Schiller, *Trade Secrets and the Roman Law: The Actio Servi Corrupti*, 30 Columbia Law Review 837 (1930).

〔2〕 See Sharon K. Sandeen & Elizabeth A. Rowe, *Trade Secret Law including the Defend Trade Secrets Act of* 2016 *in a Nutshell*, West Academic Publishing, 2018, p. 33.

〔3〕 参见李明德:《美国知识产权法》(第 2 版),法律出版社 2014 年版,第 213 页。

〔4〕 See Catherine Fisk, *Working Knowledge: Trade Secrets, Restrictive Covenants in Employment, and the Rise of Corporate Intellectual Property*, 1800 – 1920, 52 Hastings Law Journal 441 (2001).

〔5〕 See Robert G. Bone, *A New Look at Trade Secret Law: Doctrine in Search of Justification*, 86 California Law Review 241 (1998).

以1868年皮博迪诉诺福克案[1]为转折，马萨诸塞州最高法院首次尝试提出了商业秘密的一般理论。在该案中，原告皮博迪(Peabody)发明了一种利用黄麻生产麻袋布的新工艺和机械，雇用诺福克(Norfolk)担任机械师并签订保密协议，但随后诺福克离开原告的工厂并与合伙人库克(Cook)开办了另一家工厂。原告随后即起诉诺福克及库克要求禁令，但对于库克其本身并未与皮博迪签订任何协议而不受合同约束，因此马萨诸塞州最高法院在合同法之外提出了商业秘密保护的一般理论："为了公共利益，法律政策鼓励和保护发明和商业活动"，"如果一个人通过自己的技能和努力开展商业活动并使其具有价值，其商业活动产生的商誉即应当视为法律上的财产"。同样，"如果某人发明或者发现一项制造工艺，并将其保密，无论该工艺是不是可专利的客体，其都不当然地产生对世性的排他权，也不得阻止其他人获取相关知识；但是他拥有其中的财产，法院应当提供保护从而防止他人违反合同或者泄露秘密(breach of confidence)自己使用或者披露给第三人"。在该案中，法院试图将商业秘密解释为"财产"而在未订立合同的情况下产生第三人对抗效力。[2] 但一个悬而未决的问题则是，如果将商业秘密理解为财产，则需要解释其为何不像其他财产权一样产生对世的排他性权利。

19世纪后期，法院以普通法为基础解释商业秘密"财产权"的成立条件及保护范围。[3] 普通法上，占有是普通法上财产权即所有权取得的前提，民事主体通过建立对于物的事实上的排他性控制并体现其个人使用的意图，

---

[1] See Peabody v. Norfolk, 98 Mass. 452 (1868).

[2] 此后主张财产权保护的案例如：Cincinnati Bell Foundry Co. v. Dodds, 10 Ohio. Dec. Reprint 154 (1887); Park v. Hartman, 153 Fed. 24 (C. C. A. 1907); Pomeroy Ink Co. v. Pomeroy, 77 N. J. Eq. 293, 78 Atl. 698 (Ch. 1910)。

[3] See Robert G. Bone, *A New Look at Trade Secret Law: Doctrine in Search of Justification*, 86 California Law Review 241 (1998); Deepa Varadarajan, *Trade Secret Precautions, Possession, and Notice*, 68 Hastings Law Journal 357 (2016).

而获得财产的排他性权利。[1] 按照普通法,如果将商业秘密信息作为财产,所有者则必须“占有”该秘密信息。但挑战在于如何对作为无体物的信息进行占有而建立排他性,因为信息不仅无法像有体物进行物理上的控制,而且其可以无限复制并不具有竞争性。因此,民事主体占有信息并排除他人的唯一方式就是通过保密,保密是信息占有和获得普通法上财产权保护的先决条件,只要信息通过保密即可以获得普通法上的财产权保护,一旦其公开便进入公有领域,所有普通法上的权利均宣告终止。[2] 对信息的保密即占有构成了获得普通法上财产权保护的前提,同时也是对信息普通法保护与知识产权法保护二分的分界点,只要信息是保密的即可以获得普通法上的财产权保护,其一旦公开普通法上的保护即宣告终止,所有者可以根据立法主张获得版权或者专利的法定权利保护。[3]

财产权理论为商业秘密保护规则的建构提供了理论依据,即秘密性是建立排他性的前提。除此之外,法院还要求原告采取措施防止秘密信息披露,以表明排除他人的意图。同时,其解决了皮博迪诉诺福克案中遗留的问题,即如果将商业秘密理解为一种财产,为何其无法类似于其他财产权产生

〔1〕 See Carol M. Rose, *Possession as the Origin of Property*, 52 University of Chicago Law Review 73 (1985).

〔2〕 例如,在布里斯托诉公平人寿保险协会案(Bristol v. Equitable Life Assurance Soc.)中,原告主张对于“一种征集人寿保险的新的系统”的商业秘密保护,纽约州法院拒绝保护时提出:“思想与财产的关系可以与人们获取蜜蜂、鸟类、小溪中鱼类等自然界中资源的情形相类比,如果原告将其保留在自己的房屋内,只要其不逃脱,则将其称为他的合格财产,一旦其允许其离开则无法再主张权利”。See Bristol v. Equitable Life Assurance Soc., 132 N. Y. 264, 30 N. E. 506. (1892). 在威克美斯特诉美国平版印刷公司案(Werckmeister v. American Lithographic Co.)中,第二巡回上诉法院认为,构思(conceptions)像空中飞鸟或丛林中野兽一样自由,但一旦某人将其捕获即归其所有……遵循上述类比,只有在捕获物或者创造物受到限制或者控制的前提下,才可以主张普通法上的保护。See Werckmeister v. American Lithographic Co., 134 Fed. 321, 325 (2d Cir. 1904). 在汉密尔顿制造公司诉塔布斯制造公司案(Hamilton Mfg. Co. v. Tubbs Mfg. Co.)中,“商业秘密中的财产是排除全世界对于其加以利用的权力,如果全世界了解了该信息,则该财产权即宣告消失”。See Hamilton Mfg. Co. v. Tubbs Mfg. Co., 216 Fed. 401, 407 (W. D. Mich. 1908).

〔3〕 See Palmer v. DeWitt, 47 N. Y. 532, 536 - 38 (1872); Tabor v. Hoffman, 118 N. Y. 30, 34 (1889).

对世的排他性效力。其需要从普通法的财产权来进行解释,该普通法上的财产权仅及于其对秘密信息的"占有"即事实排他性范围之内,其仅能够排除他人对该事实排他范围的侵犯,而不是一种对该秘密信息本身的对世性"所有权"。因此,是否构成侵犯商业秘密完全取决于是否侵犯了权利人的事实排他领域,故独立发现和反向工程完全是合法的,因为其并没有超出权利人的保密性边界而侵犯其事实排他性。该理论也能够解释为何侵犯商业秘密的主体既包括存在合同关系或者信赖关系的特定主体,也包括不存在任何合同关系和信赖关系的陌生第三人。首先,对于存在合同关系或信赖关系的情形,商业秘密侵权责任承担的本质在于对财产权的侵犯,违约或者违反信赖义务构成财产权侵犯的一种方式;其次,对于不存在任何合同关系和信赖关系的陌生第三人的情形,如果第三人通过欺诈、盗窃等不正当手段获取商业秘密信息,其责任承担是因为其不法行为不当地侵犯了所有者的保密区域。同样,该理论也能够解释为何善意取得者不承担任何侵犯商业秘密的责任,因为从保护交易安全的角度来看,在无权占有人实际占有货物并交付给不知情的善意第三人的情况下,善意第三人可以得到货物的所有权。[1]

财产权理论为商业秘密保护提供了一个强有力的解释模型,其缺点在于,模糊的"占有"或者"控制"概念无法准确地识别所有不正当获取、使用、披露的方式,对于在何种情况下商业秘密的所有者可以合理地期待避免他人对其秘密信息的不当获取,仍然要通过其他规范界定行为边界,如明示的合同义务、保密义务等。因此,除财产权理论之外,有的法院在当事人未签

---

〔1〕 See Robert G. Bone, *A New Look at Trade Secret Law: Doctrine in Search of Justification*, 86 California Law Review 241 (1998).

订保密合同时适用默示合同以及保密关系对商业秘密进行保护:[1]第一,违反默示合同。根据普通法规则,如果被告未作出有关保守商业秘密的默示承诺,原告就不会向其披露或允许其使用商业秘密,那么原告和被告之间应当认为存在默示合同,或被告被推定承担推定的保密义务。[2] 例如,在1897 年密歇根州最高法院审理的 O&W 公司诉特洛西斯基案[3]中,虽然作为原告的雇主与被告的雇员并未签订保密协议,但原告采取的保密措施是将公众排除在厂区之外,同时限制雇员在厂区活动和机器操作权限。法院认为上述事实"确定无疑地暗示了原告的业务与工艺是秘密的,对此,被告比谁都清楚",故应当推定雇主与雇员之间存在默示的保密协议。第二,违反信任关系。特定主体之间如特定职业者与客户之间(如医生与病人)、雇员与雇主之间、合作者之间存在一定信赖关系,如果他人违反该信赖义务获取、利用、披露商业秘密信息,将构成对诚实信用这一"口袋"原则的违反而构成侵权。[4] 例如,在谢尔玛诉艾伦案[5]中,艾伦(Allen)是一家糖果制造商,谢尔玛(Shellmar)是艾伦委托印刷糖纸的制造商,在委托生产过程中,艾伦向谢尔玛披露了一种制造加工工艺和机械,此后艾伦获得了禁止谢尔玛制造该产品的禁令,但艾伦将其作为专利申请公开后,谢尔玛申请解除禁令。但法院认为,由于行为人是在保密关系下或通过不正当手段发现的该

---

[1] See Note, *Equitable Protection of Trade Secrets*, 23 Columbia Law Review 164 (1923) ("This jurisdiction has been based on several theories, some decisions basing it on the fact that such a trade secret is property, others on implied contract, and others on the relationship of trust and confidence which existed between the parties."); Note, *Equity-Trade Secrets-Duty of Non-Disclosure by Fiduciary Relation*, 37 Yale L. J. 1154(1927)("Many courts grant relief... on the basis of the 'property right' theory. More modem decisions, however, in the absence of an express contract, place the protection afforded on the basis of a contract implied in law."); Note, *Trade Secrets*, 11 Harvard Law Review 262 (1897) (resting equity jurisdiction in trade secret cases on breach of trust without mentioning property).

[2] 参见张玉瑞:《商业秘密法学》,中国法制出版社 1999 年版,第 257 页。

[3] See O. & W. Thum Co. v. Tloczynski, 114 Mich. 149, 72 N. W. 140 (1897).

[4] 参见张玉瑞:《商业秘密法学》,中国法制出版社 1999 年版,第 258 页。

[5] See Shellmar Products Co. v. Allen Qualley Co., 87 F. 2d 104 (7th Cir. 1936).

信息,其具有不披露或使用该信息的义务。

在 1917 年杜邦公司诉马斯兰案[1]中,美国联邦最高法院以“一般善意义务”否定了财产权理论。霍姆斯大法官认为,“当‘财产’这一术语适用于商标和商业秘密时,只是对法律要求的某些最基本的善意产生的间接结果未加分析的表述。无论原告信息是否有价值,被告是通过特定的保密关系而了解有关事实的(无论这些事实是什么)。财产可以被否认,但是保密义务不能被否认。因此,该问题的出发点不是财产法或法律的正当程序,而是被告对原告负有保密义务”。该案例此后被广泛引用,这也直接导致 1939 年《侵权法重述(第一次)》明确拒绝将财产权理论作为商业秘密保护的正当性基础,而是从一般善意义务出发,排除他人对商业秘密的正当获取、披露或利用。[2] 同时,基于一般善意义务,其不仅保护商业秘密信息,还保护不具有秘密性的商业信息,《侵权法重述(第一次)》第 759 节对基于保密关系或者不正当手段获得的商业信息的行为提供规制。在此之后的一段时间里,义务理论或一般善意原则一直在商业秘密保护中发挥着重要的作用。[3]

但义务理论盛行后不久,财产权原则再次被强调。以 1985 年联邦最高法院审理的鲁克尔斯豪斯诉孟山都案[4]为转折,财产权理论再次成为美国法上商业秘密制度的主导理论之一。该案中,孟山都(Monsanto)生产农药及其他化学产品,为进行上市前安全性审查,孟山都需要向美国环境保护署(U. S. Environmental Protection Agency, EPA)提供相关药品实验数据。1978 年之前,美国《联邦杀虫剂、杀真菌剂和灭鼠剂法》(Federal Insecticide, Fungicide, and Rodenticide Act, FIFRA)将实验数据作为商业秘密保护,

---

[1] See E. I. Du Pont de Nemours Powder Co. v. Masland, 244 U. S. 100 (1917).

[2] 《侵权法重述(第一次)》第 757 节评论 a 提到:“由于某人对商业秘密的创意享有财产权利,就可以排除他人使用自己的商业秘密,这种看法经常被提出但又遭到否定。流行的理论是,有关的保护仅仅基于一般善意义务,即违反这一义务就会产生违反合同、违反保密关系或用不正当手段获取商业秘密的责任。”

[3] 参见李明德:《美国知识产权法》(第 2 版),法律出版社 2014 年版,第 215 页。

[4] Ruckelshaus v. Monsanto Co. ,467 U. S. 986, 104 S. Ct. 2862 (1984).

1978年其修改后规定EPA在10年内不得将该数据再用于他人同一农药申请,并规定随后15年内EPA将该数据用于后续申请时申请人可主张“合理补偿”且EPA可在必要时公开披露数据。孟山都因此主张FIFRA不符合《美国宪法第五修正案》在征收公民财产时正当程序和合理补偿的请求。在该案中,美国联邦最高法院认为商业秘密是受《美国宪法第五修正案》保护的财产权,原因在于:第一,商业秘密具有可转让性,可以构成信托的财产,并可以在破产时交给受托人,具有有形财产的诸多特性;第二,其引用洛克的自然权利理论,认为财产不仅包括土体和有体物,还延伸到个体的劳动和发明创造,回归到FIFRA的立法历史,国会在立法时也认识到数据开发者对其数据享有“财产性利益”(proprietary interest),将商业秘密作为财产权的一般理解与前述财产观念相一致。此后,各州法院作出一系列将商业秘密作为财产的判例,强调商业秘密保护的秘密性和价值性要件。由于财产理论的盛行,美国统一州法全国委员会1979年通过的《统一商业秘密法》对商业秘密的保护以商业秘密不具有公知性且具有价值性为前提,[1]正是从财产权角度出发而对商业秘密进行的界定。[2] 后续1995年美国法律协会《反不正当竞争法重述(第三次)》[3]以及DTSA中都采取了类似定义。

三、商业秘密保护理论辨析与体系定位

如前所述,商业秘密保护的正当性理论经历了合同义务、财产权理论、义务理论再向财产权理论过渡的转向。合同理论由于仅具有相对效力而难以广泛地适用于第三人,随着第三人侵权情形广泛出现而其逐渐退出视野,

---

〔1〕 美国《统一商业秘密法》第1条规定:“‘商业秘密’意为特定信息,包括配方、样式、编辑产品、程序、设计、方法、技术或工艺等,其:(1)由于未能被可从其披露或使用中获取经济价值的他人所公知且通过正当手段确定,因而具有实际或潜在的独立经济价值。同时(2)是在特定情势下已尽合理保密努力的对象。”

〔2〕 参见李明德:《美国知识产权法》(第2版),法律出版社2014年版,第215页。

〔3〕《反不正当竞争法重述(第三次)》第9节规定:“商业秘密,指任何可用于工商经营的信息,其有足够的价值和秘密性,使相对于他人产生现实或潜在经济优势。”

但义务理论与财产理论的争论却仍在继续。两种原则在商业秘密制度中都一定程度存在。例如，在财产理论主导的时代，法院虽然强调行为人的义务，但很少否定商业秘密的财产权特征；在反不正当竞争法理论主导的时代，法院虽然侧重于商业秘密的构成，强调商业秘密的财产性质，但也将采取不正当手段窃取商业秘密作为规制前提。[1] TRIPs 第 39 条和我国《反不正当竞争法》第 9 条也同样体现了二者的痕迹，其既强调商业秘密本身财产特征即秘密性和价值性，也重视持有者采取合理保密措施以及违反该保密措施的不正当行为要件。

在我国法上，商业秘密保护主要由《反不正当竞争法》调整，这说明商业秘密保护的直接和首要目的在于尊重商业道德、维护竞争秩序，似乎商业道德理论占据主导，但学界也不乏财产权理论的主张，[2]《民法典》将商业秘密作为法定客体类型后，关于商业秘密财产权的主张更为强烈，有学者因而主张将商业秘密作为一种知识产权。[3] 关于保护财产权或商业道德的争论对目前商业秘密制度影响不大，[4]但面对大数据领域等社会现实变化需求，考量是否应当调整既有商业秘密制度的保护范围时，这种正当性分歧却会导致规制方式上实质性的不同：首先，维护商业道德理论在传统物理世界的商品生产、交易秩序中适用是相对明确的，但将其适用于互联网等新兴领域

---

〔1〕 参见李明德：《美国知识产权法》（第 2 版），法律出版社 2014 年版，第 218 ~ 219 页。

〔2〕 主张商业秘密是财产权或无体财产权的观点，可参见张玉瑞：《商业秘密法学》，中国法制出版社 1999 年版，第 89 ~ 91 页；孔祥俊：《商业秘密保护法原理》，中国法制出版社 1999 年版，第 157 ~ 161 页。

〔3〕 参见林秀芹：《商业秘密知识产权化的理论基础》，载《甘肃社会科学》2020 年第 2 期。

〔4〕 美国《反不正当竞争法重述（第三次）》第 39 节评论 b 评价：有关商业秘密权利性质的争论，在事实上几乎没有影响侵占商业秘密的民事义务规则。判例一般既要求原告依据本条所述的原则证明商业秘密的存在，又要求原告依据第 40 条所述的规则证明被告有违法行为。许多判例表明，主要的问题是，被告的行为作为竞争手段是否正当，因而，由商业秘密法所确定的权利范围反映了各种利益的折中，包括商业秘密所有人针对被告的恶意或不正当竞争行为而主张的保护竞争者和其他人利用公有领域的信息和技术的权利，以及体现在鼓励发明和保障强有力竞争中的公共利益。

时,商业道德以及行业惯例则不明确且正处于生成之中。[1] 对既有立法规定之外不具有秘密性、保密性但处于企业事实控制之下的信息,他人在何种情况下获取属于正当或不正当很难根据一般善意或者商业道德作出直接判断。如果从维护商业道德出发,则不必然需要援引和扩张商业秘密制度。我国当前司法实践主要援引反不正当竞争法一般条款调整大数据纠纷,实际上面临不同法院就"商业道德"存在不同理解而存在裁判冲突,以及将商业道德泛化而过度扩张保护范围的风险。其次,如果将商业秘密作为一种事实财产,则需要考量企业事实控制下的大数据集合是否契合该财产权保护的正当性理由,如果契合则应当进一步讨论该财产权成立的要件根据制度目标是否存在扩张的必要,从而给予类似商业秘密排除他人不正当获取、利用和披露的法律保护。故仍有必要在当下市场环境下重新检视我们应当采取何种正当性理论。

如前所述,无论是从财产权理论(主要是占有理论)还是从商业道德出发,都能够为既有商业秘密制度提供理论上的支持和解释,但财产权理论的缺点在于,抽象的"占有"或者"控制"概念无法为界定他人不正当获取行为提供具体规则,但这往往是商业秘密案件的集中争议所在,早期侵犯商业秘密案件主要发生在雇员与雇主以及特定交易主体之间,没有信任义务的人的不正当获取、使用或者披露信息引起的民事案件是非常之少的。[2] 因此,19 世纪到 20 世纪初,美国法院不再执着于商业秘密本身性质的界定,而从实用主义的立场出发在既有法律体系中寻求纠纷解决的明确规则。1868 年

---

[1] See Orin S. Kerr, *Norms of Computer Trespass*, 116 Columbia Law Review 1143 (2016).

[2] 参见孔祥俊:《商业秘密保护法原理》,中国法制出版社 1999 年版,第 250 页。即使在今天,雇主与前员工、交易双方之间纠纷仍然占据商业秘密侵权案件的重要比例,根据 2013 年欧盟商业秘密指令制定之前在各成员国的调查,因前员工以及顾客侵犯商业秘密案件分别占 45% 和 31%。See Directorate-General for Internal Market, Industry, Entrepreneurship and SMEs, *Study on Trade Secrets and Confidential Business Information in the Internal Market* (Jul. 2013), https://ec.europa.eu/growth/content/study-trade-secrets-and-confidential-business-information-internal-market-0_en.

之前主要以当事人之间的明示合同调整纠纷，随着未明确规定合同义务以及非合同相对人侵权情形逐渐普遍，其从合同义务扩张至推定合同、准合同以及信任关系，直到1917年杜邦公司诉马斯兰案中确立的一般善意义务。但仅关注商业秘密侵害的手段或者表象，进而将之归入既有的法律规范体系进行调整，并未明确商业秘密本身的内在价值而陷入一种"价值虚无"，[1]对于大数据等新的信息客体无法有效地判断是否进行保护。因此，伯恩(Bone)教授认为商业秘密制度仅仅是合同法、侵权法、财产法以及商业道德规范中相关内容的拼凑，[2]兰德斯(Landes)和波斯纳(Posner)教授则认为并不存在所谓的商业秘密法。[3] 同时，随着技术进步，社会交易成本降低，尤其是互联网技术出现之后，特定关系之外的第三人侵犯商业秘密情形增多，一般善意义务解释局限逐渐凸显。因为如果按照传统普通法上的信任义务，侵权人和受害人之间必须存在一定的信赖关系，否则认为不侵权；[4]但随着黑客入侵等第三人侵犯商业秘密情形逐渐普遍，势必要在解释上突破原来特定关系的限制而扩张到诚实信用原则的"帝王条款"，在此情况下同样面临权利边界模糊的问题，一般善意义务相较于财产权理论在适用中的法律确定性优势也不再明显。

19世纪，关于商业秘密正当性基础讨论以规范分析为主。进入20世纪以后，随着法律现实主义的出现，实证主义推理和功利主义代替了传统的规范分析路径，学者更多地从福利最大化的政策视角探讨商业秘密制度保护

---

[1] 参见孙山：《反思中前进：商业秘密保护理论基础的剖解与展望》，载《知识产权》2011年第8期。

[2] See Robert G. Bone, *A New Look at Trade Secret Law: Doctrine in Search of Justification*, 86 California Law Review 241 (1998).

[3] See William M. Landes & Richard A. Posner, *The Economic Structure of Intellectual Property Law*, Harvard University Press, 2003, p. 355; David D. Friedman, William M. Landes & Richard A. Posner, *Some Economics of Trade Secret Law*, 5 Journal of Economic Perspectives 61 (1991).

[4] 参见胡雪梅：《英国侵权法》，中国政法大学出版社2008年版，第314页；孔祥俊：《商业秘密保护法原理》，中国法制出版社1999年版，第154页。

的理由,[1]虽然其不同于19世纪后期财产权理论的规范分析论证模式,但推动了财产权理论回归主流。从经济学上来看,商业秘密保护并非因侵权行为构成了对社会商业道德的违反,而是与知识产权保护的理由类似,对有价值信息控制本身构成了经济上的"财产",具有独立保护的意义。

具体而言,由于信息"公共产品"性质,在生产、交易过程中如果完全不加干预,则会产生外部性问题而导致市场失灵。由于市场是创新资源配置的最优方式,欲恢复市场竞争和价格机制,有必要在信息产品中构建产权。经济学意义上的产权既包括事实产权,即企业通过私力对信息传播、利用的控制,也包括法定产权,即由法律在信息之上设定的排他性权利,知识产权法的目标是在法定产权与事实产权之间作出选择或者设定合理"配比"。知识产权的一般设权方式是界定信息客体并赋予排他性的权利,其大大地限制了权利人以外第三人利用成果的机会,增加了减少整体社会利益的风险性,因此不得不在创新成果保护与限制公众自由之间作出一定权衡(trade-off),即人为地判断只有达到一定创新高度的成果才予以保护,并限定保护期间和保护例外。[2] 这也决定了知识产权的保护客体及范围是有限的。对于无法被隐匿的信息来说,著作权和专利制度保护可能是唯一的方式。对于可隐匿的信息而言,企业可能会在两种情形下以私力对信息保密而构建事实产权:第一,对于无法获得版权、专利保护的信息(如商业计划、客户名单以及消极信息),其将作为秘密加以控制;第二,由于知识产权公开要求、保护成本、期限、例外的限制,其更倾向于通过保密对信息加以保护。[3] 促进社会信息生产的不仅仅是具有创造性的信息,"额头流汗"的信息生产和

---

[1] See Robert G. Bone, *A New Look at Trade Secret Law: Doctrine in Search of Justification*, 86 California Law Review 241 (1998).

[2] 参见[日]田村善之:《日本知识产权法》,周超、李雨峰、李希同译,知识产权出版社2011年版,第15~16页。

[3] 参见[美]威廉·M.兰德斯、[美]理查德·A.波斯纳:《知识产权法的经济结构》(中译本第2版),金海军译,北京大学出版社2016年版,第431页。

竞争过程同样需要促进。在第一种情形下，提供商业秘密的法律保护可以为知识产权法以外的信息生产提供激励。例如，在凯文尼石油公司案[1]中，美国联邦最高法院认为：商业秘密法旨在鼓励开发和利用尚未达到专利保护高度的发明，如果缺乏商业秘密法的保护，"社会公众将会被剥夺通过商业秘密许可使用此类发明的权利"。就第二种情形而言，理论上可以通过专利、版权保护实现生产激励的目的，企业保密措施限制了信息的公开，故是否有必要提供商业秘密保护存在争议。但问题在于企业采取保密措施与否并不取决于法律上是否保护商业秘密，对于已经作为秘密保护的信息而言法律上也很难进行强制公开，提供商业秘密保护并不会给商业秘密持有人在市场上进一步提高定价的机会。[2] 相反，对于两种情形而言，如果没有商业秘密保护，可能会导致企业进一步增加成本强化保密措施，并减少信息交易和扩散范围。商业秘密制度以法律保护减少了企业保密的成本，避免企业间"预防盗窃（商业秘密）开展的军备竞赛"，并进一步促进了企业间更大范围的信息共享。[3] 因此，与知识产权保护的正当性事由类似，[4]有价值信息的排他性控制本身具有一定的经济价值，法律保护可以促进其将经

---

〔1〕 See Kewanee Oil Co. v. Bicron Corp., 416 U.S. 470 (1974).

〔2〕 See Michael Risch, *Why Do We Have Trade Secrets?*, 11 Marquette Intellectual Property Law Review 1 (2007).

〔3〕 See Mark A. Lemley, *The Surprising Virtues of Treating Trade Secrets as IP Rights*, 61 Stanford Law Review 311(2008).

〔4〕 如前所述，知识产权授权的正当性需要从有效生产激励、最大化成果流动、最小化社会成本三个层面进行考量，商业秘密保护与知识产权在有效生产激励、最大化成果流动方面作用类似，而在最小化社会成本方面存在不同。知识产权本质上赋予了产权人对于特定知识产品垄断定价的权利，可能会产生无谓损失、累积性创新成本、交易成本，故知识产权制度需要人为地界定保护客体创新高度而提供保护。不同于传统知识产权模式的是，其并不排除第三人在其控制之外独立获取、利用该信息的机会，通过市场机制可以界定其合理价值（由于商业秘密持有人并不存在法定垄断地位，竞争者可以衡量成本自由决定独立研发或者寻求许可，以潜在竞争实现市场最优定价），而不会对公有领域造成进一步侵害。故商业秘密保护中，对于保护什么样的成果这一问题，可以在一定程度上不予关心，而重点关注维护市场的自律机制。See David D. Friedman, William M. Landes & Richard A. Posner, *Some Economics of Trade Secret Law*, 5 Journal of Economic Perspectives 61 (1991)；[日] 田村善之：《日本知识产权法》，周超、李雨峰、李希同译，知识产权出版社2011年版，第13页。

营成果内部化而实现信息生产资源配置最优，实现有效生产激励，以法律保护一定程度上替代企业私力保护，最小化产权界定成本，同时也可以最大化地促进成果流动。因此，商业秘密保护的正当性在于其本身即具有独立的经济意义和法律上保护的价值，而与是否违反社会一般善意或商业道德不存在必然关联。

在经济学视角下，对有价值信息的控制本身即具有法律上保护的正当性，要求对企业自我界定的信息控制范围提供法律保护。但这种保护能否被定位为“财产权”而适用于既有法律体系对于财产权的保护模式，仍需要规范层面进一步的考量。既有理论中不乏将商业秘密作为“财产权”的强烈反对者，其主要认为将商业秘密作为财产权即赋予了商业秘密持有人在该信息之上的完全排他性权利，混淆了知识产权与商业秘密之间的区别，取消了正当获取与不正当获取商业秘密之间的区别，会不当地将公有领域专有化，故商业秘密只能作为一种“法益”。[1]

但上述观念存在对于财产权概念的狭义和刻板理解。在传统财产权观念下，财产权的构建模式是由客体界定权利，将财产权理解为对客体即物的绝对性支配，[2]但对于信息等无体物套用以对物的绝对支配界定权利则存在现实困难。在现代财产权观念下，“财产权”的概念经历了深刻的解构和重构的过程，根据霍菲尔德的财产权本质是对人性而非对物性的理论，即财产权并非对某物的绝对性支配（其客体可以是物也可以不是物），而是调整人与人之间的不特定性权利，[3]财产权在现实主义的概念化和去结构化之

---

〔1〕 See Gustavo Ghidini Valeria Falce, *Trade Secrets as Intellectual Property Rights: A Disgraceful Upgrading-Notes on an Italian Reform*, in R. C. Dreyfuss & K. J. Strandburg eds., The Law and Theory of Trade Secrecy: A Handbook of Contemporary Research, Edward Elgar Press, 2011, p. 140 – 152；孙山：《反思中前进：商业秘密保护理论基础的剖解与展望》，载《知识产权》2011年第8期。

〔2〕 参见梅夏英：《民法权利客体制度的体系价值及当代反思》，载《法学家》2016年第6期。

〔3〕 See Wesley N. Hohfeld, *Fundamental Legal Conceptions as Applied in Judicial Reasoning*, 26 The Yale Law Journal 710 (1917).

后,不再受其客体的束缚而成为一种对世性权利的"权利束",这在认识到财产权的多样性的同时,也陷入了一种相对主义和"财产权"概念的虚无;[1]"模块化"理论则重新认识到以客体为核心界定完整支配权的意义,即以符合社会观念的方式将一系列权利组合到一起形成"财产权"可以有效地降低社会交易成本。[2]

由此视角观之,对于商业秘密的保护首先可以理解为一系列"权利束"。美国法上,在1985年鲁克尔斯豪斯诉孟山都案之后,美国联邦第九巡回上诉法院在拉斯姆森诉卡利塔航空公司案[3]中,在现有的无形财产形式的基础上提炼出法律上承认的财产权的三个标准:第一,能够被精确界定的利益,该要件要求权利可以在某物中被界定,显示某地某人认可其权利主张;第二,该利益必须能够被排他性控制;第三,推定的所有者必须对建立该排他性存在合法基础,即其投资必须达到援引财产法保护的水平,确保只有有限且具有独特性的信息可以得到保护。与之类似的是,大陆法系民法理论下,受保护"法益"成为法律上的"权利"需要满足三个要件:第一,归属效能或归属内容的确定性,即将某项确定的利益内容归属于特定主体,客体确定且界限清晰;第二,排除效能,其以利益确定归属为前提,在法律上排除其他主体的任何不法干涉;第三,社会典型公开性,即法益须有社会一般意义上的可识别性,保障他人对于可能导致损害的可预见性。[4] 虽然二者表述上存在

[1] 参见熊丙万:《实用主义能走多远?——美国财产法学引领的私法新思维》,载《清华法学》2018年第1期。

[2] See Henry E. Smith, *Intellectual Property as Property: Delineating Entitlements in Information*, 116 The Yale Law Journal 1636 (2007).

[3] 在该案中,根据美国法相关规定,对于任何已有安全认证型号的飞机进行改装,必须向联邦航空管理局(Federal Aviation Administration, FAA)提供拟议改装的适航性的方案和安全测试数据,经审核批准后FAA将颁发补充型号合格证(Supplemental Type Certificates, STC),生产商方可获得改装。在该案中,原告拉斯姆森向FAA申请获得了STC,被告卡利塔航空公司依据拉斯姆森的改造方案及STC向FAA申请了适航性审批并对其飞机进行了改造,拉斯姆森因此起诉被告对其STC构成侵占。See G. S. Rasmussen & Associates v. Kalitta Flying Services, 958 F. 2d 896 (9th Cir. 1992).

[4] 参见于飞:《侵权法中权利与利益的区分方法》,载《法学研究》2011年第4期。

不同,但均认可成为法律上的权利必须满足归属内容确定性、普遍排除效能以及社会典型公开性的特点。

我国《反不正当竞争法》以义务设定的方式规定了经营者不得以不正当手段获取、披露、利用商业秘密义务,这能否理解为商业秘密权利人在其秘密信息之上的一系列“权利束”,可从以下三个方面进行考量:第一,其权利客体即其合法控制的信息可以被具体界定,具有归属内容的确定性。第二,社会典型公开性,有学者认为商业秘密的内容无法进行公示,所以其不具有社会典型公开性,〔1〕但该要件在于保障社会公众对于权利侵害的可预见性,一般要求向公众公开专有权利保护的内容,商业秘密制度的合理保密措施即可实现该目的,而不必要求社会公众完全知悉。〔2〕第三,普遍排除效能,关于商业秘密仅作为法益而不能成为权利的主要争议即在此,有学者认为,现行立法仅规定了他人不得以不正当手段获取商业秘密,故其并不排除以正当手段获取商业秘密的行为,因此立法对于商业秘密的保护并不具有普遍排除效力。〔3〕如前所述,从传统财产权理论来看,该权利仅及于其对秘密信息的“占有”即事实控制范围内,其仅能够排除他人对该事实排他范围的侵犯,而不是一种对该秘密信息本身的“所有权”。所谓商业秘密正当获取的情形,主要是独立研发例外和反向工程例外。例如,欧盟《商业秘密保护指令》将反向工程界定为“通过观察、学习、拆卸或检测已经处于公开状态的信息或者处于信息合法取得者的合法占有之中,且该取得者不受任何有效的法律所设定的限制和该商业秘密义务的约束”而获得相关信息,其并没有超出权利人的保密性边界而侵犯其事实排他性,故本身就不是其权利保护

〔1〕参见孙山:《反思中前进:商业秘密保护理论基础的剖解与展望》,载《知识产权》2011年第8期。

〔2〕有学者将其类比于物权法中的占有制度,其能够以一种可被理解的方式向公众发出信号即已足够。See Deepa Varadarajan, *Trade Secret Precautions*, *Possession*, *and Notice*, 68 Hastings Law Journal 357 (2016).

〔3〕参见孙山:《反思中前进:商业秘密保护理论基础的剖解与展望》,载《知识产权》2011年第8期。

的客体。但对于其合法控制的信息，他人未经授权、超出授权获取、利用、公开，以及第三人继受取得、公开、利用行为，[1]都在其权利保护范围内，具有普遍的排除效力。因此，商业秘密保护可以理解为权利人对于其控制之下信息排除他人未经授权获取、利用、公开的一系列“权利束”。同时，从社会现实来看，商业秘密在市场交易中本身也是可整体进行出资、许可、转让、抵押的“商品”，[2]将商业秘密的一系列对世性“权利束”整体进行“模块化”、整体作为财产权也更加符合社会观念的需要，从而可以减少社会交易成本。

四、商业秘密制度扩张保护的待决问题

如前所述，对有价值信息的控制本身即具有经济上的意义，与知识产权制度类似而具有法律上保护的独立正当性，与商业道德或善意义务不存在必然关联，故在现代市场环境下以财产权理论解读商业秘密保护的正当性更具现实意义。从现代财产权观念出发，法律所赋予的商业秘密排他性保护范围具有一般民事权利要求的归属效能、排除效能和社会典型公开性，基于社会交易现实可以将这一系列权利模块化，界定为他人合法控制信息之上的财产权。需要澄清的是，这种财产权不同于传统物权之上的所有权，更适合定位为类似于民法上占有权利的事实财产权，仅及于他人合法控制之下信息。如前所述，在 19 世纪美国法院事实上也是以财产权理论为基础从占有制度出发构建商业秘密保护要件的，按照普通法，如果将商业秘密信息作为财产，所有者则必须“占有”该秘密信息。民事主体占有信息并排除他人的唯一方式就是通过保密，秘密性是建立排他性的前提。同时，法院还要求原告采取措施防止秘密信息披露，以表明排除他人的占有意图，从而可以获得普通法上的财产权保护，一旦其公开便进入公有领域，所有普通法上的

〔1〕 需要解释的是，善意第三人继受取得、利用、披露行为并不构成侵权，这可以理解为从保护交易安全的角度作出的有限例外，类似于物权法上的善意取得制度。

〔2〕 参见张玉瑞：《商业秘密法学》，中国法制出版社 1999 年版，第 257 页。

权利均宣告终止。[1]

商业秘密保护正当性理论的澄清以及其财产权体系定位为数字环境下的制度完善提供了可能。根据前文所述，在经济学视角下，以代码控制保护大数据在有效生产激励、最大化成果流动、最小化社会成本方面具有效率上的优势，类似于商业秘密，其同样因其经济意义而具有法律上独立保护的正当性，但这本身无法提供恰当的规制模式，而必须回归规范层面进行探讨。虽然现有立法以特别规定的方式明确了商业秘密的秘密性、价值性、保密性要件，很大程度上限制了其进一步调整和扩张的可能，但将商业秘密作为一种财产，明确其作为“事实财产权”或类似民法占有的体系定位，可以使我们更好地理解商业秘密的保护要件，即秘密性、保密性本身并非目的，而是信息实现民法上排他性占有的前提。由此出发，需要进一步讨论，信息能否被占有以及信息占有的要件是什么，随着技术的进步保密是否仍是信息占有的唯一方式，代码控制能否作为信息占有新的方式，从而扩张商业秘密保护制度或者进一步建立起一种类似于商业秘密的保护制度。第四章我们将把视角转移到民法占有领域具体探讨该一系列问题。

第二节　技术措施制度

一、技术措施制度扩张保护之可能

除商业秘密外，现行知识产权法体系中对信息控制保护的另一机制是著作权法中的技术措施保护，与商业秘密以秘密性和保密性为保护前提不同的是，数字环境下技术措施保护直接对象是网络代码本身，保护方式上更加适应数字环境下信息传播的特点。故除商业秘密之外，还可考虑参照著作权法技术措施制度，参照“限定提供数据”制度，禁止他人绕开技术措施而

---

〔1〕 See Robert G. Bone, *A New Look at Trade Secret Law: Doctrine in Search of Justification*, 86 California Law Review 241 (1998).

获取、利用、公开大数据集合的行为。欲探索该制度的可能性,必先厘清著作权法上技术措施保护的正当性理由及法律属性,进而判断是否存在类推或制度扩张可能。

如前所述,互联网的出现最先带来了著作权领域的失范,数字技术和互联网的出现使著作权侵权成本几乎可以忽略不计,权利人却又无法在互联网空间实时监控侵权行为和有效执法,“版权的终结”的担忧不断出现。[1]面对这一威胁,权利人在著作权第一层保护之上引入了第二层的私人保护,改变互联网本身的架构即代码规制作品的传播行为,禁止他人访问、复制或者以其他形式使用其作品。但技术措施本身并不总是完美的,总是存在被他人规避的可能。因此,权利人呼吁建立对作品传播的第三层保护——对规避技术措施的行为实施法律制裁。[2] 在国家层面,如当时数字产业较为发达的美国,1993 年克林顿政府成立了“信息基础设施任务组”(Information Infrastructure Task Force,IITF),其中知识产权工作组就互联网环境对版权法的影响先后发布了 1994 年“绿皮书”和 1995 年“白皮书”,“绿皮书”和“白皮书”中均提出,技术保护措施可以保护版权和作者进行许可和版权管理,建议立法应当提供保护措施来支持企业的“版权管理方案”。[3] 在国际层面,世界知识产权组织(World Intellectual Property Organization, WIPO)在“指导发展”时期的版权领域立法示范条款和保护录音制品制作者示范法中

---

〔1〕 参见[美]劳伦斯·莱斯格:《代码 2.0:网络空间中的法律》,李旭、沈伟伟译,清华大学出版社 2009 年版,第 188 页。

〔2〕 参见[德]西尔克·冯·莱温斯基:《国际版权法律与政策》,万勇译,知识产权出版社 2017 年版,第 407 ~408 页。

〔3〕 See Information Infrastructure Task Force, Working Group on Intellectual Property Rights, *Intellectual Property and the National Information Infrastructure: A Preliminary Draft of the Report of the Working Group on Intellectual Property Rights* (Jul. 1994), https://www.calstatela.edu/main/ipwg.htm; Information Infrastructure Task Force, Working Group on Intellectual Property Rights, *Intellectual Property and the National Information Infrastructure: The Report of the Working Group on Intellectual Property Rights* (Sep. 1995), https://www.eff.org/files/filenode/DMCA/ntia_dmca_white_paper.pdf.

即涉及对技术措施的规制，在1996年外交会议上通过的WCT第11条和WPPT第18条正式规定了对技术措施的保护制度。[1] 国际条约也影响了我国立法，2001年我国《著作权法》修改第47条第6项，规定未经许可故意避开或破坏权利人为其作品、录音录像制品等采取的保护著作权及相关权利的技术措施的，构成侵权。2006年《信息网络传播权保护条例》进一步对技术措施作出明确定义并直接规制规避服务、装置的提供行为。[2] 2007年6月，中国加入WCT和WPPT而正式受该条约约束。2020年《著作权法》第三次修改将《信息网络传播权保护条例》对技术措施保护的规定纳入立法。[3]

从现行国际条约及立法来看，WCT第11条保护的技术措施限于作者使用、为行使版权、对其作品加以约束的技术措施，WPPT第18条保护的技术措施限于表演者和录音制品制作者、为行使相关权利、对其表演或录音制品加以约束的技术措施。[4] 与之类似，我国立法上的技术措施，也限于受版权法保护的作品或相关客体，由版权人及相关利益人所使用，防止他人未经许

---

〔1〕 WCT第11条"关于技术措施的义务"规定，"缔约各方应规定适当的法律保护和有效的法律补救办法，制止规避由作者为行使本条约或《伯尔尼公约》所规定的权利而使用的、对就其作品进行未经该有关作者许可或未由法律准许的行为加以约束的有效技术措施"。WPPT第18条也规定了类似的内容。相关立法草案及立法过程，参见[匈]米哈依·菲彻尔：《版权法与因特网》，郭寿康、万勇、相靖译，中国大百科全书出版社2009年版，第522~591页。

〔2〕 2006年《信息网络传播权保护条例》第26条规定，"技术措施，是指用于防止、限制未经权利人许可浏览、欣赏作品、表演、录音录像制品的或者通过信息网络向公众提供作品、表演、录音录像制品的有效技术、装置或者部件"；第4条第2款规定，"任何组织或者个人不得故意避开或者破坏技术措施，不得故意制造、进口或者向公众提供主要用于避开或者破坏技术措施的装置或者部件，不得故意为他人避开或者破坏技术措施提供技术服务。但是，法律、行政法规规定可以避开的除外"。

〔3〕 《著作权法》第49条规定："为保护著作权和与著作权有关的权利，权利人可以采取技术措施。未经权利人许可，任何组织或者个人不得故意避开或者破坏技术措施，不得以避开或者破坏技术措施为目的制造、进口或者向公众提供有关装置或者部件，不得故意为他人避开或者破坏技术措施提供技术服务。但是，法律、行政法规规定可以避开的情形除外。本法所称的技术措施，是指用于防止、限制未经权利人许可浏览、欣赏作品、表演、录音录像制品或者通过信息网络向公众提供作品、表演、录音录像制品的有效技术、装置或者部件。"

〔4〕 参见[匈]米哈依·菲彻尔：《版权法与因特网》，郭寿康、万勇、相靖译，中国大百科全书出版社2009年版，第798~800、939页。

可的浏览、欣赏和向公众提供的行为的情形。[1] 法律保护的前提是技术措施施加于版权或邻接权的客体之上，故如前所述，大数据集合在无法具备独创性以及成为邻接权保护客体的前提下，也难以获得现行著作权法上技术措施的保护。即使从立法论角度来看，如果技术措施保护的正当性前提立基于对著作权及相关权利的保护，事实上也很难在版权法之外扩张技术措施制度。但恰恰是技术措施保护在著作权法中的争议属性，使有必要探讨技术措施保护是否依附于著作权保护而仅具有相对价值，或其本身即具有值得保护的绝对意义，进而存在对其进行扩张适用对大数据集合保护的可能。

二、技术措施保护正当性与法律属性之争

我国著作权法所保护的技术措施包括访问控制措施和版权保护措施。对于版权保护措施，其保护的对象本身就是版权法所赋予的专有权利，《信息网络传播权保护条例》起草者在解释技术保护措施条款时指出："在网络环境下，作为预防侵权行为发生的事前措施，技术措施能够……有效地保护权利人的经济权利。"[2] 其可以按照间接侵权理论理解为法定地将帮助侵权责任规定为从属责任而不以证明直接侵权为前提，从而实现有效的权利保护。[3] 故对于版权保护措施的正当性很少存在争议，比较法上，凡是保护技

---

〔1〕 参见王迁：《版权法对技术措施的保护与规制研究》，中国人民大学出版社 2018 年版，第 61～93 页。

〔2〕 张建华主编：《信息网络传播权保护条例释义》，中国法制出版社 2006 年版，第 13 页。

〔3〕 全球知识产权立法中较早地确立间接侵权制度的是 1968 年德国专利法，在间接侵权入法之前，德国法院审理专利帮助侵权案件主要适用的是民法中关于帮助侵权的规定。《德国民法典》第 830 条中所规定的帮助侵权责任具有从属性，导致在追究专利间接侵权责任方面产生两个难题：一是为了查明直接侵权的发生，权利人要耗时耗力调查取证；二是在不可能发生直接侵权的情况下，如专利的实施属于不视为侵权的情形，或是专利的实施发生在德国境外，专利权人就无法追究间接侵权人的法律责任。为了解决这两个问题，德国于 1968 年立法明确引入了非从属性专利间接侵权责任，为专利权人提供了一种预防性保护，版权保护措施的著作权法保护也可以理解为一种类似的预防性保护措施。参见卜元石：《德国专利间接侵权制度与判决解析》，载《知识产权》2018 年第 10 期。

术措施的立法无一例外地将其纳入保护范围。[1] 故在此对版权保护措施正当性及其扩张可能不作过多讨论。

争议核心在于访问控制措施保护的正当性问题,因为对作品、表演、录音录像制品的浏览、欣赏并不属于著作权法上的侵权行为,除有部分访问控制措施兼具防止版权侵权功能,可以以版权保护作为正当性支持外,尚存在无法阻止版权侵权的"访问控制措施",对其保护则无法立基于版权保护的目的。WCT、WPPT 并未明确将该类访问控制措施纳入保护范围,不同国家则采取不同立场:美国《千禧年数字版权法案》(Digital Millennium Copyright Act, DMCA)既对版权保护措施提供保护,也对访问控制措施提供保护。日本著作权法仅对阻止著作权侵权行为的技术措施提供保护,无法阻止著作权侵权的访问控制措施则不在著作权法的规制范围内,对于后者,不限于著作权法意义上的作品,也包括非版权内容。《日本不正当竞争防止法》提供了一种一般性的保护,从而保障对新影像、声音制品的创作激励。[2] 我国著作权法将版权保护措施与访问控制措施统一规定在著作权法中保护,对不具有阻止版权侵权意义的"访问控制措施",存在正当性基础和法律属性界定的困难。

就访问控制措施而言,有学者认为技术措施如同一把锁,作品如被锁在屋里的财产。如果不法之徒破门而入,偷走了屋里的全部财产,则显然侵犯了所有者的财产权(版权);但如果仅仅是撬锁后,环视四周然后离开,则很难认为侵犯了作者的财产权。[3] 故关于访问控制措施的正当性,理论上存在三种解释路径:技术措施本身的正当性、保护著作权以及私力保护的正当利益。就技术措施本身而言,当其以计算机程序的方式体现时,其可能获得

---

〔1〕 参见王迁:《版权法对技术措施的保护与规制研究》,中国人民大学出版社2018年版,第95页。
〔2〕 参见[日]田村善之:《日本知识产权法》,周超、李雨峰、李希同译,知识产权出版社2011年版,第51页。
〔3〕 参见郭禾:《规避技术措施行为的法律属性辩析》,载《电子知识产权》2004年第10期。

著作权或者专利权保护,但绕开技术措施并不必然侵犯版权或专利权;同时,技术措施一般附着于特定载体之上,规避或破坏技术措施的行为可能因侵犯了载体所有权人的物权而被禁止。现代信息社会作品传播方式可分为网络版与单用户版两种。对于网络版而言,技术措施绕开可能造成对载体硬件的破坏以及构成对网络安全的侵犯,服务器或者网站所有者可对此予以禁止,但对其上信息内容造成损害及获利却无法主张损害赔偿;对于单用户版,用户购买后该载体的所有权即属于用户而非著作权人,侵害载体所有权而禁止规避技术措施的理论无法成立。故其难以提供一种普遍的正当性而对规避访问控制措施加以禁止。[1] 理论界对此的基本共识是反规避条款并非保护技术措施本身,其禁止的仅仅是破坏技术措施与其内容的结合方式,完全脱离保护内容而谈论技术措施的保护,与立法初衷不符。[2] 因此,关于技术措施保护的正当性争议主要集中于后两者,即新型著作权权利与私力保护的正当利益。现就二者具体讨论如下。

（一）保护著作权理论

由于技术措施保护最早规定在 WCT、WPPT 中,各国立法也大多将技术措施规定于版权法中,故部分学者根据其规范定位解释"访问控制措施"保护的正当性,即技术措施保护的正当性在于保护著作权。这主要包括两种观点:第一,与版权保护措施类似,访问控制措施保护可以更为有效地保护著作权,主要包括保护复制权说和间接保护版权说;第二,随着作品传播和利用方式的改变,存在版权法未明确规定的经济权利以鼓励创新,保护技术措施即对该权利的保护,理论上存在"访问权"[3]、"技术措施权"[4]等权利理论。我国著作权法并不将临时复制作为侵权,并且"访问控制措施"中除

---

〔1〕 参见郭禾:《规避技术措施行为的法律属性辩析》,载《电子知识产权》2004 年第 10 期。

〔2〕 参见董慧娟:《版权法视野下的技术措施制度研究》,知识产权出版社 2014 年版,第 116 页。

〔3〕 熊琦:《论"接触权"——著作财产权类型化的不足与克服》,载《法律科学(西北政法大学学报)》2008 年第 5 期。

〔4〕 李扬:《简论技术措施和著作权的关系》,载《电子知识产权》2003 年第 9 期。

部分具有间接地防止侵权功能外,尚存在无法阻止版权侵权的“访问控制措施”,故既有著作权权能下“访问控制措施”能更有效保护版权的理论难以普遍成立。[1]

争议核心主要在于第二种观点,即技术措施保护本身是一种著作权法未阐明的著作财产权,有学者称之为“访问权”或“技术措施权”。以金斯伯格(Ginsburg)教授为代表的一批学者认为,[2]在数字时代,用户对作品利用的形式由获取作品复制件转变为直接体验作品内容本身,作者对于作品排他性利用的权利也由复制权扩张至访问权,美国 DMCA 第 1201 条顺应作品传播形式的改变而赋予了作者控制对版权保护作品数字化访问的权利,我国理论界也存在类似观点。[3]

首先,从制度构造来看,我国现行《著作权法》的反规避条款是对作品传播的事实保护而非一种著作权法的经济权利。在 2001 年“国际文学艺术联合会”上,就“接触权”问题,拜塞克(Besek)教授提出:“请注意‘接触权’取决于对‘有效控制接触受版权法保护的作品的技术措施’的使用,在缺乏这种技术措施时,(接触权)并不存在”。[4] 所谓“接触权”是否存在不仅取决于保护内容是否具有独创性和固定要件,还取决于是否事实上设定技术措施,故其并非一项法定的著作财产权。其次,著作权法上没有必要也无法恰当地界定这样一种排他性的接触权。从必要性来看,“接触权”的提出源自作品传播由间接占有到直接体验,作者无法再通过出售复制件而进行获利,在数字时代有必要恢复类似物理载体时代作品传播的营利模式,即赋予作

---

[1] 参见王迁:《版权法保护技术措施的正当性》,载《法学研究》2011 年第 4 期。

[2] See Jane C. Ginsburg, *From Having Copies to Experiencing Works: The Development of an Access Right in U. S. Copyright Law*, 50 Journal of the Copyright Society of the USA 113(2003).

[3] 例如,熊琦教授认为,“在线利用数字化作品的普及化意味着传统著作物市场份额的萎缩和转移,如果要保持著作权制度的激励功能,通过‘接触权’来促进一个‘按次计费’的数字化著作物市场是不可逆转的趋势”。参见熊琦:《论“接触权”——著作财产权类型化的不足与克服》,载《法律科学(西北政法大学学报)》2008 年第 5 期。

[4] 参见王迁:《版权法保护技术措施的正当性》,载《法学研究》2011 年第 4 期。

者“接触权”来进行“按次计费”和“差别定价”。但现实并非总按照预期模式发展，自由访问的互联网空间发展出了“注意力经济”（attention economy），[1]通过信息网络传播权作者可以排他性地界定作品向公众传播的渠道和范围，换取用户注意力而间接获利，数字环境下激励创造的问题可以很大程度上通过信息网络传播权解决，设置一种“接触权”的必要性不再明显。从可行性来看，著作财产权的特点是，防止他人未经许可向公众传播作品的行为而避免对作者对作品利用的经济利益损害，但接触权规制的是最终消费者对作品的利用行为。如果“接触权”是一种法定的经济权利，可能导致消费者未经许可“接触”作品（如看一眼盗版光碟）即构成著作权侵权，可能造成动辄侵犯版权的窘境而带来过高社会成本。[2] 其解决方案是，如果作者希望排除用户对作品的“接触”则必须对外筑起有效的“篱笆”，如果用户未经同意而越过“篱笆”则有可能要承担法律责任，但该法律责任不应当取决于作品因独创性而获得的版权保护，而是与用户越过“篱笆”行为本身有关，即一个民事主体不得将其意思置于他人公示的意思之上。

虽然技术措施保护由著作权保护的国际条约和国内立法所规定，但如李琛教授所指出：“新技术带来的问题迫切地需要答复，会加快国际协调的步伐。解答的迫切性容不得深思熟虑，导致一些纯粹出于利益较量的非理性方案迅速影响各国立法，并终结了合理性的探讨。”[3]法律规范存在的方式并不绝对表明法律关系的性质，[4]从其制度构造来看，访问控制技术措施与著作财产权设置的逻辑并不相符，没有必要也不应当将其确立为著作财产权。

---

〔1〕 See Tim Wu, *Blind Spot: The Attention Economy and the Law*, 82 Antitrust Law Journal 771 (2019).

〔2〕 参见王迁：《版权法保护技术措施的正当性》，载《法学研究》2011 年第 4 期。

〔3〕 李琛：《论知识产权法的体系化》，北京大学出版社 2005 年版，第 96 页。

〔4〕 参见郭禾：《规避技术措施行为的法律属性辨析》，载《电子知识产权》2004 年第 10 期。

(二)私力保护理论

访问控制措施的正当性,有学者认为其在于私力保护的正当利益。虽然不存在"访问权"即避开技术措施访问不侵犯作者著作权,但也并非意味着作者仅能依靠著作权法授予的法定权利回收创作投资和获利,其还可以通过自力手段限制他人对其内容访问,从而从其内容中获取进一步的经济价值,未经允许避开技术措施而访问作品的行为将侵犯作者的正当利益而构成侵权。〔1〕 事实上,在数字时代来临之前,权利人即存在"访问控制"的私力保护形式,如电影院放映电影检票防止未购票者进入,书店将图书密封禁止购买之前阅读,只不过是在物理介质为传播载体的情境下可以通过物权来保护其"访问控制措施"。进入数字时代后,物理控制转变为电磁技术措施,降低了物权法等其他法律机制直接提供保护的可能性,故而需要对技术措施的保护直接作出规定,但接触控制措施的正当性仍然来自权利人从他人对其内容利用中获取利益正当性。〔2〕 这一正当利益不仅限于版权法上的作品,而且可类推适用至非作品内容。〔3〕 著作权法对"访问控制措施"保护并非孤例,欧盟 1998 年通过了《1998 年 11 月 20 日欧盟议会和欧盟委员会对以有条件获取为基础的服务进行法律保护的第 98/84/EC 号指令》,〔4〕 对付费电视、付费广播、点播视频和音频等向公众提供的信息服务进行保护,"有条件获取"(conditional access)是指通过任何技术措施或安排,使受保护的服务获取必须以获得个别授权为前提。成员国应当采取有效措施禁

〔1〕 参见王迁:《版权法保护技术措施的正当性》,载《法学研究》2011 年第 4 期;董慧娟:《版权法视野下的技术措施制度研究》,知识产权出版社 2014 年版,第 107~118 页。

〔2〕 参见王迁:《论规制视频广告屏蔽行为的正当性——与"接触控制措施"的版权法保护相类比》,载《华东政法大学学报》2020 年第 3 期。

〔3〕 参见王迁:《论规制视频广告屏蔽行为的正当性——与"接触控制措施"的版权法保护相类比》,载《华东政法大学学报》2020 年第 3 期;朱晓睿:《数字时代技术措施的保护及其限制》,载《华南理工大学学报(社会科学版)》2019 年第 3 期。

〔4〕 See Directive 98/84/EC of the European Parliament and of the Council of 20 November 1998 on the legal protection of services based on, or consisting of, conditional access, OJ L 320, 28.11.1998, p. 54 – 57.

止以商业目的宣传或提供非法设备、服务用于规避该技术措施,该指令保护的对象既包括受版权保护的作品,也包括非版权作品。

三、既有理论批判与待决问题

笔者认为,将接触控制措施界定为一种私力保护明确了其制度定位,为解释接触控制措施保护的正当性提供了另一种思路。但不足在于,其仅仅描述了一种客观现象或事实,并未明确这种私力保护的法律性质以及制度保护的正当性。现有理论对接触控制措施保护的正当性论证路径为,作者创作作品,故而对作品使用具有正当性利益,除版权法授予的法定经济权利外,其还可以通过私人保护对作品利用和收益,从而刺激和鼓励更多的人投身于创作活动。这仅仅解释权利人在法定权利之外还可以采取自力措施的自由,但并未明确该私力保护信息的法律属性,也未解释其因何成为一项对世性权利,从而产生限制他人规避技术措施、接触受保护内容的排他性权能。如果在其法律属性不明的情况下直接将其扩张适用至广告屏蔽等其他领域,[1]无疑给予了权利人在知识产权法范围之外的绝对排他范围,有可能打破既有知识产权制度在鼓励创新与自由模仿之间已创设的利益平衡。

接触控制措施的保护涉及两方面的利益:第一,信息内容生产的创造性劳动或投资;第二,有效的私力保护措施。其正当性基础基于二者之一或者二者的混合实际上会产生截然不同的制度构造,而导致我们难以将对大数据集合采取的技术保护措施与现行著作权法接触控制措施进行类比而提供保护。具体而言,如果其保护正当性完全基于创造性劳动或投资,则达到一定创造性高度或投资水平的信息内容应当被赋予一定排他性权利即"接触权",而与其是否采取技术措施保护无关,根据前述讨论这一可能性基本可以被排除。其正当性还可能基于信息创造劳动或投资与私力保护措施的混

[1] 参见王迁:《论规制视频广告屏蔽行为的正当性——与"接触控制措施"的版权法保护相类比》,载《华东政法大学学报》2020 年第 3 期。

合,或者基于私力保护措施本身。就前者而言,其可能产生反不正当竞争法上的保护。例如,德国法上,在知识产权法定保护范围之外,他人有对其智力成果的模仿和利用自由,同时《德国反不正当竞争法》规定了自由模仿例外以避免对他人创造成果的不当利用,从而在知识产权法保护之外实现鼓励创新的目标。不当模仿成立要结合三项要素综合考量:[1]一是竞争个性(Wettbewerbliche Eigenart)程度,即产品不同于普通商品而具有独特的组织构造而与众不同,如果具有新颖性或创造性高度,则更容易证明该竞争个性的成立;二是他人模仿程度;三是行为不当程度,包括是否造成来源欺骗、利用或损害他人商誉以及以不诚实的方式获得模仿所需的信息材料(如违反合同、信任关系获取他人商业秘密的情形)。参照于此,如果将技术措施保护扩张至大数据集合等其他领域,其保护要件要从三方面综合考量:一是大数据集合的独创性高度或投资水平;二是他人模仿程度,即考虑到他人对大数据集合提取的内容多少、比例;三是行为不当程度,即控制者施加技术措施的有效性以及他人破坏技术措施的严重程度。如果其正当性立基于私力保护措施本身,既有知识产权法体系中保护对信息私力控制的最主要制度是商业秘密制度,其以商业秘密信息具有秘密性、价值性和保密性而为其提供一种财产性保护。如果技术措施保护的正当性同样立基于此,则需要解释"接触控制措施"保护的信息与商业秘密的秘密性、价值性、保密性要件的内在关联及同质性。如前所述,商业秘密制度可以理解为类似于有体物占有的事实财产权,秘密性、保密性本身并非目的,而是实现信息占有所要求的排他性控制的前提。对作品和非作品内容的技术措施保护也可以从该视角来理解,权利人通过施加技术保护措施实现了对信息内容的排他性控制即获得占有,则技术措施保护下的信息可理解为 TRIPs 第 39 条第 2 款规定的商业秘密之外"他人合法控制之下的信息"的另一种形式,可排除他人未

---

[1] Vgl. Helmut Köhler, in: Köhler/Bornkamm/Feddersen, UWG, 39. Aufl. 2021, § 4 Rn. 3.17 – 3.78.

经允许的信息获取、利用和公开,从而知识产权中存在构建起“事实财产权”保护体系的可能,大数据集合也可以纳入该框架之下进行保护。但该假设能否成立,将取决于对信息的代码控制或者技术措施保护能否涵摄于民法上占有概念之下,其与商业秘密制度完善面临的问题不谋而合。故以下将进一步深入民法占有制度探索该假设成立的可能性。

第四章 信息控制的民法定位

在大数据保护路径选择中,基于企业信息控制事实提供补充性的法律保护是更有效平衡的保护方式。在知识产权法中,对信息控制或事实产权的保护局限于商业秘密和著作权法上的技术措施两种碎片化机制,二者在既有法律体系中的性质和定位存在较大争议。故难以直接类推于该制度而构建大数据的一般保护机制。根据前述对商业秘密制度及技术措施制度的正当性检讨,笔者认为商业秘密制度的正当性基础在于民法上的占有保护而系一种事实财产权,对于信息施加技术措施是一种私人保护的形式,如果可以满足民法上占有取得要件,其性质类似于商业秘密而是一种事实财产权,以民法占有制度为基础可以补足既有知识产权制度中的断层,而构建起对信息"事实产权"保护的一般体系,可将大数据纳入该框架加以保护。将商业秘密及技术措施保护信息理解为"事实财产权"可能存在较大争议,即使暂且搁置对于商业秘密及技术措施的性质争议,知识产权法作为民法之局部,当知识产权法中缺乏对信息控制事实的性质定位与调整机制时,也有必要寻求民法一般制度的支撑。传统民法主要适用占有制度调整民事主体对财产的事实支配关系,故仍有必要探讨民法占有制度是否适用于信息领域、在何种条件下占有取得成立、对信息占有如何保护等问题。

民法中对于物之事实控制保护的一般制度为占有。在我国《民法典》中,占有制度规定于物权编第五分编,其虽未直接规定占有客体与构成要件,但第205条规定了"本编调整因物的归属和利用产生的民事关系",第115条规定"物包括不动产和动产"。因此,占有客体应当为"物"即动产和不动产,一般应当理解为有体的动产以及不动产,而不包括信息。故根据严格的文义解释,《民法典》占有制度仍按照传统观点仅适用于有体物而不及于信息等无体物。但从占有的概念来看,占有一般指的是对于财产在事实上的支配和控制。[1] 如前所述,信息事实上并非无法控制,在信息网络技术出现之前,人们可以通过施加保密措施实现对信息的排他性控制;在信息网络技术出现之后,人们可以通过技术措施实现对信息的排他性控制,尤其是对于句法层面信息不受保密与否的限制而实现内容公开但不失控,极大地扩张了企业对信息控制的能力和范围。在其财产界定和保护中,相对于"客体共享,利益排他"的法定排他权模式,类似于有体物基于事实控制进行法律保护更具成本和效率上的优势,故有必要回归传统民法对于有体财产的界权和保护模式,也有必要考虑传统民法是否仍然要故步自封地将占有局限于有体物领域。

本章将从以下四个方面探讨将占有制度适用于信息领域的可能性和路径:第一,追溯民法上占有制度的生成史和比较法模式,明确占有制度并非一成不变,而是随着社会进步而不断突破其物理局限,比较法中不乏对无体物占有的制度模式;第二,回归民法占有制度的正当性,论证对信息进行占

---

〔1〕 学界主要观点整理,参见刘智慧:《占有制度原理》,中国人民大学出版社2007年版,第59~62页。

有保护的理论正当性和现实意义；第三，回归占有制度的构成要件，根据当前社会信息传播的第一性社会现实，从教义学上解答将占有制度适用于信息的理论可行性；第四，研究比较法上对信息控制保护相关制度，探索信息占有取得、丧失、保护法律制度的具体建构。

第一节 信息占有保护之必要与挑战

欲探讨对信息控制事实能否通过民法占有保护，必先明确占有的定义和内核，考察既有立法中对占有制度的规定是基本前提。占有制度起源于罗马法，由 18 ~20 世纪大陆法系国家民法典立法运动所重塑，我国现行制度主要吸收大陆法系民法典立法而构架，并很大程度上以《德国民法典》占有制度为基础。无论是形成于公元前的罗马法，还是近现代法典化运动中颁布的《法国民法典》《德国民法典》，由于其当时社会财产形态主要是有形物，占有制度保护对象也均局限于有形物。但是随着信息和数字化的到来，社会财产形态正经历着“非物质化革命”，信息财产在社会财富中的比重不断上升，民事主体借助技术手段对于信息建立排他性控制的情形逐渐普遍。从交易形式上来看，服务商与用户之间的交易由过去的有形载体所有权转移转化为访问权限或占有权限的授予，而进入“后所有权”时代；从权利侵害形式上来看，占有防止的私力侵害形式也由物理侵害扩展到网络环境下的入侵计算机系统，复制、删除、修改数据等无形方式。[1] 如果仍然固守 20 世纪以前的民法典立法，探究信息占有的问题无异于缘木求鱼，而有必要回归制度演进规律、正当性基础和现实需求进行再考量。

2020 年 5 月 28 日《民法典》颁布意味着我国大规模民事立法告一段落，但《民法典》作为“信息时代的民法典”，探究占有制度现代化发展的任务却

---

〔1〕 Vgl. Linda Kuschel, Digitale Eigenmacht-Digitale Eingriffe in vernetzte Sachen als Herausforderung für den possessorischen Besitzschut, AcP 220 (2020), S. 98 ff.

未终结。为了避免对占有的刻板和僵化理解,笔者将回归占有制度的历史演进,旨在说明占有的正当性基础与构成要件并非一成不变,而是随着财产保障和交易的现实需求不断扩张。比较法上,不乏对于信息等无体物占有保护的制度模式。故客体的有体或无体仅仅是形式,对于事实财产权的保障才是其制度内核,其客体范围及成立要件会随着社会财产形式的扩张而不断扩张。《德国民法典》制定中对罗马法占有制度的反思对于我们反思20世纪以前的占有制度仍具有借鉴意义,如迈沙伊德尔(Meischeider)认为,“立法者在制定法律规则时不得从历史考虑中推导规则,而只能从合目的性考量中导出规则”[1]。

一、占有制度起源

占有制度肇源于罗马民法以及其后的日耳曼民法,之后经中世纪寺院法和近代民法的传承,而于现代和当代终于成为一项概念清晰、结构复杂、完整、缜密的制度与规则系统。[2] 在罗马法以及日耳曼法时期,占有制度即已基本形成,可简要概括如下。

(一)罗马法上的占有

在罗马法上,占有(*possessio*)与所有权(*pominium proprietas*)相互区分。[3] 所有权是指物之所“属”之人对该物完全支配的权利,占有则是某人对于物享有的事实控制。占有在罗马法上分为三种情形:市民法占有(*possessio civilis*)、裁判官法占有(*ius praetorium possessio*)和自然占有

---

〔1〕 [德]威纳·舒伯特:《占有规定的产生历史》,王洪亮译,载王洪亮等主编:《中德私法研究:占有的基本理论》第11卷,北京大学出版社2015年版。

〔2〕 参见陈华彬:《我国民法典物权编占有规则立法研究》,载《现代法学》2018年第1期。

〔3〕 在古罗马时代占有与所有权并不存在明显的区别,但当占有与可以占有的权利发生冲突时,大法官在确定权利之前往往发布暂时维持现状的命令,因而占有与所有分离的观念逐渐产生。参见周枏:《罗马法原论》(上册),商务印书馆2014年版,第456页。可以确定的是,《十二铜表法》中已经明确出现了法律意义上的占有,并且区分占有和所有。具体内容参见刘智慧:《占有制度原理》,中国人民大学出版社2007年版,第5页。

(*naturalis possessio*)。(1)市民法占有,或者称为"完全占有",[1]是指以自己所有的意思对物的事实控制,有学者将其称为"占有代表的就是所有权的形象和全部内容;反过来说,所有权不过是具备了真正法律保障的占有"[2],以正当原因为基础的占有可以产生取得时效的所有权变动法律后果。(2)裁判官法占有。在特定情形下,对于物的支配可以产生占有的效力并受令状保护,[3]其主要包括质权人占有、容假占有、扣押保管人占有以及永佃权人占有。(3)自然占有。如果某人对于某物具有实施控制权,但无法满足市民法占有或裁判官法占有的条件,则为自然占有,即得不到占有保护的事实关系,也称为"保有"(*tenere*)或"持有"(*ditinere*)。关于占有的性质,罗马古代法学家一般认为,占有是事实,但具有一定的法律效果。帝政后期,有的学者主张占有是一种权利,可以类似物权援用救济程序加以保障。[4]

关于占有的构成要件,一般认为包括两个方面:[5]第一,占有体素(*corpus possidendi*),即对物管领的事实,该事实需为绝对的、完全的、排他的,具体则要按照生活经验进行个案判断。所谓完全性和绝对性,是指占有人具有各种管理行为并使用、收益的权能;所谓排他性,是指占有人可以排除其他人对其物的任何行为,故多数人不得对同一物分别为全部的占有,或分别主张对占有物的全部权利,但并不排除共同占有。第二,占有心素(*animus possidendi*),是指占有人的主观意思。罗马法上对此并没有直接规定,后世罗马法学家在解释占有时存在较大的意见分歧,其核心在于如何解

---

[1] 参见孟勤国:《占有概念的历史发展与中国占有制度》,载《中国社会科学》1993年第4期。

[2] [意]彼得罗·彭梵得:《罗马法教科书》(2017年校订版),黄风译,中国政法大学出版社2018年版,第221、223页。

[3] 纯粹罗马法意义上的占有一般是指市民法上自主占有的情形。在共和国时期,国家将公地交由各个家父耕种,但保留了公法上的所有权和随时收回土地的权利,各个家父取得了对国家土地的占有,针对私力侵夺或妨害,它受到裁判官通过令状进行的保护,根据这种占有发展出了令状占有并扩张至动产。参见[德]马克斯·卡泽尔、[德]罗尔夫·克努特尔:《罗马私法》,田士永译,法律出版社2018年版,第207页。

[4] 参见周枏:《罗马法原论》(上册),商务印书馆2014年版,第456页。

[5] 参见周枏:《罗马法原论》(上册),商务印书馆2014年版,第461～465页。

释占有令状保护。库雅斯认为,占有的意思因时效取得占有和占有令状保护有所不同,前者应具有所有的意思,后者只需要有为自己占有的意思;如果是为他人占有的意思,则仅为持有。以萨维尼为代表的学者认为,占有应当具有将物占为己有的支配意图,如果仅具有支配的事实而缺乏据为己有的意图仅仅是持有,对于缺乏自己所有意思的令状保护的四种情形仅作为例外而属于“传来占有”,即其占有是由托管人、出质人、所有人和保护人转让而来;〔1〕耶林则认为,除时效取得须有所有的意思外,一般只需要有持有(*animus tenendi*)的意思则足以成立占有,对借用人、承租人、受寄人等不提供保护乃因为存在法律上的障碍。〔2〕对于占有的侵害,占有人可以主张维持占有令状(*interdicta retinendae possessionis*)和恢复占有令状(*interdicta recuprandae possessionis*)进行保护。〔3〕

除对物事实上的完全支配外,对物进行事实上的利用也是可能的,由于罗马法时代并未有所有权与他物权的区分,作为一种将具体权利进行“物的主观拟制”的结果,罗马法将地役权等作为“无形物”纳入物的范畴成为所有权人拥有的对象。〔4〕事实上对役权的行使作为与占有相平行的概念,作为“准占有”(*quasi possessio*)或“权利占有”(*possessio iuris*)而比照占有的模式加以保护,建立了一个与物权领域(所有权、他物权和准物权)相对应的事

---

〔1〕参见[德]弗里德里希·卡尔·冯·萨维尼:《论占有》,朱虎、刘智慧译,法律出版社 2007 年版,第 190 页。

〔2〕罗马法对借用人、承租人、受寄人等不提供占有保护,耶林认为主要基于两方面原因:第一,当时的借用人、承租人、受寄人多为出借人、出租人、寄托人的近邻,如果占有受到侵害,可以直接由所有人提起诉讼,实际上并不需要令状的保护;第二,借用人等没有令状的保护,便于出借人等收回出借、出租或寄托物件。参见周枏:《罗马法原论》(上册),商务印书馆 2014 年版,第 464 页。

〔3〕参见[意]彼得罗·彭梵得:《罗马法教科书》(2017 年校订版),黄风译,中国政法大学出版社 2018 年版,第 228 页。

〔4〕参见马俊驹、梅夏英:《无形财产的理论和立法问题》,载《中国法学》2001 年第 2 期。

实关系领域。[1]

(二)日耳曼法上的占有

西罗马帝国灭亡后,日耳曼诸部落联盟侵入西罗马帝国,日耳曼法在5～15世纪成为欧洲占据主导地位的法律,其原有部落的习惯法在塑造占有制度中发挥了重要作用。罗马法受希腊哲学影响,将一切权利客体归纳于物的概念,从而建立起抽象统一的所有权体系。与之不同的是,日耳曼法为法律习惯之集合,其法律观念系基于事实关系而建构。其法律上物的概念,并非通过其性质抽象,而是从交易习惯、经济用途出发构建。对于能满足人类生活需要的,皆赋予其法律的支配力,根据动产与不动产的性质、支配形态不同,其效力和保护方式也存在不同。[2] 与罗马法上界定抽象的所有权不同,日耳曼法上通过对于物事实上的支配或占有(Gewere[3])来构建物的归属和利用秩序。因此,日耳曼法上的占有并非独立于本权的占有,而是在其背后预示本权存在、表现本权之占有。[4] 日耳曼法上占有法之基础,在于将占有理解为"物权的表现形式",物权必须以占有明显表现,从既存的占有中可以推出权利的存在,基于推定的权利,占有的持有人享有权利保护,以及随着时间的经过予以更强的保护[正当占有(rechte Gewere)]。

日耳曼法上占有成立应当包括两个要件:事实控制和权利主张。所谓事实控制,对于不动产为事实上的用益(Nutzung),对于动产则为对物事实

---

〔1〕 参见[意]彼得罗·彭梵得:《罗马法教科书》(2017年校订版),黄风译,中国政法大学出版社2018年版,第223页;季境:《占有制度溯源与现代民法之借鉴》,载《国家检察官学院学报》2012年第5期。

〔2〕 参见李宜琛:《日耳曼法概说》,中国政法大学出版社2003年版,第51～52页。

〔3〕 对于德语"Gewere"的翻译,目前存在不同的见解:史尚宽先生将其翻译为"占有"并作为日耳曼法上的占有制度加以比较研究,参见史尚宽:《物权法论》,中国政法大学出版社2000年版,第525页;金可可教授将其翻译为"持有",参见金可可:《持有、向物权(ius ad rem)与不动产负担——论中世纪日耳曼法对债权物权区分论的贡献》,载《比较法研究》2008年第6期;易继明教授将其翻译为"支配权",参见易继明:《论日耳曼财产法的团体主义特征》,载《比较法研究》2001年第3期。

〔4〕 参见刘得宽:《民法诸问题与新展望》,中国政法大学出版社2002年版,第351页。

上的持有(Gewahrsam)。对于不动产用益的形式具有多样性,由于中世纪土地归国王所有,国王将土地分封给各领主,各领主又将土地租给佃户使用,基于多种用益形式在同一土地上可能出现重叠的多重支配权,如所有占有权(Eigengewere)、封地占有权(Lehnsgewere)、用益租赁占有权(Pachtsgewere)以及质的占有权(Pfandgewere)等,罗马法学者将其称为"分割所有权"。罗马法上,所有权为对物的圆满支配力,而在日耳曼法上各种占有权利皆为独立的权利,其全面支配则为一切利用权之集合。所谓权利主张,是指实际控制人还必须作与其支配相一致的权利主张。例如,领主可能将地产交于管家进行经营,以及交由奴隶进行耕作,在此情况下管家或奴隶仅仅是领主的工具,即当代民法中所称的"占有辅助人"。该权利主张不以支配人证明其真实性为前提,但是相对人可以举证推翻其支配权利。[1]此外,在一些缺乏实际控制的特殊情形下,日耳曼法上也承认占有成立并提供占有保护,即观念占有(ideelle Gewere)的情形,包括因非法剥夺而产生的观念占有、因继承产生的观念占有、因司法判决而产生的观念占有、因土地让与合意(Auflassung)产生的观念占有。对于观念占有仅具有相对效力,权利人仅可向相对人主张,无法像实体占有一样具有绝对的、可对抗一般第三人的效力。

占有包括以下效力:(1)防御效力,对于物之支配具有占有者,享有两种利益:一是权利推定,未被他人提出反证推翻之前,皆推定其为表现权利的物权人;二是证明的优先权,占有者不必负有举证责任,而被告则应当就其具有权原、不法占有等情形举证以推翻占有。(2)权利实现的效力,占有者具有实现其权利,排除妨碍的支配效果,较强的支配权推翻较弱的支配权。例如,被侵夺人推翻侵夺人的支配权,所有权人推翻租赁期满后承租人的支配权等。在此情形下,权利人可以以自力救济或诉讼收回标的物。(3)权利

〔1〕 参见金可可:《持有、向物权(ius ad rem)与不动产负担——论中世纪日耳曼法对债权物权区分论的贡献》,载《比较法研究》2008年第6期。

移转的效力，所有物权的移转必须通过支配权的形式表现出来。[1] 与罗马法不依本权而独立保护占有不同，日耳曼法上的占有为其物权的表现形式，依其真实权利存在与否加以保护。[2]

与罗马法上类似，日耳曼法上，物权的客体并不限于有体物，凡能满足人类生活需要者，皆可赋予排他的支配力。所以日耳曼法上的占有不仅包括自然的有体物（Naturgegenstande），土地上各种公私权利皆视为不动产，并在其上可成立权利占有（Rechsgewere）。[3]

二、现代民法占有制度

罗马法和日耳曼法为占有制度构建提供了基本要素，欧洲近代私法史上经过重新发现罗马法、“继受”罗马法，尤其是发轫于18世纪末19世纪初的几次重要民法典编纂基本确立了现代民法占有制度模式。根据不同法律传统，英美法上主要继受日耳曼法而形成了普通法上的占有制度，法国、奥地利、德国、瑞士、日本等大陆法系国家则以罗马法为基础，并吸收了部分日耳曼法构建起了民法典中的占有制度。根据立法时期不同，《法国民法典》《奥地利普通民法典》制定于理性法时期，基本承袭了罗马法上的占有制度，以下称为“罗马法系占有制度”；编纂于法学实证主义时期的《德国民法典》一定意义上对罗马法上的占有制度进行了重构和开创，从而更加适应当时社会观念和现实，此后《瑞士民法典》《日本民法典》都吸收了德国法的模式，

---

〔1〕 参见李宜琛：《日耳曼法概说》，中国政法大学出版社2003年版，第60～63页；刘得宽：《民法诸问题与新展望》，中国政法大学出版社2002年版，第353页。

〔2〕 “Gewere”效力与“Possessio”的根本不同之处在于，就“Possessio”而言，是承认脱离于真实的本权而为“Possessio”本身之目的的效力；与此相反，对于“Gewere”而言，则是承认为真实的支配权的外部表象效力。参见［日］我妻荣：《新订物权法》，罗丽译，中国法制出版社2008年版，第471页；李宜琛：《日耳曼法概说》，中国政法大学出版社2003年版，第63页。

〔3〕 参见李宜琛：《日耳曼法概说》，中国政法大学出版社2003年版，第60页。

以下称为“德意志法系占有制度”。[1] 现就不同制度模式概述如下。

(一)大陆法系占有制度

1. 罗马法系占有制度

1804 年制定的《法国民法典》不仅是法国私法的核心,而且是整个罗马法系诸私法法典编纂的伟大范例。18 世纪与 19 世纪之交,在中欧和西欧生效实施的诸大法典编纂中,《法国民法典》无疑以其思想意义和历史上的扩散力而占有重要的地位。[2] 其占有制度功能和构造与罗马法上十分类似。类似于罗马法中市民法上的占有,《法国民法典》将占有主要规定于“时效与占有”一编,其占有是指有为自己所有意思的自主占有。其第 2228 条规定:“对自己掌管之物或行使权利的持有或享有,或者他人以我之名义掌管之物或行使权利的持有或享有,谓之占有。”以此表明占有是一种实际掌握的事实,其又在第 2229、2230 条规定:“占有应当是以所有人之身份持续、不断、平静、公开、毫无隐晦地占有”,“任何情况下,均推定占有人系以所有权人之身份为其本人占有,但如能证明占有人一开始为他人占有者,不在此限”。这强调了占有必须以据为己有的意思为构成要件。[3] 因此,占有包括两项构成要件:(1)体素,即对物进行持续、不断、平静、公开、毫无隐晦的实际控制;(2)心素,即以自己所有的意思对物进行控制的意愿。占有可产生以下效力:(1)推定效力,对于占有一般推定为自主占有、善意占有和持续占有;(2)以正当名义善意取得占有者可以适用时效取得财产所有权;(3)当占有

---

〔1〕 此分类参照茨威格特、克茨对法系的分类,将世界上的法系大致分为罗马法系、德意志法系、英美法系、北欧法系、社会主义法系和其他法系,影响深远者主要是罗马法系、德意志法系、英美法系,其中属于罗马法系的主要是法国以及法国民法典的继受者,而根据历史传统将奥地利民法典归入德意志法系,但由于 1811 年奥地利民法典主要参照罗马法制定,尤其是在占有制度中高度还原了罗马法上的占有制度,因此为便于讨论和归纳共同特点,将奥地利民法典归入罗马法系下探讨。参见[德]茨威格特、[德]克茨:《比较法总论》(上),潘汉典等译,中国法制出版社 2017 年版,第 121 ~ 142、293 页。

〔2〕 参见[德]茨威格特、[德]克茨:《比较法总论》(上),潘汉典等译,中国法制出版社 2017 年版,第 146 页。

〔3〕 参见孟勤国:《占有概念的历史发展与中国占有制度》,载《中国社会科学》1993 年第 4 期。

人不是所有人时，善意占有人获得取得孳息的权利；（4）占有之诉（action possessior），根据对占有侵犯的程度不同，占有人可以主张恢复占有之诉、排除妨害之诉以及责令废除新建筑物之诉，占有之诉具有独立地位而不受本权的影响，即对于恶意占有人也可获得占有保护。[1]

受之后订立的《德国民法典》的影响，对于不具有自主占有心素的情形，1975 年修改后的《法国民法典》规定其构成暂时持有（la détention précaire），虽然不产生时效取得的效力，但可以取得占有之诉的保护。[2] 与罗马法上仅对于质权人占有、容假占有、扣押保管人占有以及永佃权人占有四种他主占有的情形例外性地提供占有保护不同，法国法上采用了一种实用主义的立场对于承租人等“持有人”提供一般性的保护，“现代法国学者认为，哲学的争论多半基于假想，事实上承租人是否有权提出占有之诉完全取决于承租人的社会地位和经济独立程度，当承租人于出租人不再具有依附的情形时，承租人根据租赁合同享有的性质上属于债权的权利（租赁权）便具有了某种‘实在性’；承租人与租赁物之间的关系便近似于自主占有人与占有物之间的关系，其同样地为其个人利益而从物中实现使用价值”[3]。因此，法国法上自 1975 年之后即对于持有提供保护，同时为保护原权利人规定持有人不得以其持有对抗原权利人。

继承了罗马法上的传统，法国法上的财产不仅包括有形财产，还包括无形财产。《法国民法典》第 516 条规定，“一切财产均为动产或不动产”，财产依其性质或法律而确定为动产，其不仅包括依其性质可以被移动的有体物，

[1] 参见尹田：《法国物权法》（第 2 版），法律出版社 2009 年版，第 190～192 页。

[2] 1975 年修改后的《法国民法典》第 2282、2283 条规定，“对于占有的保护，同样给予持有者，以免除其所有取得权利的人之外的一切人的侵犯”，“在民事诉讼法规定的条件下，无争议的占有人或持有人得提出占有诉讼”。

[3] 尹田：《法国物权法上的占有制度》，载《现代法学》1997 年第 5 期。

还包括债权、股权等无体物依法律规定而确定为动产。[1] 除罗马法时期确定的权利外,法国法还适应经济和文化的发展,进一步扩张了无形财产的范围,但还是主要限定在权利人的财产权利范畴,包括权利人就其营业资产、顾客、营业所、版权、发明专利、工业设计、商标权、商业名称以及现代社会的商业信息等所享有的权利。[2] 对于营业资产以及各种知识产权(版权、商标权、发明专利权、专有技术)等无形财产,由于其非土地的定着物,人们一般认为其具有动产性质。对于占有的客体,《法国民法典》也采取了类似于罗马法的立场,"对自己掌管之物或行使权利的持有或享有",均构成占有,即作为无形财产的权利也属占有的客体。

理性法时期的另外一部重要民法典是1812年的《奥地利普通民法典》,其同样深受罗马法的影响,体例上效仿了盖尤斯《法学阶梯》的体系,分为"人法""物法""关于人法和物法的共同规定"三编,[3] 物法又包括对物权和对人权,其占有制度规定于物法第一分编"对物权"之中。在制度构造层面,《奥地利普通民法典》与《法国民法典》类似。关于占有的构成,《奥地利普通民法典》也区分持有与占有,其第309条规定:"使物在其支配力或管领力之下者,成为物的持有人。物的持有人具有物属其所有之意思者,称为物的占有人。"即占有需要符合一般社会观念对物支配的体素和将物属其所有的占有心素。占有一般可推定为自主占有、善意占有、持续占有和无瑕疵占有。对于占有侵害,占有人可以请求停止妨害和损害赔偿。

相对于法国法,《奥地利普通民法典》更为明确地继承了罗马法上有体物和无体物的分类。在对物权和对人权之前,《奥地利普通民法典》在物法

---

[1] 《法国民法典》第529条规定:"以请求偿还到期款项或动产为目的之债权及诉权,金融、商业或产业公司的股份及持份,即使隶属此等公司的企业拥有不动产,均依法律规定为动产。此种股份与持份,当公司存续中,对每一股东而言,视为动产。对国家或个人所有永久定期金或终身定期金收受权,依法律规定亦为动产。"

[2] 参见尹田:《法国物权法》(第2版),法律出版社2009年版,第57页。

[3] 参见[德]茨威格特、[德]克茨:《比较法总论》(上),潘汉典等译,中国法制出版社2017年版,第293页。

开篇首先规定了对物的分类。其第 285 条将法律意义上的物定义为“一切区别于人并为人所使用者,均为法律意义上的物”;第 291 条规定,“物根据其性质不同,分为有体物和无体物”;第 292 条规定,“落入感官的物,为有体物;有体物以外的物为无体物,例如,狩猎权、捕鱼权及其他一切权利”。对于无体物虽然以一种兜底性的方式作出规定,即所有“落入感官的物”(in die Sinne fallen)之外的即为无体物,但一般认为其内涵类似于法国法上的无形财产,仅包括权利而不包括无体的信息,[1]物法第一分编“对物权”(包括占有制度在内)的客体仅仅包括传统的动产和不动产。[2] 但奥地利民法上对有体物作了宽泛界定,即“落入感官的物”为有体物,使附着于一定载体(如纸质文件、电子文档)的信息可以作为有体物被占有和所有,[3]因此随着技术发展,新出现的数据以及虚拟货币可以作为占有和所有权保护的客体。[4]

2. 德意志法系占有制度

如果说 19 世纪《法国民法典》主要是对罗马法占有制度的近现代继受,那么在 20 世纪《德国民法典》立法中,占有制度得到了史无前例的全面讨

---

〔1〕 Vgl. Heinz Barta, Zivilrecht-Grundriss und Einführung in das Rechtsdenken, 1. Aufl. 2004, S. 143 ff.

〔2〕 一般认为,《奥地利普通民法典》第 292 条规定的无体物即权利,物法第一编“对物权”(包括占有制度在内)的客体仅仅包括传统的动产和不动产。Vgl. Heinz Barta, Zivilrecht-Grundriss und Einführung in das Rechtsdenken, 1. Aufl. 2004, S. 143 ff; Max W. Mosing, Eigentum an Software aus zivil-und verfassungsrechtlicher Sicht, URL, http://www.it-law.at/publikation/eigentum-software-aus-zivil-und-verfassungsrechtlicher-sicht/ (abgerufen am 15. Mai 2022).

〔3〕 例如,计算机软件可以为感官所感知的,在奥地利民法典上被认定为有体物。最初,奥地利民法界曾因其不具有物理形态而存在争议,但一般认为,计算机软件本身作为智力产品,是一项非物质对象,但当其连接到硬件上时,则可以被感知而作为有体物(或将其视为有体物)。计算机软件提供了一种转化的范式,即原来的无体物(如单纯的计算机软件作为信息)通过与一定载体相结合可以转化为一种有体物被占有和所有。Vgl. Heinz Barta, Zivilrecht-Grundriss und Einführung in das Rechtsdenken, 1. Aufl. 2004, S. 143 ff.

〔4〕 Vgl. Lisa Fleißner, Eigentum an unkörperlichen Sachen am Beispiel von Bitcoins, ÖJZ 56 (2018), S. 438 ff. Christian Wirthensohn, Dateneigentum-Das Sachenrecht der Daten, AnwBl 6 (2020), S. 377 ff.

论、反思和重构。在民法典编纂之前,潘德克顿体系主要是对其继受的罗马法文本进行还原和解读,萨维尼的《论占有》即试图尝试原汁原味地还原罗马法。在民法典编纂过程中,以温德莎伊德(Windscheid)为主任的第一委员会深受萨维尼的影响,另外,由于《法国民法典》在德意志各邦的直接实施和传播,[1]与当时的邦法相适应,《德国民法典第一草案》(以下简称《第一草案》)类似于罗马法和法国法上的安排,将占有法分为两部分:第一部分规定所有权占有(Eigentumsbesitz)的取得与丧失,即以将物据为己有意思而取得之占有,包括直接和间接的占有。第二部分规定占有与持有的保护。《第一草案》继承了罗马法规定的占有保护,但与之不同的是,罗马法上仅仅对自主占有人以及基于"传来占有"的质权人、容假人、扣押保管人以及永佃权人在内的"持有人"提供例外性保护。《第一草案》则是为占有人以及任何物之持有人提供正当防卫权、自助权以及占有保护之诉,尤其是针对物之持有人,其正当性基础已经由自主占有人的"传来占有"转变为对私力之普遍禁止。《第一草案》第814条规定,在他人违反持有人的意思或者没有持有人的意思而从持有人处取走该物或者妨碍持有人的持有的情况下,即构成禁止之私力(verbotene Eigenmacht),这超越了当时所有的法典和法典草案。

随着《第一草案》的颁布,概念法学、历史法学派在德国势衰而目的法学、利益法学逐渐兴起,对于占有制度构建开启了反思和路径转变:《第一草案》颁布之前,法学界几乎没有谈到过立法政策的问题,对许多普通法的法律制度的批评常常主要限于证明其与罗马法渊源、各邦法教义不符合;在其公布之后,几乎全部的法学界立刻转向了立法政策问题。学者们认为,"立法者在制定法律规则时不得从历史考虑中推导规则,而只能从合目的性考量中导出规则"。迈沙伊德尔认为,罗马占有法并没有统一的思想基础,如果有统一解决方案,该方案就必须被发现。贝克尔(Bekker)也同样认为,罗

---

〔1〕 参见[德]茨威格特、[德]克茨:《比较法总论》(上),潘汉典等译,中国法制出版社2017年版,第193页。

马法的占有不是一个统一地根据一个思想构建的法律制度。“新的占有法必须是内在逻辑一致的,罗马的占有法过早地停止发展,而共同法又未做到过逻辑一致。”当时的法学任务是摧毁共同法的教义,撼动其基石,创造材料,“以达到新的高地”。[1] 草案出台以后,学者们基本一致赞同《第一草案》不同于罗马法的法律,任何在持有上具有自己法律利益的持有人均享有占有保护权。批评意见主要认为,没有必要将占有法分裂为占有和持有两部分,将占有观念限定在自主占有之上,并且将承租人、用益承租人称为持有人是对这类人社会地位的贬低,与社会观念也不相符合,如很难想象承租人对承租物是为占有人即出租人行使管领力。耶林即反对占有与持有的区分并将自主占有的意思纳入占有的要件。其认为,根据罗马法,构成占有还是构成没有占有保护的持有,完全是根据客观的、纯粹实际的而不是根据主观的因素,任何具有占有性保护的持有均为占有。因此,第二委员会接纳该批评意见抛弃了长久以来罗马法上仅限于自主占有的占有概念,而将所有受占有保护的持有关系规定为占有,占有制度的原因也统一为对私力的禁止。但同时作为例外,其反对代理性持有人(prokuratorischer Inhaber)应对占有人享有所有的占有保护,这并非基于原则,而是基于生活与交易的基本需要决定法律规则的构建。[2]

因此,德国民法典上的占有制度完成了由主观主义向客观主义的转变,相对于所有权,占有涉及对于物的实际控制而非法律控制。《德国民法典》第 854 条规定:“物的占有,因对物有实际的控制而取得。”占有的成立需要建立对于物的事实支配(tatsächlichen Sachherrschaft),需要在个案中根据日常生活经验进行总体评价。除此之外,一般认为还应当存在对于占有的自

[1] 相关观点参见[德]威纳·舒伯特:《占有规定的产生历史》,王洪亮译,载王洪亮等主编:《中德私法研究:占有的基本理论》第 11 卷,北京大学出版社 2015 年版。

[2] 参见[德]威纳·舒伯特:《占有规定的产生历史》,王洪亮译,载王洪亮等主编:《中德私法研究:占有的基本理论》第 11 卷,北京大学出版社 2015 年版。

然意思(natürlicher Besitzwille),区别于其第 104 条上的法律意思,仅仅要求对于占有的自然认知。[1] 作为例外,为他人利益行使对物的事实上的支配力的占有辅助人不取得对物的占有。在具体制度构造中,德国民法典适应于社会观念的进步,扩大了对占有应保护的事实状态的范围。除了保护对物进行事实的持有即直接占有,德国民法典吸收日耳曼法上占有中的多重占有制度而建立了对观念上占有的保护,对于基于一定法律关系,以直接占有人为媒介实现对物的间接控制,即间接占有加以保护,占有取得的方式也由直接支配扩大到指示交付、占有改定等情形。借鉴占有制度中的拟制占有制度,《德国民法典》第 857 条规定,占有具有可继承性,继承发生时继承人无须建立对物的事实支配而取得占有。按照传统罗马法,一物只能有一个实际持有的事实,一物之上只能有一个占有,无法赋予对物没有事实管领力的人以占有保护。观念上占有的成立极大地扩张了占有保护的范围。尽管占有具有一定的事实特征,可以产生一系列的法律后果,但根据《德国民法典》第 859 条的规定,占有人可以通过私力救济保护其自身不受禁止私力的侵害,在占有受到侵害时,占有人可主张第 1007 条规定的追及权(petitorische)、第 861 条和第 862 条规定的占有保护请求权,以及第 823 条规定的损害赔偿请求权。此外,占有还具有公示功能,占有的转移是一系列法律交易对外公示的条件,交易相对人可以根据《德国民法典》第 932 条主张善意取得。

---

〔1〕 虽然耶林主张占有的客观性,其反对的是以"为自己所有的意思"为占有构成要件,将占有定义为"建立人与物的关系,即为物的经济利用之目的所限定的关系",但也应当存在对物事实支配的主观意思;在德国民法典编纂中,第一委员会将物之持有之构成是否以及多大程度上需要指向物之持有的意思的问题,交由学界和司法实践解决;第二委员会也拒绝在法律中特别作出规定,取得占有必须存在指向取得事实管领力的意思,但也不愿摒弃占有的意思,而是将是否以及多大程度上将占有意思必须存在的问题交由理论和实践决定;目前德国法学界也认为占有成立应当具有应对于占有的自然意思。参见[德]威纳·舒伯特:《占有规定的产生历史》,王洪亮译,载王洪亮等主编:《中德私法研究:占有的基本理论》第 11 卷,北京大学出版社 2015 年版;[德]鲁道夫·冯·耶林:《耶林论占有》,纪海龙译,载王洪亮等主编:《中德私法研究:占有的基本理论》第 11 卷,北京大学出版社 2015 年版。

此外,德国民法典相对于罗马法的另外一个改变是建立了完整的“物权”概念,从而舍弃了罗马法上“无体物”的概念。罗马法时代,其并没有完整的“物权”概念以及自物权与他物权的区分,有体物之上最先产生的权利是所有权,地役权、用益物权产生之后其地位并不明晰,因此被拟制为“物”而作为无体物同样成为可以被所有的客体。法国民法典和奥地利民法典都承袭了罗马法中广义的物的概念。当17世纪罗马法在德国传播后,其财产权理论进一步被抽象化,德国民法典将客体定位于“有体物”,将各种权利统摄于对物绝对支配的“物权”之下,而将罗马法上“无体物”(各种权利)完全从民法体系中剔除出去。[1]《德国民法典》第90条规定,“本法所称的物,仅指有体物”;第903条规定,“所有权是指物之所有人,在不违反法律或第三人权利之范围内,得自由处分其物,并得排除他人对物之一切干涉”。因而,德国法上不存在单独的无体物占有或权利占有制度,而仅承认对役权的准占有。

德国民法典对于占有制度的改造,彻底改变了罗马法以降的占有观念,因为按照传统罗马法,占有应该具有据为己有的意思要件,并且必须具有实际持有的事实,因此一物之上也只能成立一个占有。但德国民法典上直接占有无须据为己有的意思,间接占有无须实际握有的事实,极大地扩展了占有保护的范围,从而开启了占有的全新制度模式。[2]其极大地影响了此后的几部重要民法典立法,1898年《日本民法典》、1907年《瑞士民法典》均以德国法的占有制度模式为蓝本进行构建,其在占有制度构成上均采客观说,即无须具有据为己有的意思,只要具有客观上对物支配的事实以及占有的自然意思即成立占有,既包括对物实际支配的直接占有,也包括基于一定法律关系而成立的间接占有。受德国民法典的影响,日本、瑞士均未规定“无

[1] 参见梅夏英:《两大法系财产权理论和立法构造的历史考察及比较》,载《私法》2001年第1期。
[2] 参见孟勤国:《占有概念的历史发展与中国占有制度》,载《中国社会科学》1993年第4期。

体物”的概念。[1] 有体物之外的占有保护中,瑞士民法完全因袭德国法之立场,将准占有的客体限于役权,日本民法受德国法影响,概括地将财产权利通过准占有加以保护。[2]

(二)普通法系占有制度

大陆法系国家的占有制度立法深刻地植根于罗马法,但其对于普通法的影响则不是那么强烈。从规定上看,普通法中并未建立像罗马法系一样独立而完整的占有制度,其更多是承袭了日耳曼法上的占有(德语为“Gewere”,英语为“seisin”)制度。关于占有与所有权的区分并不彻底,占有被视为所有权的初步证据和外观,对于占有的保护也散见于各种形式的诉讼之中。波洛克(Pollock)解释为,普通法上早期采取诉讼导向思维,注重程序和诉讼形式而很少考虑权利本质上的区分,导致普通法上关于占有与所有权的区分并不彻底,“占有很大程度上不仅篡夺了财产权的内容,还篡夺了‘财产权’这一名称”[3]。为了方便理解,笔者以下将从占有概念、构成、类型、保护方式等方面试图对普通法上的占有作体系上的概括。

在概念层面,如温菲尔德(Winfield)所言,“在普通法中无法找到一个统一的占有概念”[4],波洛克称“占有”一词在诸多方面是我们著作中重要的词语之一,也是其中最为模糊的一个。[5] 一般认为,如果某人将某物置于其外在控制(apparent control)之下,或者具有排除他人占有的外在权力(apparent power),则被认为是占有人。[6] 占有的成立应当包括两方面的要

---

〔1〕《日本民法典》第85条规定:“本法所称的‘物’为有体物。”《瑞士民法典》并未对物的概念进行直接定义,学理上认为物是独立的有体物,可以在事实及法律上加以控制。

〔2〕参见杨佳红:《民法占有制度研究》,西南政法大学2006年博士学位论文,第110~162页。

〔3〕[英]弗雷德里克·波洛克:《普通法上的占有》,于子亮译,中国政法大学出版社2013年版,第7页。

〔4〕刘智慧:《占有制度原理》,中国人民大学出版社2007年版,第48页。

〔5〕参见[英]F. H. 劳森、[英]伯纳德·冉德:《英国财产法导论》,曹培译,法律出版社2009年版,第3页。

〔6〕参见[英]F. H. 劳森、[英]伯纳德·冉德:《英国财产法导论》,曹培译,法律出版社2009年版,第3页。

件:占有人物理上的持有和占有的自然意愿,但无限制地排除他人的排他性占据或控制是不存在的,事实上的占有是否成立应当取决于具体情形和社会观念。[1] 从占有的类型来看,占有可分为实际占有(actual possession)和拟制占有(constructive possession),实际占有即某人在物理上的持有和占有的自然意愿,拟制占有类似于间接占有,双方存在合同约定或者法定的媒介关系(如保管、出租、拾得或发现)的前提下,作为非实际占有人的所有人也可以主张诉权进行占有保护。[2]

作为所有权存在的初步证据,从性质上,占有被视为一项类似于所有权的权利,除非提出更优的权利主张(如作为所有权人或在先占有人),占有人可对抗一切不法妨害。[3] 例如,一件大衣的占有人可以享有对抗所有人的占有权利,除非是所有人,以及如果其之前被盗贼盗窃,在先占有人可以基于其更优的占有权利主张恢复占有。[4] 根据占有财产属性不同、侵害形式不同,对于占有的保护散见于以下诉讼中。[5]

1. 不动产的占有保护。对于不动产的占有保护在普通法上可分为两种形式:(1)侵入他人土地之诉,是指"没有合法理由直接进入或者停留于他人

---

[1] 波洛克认为,虽然事实控制本身是个事实问题,但法律对于事实占有的认定却是法律问题。参见[英]弗雷德里克·波洛克:《普通法上的占有》,于子亮译,中国政法大学出版社2013年版,第7页。

[2] Vgl. Christian von Bar, Besitz im deutschen, englischen und französischen Recht, URL: https://www.iurastudent.de/seminararbeitenD/seminar_03_besitz.pdf. (abgerufen am 15. Mai 2022).

[3] 1968年英国《盗窃法令》认定财产应属于"任何占有和控制着他们的人"。此规定的原因在于,绝大多数动产都属于他们的持有者,法律直接保护动产占有人而不要求他们证明他们的权利,而要求被告举证来证明自己取走和扣留财物的合法性,因此降低了解决争议的成本。这个法律的假设给予了事实占有的一种尊重,而不论占有是如何获得的。参见[英]F.H.劳森、[英]伯纳德·冉德:《英国财产法导论》,曹培译,法律出版社2009年版,第71页。

[4] Vgl. Christian von Bar, Besitz im deutschen, englischen und französischen Recht, URL: https://www.iurastudent.de/seminararbeitenD/seminar_03_besitz.pdf. (abgerufen am 15. Mai 2022).

[5] 参见[英]弗雷德里克·波洛克:《普通法上的占有》,于子亮译,中国政法大学出版社2013年版,第7页;Christian von Bar, Besitz im deutschen, englischen und französischen Recht, URL: https://www.iurastudent.de/seminararbeitenD/seminar_03_besitz.pdf. (abgerufen am 15. Mai 2022)。

占有之下的土地,或者放置或建构东西在他人占有之下的土地上"[1],或有学者更简洁地定义为"对他人占有之下的土地未经授权地进入"[2]。区别于对动产占有的侵害,未经允许的直接入侵行为一经认定成立即认为损害存在,无须原告对损害予以举证,原告可主张收回土地之诉、禁止令和损害赔偿请求救济。[3] (2)妨害(nuisance)之诉,是指他人以非入侵性的方式对他人土地使用和用益的侵害,如噪声、废气、排水等对他人财产利用造成的不合理干扰,其保护的是财产使用人对其财产不受干扰的利用,一般只有财产的直接占有人才可以提出诉讼。[4]

2. 动产的占有保护。依据对动产侵害形式不同,可通过两种诉的形式寻求保护:(1)侵犯动产(tresspass to chattels)之诉,是指以直接的方式侵犯他人占有的财产造成法律上可识别的损害,如限制占有人对其财产的接触、利用或者对财产造成实际损害,针对被告的侵害行为,原告可以向被告主张赔偿损害部分价值。传统上侵犯动产之诉旨在保护有形财产中的利益。如前所述,美国法上也将该诉讼应用到垃圾邮件、网络入侵等计算机系统的保护中。[5] (2)侵占(conversion)之诉,侵占动产系指故意处置他人动产,该处置严重侵犯了他人的占有权利(right of possession)或者立即占有权(right to immediate possession)。[6] 侵占之诉保护的客体是他人对动产的控制,事实占有人以及拥有即时占有的权利的权利人,在其对动产的控制遭受严重侵害时,其可以提起侵占之诉,要求被告返还原物或者赔偿全部损失。侵占之诉下的动产包括一般物品,如家具用品、机床设备、交通工具以及家畜动物等,但随着人类可控财产范围的变化,侵占之诉保护的客体也逐渐扩

---

[1] Vivienne Harpwood, *Principles of Tort Law*, Cavendish Publishing Limited, 2000, p. 220.

[2] Micheal A. Jones, *Textbook on Torts*, Oxford University Press, 2002, p. 494.

[3] 参见胡雪梅:《英国侵权法》,中国政法大学出版社 2008 年版,第 38 页。

[4] Vgl. Therese Müller, Besitzschutz in Europa, 1. Aufl. 2010, S. 190.

[5] See Dan B. Dobbs, Paul T. Hayden & Ellen M. Bublick, *Hornbook on Torts*, West Academic Publishing, 2016, p. 190 – 216.

[6] See John Murphy, *Street on Torts*, Oxford University Press, 2005, p. 49.

张:首先,随着有形物品抽象化,具有有形载体的有价证券,如汇票、支票、股票、仓单、提单、保险单等,在英国法及美国法上均可以作为占有的客体;[1]其次,随着信息等无体财产在社会财产中的地位和比重逐渐升高,信息等无体物能否被占有,英国法与美国法存在不同立场,在 OBG 诉艾伦案[2]中,英国上议院多数意见认为侵占之诉仅适用于有形动产,而不适用于无体财产。在美国,其最早坚持侵占之诉中财产可被丧失和发现的传统认定要件,认为其对象只能针对有体物,但有的州法院慢慢将其适用于无体物。1965 年的《侵权法重述(第二次)》明确了合并原则(merger doctrine),对附着于有形载体体现的无体物,如果该有形载体被侵占将构成侵占侵权,部分州(如加利福尼亚州、纽约州)认为"侵占行为适用于任何可以被私人所有的财产",[3]在传统动产之上重新提炼更为广泛的可被侵占"财产"(property)范围,[4]侵占对象也不必附着于有形载体,只要以电子文件的形式体现即满足合并要求,[5]从而将侵占之诉广泛地用于体育赛事节目信号、数据文件、计算机软件、域名等信息财产的保护。[6]

---

〔1〕 参见胡雪梅:《英国侵权法》,中国政法大学出版社 2008 年版,第 42 页。

〔2〕 See OBG Ltd. v. Allan, [2007] UKHL 21.

〔3〕 "An action for conversion lies for every species of personal property which is the subject of private ownership". See e. g. , Kremen v. Cohen, 337 F. 3d 1024, 1033 (9th Cir. 2003).

〔4〕 在拉斯姆森诉卡利塔航空公司案中,第九巡回上诉法院基于现有的无形财产形式进一步提炼出法律上承认的财产权的三个标准:(1)能够被精确界定的利益,该要件要求权利可以在某物中被界定,显示在某地、某人认可其权利主张;(2)该利益必须能够被排他性控制;(3)推定的所有者必须对建立该排他性存在合法基础,即其投资程度必须足够达到援引财产法保护的水平,确保只有有限且具有独特的信息可以得到保护。See G. S. Rasmussen & Associates v. Kalitta Flying Services, 958 F. 2d 896 (9th Cir. 1992).

〔5〕 See Kremen v. Cohen, 99 F. Supp. 2d 1168 (N. D. Cal. 2000).

〔6〕 See Courtney W. Franks, *Analyzing the Urge to Merge: Conversion of Intangible Property and the Merger Doctrine in the Wake of Kremen v. Cohen*, 42 Houston Law Review 489 (2005).

三、中国民法占有制度的现代化发展需求

(一)中国法上的占有制度

在我国,2007年《中华人民共和国物权法》(以下简称《物权法》)出台之前,我国民法制度中并未规定“占有”制度,其只是作为所有权的权能之一,被规定于1987年《中华人民共和国民法通则》(以下简称《民法通则》)第71条,[1]《物权法》颁布后,占有才被作为独立的民事制度加以确立,但仅仅规定了5个条文,其中并非传统意义上的占有制度内容,而是旨在调整占有人与所有人关系,真正属于占有制度的只有第245条所规定的占有保护请求权。[2]

现行《民法典》吸收了《物权法》的规定,在物权编第五分编专门规定了“占有”制度,但并未作过多改动。[3]

关于占有保护客体,从占有制度体系定位来看,其被规定于《民法典》物权编第五分编,物权编第一分编“通则”中规定了“本编调整因物的归属和利用产生的民事关系”,故占有保护的客体仅为“物”。《民法典》第115条规定:“物包括不动产和动产。法律规定权利作为物权客体的,依照其规定。”然而就何为“动产”和“不动产”,《民法典》并未直接定义,1995年《中华人民共和国担保法》第92条曾对不动产和动产的概念作出规定:“本法所称不动产是指土地以及房屋、林木等地上定着物。本法所称动产是指不动产以外的物。”不动产一般是指土地及其定着物,其对动产却以排除法的方式进行了定义,仍然没有从“物”或者“动产”本身解释其内涵及外延,这有待理论上

---

〔1〕 1987年《民法通则》第71条规定:“财产所有权是指所有人依法对自己的财产享有占有、使用、收益和处分的权利。”

〔2〕 2007年《物权法》第245条第1款规定:“占有的不动产或者动产被侵占的,占有人有权请求返还原物;对妨害占有的行为,占有人有权请求排除妨害或者消除危险;因侵占或者妨害造成损害的,占有人有权请求损害赔偿。”

〔3〕 参见最高人民法院民法典贯彻实施工作领导小组主编:《中华人民共和国民法典物权编理解与适用》(下),人民法院出版社2020年版,第1325页。

的解释。我国理论通说认为,“民法上的物,作为权利客体之一,是指存在于人身之外,能够满足人们的社会需要而又能为人所实际控制或支配的物质客体”[1],从我国民法典所称的物来看,无论是动产还是不动产,均为有体物。[2] 故占有保护客体应仅限于“有体物”。

关于占有构成,《民法典》也并未作出直接定义,由全国人民代表大会常务委员会法制工作委员会组织编写的《中华人民共和国民法典物权编释义》指出:“占有,指对不动产或动产事实上的控制与支配。”[3]最高人民法院民法典贯彻实施工作领导小组主编的《中华人民共和国民法典物权编理解与适用》中也采取了类似的定义:“占有系对于不动产或动产事实上的控制与支配,所谓控制,指物处于占有人的管理或影响之下。所谓支配,指占有人能够对物加以利用。”[4]因此,一般认为,占有成立需满足主观要件和客观要件。主观上占有人应当有占有的意思,即意识到自己正在占有某物,占有人无须具有据为己有的意图;客观上需要形成对物的控制。

关于占有的类型,虽然《民法典》未规定,但实践中,比较法上所确立的间接占有、共同占有、辅助占有、准占有已广泛地为理论和司法实践所接受。[5]

(二)信息时代占有制度完善的必要与空间

从现代民法中罗马法系、德意志法系以及普通法系的三种占有制度模式来看,我国现行立法仅规定了占有保护规范,其他则策略性地作出了留白,其制度模式仅从立法条文来看并不明确,法律适用主要依靠理论和司法

[1] 魏振瀛主编:《民法》,北京大学出版社、高等教育出版社2000年版,第118页。

[2] 参见最高人民法院民法典贯彻实施工作领导小组主编:《中华人民共和国民法典物权编理解与适用》(下),人民法院出版社2020年版,第15页。

[3] 参见黄薇主编:《中华人民共和国民法典物权编释义》,法律出版社2020年版,第626页。

[4] 最高人民法院民法典贯彻实施工作领导小组主编:《中华人民共和国民法典物权编理解与适用》(下),人民法院出版社2020年版,第1326页。

[5] 参见章正璋:《我国民法上的占有保护——基于人民法院占有保护案例的实证分析》,载《法学研究》2014年第3期。

解释，其中还较多地受到了德国民法理论的影响。在潘德克顿的抽象体系下，可以被绝对支配的有体物是其物权法体系构建的基点，因此在我国的立法模式下，对无体物尤其是信息的占有一直未纳入理论探讨和立法司法实践视野。

然而，法律的真实生命不在于逻辑和教义，而是其要调整的社会现实。[1] 从占有制度的发展史来看，自罗马法以来的占有制度的功能并非一成不变，而是在社会进步的同时不断扩展占有观念，扩大对作为占有应予保护的事实支配状态的范围。[2] 具体而言，占有保护兼具表彰本权和维系社会和平秩序的功能，在罗马法时代，社会交易并不发达，占有表彰本权、保护本权的功能更加得到重视，占有被作为"所有权的事实和外观"加以保护，在构成要件上既要求对物的事实控制也要求有据为己有的意思，除此之外，仅对有限的不具有所有意思的"持有"的情形加以保护。在《德国民法典》制定的 19 世纪，随着物的广泛交易利用，占有与所有相分离成为常态，不仅是保护所有权，保护物的支配和利用的事实本身也同样具有法律上之必要。故《德国民法典》明确将禁止私力、维护社会秩序作为占有制度的目的，而将罗马法上不具有所有意思的承租人等"持有"的情形直接作为占有加以保护，同时，为了符合当时社会财产利用和交易秩序，占有不再局限于对物实际持有的情形而扩大到基于社会关系的间接占有的情形。德国民法典上直接占有无须据为己有的意思，间接占有无须实际握有的事实，极大地扩展了占有保护的范围，从而开启了占有的全新制度模式。[3]

从占有制度的民法体系定位来看，占有制度是对财产支配和利用事实加以保护的一般机制。全国人民代表大会常务委员会法制工作委员会组织编写的《中华人民共和国民法典物权编释义》中采取了类似于德国法上禁止

〔1〕 参见马俊驹、梅夏英：《财产制度的历史评析和现实思考》，载《中国社会科学》1999 年第 1 期。
〔2〕 参见［日］我妻荣：《新订物权法》，罗丽译，中国法制出版社 2008 年版，第 476 页。
〔3〕 参见孟勤国：《占有概念的历史发展与中国占有制度》，载《中国社会科学》1993 年第 4 期。

私力的保护立场,提出“占有保护的理由在于,已经成立的事实状态,不应受私力而为的扰乱,而只能通过合法的方式排除,这是一般公共利益的要求”[1]。随着技术的发展,财产形式经历了“非物质化革命”,非物质财富成为社会的重要财产类型,[2]21 世纪我国编纂的《民法典》在适用中是否应当沿袭和坚持 19 世纪末形成的“物必有体”的理论前提值得进一步商榷。

从历史来看,物是一个历史的范畴,在不同历史阶段,基于社会生产方式和文化传统的不同,物的范围和法律意义存在差异。[3] 从罗马法时代一直到《法国民法典》《德国民法典》等具有标志意义的民法典编纂时期,即 18、19 世纪,社会的财产形式都主要是有体物。罗马法体系中,“物”(*res*)的概念是整个罗马法财产体系建构的基础。早期主要是对物的单独支配和利用,最先产生的权利是所有权,权利的客体是具体、确定、法律上独立的有体物(*res corporales*),当对物的利用与所有脱离地役权等产生之后,权利被拟制为无体物(*res incorporales*)被纳入物的范畴。[4] 故而,《法国民法典》与《奥地利普通民法典》以及之后受《法国民法典》影响的《意大利民法典》《西班牙民法典》《葡萄牙民法典》均对物的概念作宽泛界定,既包括有体物也包括无体物。[5] 《德国民法典》通过进一步抽象化和体系化将各种权利统摄

---

〔1〕 黄薇主编:《中华人民共和国民法典物权编释义》,法律出版社 2020 年版,第 634 页。

〔2〕 参见吴汉东:《财产的非物质化革命与革命的非物质财产法》,载《中国社会科学》2003 年第 4 期。

〔3〕 参见吴汉东:《无形财产权的若干理论问题》,载《法学研究》1997 年第 4 期。

〔4〕 参见梅夏英:《两大法系财产权理论和立法构造的历史考察及比较》,载《私法》2001 年第 1 期。

〔5〕 《意大利民法典》《葡萄牙民法典》对于物的概念直接作出了宽泛的界定,不限于有体或无体。《意大利民法典》第 810 条规定:“所有能够成为权利客体的东西均是物。”《葡萄牙民法典》第 202 条第 1 款规定:“任何可成为法律关系标的之事物,均称为物。”参见《意大利民法典》,费安玲等译,中国政法大学出版社 2004 年版,第 203 页;《葡萄牙民法典》,唐晓晴等译,北京大学出版社 2009 年版,第 38 页。《西班牙民法典》采取了类似于《法国民法典》的模式,并未对物的内涵进行直接定义,而是采取了列举的方式,其第 333 条规定“所有可占有的物分为动产和不动产”,不动产主要包括土地及其附着物,动产则为不动产以外的物,类似于《法国民法典》;第 336 条将养老金、债权、用益物权等均规定为动产。参见《西班牙民法典》,潘灯、马琴译,中国政法大学出版社 2013 年版,第 127 ~ 128 页。

于“物权”之下，而将客体限于“有体物”。在当时来看，社会财产形式主要是有体物以及有体物之上的权利，所谓“无体物”并非真正存在，而是为了表彰有体物之上利用权利的概念工具，将权利视为“无体物”混淆了权利和权利客体的界限，完整“物权”体系的建构以及将权利客体限于“有体物”无疑是更具有进步意义的。例如，即使是主要继受《法国民法典》立法的1869年《阿根廷民法典》也将物局限于“物质性”客体而不再保留无体物的概念。〔1〕因为立法者认为“通常被接受的有体物和无体物之划分由于将所有能成为权利客体的东西纳入‘物’这一术语，从而混淆了一切观念，它在民事法律的理解和适用中产生了持久妨碍”〔2〕。

历史是循环往复的，在德意志法系民法将“无体物”剔除出民法体系之后，有体物和权利之外真正意义上的“无体物”涌现，以“物权”为核心的财产体系局限性不断凸显，并随着技术发展的历史不断完善。对于声、光、电等无体物，暂可将其类比于有体物加以保护，“物必有体”的要求逐渐松动而转为物理上可控的标准。之后，以1860年第一次工业革命为转折，信息财产价值逐渐显现，并以20世纪70年代信息技术出现为标志而成为社会的重要财产类型，但信息却无法直接与物进行类比而纳入以有体物为核心的法律体系，因为在德意志民法体系下，客体具有独特的体系价值，按照“主体—权利—客体”的结构，客体作为界定权利内容和界限的附着对象，通过客体占有或控制具有实体法上的权利归属和内容的表彰意义。〔3〕由于信息非竞争、非排他的特点，无法为民事主体所独占和控制进而无法以其占有彰显其归属和权利边界，因此传统民法拒绝将其作为客体即“物”而纳入既有物权

---

〔1〕《阿根廷民法典》第2311条规定：“具有价值的物质性客体，在本法典中称为‘物’。有关物的规定，准用于被控制的能量和自然力。”同时，为了保持体系上的周延，阿根廷民法典上保留了“财产”的概念，将物与权利均容纳于“财产”概念之下，其第2312条规定：“具有价值的非物质性客体以及物，称为‘财产’。某人的财产总和构成总括财产。”

〔2〕徐涤宇译注：《最新阿根廷共和国民法典》，法律出版社2007年版，第493页。

〔3〕参见[德]卡尔·拉伦茨：《德国民法通论》（上），王晓晔等译，法律出版社2003年版，第402页。

法体系。[1] 然而,信息的财产价值却是不可否认的,在法律上仍然具有界定其归属和利用的法律必要。因为信息具有非竞争、非排他的特点,无法直接适用民法上的先占、添附等原理而对一切信息生产或占有者分配财产权而排除他人此后对该信息的获得和利用,知识产权制度应运而生。其在创新成果保护与限制公众自由之间作出一定权衡,对达到一定创新高度的成果予以保护,[2]并通过以法律规定和登记公示的方式弥补这一弊端,完成了类似于有体物所有权制度界定财产权归属的功能。

虽然知识产权制度可以解决部分信息成果保护的问题,但从有体财产保护来看,既有必要保护财产归属的法定权利,也有必要保护对财产利用的事实利益,单靠二者之一都会造成严重的无效率。[3] 在知识产权制度之外,现实中存在以私力保护信息成果的现实需求:第一,对于无法获得版权、专利保护的信息(如商业计划、客户名单以及消极信息),企业将选择通过私力加以保护;第二,由于知识产权公开要求、保护成本、期限、例外的限制,对于部分信息其更倾向于对信息进行私力保护。[4] 为了满足这种需求,一方面,在数字时代来临之前,对于信息控制往往通过有形手段实施,对于信息控制和事实的保护可以通过有形载体的占有或者所有保护实现;另一方面,商业秘密立法在一定程度上可以实现对于信息事实支配、利用的保护。[5] 然而,进入数字时代后,物理控制转变为电磁技术措施,对他人信息控制的侵害形

---

〔1〕 参见马俊驹、梅夏英:《无形财产的理论和立法问题》,载《中国法学》2001 年第 2 期。

〔2〕 参见[日]田村善之:《日本知识产权法》,周超、李雨峰、李希同译,知识产权出版社 2011 年版,第 15~16 页。

〔3〕 See Richard A. Posner, *Savigny, Holmes, and the Law and Economics of Possession*, 86 Virginia Law Review 535 (2000).

〔4〕 参见[美]威廉·M. 兰德斯、[美]理查德·A. 波斯纳:《知识产权法的经济结构》(中译本第 2 版),金海军译,北京大学出版社 2016 年版,第 431 页。

〔5〕 王迁教授认为,在数字时代之前,权利人即存在"访问控制"的私力保护形式,如电影院检票防止未购票者进入,书店将图书密封禁止购买之前阅读,只不过是在物理介质为传播载体的情境下可以通过物权来保护其"访问控制措施"。参见王迁:《论规制视频广告屏蔽行为的正当性——与"接触控制措施"的版权法保护相类比》,载《华东政法大学学报》2020 年第 3 期。

式也由物理侵害扩展到网络环境下的入侵计算机系统,复制、删除、修改数据等无形方式,[1]降低了通过物权法等其他法律机制提供保护的可能性,从而产生了在法律上单独保护之必要,版权法领域的技术措施保护即是一例,但仅通过特殊立法而不明确其法律属性和体系定位,无法解释和面对不断出现的新问题。

占有制度是传统民法体系内对财产支配和利用事实加以保护的一般性机制,对此应当考虑,民法领域对物进行事实支配保护的占有制度能否适用于信息领域。虽然无法以信息占有表示其法定权利归属和范围而作为所有权的客体,但占有作为独立于所有权的事实财产权制度,其非竞争、非排他的特性是否排斥对于信息控制和利用的事实适用民法上的占有保护?从比较法上来看,实际上存在将占有保护向无体物扩张的一般趋势。如前所述,在罗马法系占有制度中,《奥地利普通民法典》对有体物进行宽泛定义,即一切"落入感官的物"为有体物,无体信息的载体可被感知即可认定为"有体物"而加以占有,进而对软件、数据、虚拟货币存在占有保护之可能;在美国法上,虽然在早期动产侵占之诉局限于有体动产,但随着现实发展其扩大了普通法上财产的范围,即由土地、动产扩张至信息,在占有构成要件上,通过"合并要件"将无体物拟制为有体物而适用占有保护;在德国法上,虽然其"物"仅局限于有体物,但通过物权权能的扩张解释而将其保护不仅及于载体而且及于其内部信息,从而基于物理载体的所有或占有权利为事实上控制信息提供保护。[2]

因此,有必要探讨民法上占有制度适用于信息领域的理论可能。其主要包括:第一,在理论正当性层面,有必要探讨占有制度的现代正当性基础,

〔1〕 Vgl. Linda Kuschel, Digitale Eigenmacht-Digitale Eingriffe in vernetzte Sachen als Herausforderung für den possessorischen Besitzschut, AcP 220 (2020), S. 98.

〔2〕 Vgl. Götz Schulze, Das private Hausrecht: Schutzrecht für die Gebrauchsnutzung von Räumen, JZ 8 (2015), S. 381 ff; Philipp Maume, Bestehen und Grenzen des virtuellen Hausrechts, MMR 10 (2007), S. 620.

对于信息控制和利用的事实保护是否符合民法上占有保护的制度逻辑；第二，在现实可行性层面，有必要探讨作为无体物的信息能否满足民法上的“控制”或“支配”要求而获得占有保护，或者通过扩张对于物理载体的保护是否已可以满足信息控制事实的保护要求。本章将对此进行具体探讨。

第二节 信息占有保护正当性之辨

关于信息控制事实能否适用民法占有保护，在根据占有保护要件逐一检讨之前，有必要首先在占有保护的正当性层面进行探讨，即探寻民法上对于财产支配事实加以保护的原因有哪些。如果信息控制与之保护的正当性目的不符，则不存在进一步检讨之必要；如果信息控制与之保护的正当性目的相符，即使不满足既有有体物占有的构成要件，也应当对该制度进行改造而实现该正当目的。

需要澄清的是，占有制度是民法的基础制度之一，其具有多重效力，包括占有的保护效力、占有的推定效力、占有的取得效力、占有人对占有物的使用和收益权以及占有人的有关费用返还请求权等。[1] 占有不同效力可能具有不同功能，[2]除占有保护外，其他效力多集中于占有与所有关系。但关于信息占有能否成立则不必对其效能进行一一探讨，主要涉及的是对财产支配事实状态保护即占有保护的正当性问题，这也是占有制度一直困扰民法理论界的问题，即为何民法在所有制度之外还单独规定一套事实财产权

---

〔1〕 参见刘智慧：《占有制度原理》，中国人民大学出版社 2007 年版，第 279 页。

〔2〕 例如，日本我妻荣教授认为，占有是保护物的事实性支配外观的制度，但不同制度具有不同的功能。就即时取得而言，是对该外观作为表象所具有的公信力（交易安全）的保护；就占有诉权而言，是对基于外观的和平与秩序的保护；就权利推定而言，是在保护社会和平的同时，保护交易安全；而且就孳息取得和返还费用的规定而言，其主要是对占有人个人的保护。参见［日］我妻荣：《新订物权法》，罗丽译，中国法制出版社 2008 年版，第 472 页。

制度,甚至可以对抗法定本权。[1]

占有制度在罗马法时代即已产生,但关于占有保护的正当性、实质等问题并未得到广泛关注。萨维尼的成名作《论占有》以及此后德国民法典编纂展开了德国民法学界对占有制度的集中探讨,19世纪以来几乎所有法学大家都对此问题有所贡献,直到第二次世界大战之后德国法上关于占有保护原因的讨论才逐渐趋于平淡,无新说涌出。其中最具影响力者为萨维尼和耶林,代表性的学说可分为四种:和平秩序保护理论、本权保护理论、维持利益理论与人格保护理论。[2] 普通法上,像霍姆斯、波洛克、波斯纳、戈德雷等学者也对占有保护的原因有所论及。我国理论界关于占有制度正当性的探讨均立足于前述学说(尤其是德国法学说),且既有学说理论多集中于有体物,但该理论能否在信息领域适用以及是否存在特殊之处几乎无人涉及。对此,笔者不揣浅陋,希望通过对前人观点的梳理提出自己的观点,并以此分析信息领域适用占有保护之正当性。

一、德国法上占有保护理论

在罗马法上,占有可以产生两种法律后果:一是时效取得;二是令状保护。在令状保护中,占有人无论是否为实际的所有权人,都有权申请令状保护。故需要解答占有保护的原因。萨维尼在《论占有》中认为,其已经为罗马法上对占有人给予保护的原因寻求到了合理解释,"单纯的占有不是一个法律关系,对占有的侵扰并不是违法行为,而只有当侵扰占有的同时其他一些权利也受到侵害时才构成违法。但是如果对占有的侵扰是通过暴力来实

[1] 在传统大陆法系国家占有制度中,如德国、瑞士、奥地利、日本,对于占有之诉,当事人不得以本权作为抗辩,法院亦不得以本权作为裁判的依据。但在我国民法典中并无明文规定,部分法院允许当事人直接以本权提出抗辩。参见章正璋:《我国民法上的占有保护——基于人民法院占有保护案例的实证分析》,载《法学研究》2014年第3期。

[2] 参见吴香香:《占有保护缘由辨》,载王洪亮等主编:《中德私法研究:占有的基本理论》第11卷,北京大学出版社2015年版;Linda Kuschel, Digitale Eigenmacht-Digitale Eingriffe in vernetzte Sachen als Herausforderung für den possessorischen Besitzschut, AcP 220 (2020), S. 98。

行的,那么则构成违法。因为一切暴力皆非法,而此种不法通过令状被撤销"[1]。占有令状的颁布是基于行为本身的违法性,"任何人如果只是占有了某物,其并不因此而获得持有的权利,但其有权要求他人不得针对他而使用暴力……如果其占有被暴力侵犯,他可以通过令状来保护自己"[2]。萨维尼随后又提出,保护的基础存在于"事实状况与占有人之间的联系之中,根据占有人本身的不可侵犯性,占有人可以被保护以对抗以下这种侵扰,即此种侵扰同时影响到了个人",即对占有进行侵扰会发生不利于占有人的事实状况的变化,这是占有保护的真实基础。[3] 虽然萨维尼对于占有保护的原因作出了最早的探索,但其解释具有较强的模糊性,其中包含两种截然不同的原因。第一种解释为,法律防止不法行为和暴力行为以维护社会和平秩序;第二种解释为,法律保护的是受害者本人,尽管受害者在法律上没有值得保护的要求占有的权利,但他有在法律上值得保护的针对不法干涉的请求权。[4] 对于二者之间具有何种关系,是否属于不同的层次,即后者是真正的基础,前者是为实现后者而提出的技术性原则,萨维尼并未给出具体解释。[5] 这两种解释在德国法上都有其追随者并得到进一步发展。

(一)和平秩序保护说

第一种解释在 19 世纪得到了鲁道夫(Rudorff)的认可。鲁道夫认为,占有的实质不在于为个人提供保护,而在于维护由占有取得的暂时状态即公共和平秩序。因为私主体之间的争议不能通过私人暴力,而应当诉诸公共

---

〔1〕[德]弗里德里希·卡尔·冯·萨维尼:《论占有》,朱虎、刘智慧译,法律出版社 2007 年版,第 8 页。

〔2〕[德]弗里德里希·卡尔·冯·萨维尼:《论占有》,朱虎、刘智慧译,法律出版社 2007 年版,第 9 页。

〔3〕参见[德]弗里德里希·卡尔·冯·萨维尼:《论占有》,朱虎、刘智慧译,法律出版社 2007 年版,第 10 页。

〔4〕参见[美]詹姆斯·戈德雷:《私法的基础:财产、侵权、合同和不当得利》,张家勇译,法律出版社 2007 年版,第 83 页。

〔5〕参见朱虎:《萨维尼的〈论占有〉及其贡献——法学、立法以及方法》,载《比较法研究》2006 年第 6 期。

权力保护机构。没有人得自力从占有人处取走该物,也不得中断他人占有,如果想取回占有或请求返还,必须到法院起诉。[1]

德国民法典编纂第二委员会的议事记录里提到,占有保护的基本观念是通过维护人与物的外部事实秩序以维护法律和平。这种观点在《德国民法典》中得到了强烈的体现,并成为今天的通说,[2]也为我国学者所普遍接受和引用。[3] 但单纯立基于禁止暴力保障公共和平的理论也招致了批评:[4]第一,并非任何禁止的私力都会扰乱公共秩序,黑克(Heck)以在酒馆中来访者错误地拿走了他人的帽子为例,指出此时存在禁止之私力,但并未危害法律和平的公共利益;第二,其不能解释,如果私人之间的暴力应当被禁止,为何仍然允许占有人的私力救济;第三,维持公共和平应当由公共权力机关执行,而非个人。有学者进一步提出,更为合理的解释是,和平秩序维护并非基于国家对裁判和暴力的垄断,而是基于避免个人之间的直接冲突和丛林法则。[5] 这也可以解释为何当占有人不在场直接对物进行事实上的控制时,也应当保护对于财产的占有;允许占有人的自助行为,即被侵害的占有人可以在必要的情况下采取暴力自我防御并消除一切产生阻碍后果的不利条件,可以作为预防他人侵害占有的一项工具。佐斯尼察(Sosnitza)

---

〔1〕 参见王洪亮:《占有法律制度重构》,载《国家检察官学院学报》2017 年第 4 期。

〔2〕 Vgl. Dieter Medicus, Besitzschutz durch Ansprüche auf Schadensersatz, AcP 165 (1965), S. 115 ff.; Olaf Sosnitza, Besitz und Besitzschutz, 1. Aufl. 2003, S. 40 ff.

〔3〕 民法典编纂之前,大多数学者受德国法影响持此立场,可参见梁慧星主编:《中国民法典草案建议稿附理由·物权编》,法律出版社 2004 年版,第 423 页;王利明主编:《中国民法典学者建议稿及立法理由·物权编》,法律出版社 2005 年版,第 566 页;崔建远:《物权:规范与学说》(上册),清华大学出版社 2011 年版,第 359 页。民法典编纂之后,由全国人民代表大会常务委员会法制工作委员会组织编写的《中华人民共和国民法典物权编释义》仍坚持该立场,提出"占有保护的理由在于,已经成立的事实状态,不应受私力而为的扰乱,而只能通过合法的方式排除,这是一般公共利益的要求"。参见黄薇主编:《中华人民共和国民法典物权编释义》,法律出版社 2020 年版,第 626 页。

〔4〕 参见吴香香:《占有保护缘由辨》,载王洪亮等主编:《中德私法研究:占有的基本理论》第 11 卷,北京大学出版社 2015 年版。

〔5〕 Vgl. Linda Kuschel, Digitale Eingriffe in vernetzte Sachen als Herausforderung für den possessorischen Besitzschutz, AcP 220 (2020), S. 98 ff.

认为："（自助行为）形成了一般社会意识的基础，即任何占有人可针对法律禁止之私力进行自我防御，这一意识有助于防止个人侵夺他人占有的财产。"[1]

（二）人格保护说

人格保护理论基于康德的道德哲学理论。康德认为，对于占有的侵害，并非对于外在权利（物权）的侵害，而是对于"内在的我"，即自由、人格的侵害。他指出："经验的占有是分析命题……因为它不外乎是说……如果我是一物的持有者（以物理的方式与它联系），未经我的同意而干扰它（如从我的手中夺走苹果）之人，即干扰并侵害了内在的我（我的自由），它的行为就直接与权利的原则与公理相矛盾。"[2]萨维尼第二种解释即基于此，其同样认为剥夺或者损害占有的暴力行为构成对占有人以及其对物的控制意思的侵害，"（占有保护的）原因自在于事实状态与占有人之间的联系，个人本身具有不可侵犯性，对占有的侵害同时也会造成对个人的侵害"。[3] 在萨维尼的影响下，冈茨（Gans）[4]、普赫塔（Puchta）[5]、布伦斯（Bruns）[6]、温德莎伊

[1] Olaf Sosnitza, Besitz und Besitzschutz, 1. Aufl. 2003, S. 42.

[2] Immanuel Kant, Metaphysik der Sitten, 1. Aufl. 1797, S. 63.

[3] Vgl. Friedrich Carl von Savigny, Das Recht des Besitzes, 7. Aufl. 1865, S. 55 ff.

[4] 冈茨认为，对物的持有，作为主体的一种意志行为，要么和一般意志（制定法）完全一致——这就是所有权，要么就是仅仅建立在"特别意志"之上——这就是占有。然而，为什么意志本身在这个方向上得到承认以及保护？其原因在于，意志"本身已经是一种应受保护的实在（Substantiell）；人的特别意志，当在物上表现时，是一种权利并且必须被如此对待"。参见柯伟才：《论占有保护之原因——以耶林的观点为中心》，载《私法研究》2011 年第 2 期。

[5] 普赫塔认为，"一个有权利能力的人的意志，在被正式宣布为合法之前，要求得到某种程度的法律承认，正是因为某个具有权利能力的人的意志，可能是一种合法的意志。因此在占有当中，权利的可能性，即权利能力，应受到保护。占有权正是人格权的一个特殊种类，这种权利可运用于对物的自然控制（Unterwerfung）"。参见柯伟才：《论占有保护之原因——以耶林的观点为中心》，载《私法研究》2011 年第 2 期。

[6] 布伦斯认为，意志在本质上是绝对自由的，正是对这种自由的承认与贯彻建立了整个法律体系。必须保护意志不受胁迫或暴力的不法侵害，只有它直接违背一般意志或法律的时候，针对这种不法意志的暴力才应当是被允许的。占有是意志的事实上的定存，意志的一般权利被保护不受暴力侵害。因此，对占有的保护首先是对人的人格和自由的完全的法律承认。Vgl. Carl Georg Bruns, Das Recht des Besitzes im Mittelater in der Gegenwart, 1848, S. 490 – 491.

德[1]等均从人格保护出发解释占有的正当性。其基本观点是，占有人的意志被体现在他对某物的支配行为之中，意志是值得保护的，而无须考虑这种支配行为的实施是正当的还是不正当的，干涉他人的意志的贯彻就是干涉他人的自由和人格，或者违反了每个人和其他所有人都平等的原则。[2] 直到今天，仍然有学者将人格视为占有性财产保护的原因。例如，维林格（Wieling）教授认为，占有被保护是因为其是占有人自由意志的体现，对占有的侵犯并非对物权法的侵犯，而是对个人人格权利的侵害。[3]

与和平秩序维护说不同的是，人格保护理论从私法内部寻求占有保护的正当性理由，无疑更加具有说服力。其缺陷在于过于泛化，因此也存在广泛批评：[4]基尔克认为，几乎任何形式的私法上的救济都可以解释为对人格的保护；黑克则认为，因为人格保护的概念不确定，在语言上当然可能将占有保护规定视作人格保护，但是这种归类同样可以适用于其他的保护命令，如所有权、债权和著作权等，因此，这种可能并非理解单个法律制度中特有的特别权利的基础。其尤其无法解释在占有与真实所有权存在冲突时，为何抑制一种意志而认可另一种意志即对占有人给予保护。如果非所有权人的占有人进行无权占有，那么法律保护的就是实施某种不正当行为的意志。耶林因此提出，法律不会基于当事人意志的内容而保护意志，而是要界定意志受到保护的具体情况。此外，批评观点还认为对于人格可以通过专门的

[1] 温德莎伊德认为，占有保护原因在于，通过某人的意志建立并维持的对物的事实状态应当受到尊重，直到其被国家建立的法律机构宣布为不符合法律为止；如果有人通过私力干涉这种状态，即使其意志里包含合法的内容，也构成一项形式上的不法。其观点之实质是个人之间的意志是平等的，不能相互侵犯。参见柯伟才：《论占有保护之原因——以耶林的观点为中心》，载《私法研究》2011 年第 2 期。

[2] 参见[美]詹姆斯·戈德雷：《私法的基础：财产、侵权、合同和不当得利》，张家勇译，法律出版社 2007 年版，第 85 页。

[3] Vgl. Hans Josef Wieling, Grund und Umfang des Besitzschutzes, in: Harder, Manfred (Hrsg.), De iustitia et iure, Festschrift für Ulrich von Lübtow zum 80 Geburtstag, 1980, S. 565 ff.

[4] 参见吴香香：《占有保护缘由辨》，载王洪亮等主编：《中德私法研究：占有的基本理论》第 11 卷，北京大学出版社 2015 年版。

人格权来保护,而不必通过对物的占有来保护,在很多情况下,物与人格之间的联系都被否认。

(三)本权保护说

在19世纪关于占有保护的讨论中,另一重要开拓者为耶林。在德国民法典编纂之前,当时民法学者的主要目标在于还原和解释罗马法。耶林对萨维尼及其追随者提出的暴力禁止及人格保护理论提出了批判,其认为萨维尼提出的占有保护依据虽然在某种程度上貌似非常合理,但是并不符合罗马法中的占有保护形态。[1] 和平秩序维护和人格保护理论均无法解释为何罗马法上对自然占有和无能力占有的人不加以保护。其认识到,要解释占有必须确定某些需要保护的实体权利,但在其理论建构中,这种权利基础并非在于占有本身而在于所有权。耶林认为,"占有保护的原因在于便利化的所有权保护",占有本身是一种在法律上无意义的关系,因为所有权它才包含一种折射的法律意义。[2] 其理由在于,在绝大多数情形下占有都与所有权相重合,因而占有是"所有权的事实和外观"(die Thatsächlichkeit, Sichtbarkeit des Eigenthums),可以通过占有的事实外观来推定所有权的存在,从而减轻所有人的证明责任而便利于所有权的保护,因此占有构成了所有权不可或缺的补充。但是如果通过证明占有就足以获得保护,非所有权人一样可以享受占有保护,但是为了实现给所有权人减轻举证负担的代价,这一后果无可避免而必须接受。[3]

耶林的观点在于最大限度地解释和还原罗马法,但其始终无法解释在占有人明显不具有所有权情况下为何还受到保护。[4] 在近现代民事立法中

---

〔1〕 参见[德]鲁道夫·冯·耶林:《耶林论占有》,纪海龙译,载王洪亮等主编:《中德私法研究:占有的基本理论》第11卷,北京大学出版社2015年版。

〔2〕 参见柯伟才:《论占有保护之原因——以耶林的观点为中心》,载《私法研究》2011年第2期。

〔3〕 参见柯伟才:《论占有保护之原因——以耶林的观点为中心》,载《私法研究》2011年第2期。

〔4〕 参见[美]詹姆斯·戈德雷:《私法的基础:财产、侵权、合同和不当得利》,张家勇译,法律出版社2006年版,第87页。

已经发展出了一套相对完整的彰显所有权的标志体系:针对动产,《德国民法典》第 1006 条规定了有利于占有人的事实支配规则;针对不动产,则可以根据公开的登记册簿彰显所有权。德国民法典编纂时,德国学者迈沙伊德尔即提出了类似的质疑,他认为已经没有必要规定特别的占有法与占有保护法:首先,占有制度对于不动产并无意义,因为引入了土地登记簿,任何人均能很容易地证明土地权利以及其占有的权利;其次,动产占有对于其他法律关系也仅具有间接意义,占有人与持有人可以通过特别的在所有物返还法中规定的所有权推定及占有之诉保护自己。当时物权编的编纂人约霍夫(Johow)也拟废除占有保护制度,但是德国民法典编纂第一委员会拒绝了该建议,其主要观点为,尽管有土地登记簿制度,占有保护也是必要的,如果没有占有保护:第一,存在登记错误的情形,不能立即确定所有权人;第二,虽然设置了土地登记簿册,但是对于土地边界的占有争议,所谓的占有错误,也可能是存在的;第三,权利不能登记入土地簿册的承租人与用益承租人就得不到保护。对于动产,第一,尽管在所有物返还程序中证明责任可能会减轻,但是还是允许基于实体法提出抗辩;第二,第一委员会也不想让动产持有人,尤其是船舶的占有人在占有妨碍的情况下处于没有法律保护的境地。[1] 因此,所有权保护理论已不再具有说服力,尤其在今天占有与所有权分离已经成为常态,事实上占有很难被当然地认定为是"所有权的外观"。[2]

当代学者中,维泽尔(Wieser)继续追随耶林,发展出了"本权保护说"以解释《德国民法典》中的占有保护缘由。其认为,占有保护的实质并非在于占有的单纯事实,而在于其表征背后的"本权",但"本权"的范围不限于所有权,还包括限制物权与债权,以及善意占有人之收益权、无权占有人之取回

---

〔1〕 参见[德]威纳·舒伯特:《占有规定的产生历史》,王洪亮译,载王洪亮等主编:《中德私法研究:占有的基本理论》第 11 卷,北京大学出版社 2015 年版。

〔2〕 Vgl. Therese Müller, Besitzschutz in Europa, 1. Aufl. 2010, S. 228 ff.

权与留置权等。而对于非权利人的保护,则是法律为有效保护真正权利人不得不付出的代价。[1]

（四）利益维续说

与萨维尼强调人格和自由一直不同,作为利益法学派代表人物的黑克、施塔尔、邓伯格等着眼于占有保护本身所蕴含的经济利益。[2] 施塔尔认为,占有与所有权都服务于财产的一般目的:人类的需要,通过物来满足。占有人的意图是保持对物的事实状态,占有并非保护对物本身的控制并对抗所有人,而仅仅是针对事实状态的维续并针对干扰该事实状态之人。占有制度是一种临时的、次要的规则,真正的、最终规则是所有权制度。邓伯格认为,占有之所以受到保护,是因为它是财产分配“事实上的社会秩序”,它授予个人以行动的手段,以满足其需要。黑克则进一步认为,物权法包含了两类不同的秩序:一类是暂时秩序,即通过占有体现的财产支配和利用关系;另一类是确定秩序,通过物权体系体现。对占有财产的持续性利用也具有保护必要性,“持续性被视为一种善,而不管是否存在确定的权利”,“每个人依其自身经验都知道,导致物之利用丧失的改变会导致妨碍和损害”。[3] 占有类似于普通法学者所提出的“相对所有权”,虽然相对于所有权之类更高位阶的权益应为之让位,但对维持本身的侵害亦属利益侵害,将造成占有人生活价值的减损乃至丧失,故在司法财产确认存在更优权之前,占有的维续状态不应当被不当中断。因此,“生活条件的持续”(Kontinuität der Lebensverhältnisse)是占有保护的正当性基础。法律并非去保护占有成立的事实本身,而是保护占有的持续性。利益维续理论不仅解释了占有保护的

[1] Vgl. Eberhard Wieser, Der Schadensersatzanspruch des Besitzers aus §823 BGB, JuS 24 (1970), S. 567 ff.

[2] 参见吴香香:《占有保护缘由辨》,载王洪亮等主编:《中德私法研究:占有的基本理论》第11卷,北京大学出版社2015年版。

[3] 参见吴香香:《占有保护缘由辨》,载王洪亮等主编:《中德私法研究:占有的基本理论》第11卷,北京大学出版社2015年版。

存在，还解释了其构成。普遍禁止的私力、自己防御和追及的权利，占有之诉及损害赔偿请求权，它们阻碍了对持续状态的侵扰，使占有在被侵夺时可以迅速恢复原状。

占有的持续性利益对于占有人而言不可否认，但利益被法律保护必须伴随相应的原因。如果占有本身不值得保护，占有的持续性为何应当受到保护。利益维续说无法解释，在占有人与所有人相冲突时，为何对占有人的临时秩序进行保护而不对所有人的确定秩序进行保护。例如，维林格就质疑，"当然任何人对于其占有财产都具有维续利益，但是为何对于盗贼等不法者的利益加以保护，仍然是一个悬而未决的问题"[1]。

二、普通法上占有保护理论

德国法上关于占有正当性基础的争论也引起了普通法学者的讨论，其中有影响力者包括霍姆斯、波洛克、戈德雷等学者，虽然其主要从实用主义出发探讨占有制度的作用，后来的普通法学者进一步引入经济分析的方法进行讨论，但其正当性讨论仍然未超出上述四种学说的范畴，可概括如下。

霍姆斯认为，萨维尼等德国学者对占有保护原因的解释并非来自罗马法，而是源于康德和黑格尔的道德哲学。但其作为道德怀疑论者，认为形而上学的理论原则在解释占有的事实时往往与制度现实难以完全适应，他认为普通法是"一个远比罗马法更为发达、更为理性也更有力的法律体系，既不需要认可康德及其继承者所主张的那些理论前提，也不需要认可其结论"[2]。

---

〔1〕 Hans Josef Wieling, Grund und Umfang des Besitzschutzes, in: Harder, Manfred (Hrsg.), De iustitia et iure, Festschrift für Ulrich von Lübtow zum 80 Geburtstag, 1980, S. 565 ff.

〔2〕 [美]小奥利弗·温德尔·霍姆斯：《普通法》，冉昊、姚中秋译，中国政法大学出版社 2006 年版，第 184 页。

关于法律理论的第一要求就是,它要适应事实,[1]对占有的保护在于人类的一种“本能”。霍姆斯之后,现代也有学者从生物学和心理学的角度去论证人对其占有物保护的这样一种“本能”。[2] 虽然霍姆斯并未清楚表明“本能”背后法律保护的基础,但与“和平秩序保护说”类似,占有的法律保护源自对私力的禁止,基于避免个人之间的直接冲突和丛林法则。

波洛克则认为,占有保护是基于保护本权和和平秩序维护二者的混合。在《论普通法上的占有》中,波洛克认为,“为什么法律应将占有给予不法行为之人,这可能很难解释清楚”,尽管在历史上占有保护可能出于其他原因,但现代法律赋予了保护公共和平秩序近乎绝无仅有的重要性。人们会捍卫他们视为自己所有之物,即便法律试图禁止他们这样做;大量允许私力救济或者让不法占有人被没有更优权利的后来者剥夺占有,相对于能够因此而救助或防止的任何恶,会导致更多更大的恶。但是,为了禁止私人暴力或能够招致暴力的类似行为干扰既有的人与物的关系,法律必须在眼下先以正义保护不正义。[3] 另外一个要素在于,“在一个稳定的工业国家,一些有关于所有权和权利的真正疑问,必定不可避免地遵循人类事物的复杂性;保护须在一定程度上给予那些基于表见的合法所有权进行善意交易之人,或给予那些随后与该人交易或通过该人提出主张之人”[4]。后者类似于维泽尔

---

[1] 霍姆斯提出:“法律之最直接的基础一定是经验的,法律作为一种实用性的事物,必须以现实的力量为基础……人根据其与家犬相同的某种本能,若不经过一番争夺的努力,不会听任自己持有的东西被人用暴力或欺诈夺走。哲学家可以找出一百个理由来证明这一本能的正当性,但假如哲学竟然谴责它,并要我们心甘情愿地放弃它,这样的哲学完全没有价值。因此只要本能存在,对于法律来说,合适的做法是以一种有序的方式满足它,而不是交给人们自行满足。”参见[美]小奥利弗·温德尔·霍姆斯:《普通法》,冉昊、姚中秋译,中国政法大学出版社2006年版,第187页。

[2] See Jeffrey Evans Stake, *The Property Instinct*, 359 Philosophical Transactions of the Royal Society 1763 (2004); Owen D. Jones & Sarah F. Brosnan, *Law, Biology and Property: A New Theory of the Endowment Effect*, 49 William and Mary Law Review 1935 (2008).

[3] 参见[英]弗雷德里克·波洛克:《普通法上的占有》,于子亮译,中国政法大学出版社2013年版,第5页。

[4] [英]弗雷德里克·波洛克:《普通法上的占有》,于子亮译,中国政法大学出版社2013年版,第5页。

对耶林观点完善后的"本权保护说",其不仅仅限于所有权还包括其他一系列对外公示权利的保护。现代法经济学学者进一步从信息成本的角度论证其正当性,托马斯·梅里尔(Thomas Merrill)认为,现实世界中存在大量有价值之物,我们必须明确其权利归属和范围,才能明确其行为边界和交易对象,如果陌生人之间必须通过其所有权以及真实权利归属来确定哪些事物为他人所有和主张,则信息成本将不堪重负,占有使人们可以直接从物的事实状态确定行为边界从而以更低成本的方式传递信息。[1]

不同于前两者从个体主义的视角出发,戈德雷则完全从社会整体福利最大化的视角出发,论证占有保护的正当性。其出发点是格劳秀斯的交换正义理论,私有财产权并非天然必要而是具有其功利主义目的,私有财产权的存在是为了避免所有物都公有时可能产生的不利之处,即人们不再劳动,并就应当如何分配物品的问题争吵不休。但资源利益归属于所有人,其最终目的是它们应该被合理利用,所有权包含的权利不应当扩张到为实现这个目的所必需的限度之外。故而非所有权人应当享有"无害利用的权利",即只要不因此而损害所有权人,就可以利用他人财产的权利。对于占有的保护可能基于两方面的原因:[2]第一,在所有权制度中,所有权人理论上可以决定物的最佳用途,但其在所有权人缺位的情况下,占有人的利用可能是对物的最佳利用;第二,即使占有人的利用可能会损害所有权人,如果占有人针对非占有人的权利受到保护,比其根本不受保护损害更小一些。也基于此,当他停止利用或管护财产时,就没有理由保护他的权利了。因此,关于占有人对于财产的利用享有可以对抗其他任何人的完整权利,直到所有权人出现并主张权利时为止的问题,与所有权规则并不存在任何冲突之处。

---

〔1〕 See Thomas W. Merrill, *Ownership and Possession*, in Y. Zhang ed., Law and Economics of Possession, Cambridge University Press, 2015, p. 9 – 39.

〔2〕 参见[美]詹姆斯·戈德雷:《私法的基础:财产、侵权、合同和不当得利》,张家勇译,法律出版社2007年版,第99页。

笔者认为,戈德雷的理论与利益维续说具有类似之处,即都认可占有的维续可以实现实际持有人利益维续和对物的最大化利用;同时,利益维续说并没有解释的是为何该维续利益值得保护,而戈德雷则从社会福利最大化的角度提供了保护的合法化基础。

三、信息占有保护正当性证成

关于占有保护的正当性,存在和平秩序保护说、人格保护说、本权保护说、利益维续说四种学说。这四种学说均存在争议:和平秩序保护说虽然是目前的通说,但是侵犯占有并不总涉及公共利益,也不存在绝对的暴力禁止;人格保护说过于泛化;所有权或者本权保护说则无法解释当占有人明确为非权利人时为何提供保护,以及为何不允许本权抗辩;利益维续说则未说明这种维续利益为何是值得保护的。笔者认为,仅从公共利益和禁止暴力形式理解和平秩序保护的意义过于狭隘,和平秩序说与人格保护说具有内在一致性,萨维尼提出的人格保护是占有保护真正的原因,禁止私力是为实现后者而提出的技术性原则,即占有禁止私力在于基于避免个人之间的直接冲突和丛林法则,其深层次的正当性基础在于人格的平等性和不可侵犯。现有批评混淆了内在人格与外在人格之间的区别,但占有保护的实际上是一种以符合普遍秩序形式体现出来的外在人格,因而其在当事人之间发生意志冲突时具有保护的优先性。同时,对于利益维续说,戈德雷从整体社会福利增加的角度为该利益保护提供了法律上的原因。二者分别从道义论和福利论的角度为占有保护提供支撑,可以作为交叉检验信息占有保护正当性的基础。

(一)占有保护的道义论

由于早期关于占有保护的理论很大程度上受康德和黑格尔道德哲学的影响,因而有必要回归本源探求其人格保护与和平秩序的内涵。康德关于财产权利保护的论证是以一种人与人之间的绝对平等性和纯粹理性为前提展开的:人人都有纯粹意志或理性,可以进行选择或拥有自由,理性要求行为人将其行为与他人行为相协调,从而产生一项普遍性法则,并且考虑他的行为是否适合纳入这样的一项普遍性法则之中。[1] 基于适用于所有人的普遍自由在人与人的交往中产生了绝对命令或责任,任何与之不相矛盾的行为都被允许去做,这种自由便构成权利,相对应地产生把责任加于他人的一种依据,即他人的义务。[2] 关于这种绝对命令的基本内容,康德借用了乌尔比安的三个共识或义务进行解释:[3](1)内在义务,正直地生活,在与别人的关系中维护自己作为一个人的价值;(2)外在的义务,不侵犯任何人;(3)联合的义务,"进入这样一个状态,在那儿,每人对他的东西能够得到保证不受他人行为的侵犯","把各人自己的东西归给他自己"。这三类义务构成了康德法律秩序的基础,正直地生活决定了应当允许每个人自我实现,把每个人的东西归给他自己要求平等地保障每个人的权利,而不侵犯任何人则要求每个个体外在地无害于他人。

在法的普遍性原理基础之上,康德引入了一项符合普遍规律的实践公设从而与现实世界相勾连,来解释和构建财产权的正当性。该理论公设为"允许原则":"我的自由意志的一个对象,它的用途处于我的力量范围之内,我便在体力上使它按照我的意志成为对我有某种用途的东西。"[4] 进而,"承认一个外在的和有用的东西能为某人所占有,或者变成他的财产,在行动上按此原则对待他人是法律的义务"[5]。这种占有可以分为感性的占有和理性的占有。前者在自然状态下,虽然可以实现对物的获取,但是仅仅及

[1] 参见[德]康德:《法的形而上学原理——权利的科学》,沈叔平译,商务印书馆1991年版,第28页。

[2] 参见[德]康德:《法的形而上学原理——权利的科学》,沈叔平译,商务印书馆1991年版,第25页。

[3] 参见[德]康德:《法的形而上学原理——权利的科学》,沈叔平译,商务印书馆1991年版,第48~49页。

[4] [德]康德:《法的形而上学原理——权利的科学》,沈叔平译,商务印书馆1991年版,第56页。

[5] [德]康德:《法的形而上学原理——权利的科学》,沈叔平译,商务印书馆1991年版,第63页。

于有形的占有,是暂时的;后者通过社会普遍理性的认可,如通过立法机关制定法规,使所有人接受认可和遵守占有的规则,即可真正地产生所有权。关于外在物所有权的取得,康德认为其一般原则为:“无论什么东西,只要我根据外在自由的法则把该物置于我的强力之下,并把它作为我的自由意志活动的对象,我有能力按照实践理性的公设去使用它,并且,我依照可能联合起来的共同意志的观念,决意把某一物变成我的,此物就是我的。”其具体包括三个实践的因素:(1)掌握或抓住一个不属于任何人的对象;(2)宣布占有某个对象;(3)占为己用。在观念上,作为一种符合外在立法的共同意志的行为,根据这种行为,“所有的人都有责任尊重我的意志并在行动上和我的意志的行动相协调”。〔1〕他人对于其置于意志之下物的侵犯将视为对其自由意志或人格的侵害。

在康德理论的基础上,黑格尔进一步对人格理论和人格与财产之间的关系进行了阐发。黑格尔吸收了康德的绝对命令理论,但认为同时应当加入个人欲望因素,在欲望的互相冲突中建立起自律的社会制度。〔2〕黑格尔认为,人不仅具有纯粹理性,而且具有各种冲突和欲望的特殊性,自由意志是在自身中反思并通过这种反思返回到普遍性的特殊性——单一性,〔3〕法律则是克服人性冲动而维护普遍的自由意志的体系,〔4〕个人因自由意志而具有人格,单一性的人格产生权利能力。人格外化或自我实现要求获得财产从而“扬弃人格的单纯主体性”,“人格为了作为理念存在,必须给予他的

〔1〕[德]康德:《法的形而上学原理——权利的科学》,沈叔平译,商务印书馆1991年版,第72页。
〔2〕参见邓晓芒:《序言》,载[澳]彼得·辛格:《黑格尔》,张卜天译,译林出版社2015年版。
〔3〕参见[德]黑格尔:《法哲学原理》,邓安庆译,人民出版社2013年版,第43页。
〔4〕“人处于本性就有对权利的冲动,也有对财产、对道德的冲突,也有性爱的冲动、社交的冲动,如此等等。”“在纯化冲动这一要求中存在着普遍的看法,应该认为把冲动从它们直接而自然的规定形式以及从它们内容的主观东西和偶然东西中汇总解放出来,返回到它们实体性的本质。这是一个无规定性的要求,其实它的真意在于,冲动应该成为意志固定的合理体系。这样从意志概念出发来把握冲动,就是法学的内容。”参见[德]黑格尔:《法哲学原理》,邓安庆译,人民出版社2013年版,第59页。

自由一个外部领域,因为人格这个自在自为存在的无限的意志在这个最初的规定中,还是完全抽象的规定,所以这是个同它有区别的、可构成它的自由领域的那个东西,也同样被规定为与它直接不同而可以与它分离的东西”。“所有权所以合乎理性不在于满足需要,而在于扬弃人格的单纯主体性,人唯有在所有权中才是作为理性而存在。”[1]对于财产权的对象而言,人基于自由意志而作为主体,任何不具有自由意志的外在对象都可以作为物而被纳入所有权的范围内:物即“与自由精神直接不同的东西,无论对精神而言还是自在地看,是一般外在的东西——即一种不自由的、无人格的以及无法权的东西”。[2]“人格有权把他的意志置入任何事物中,凭此该物是我的,达到实体的目的。”[3]只有人格才能给予对物的权利,人格权本质上就是物权。黑格尔所称的物是泛义上的,即一般对于自由来说是外在的东西,甚至身体、生命也属于这种物。[4]关于获得财产权的形式,根据黑格尔的总结,应当包括两方面因素:一是对某物提出意愿。二是通过取得占有获得客观性,取得他人的承认,“为了取得所有权即达到人格的定在,光有某物应该是我的这个内在观念或意志是不够的,此外还需取得对物的占有,通过取得占有上述意愿获得定在,这包含他人的承认在内……‘是我的’这个内在意志的行动,是说某物是我的,也必须为他人所承认。孩子们的习惯做法是,为了对抗他人的占有,事先提出意愿,但对成人来说,单纯有这种意愿是不够的,还必须除去这种主观性的形式而争取达到客观性”[5]。关于占有,包

[1] [德]黑格尔:《法哲学原理》,邓安庆译,人民出版社2013年版,第92页。
[2] 参见[德]黑格尔:《法哲学原理》,邓安庆译,人民出版社2013年版,第92~93页。
[3] [德]黑格尔:《法哲学原理》,邓安庆译,人民出版社2013年版,第96页。
[4] 参见[德]黑格尔:《法哲学原理》,邓安庆译,人民出版社2013年版,第88~89页。
[5] [德]黑格尔:《法哲学原理》,邓安庆译,人民出版社2013年版,第105页。

括直接的身体把握、给物以定形和单纯作标记三种方式。[1]

康德与黑格尔的财产理论都以人与人之间的普遍平等和意志自由为前提。康德提出所谓权利要求"任何人的有意识的行为,按照一条普遍的自由法则,确实能够和其他人的有意识的行为相协调"[2];黑格尔则更为直截了当地提出,"人格一般包含着法权能力,并且构成抽象的,而且也是形式的法的概念和其本身抽象基础。所以法的命令是:成为一个人,并尊敬他人为人"[3]。由此出发,从而产生一种协调所有人自由意志实现的普遍原则或者秩序。保护占有,不仅在于其是自由意志的产物,更在于其是一种符合普遍原则以客观化体现的意志,才能成为一项他人应当尊重并不可侵犯的权利。康德和黑格尔都强调在权利取得过程中以符合普遍原则或者获得共同意志承认的客观要件的作用。康德认为,"作为一种符合外在立法的共同意志的行为,根据这种行为,所有的人都有责任尊重我的意志并在行动上和我的意志的行动相协调"[4];黑格尔也认为,财产权的取得不仅要对某物提出主观意愿,更要以共同体认可的形式达到客观性,"为了取得所有权即达到人格的定在,光有某物应该是我的这个我的内在观念或意志是不够的,此外还需取得对物的占有,通过取得占有上述意愿获得定在,这包含他人的承认在内"。[5]

---

〔1〕 具体分析如下:其一,从感性方面说,身体的把握是最完善的占有方式,但是,这种占有方式仅仅是主观的、暂时的,而且受到很大的限制。黑格尔将利用机械力量、武器和工具的占有也列入身体把握的占有方式之中,还将自然添附划为这种占有。其二,给物以定形,某物从而有了独立存在的外观,并且不再受到某一空间和某一时间的限制,也不受人们知识和意志体现的限制了。定形在经验上可以有各种不同的形态,如耕作之于耕地定形、造风车之于利用空气的工具定形、驯服之于野兽的驯化定形。其三,对物加上标志的意义是,我已经把我的意志体现在该物上。这种占有的方式是不明确的,但它却是所有占有形式中最完全的。把握某物和给某物以定形,最终的意义实际上就是一种标识。这种标识的目的是告诉他人,我已把我的意志加之于物中,以此对抗他人。参见[德]黑格尔:《法哲学原理》,邓安庆译,人民出版社2013年版,第109~117页。

〔2〕 [德]康德:《法的形而上学原理——权利的科学》,沈叔平译,商务印书馆1991年版,第40页。

〔3〕 [德]黑格尔:《法哲学原理》,邓安庆译,人民出版社2013年版,第85页。

〔4〕 [德]康德:《法的形而上学原理——权利的科学》,沈叔平译,商务印书馆1991年版,第72页。

〔5〕 参见[德]黑格尔:《法哲学原理》,邓安庆译,人民出版社2016年版,第105页。

既有占有保护理论的争议可以由此获得回应，保护占有并不在于侵犯占有会损害社会公共利益或者暴力不被允许，而是维护一项普遍性法则，即人格之间平等性和意志自由的基本原则，某人不能将其意志以暴力或者其他任何方式强加于另一人之上，其根本目的还是保护人格不受侵犯。但针对理论上的质疑，这种人格并非内在人格或者法权能力，而是客观体现于物之上的人格或者意志，在意志冲突下，对占有保护的原因在于其通过一种共同意志承认的方式建立起其合法性。如甘斯（Gans）所言，占有保护的原因在于，“人的特别意志，当在物上表现时，是一种权利并且必须被如此对待”[1]。当然，也并非所有以客观化体现或者公示的自由意志都应当得到保护。康德与黑格尔均强调自由意志应当与普遍秩序相统一，其意志体现在物之上获得财产权的前提在于该物必须是无主物，即不得“侵犯任何人”，但在社会普遍交往之中相对人可能无法分辨合法与非法的界限，从维护普遍秩序的角度有必要对该客观化的意志提供普遍的保护。

从保护人格或意志平等性的目的出发，该正当性基础在信息等无体物领域应当同样适用。因为其保护的客体不在于有体物或者无体物，而在于其能否成为意志作用的对象，以及将其自由意志以一种客观化的方式体现其上而获得共同意志的承认。对于智力成果等无体物，黑格尔认为，“精神东西的灵巧、科学、艺术甚至宗教性的东西（布道、弥撒、祈祷、献祭祈福）、发明等等，都可以成为契约的对象，与在买卖等方式中所承认的事物是等同的……固然，认识、科学、才能等等是自由的精神所本有的，是精神的内在的东西，而不是外在的东西，但是精神同样可以通过外在化给予它们一种外部的定在，而且把它们转让，这样一来就可把它们归于物的规定了”[2]。也就是说，经过外在化赋予其一种外部的定在，对于精神产品同样可以成为意志作用的对象，如果对其建立起社会一般认可的排他性控制，排除他人控制而

---

〔1〕 柯伟才：《论占有保护之原因——以耶林的观点为中心》，载《私法研究》2011年第2期。
〔2〕 ［德］黑格尔：《法哲学原理》，邓安庆译，人民出版社2013年版，第94页。

强行获取,将构成对他人自由意志的侵犯,从而构成法律上禁止之私力。

(二)占有保护的功利主义理论

占有维续利益说提出占有本身蕴含持续性的经济利益,对持续性本身的侵害将造成占有人生活价值的减损乃至丧失,因此,在司法财产确认存在更优权之前,占有的维续状态不应当被不当中断。但这一学说并未说明对该维续利益保护的原因。笔者认为,戈德雷从社会整体福利的视角为保护该维续利益提供了理论基础:第一,在所有权制度中,所有权人理论上可以决定物的最佳用途,但其在所有权人缺位的情况下,对于占有的保护可以保障对物的最佳利用;第二,即使占有人的利用可能损害所有权人,如果占有人针对非占有人的权利受到保护,也比其根本不受保护损害更小一些。

该维续利益的保护不仅在有体物领域,在信息控制事实中也可以发现和证成,事实上商业秘密以及技术措施保护的经济分析理论即从该视角出发得到印证。与有体财产以所有权界定归属不同的是,对于信息主要通过知识产权制度界定其归属,法定产权之外对于信息控制事实的保护同样具有两方面的意义:首先,对于信息控制事实的保护可以发挥保护知识产权本权的功能,由于商标、专利授权及使用本身具有公开性的特点,该功能可主要在版权领域发挥,版权权利人可以通过施加版权保护措施加强其权利保护。即使是对于非版权人,以及与版权人利益冲突的版权人而言,对其事实控制的保护也可以避免作品在更大范围内的非法传播,起到保护版权人的作用。其次,对于信息控制的保护可以实现鼓励信息生产和最大化传播利用的功能。其可以分为两种情形进行讨论:第一,对于不受知识产权保护且已公开获得的信息而言,由于信息具有非竞争、非排他、非易耗的特性,企业对其进行事实上的控制以及法律上提供进一步保护并不存在实质性价值,也不应当在占有保护范围之内。第二,对于尚未公开信息而言,如前所述,知识产权法定授权方式决定了其保护客体范围的有限性,对于无法获得版权、专利保护的信息(如商业计划、客户名单以及消极信息),企业选择事实控制加以保护;由于知识产权公开要求、保护成本、期限、例外的限制,其更倾向于通过以保密等方式进行私力保护。对企业信息控制事实加以保护,可以为知识产权法以外的信息生产提供激励,以法律保护一定程度上替代企业私力保护可以最小化产权界定成本,同时也可以最大化地促进成果流动和开发利用。因此,对于信息占有保护同样存在维续利益而可获得功利主义的正当性支撑。

第三节 信息占有保护教义学之释

无论从占有制度禁止私力、保护人格的自然权利理论出发,还是从促进财产最大化利用的功利主义理论出发,都应当为信息控制的事实提供法律保护。目前争议主要存在于规范层面,我国《民法典》中,占有制度规定于物权编第五分编,虽未直接规定占有客体和构成要件,但物权编第一分编“通则”规定了“本编调整因物的归属和利用产生的民事关系”,故占有的客体为物。理论上认为,我国原《物权法》所称的物,与《德国民法典》的规定相同,无论是动产还是不动产,均为有体物。[1] 关于占有的构成,是指对物进行事实上的控制与支配,在主观上占有人应当具有占有的自然意思,在客观上需要形成对物的控制。[2] 随着科技的进步和发展,“物必有体”的限制已不再绝对,现代民法普遍认为声、光、电、热虽然无体但可被占有。[3] 关于同样作为无体物的信息能否被占有,主体要件层面很少存在争议,反对意见主要认为信息无法满足占有控制和支配的要件而不能被纳入物的范畴。[4] 这包括

---

〔1〕 参见最高人民法院民法典贯彻实施工作领导小组主编:《中华人民共和国民法典物权编理解与适用》(下),人民法院出版社 2020 年版,第 15 页。

〔2〕 参见黄薇主编:《中华人民共和国民法典物权编释义》,法律出版社 2020 年版,第 626 页;最高人民法院民法典贯彻实施工作领导小组主编:《中华人民共和国民法典物权编理解与适用》(下),人民法院出版社 2020 年版,第 1326 页。

〔3〕 参见李锡鹤:《民法哲学论稿》(第 2 版),复旦大学出版社 2009 年版,第 268 页。

〔4〕 参见马俊驹、梅夏英:《无形财产的理论和立法问题》,载《中国法学》2001 年第 2 期。

两个方面：第一，由于信息的无体性，不能建立占有的外部事实支配；第二，由于信息非竞争、非排他、非易耗的公共物品特性，对于信息难以绝对地排除他人占有和使用，所以谈不上产生任何“排除他人干涉”的实施上的管领力。[1] 围绕主要理论争议，以下将回归占有制度原理探讨占有的控制要求是否必然要以有体的方式实现，以及是否要求绝对的排他性，进而明确对信息控制事实适用既有制度框架的可能。

一、占有物理性要件反驳

占有是指对物的事实控制和支配，传统理论反对观点之一在于信息由于其无体性而不能被控制和支配。例如，《德国民法典》第584条规定，“物的占有，因取得对该物事实上的支配力而取得”。德国法学者布洛克斯（Brox）等认为，无体物不具有能够表明占有的外部事实支配；文艺作品并不被其使用者占有，而只能被接受、理解和分享；物的有体性使它区别于无形财产和权利，只有物可以在实体上被控制，实体的剥夺和侵害只能在物上发生，只能对物实施占有。[2] 在我国理论界，也有学者持类似观点。例如，郑成思教授认为，信息一般不能作为占有的标的，原因之一在于对于有体物所有人可以通过占有达到保护其不受侵害的目的，但对于信息则无法通过占有来达到保护其不受侵害的目的。[3] 对此，有必要考察占有的事实控制要件的功能和内涵。

在占有制度早期，占有事实支配力的取得的确必须通过物理控制和接触。彭梵得指出：“占有在罗马人那里是指一种使人可以充分处分物的、同物的事实关系，它同时要求具备作为主人处分物的实际意图。‘占有’这个

---

〔1〕 参见刘家瑞：《论知识产权与占有制度》，载《法学》2003年第10期。

〔2〕 参见[德]汉斯·布洛克斯、[德]沃尔夫·迪特里希·瓦尔克：《德国民法总论》，张艳译，中国人民大学出版社2014年版，第317页。

〔3〕 参见郑成思：《民法典（专家意见稿）知识产权篇第一章逐条论述》，载《环球法律评论》2002年第3期。

词的含义是指真正的掌握,是指一种对物的事实上的控制。"[1]在社会交易观念和交易方式并不发达的早期社会,既没有完善的财产权登记体系,也缺乏其他方式体现权利特征,故只能按照最为简单原始的方式——只有实实在在地将手放在物上面,才能实现对物的实际支配。[2]

然而,一切法律关系都在于调整人与人之间的关系。如前所述,占有保护的正当性基础在于保护以社会认可的形式体现的对物意志的不可侵犯性,占有所表征的意志关系并非人对物的关系,而是人与人之间的关系,[3]因此占有并非一种物质事实,而是一种社会事实,[4]故其成立绝不局限于原始的对物持有的物理要件,而必然随着社会观念和法律观念的扩张而扩张。在哲学上,康德区分了感性占有(可以由感官领悟的占有)和理性占有(可以由理智领悟的占有),即占有的意志可以通过直接对物的把握来体现,占有还可以通过物理持有之外的社会认可的其他形式,如立法和社会习惯认可的方式,如果仅仅依靠物理上对于物的把握则必然会导致荒谬或矛盾的结论。[5]

在现代占有制度中,占有事实支配力成立普遍以社会可认知为标准,而不以物理控制为必要。在德国民法上,占有的标志是事实上对物的支配,何时存在这样的事实的对物支配,则依社会观念而定,要求占有之获得在其外部必须为可认知。[6] 在日本法上,持有是指物处于社会观念上属于该人事

[1] [意]彼得罗·彭梵得:《罗马法教科书》(2017年校订版),黄风译,中国政法大学出版社2018年版,第221页。

[2] 参见冉昊:《对物权与对人权的区分及其实质》,载《法学研究》2005年第3期。

[3] 参见金可可:《对人权与对物权的区分理论的历史渊源——从罗马法复兴到自然法学派》,载《私法研究》2004年第1期。

[4] 参见[英]F. H. 劳森、[英]B. 拉登:《财产法》(第2版),施天涛等译,中国大百科全书出版社1998年版,第39页。

[5] 参见[德]康德:《法的形而上学原理——权利的科学》,沈叔平译,商务印书馆1991年版,第59~66页。

[6] 参见[德]鲍尔·施蒂尔纳:《德国物权法》(上册),张双根译,法律出版社2004年版,第113、117页。

实性支配关系下而被承认的客观性关系中。换言之,物被认为不是基于该人的实力,而是因社会秩序的力量处于其支配之下而存在。[1] 在普通法上,波洛克指出,作为事实问题的事实占有,似乎不完全是个事实问题,其取决于当时民众或邻居对最终是法律问题之事物的意见。[2] 因此,随着社会的进步、科学的发达以及需求的变化,对于物的支配已经日趋抽象化,而成为观念的产物。其不再以人对物的实际物理接触为前提,而是依社会观念认可其人对物具有事实支配的关系而成立,从而建立起事实上的管领力。[3] 这种变化主要体现在两个方面:第一,因公众观念导致客观支配事实的松弛。占有是否成立应当结合支配事实和社会观念综合认定,当缺少物理上的支配力时,可以通过社会观念认可进行补足。[4] 第二,因法律关系成立的完全观念而占有。在物理上的管领力缺失时,其管领力也可以通过法律之力体现。例如,在间接占有的情形下,间接占有人并不存在对物的直接接触,而是依据其与直接占有人的法律关系而体现其管领力权限范围;在辅助占有的情形下,辅助占有人尽管是标的物理上的事实支配者,但依社会观念却不具有独立的管领力,而是归属于对其负有法律义务的相对人。[5]

故上述反对观点中对占有制度的误解应当予以澄清,即占有支配力的取得并不必以物理性持有为必要,也不以完全排除外力干涉状态为必要,只要从一般社会观念来看,其人对该物已处于可排除他人干涉的状态,即可构成占有。[6] 故信息的无体性并不能成为直接否认信息适用占有保护的原因,关键在于对信息控制的事实能否为社会公众所感知并认可该支配状态。

---

〔1〕 参见[日]我妻荣:《新订物权法》,罗丽译,中国法制出版社2008年版,第479页。

〔2〕 参见[英]弗雷德里克·波洛克:《普通法上的占有》,于子亮译,中国政法大学出版社2013年版,第18页。

〔3〕 参见刘智慧:《占有制度原理》,中国人民大学出版社2007年版,第225~226页。

〔4〕 参见马寅翔:《占有概念的规范本质及其展开》,载《中外法学》2015年第3期。

〔5〕 参见吴民许:《无体财产保护的制度变迁和理论演进——以知识产权为主要视角》,中国政法大学2007年博士学位论文,第73页。

〔6〕 参见刘智慧:《占有制度原理》,中国人民大学出版社2007年版,第233页。

与一般有体物不同的是，信息由于其无体性必须依附于特定载体而被感知，对其载体可以按照有体物的方式进行物理控制或持有，但由于信息一般具有“共识性”或者共享性特征，公开的信息可以由任何人在任何时间、地点获得，[1]故难以通过类似于有体动产持有或者不动产利用的形式直接认定对信息的事实支配力。但这并非意味着信息不可控制。与有体物通过物理力量对物进行控制不同，信息的独占或共享是以信息传播性为基础的，[2]信息传播既包括了前述对信息载体介质的控制和转移，也包括不以载体控制和转移为基础作为传播对象的人对于信息的直接接触、理解和吸收。但没有信息的传播性也就无所谓共享性，如果采用人为的措施切断信息源的传播性，信息同样可以具有类似于有体物的排他性，最典型的就是对于商业秘密保密、技术措施加密的情形。[3] 对于此种控制，虽然一般公众无法直接获知其内容，但根据保密措施以及技术措施的外观却可以确定其归属和支配力。像密封于存储罐中的氧气，虽然氧气本身是无色、无味不可感知的，但是一般社会公众可以从他人对氧气罐的持有知晓其边界和归属。故而物理性支配并非限制信息占有保护的正当原因，对于信息可以通过切断其传播性、建立排他性控制而符合占有的支配力要件。就何种情况下符合该事实控制要件，将在制度建构部分具体探讨。

---

〔1〕 参见彭诚信：《智力成果、知识产权与占有制度》，载《法商研究》2002 年第 6 期。

〔2〕 所谓信息的传播性，是指“信息可以在空间范畴从一点转移到另一点，也可以在时间上从某一时间向另一时间纵向传递”。参见朱谢群、郑成思：《也论知识产权》，载《科技与法律》2003 年第 2 期。

〔3〕 参见董涛：《知识产权还需要占有制度吗？——知识产权给占有制度带来的困惑与重构》，载《浙江大学学报(人文社会科学版)》2009 年第 4 期。此外，如前所述，在美国商业秘密保护早期理论探讨中，曾将商业秘密保护理解为对信息的占有，其挑战在于如何对作为无体物的信息进行占有而建立排他性，因为信息不仅无法像有体物那样进行物理上的控制，而且可以无限复制并不具有竞争性。因此美国法院认为，民事主体占有信息并排除他人的唯一方式就是保密，因此保密是信息占有和获得普通法上财产权保护的先决条件，只要信息通过保密即可以获得普通法上的财产权保护，一旦其公开便进入公有领域，所有普通法上的权利均宣告终止。See Robert G. Bone, *A New Look at Trade Secret Law: Doctrine in Search of Justification*, 86 California Law Review 241 (1998).

二、占有绝对性要件反驳

关于反对信息占有的另一观点在于，占有是对物事实上的管领力，必须对物进行事实支配，排除任何他人对物的干涉。由于信息具有非竞争、非排他的特性，即使是权利人自己占有和使用某种信息，在事实上也很难排除（也不太会干扰）他人对相同信息的占有和使用，所以就谈不上任何排除他人干涉的管领力。[1]

关于上述反对信息占有的观念需要进一步澄清和分类讨论。如前所述，民法上占有具有多重效力，包括占有的保护效力、占有的推定效力、占有的取得效力、占有人对占有物的使用和收益权以及占有人的有关费用返还请求权等。[2] 占有保护是独立于所有权制度对物支配事实的保护，其他占有的有权推定、时效取得等制度主要是占有与所有权关系，故信息之上能否成立占有保护，以及是否应当赋予权利推定、时效取得等法律效力应当分开进行讨论。

既有对于信息占有的研究集中于已经被知识产权法所涵盖的对象，即著作权法上的作品、商标法上的商业标记、专利法上的技术方案能否被占有，以及作为知识产权的权利能否适用准占有的问题，知识产权的准占有问题是研究的重点，理论上认为知识产权并不需要通过占有来彰显本权，反对

〔1〕 由郑成思教授主持起草的民法典知识产权篇专家建议稿第5条建议："知识产权的客体表现为一定的信息，一般不能作为占有的标的，故不适用于占有相关的制度，如时效取得等。"其原因在于，"作为物权客体的物，一般是可以被特定人占有的，而作为知识产权客体的技术方案、商标标识或作品，则不可能被特定人占有——它们可能被无限地复制，因此可能被无限数量的人占有"。参见郑成思：《民法典（专家意见稿）知识产权篇第一章逐条论述》，载《环球法律评论》2002年第3期。类似观点参见刘家瑞：《论知识产权与占有制度》，载《法学》2003年第10期；彭诚信：《智力成果、知识产权与占有制度》，载《法商研究》2002年第6期。

〔2〕 参见刘智慧：《占有制度原理》，中国人民大学出版社2007年版，第276~312页。

将占有适用于知识产权。[1] 笔者在此赞同反对观点，即由于知识产权客体的信息是不能被某个人单独占有的，占有客体的行为多数无法稳定地起到向社会传递占有人与占有客体之间存在固定法律关系的作用，也就无法起到权利表征的作用，故无法适用先占取得、时效取得、所有权推定等制度，而只能适用知识产权制度所确立的独立权利体系。

占有制度除了作为所有权制度的“外部形象”，更根本的意义在于其作为一种完全独立的制度，如果所有权主要解决物之归属和权利变动关系，占有则主要解决对物事实上的控制与支配。[2] 虽然信息的非独占性导致其无法表征权利从而与信息内容的归属和权利变动建立联系，但这一特性不必然同样地排斥适用占有保护，即保护信息（包括可获得知识产权保护的客体，也包括不可获得保护的一般信息）控制之上的事实财产权。占有作为“事实财产权”成立的要件很大程度上取决于社会的财产权观念，独占性是否为占有成立的必要条件需要回归传统民法对物排他性支配要件的理性基础以及结合财产权本质来进行考量。

在大陆法系，财产权的建构基本上一直遵循“对物性”的认知而展开，这反过来成为限制财产法制度变革的桎梏。[3] 在罗马法上，存在对人的诉讼和对物的诉讼的形式。对人的诉讼是指针对契约或私犯而向债务人提起的诉讼，对物的诉讼则是主张对有体物所有或主张权利的诉讼，但这仅仅是一种概括的区分，“对物权”仅仅是有关物的权利，而并未形成完整的物权概

〔1〕 相关研究参见郑成思：《民法典（专家意见稿）知识产权篇第一章逐条论述》，载《环球法律评论》2002年第3期；彭诚信：《智力成果、知识产权与占有制度》，载《法商研究》2002年第6期；刘家瑞：《论知识产权与占有制度》，载《法学》2003年第10期；董涛：《知识产权还需要占有制度吗？——知识产权给占有制度带来的困惑与重构》，载《浙江大学学报（人文社会科学版）》2009年第4期。

〔2〕 参见彭诚信：《占有的重新定性及其实践应用》，载《法律科学（西北政法大学学报）》2009年第2期。

〔3〕 参见冉昊：《对物权与对人权的区分及其实质》，载《法学研究》2005年第3期。

念,即不存在对物绝对支配的概念。[1] 对物绝对支配和完整的所有权概念实际上是罗马法复兴运动中法学家们对于罗马法重新阐释和理性构造的产物。14世纪文艺复兴以后对于个体存在极度强调,自由和权利观念勃兴,通过诸多法学家尤其是萨维尼的努力,物权与债权的二元划分得到普遍确立,并明确提出了"物权"的概念。[2] 萨维尼深受康德哲学的影响,认为自由存在的人应互无妨碍地共存并进行自我发展,为此必须由法律划分个人的自由领域,法律关系为每个人分配不受他人妨碍的依个人意思支配的领域。外部世界包括两个方面:第一,不自由的自然;第二,作为自由存在的他人人格。"不自由的自然"的基本单元即"物",人们可以对个人自由领域的"物"进行不受限制的、排他的支配。因此,萨维尼重构了罗马法以来"物"的概念和"所有权"的概念,将物仅局限于有体物,所有权则是"物上一切可能的权利",他物权只是在所有权内部进行的有限支配,其本身并非独立于所有权之外的支配形式。[3] 对物权的含义从"对有体物发生的权利"悄然地转向了"支配性的权利",[4] 占有作为财产权取得和表彰的方式,则其成立要件必然要去适应这种财产权理解的变化。因此,萨维尼认为,"不可能多数人对同一物进行占有,占有必然是排他的"[5]。德国民法典编纂最终采纳了萨维尼"物权"的概念,将"物"局限于有体物,将"所有权"作为最为完整的财

[1] 罗马法上,《法学总论》将物与用益物权、所有权、地役权混淆在一起,《法学阶梯》将债也归于无形物。参见梅夏英:《两大法系财产权理论和立法构造的历史考察及比较》,载《私法》2001年第1期。

[2] 参见金可可:《私法体系中的债权物权区分说——萨维尼的理论贡献》,载《中国社会科学》2006年第2期。

[3] 萨维尼解释为:"个人对不自由的自然作所有权之外的支配,是不可想象的;但也许在所有权内部,则可以设想受到多种多样限制的支配;由此,按照任何实证法的规定,就可以构成多种作为特殊法律制度的他物权。"参见金可可:《私法体系中的债权物权区分说——萨维尼的理论贡献》,载《中国社会科学》2006年第2期。

[4] 参见冉昊:《法经济学中的"财产权"怎么了?——一个民法学人的困惑》,载《华东政法大学学报》2015年第2期。

[5] [德]弗里德里希·卡尔·冯·萨维尼:《论占有》,朱虎、刘智慧译,法律出版社2007年版,第120页。

产权利，这在此后进一步塑造了大陆法系财产权立法。有学者对此评价为，现在大陆法系的民法体系发端于工业革命时代初期，法学家们以当时最重要的财产类型——动产实物为原型，展开其对“财产权”上层建筑内涵的归纳，在财产制度中坚持了财产权利的“对物性”静态原子化理解，仅以有体物为限，将阐释财产权的具体概念落脚于有绝对性意指的“所有权”，演绎出了“一物一权”“物权法定”等原则，这强化了整个物权性权利的排他性和确定性，但反过来却压缩了其客体范围和体系适用范围，〔1〕信息等之后出现的无体财产形态则无法纳入该体系调整范围。由于占有与所有的密切关系，社会对“财产权”理解的变化对应性地带来了对占有理解的变化，学者们将“所有权”的独占要件解读进占有的取得要件，进而也限制了占有制度的保护范围。

对于财产权并非必须固守“物”的基础单元进行理解和建构，这可以从与大陆法系相独立的普通法中得到印证。普通法系与大陆法系共享着第一个千年的共同传统，却并未经历系统的形而上学总结和理性设计的过程，而是主要遵循着日耳曼法的传统自然演化而成。〔2〕相对于大陆法系，英美法系一直未采用主体全面支配客体的“所有权”解释路径，也并不存在一物之上只能有一个占有的限制。如前所述，与罗马法上界定抽象的所有权不同，日耳曼法为法律习惯之集合，其权利客体并非局限于一物，而是从交易习惯、经济用途出发构建，对于能满足人类生活需要物的事实控制，皆赋予其法律的支配力即占有保护，其可能是多人对同一物的分别占有，也可能是一人在多物之上成立一个占有。尤其对于不动产而言，其利用形式具有多样性，由于中世纪土地归国王所有，国王将土地分封给各领主，各领主又将土地租给佃户使用，基于多种用益形式在同一土地上可能出现重叠的多重支

〔1〕 参见冉昊：《财产权的历史变迁》，载《中外法学》2018 年第 2 期。

〔2〕 参见冉昊：《论两大法系财产法结构的共通性——英美法系双重所有权与大陆法系物权债权二元划分的功能类比》，载《环球法律评论》2006 年第 1 期。

配权,如所有占有权、封地占有权、用益租赁占有权以及质的占有权等。英美法承袭了日耳曼法传统,在其法律体系中始终未构建起一个全面支配客体的“所有权”工具,而是按照社会交易观念根据不同的用益形式在同一物之上构建起不同的“地产权”(estate),由不同主体进行占有并提供平等保护,只有当不同的权利之间出现冲突时,才通过比较衡量更优权利提供保护。在这种根据现实需要灵活界定财产权的法制背景下,法律现实主义进一步对财产权的概念进行解构和重构以适应不断出现的财产形式:霍菲尔德提出财产权本质是对人性而非对物性,即财产权并非对某物的绝对性支配(其客体可以是物也可以不是物,可以是物之部分或多物),而是一人对抗很大范围且不确定的人的权利,〔1〕财产权的概念在现实主义解构下不再受其客体即“物”的束缚而成为一种对世性的“权利束”;在新私法运动中,传统财产权以物为核心出发点进行界定的模式也在“模块化”理论下得到解释,即以符合社会观念的方式将一系列权利组合到一起形成“财产权”可以有效地降低社会交易成本。〔2〕但这仅仅意味着一系列对世性权利束有必要以符合社会观念的方式进行打包组合,却并不必然以对某物建立绝对支配为必要。从日耳曼法以及普通法来看,占有作为一种“事实财产权”,其保护价值并不在于对于物建立了绝对支配,而在于其以符合社会观念的方式建立起了排除不特定人的事实控制即已足够。因此,波洛克将占有理解为一种“特殊所有权”,我们所说的(占有)是针对世界上的大多数人,而不是毫无例外地针对一切人。〔3〕

因此,虽然大陆法系对“所有权”的理解很大程度上影响了对“占有”的

〔1〕 See Wesley N. Hohfeld, *Fundamental Legal Conceptions as Applied in Judicial Reasoning*, 26 The Yale Law Journal 710 (1917).

〔2〕 See Henry E. Smith, *Intellectual Property as Property: Delineating Entitlements in Information*, 116 The Yale Law Journal 1636 (2007).

〔3〕 参见[美]詹姆斯·戈德雷:《私法的基础:财产、侵权、合同和不当得利》,张家勇译,法律出版社2007年版,第92页。

理解,即认为占有必须建立对物的绝对支配,一物之上只能成立一个占有,但从正当性理论出发,占有保护制度并非仅仅为了彰显所有权外观和保护所有权的目的,而是通过禁止私力而保障人格平等和意思自由。从普通法的经验来看,对物进行事实控制能够对抗不确定的多数人即可获得保护,而不必要建立对整个物的绝对支配。事实上,现行大陆法系的占有制度也认可占有与所有的保护目的的区别并进行了特殊的制度设计。因为现代占有制度不仅受罗马法影响,而且一定程度上吸收了日耳曼法的占有制度,在占有保护中认可多人对同一物进行占有:在德国民法典编纂中,其吸收了日耳曼法上占有中的多重占有而建立了间接占有制度,即对于基于一定法律关系,以直接占有人为媒介实现对物的间接控制而加以保护,在多人分级占有的情况下占有保护效力具有相对性。间接占有制度的确立扩张了占有保护的范围,也破除了一物之上只能有一个占有的思维桎梏。此外,《德国民法典》还规定了"部分占有"制度,说明了占有与所有的不同,而不受物权法一物一权之限制。[1] 只占有物的一部分,虽然无法适用所有权推定、时效取得等制度,但是可以适用《德国民法典》第858～864条的规定进行占有保护,即禁止违背占有人意思而侵夺或妨害占有,占有对法律禁止之私力可以实施自助行为、主张占有返还请求权和妨害防止请求权。对于信息,他人可以通过保密措施等实现对信息传播的事实控制,虽然其无法排除他人通过独立发现等方式对信息的占有,但这可以理解为类似于对物的部分的占有,占有人无法排除他人对该物其他部分的占有,但对于其事实控制的部分可以排除他人法律上禁止的私力,即占有是排除大多数人,而不是毫无例外地针对一切人的权利。

---

〔1〕 参见杨佳红:《民法占有制度研究》,西南政法大学2006年博士学位论文,第253页。

第四节 信息占有保护制度建构

无论从正当性层面还是从规范性层面，都应当承认信息占有而为信息控制的事实提供保护。由于信息本身具有无体性和共享性特征，信息之上事实支配力的成立与传统有体物存在明显不同，对于在何种情形下成立占有以及传统占有保护制度能否适用于信息领域需要进一步的探讨。在传统物理世界，对信息控制事实的保护可以通过载体之上的所有权以及占有加以实现，独立地承认以及界定信息占有的现实需求并不明显。但进入数字时代之后，物理控制转变为电磁技术措施，降低了物权法等其他法律机制直接提供保护的可能性，〔1〕对于网络空间中信息之上的私力控制有承认其占有并提供法律保护的突出必要。因此，本节将重点探讨网络空间信息占有制度的构造问题。

关于占有成立，信息获取和利用以其传播性为前提，传统商业秘密、接触控制措施以保密或技术措施切断了信息的传播性，排除了外力对信息的获取、利用和传播，故应当认为成立占有，现行商业秘密制度、接触控制措施保护也可以在占有制度下得到充分解释。〔2〕 但如前所述，占有的事实支配力成立并不以有能力排除外力干涉状态为必要，因为无限制地排除他人的排他性控制是不存在的，所有物理安全性都是有限的，占有所要求的与其他人的事实关系只不过是与排除他人意图具有相同范围的一种力量外显关系，只要能够将该意图确定下来即已足够。因为法律保护占有的重要意义在于以法律之力维护和平秩序而减少私力成本，如霍姆斯法官举例所阐释的，一个强悍的流氓和一个小孩以同样的距离面对一本书，此时，小孩将书

〔1〕 参见王迁：《论规制视频广告屏蔽行为的正当性——与“接触控制措施”的版权法保护相类比》，载《华东政法大学学报》2020年第3期。

〔2〕 具体可参见本书第三章第一节“二、商业秘密制度历史演进与理论变迁”。

捡起来了,流氓什么也没有做,则小孩就表现出了足够的力量,就仿佛100个警察在支持着他一样[1]。因此,只要根据一般社会观念可认为该物已处于可排除他人干涉的状态,即可构成占有。[2] 完全地要求排除外力干涉才承认信息占有保护,既会增加社会不必要的保密成本,也会阻碍信息的自由流动。

因此,除将信息完全保密之外,其他情形下是否需要以及可以依据社会观念或者法律之力认定信息占有成立?在传统物理世界中可以依据交易习惯推定社会观念,由于网络空间尚处于形成和发展的成长阶段,并不存在一致性的社会观念为此提供答案,这也是关于互联网空间中访问规则争议的原因,但如奥林·科尔教授在界定网络空间的不动产——"计算机系统"的入侵规则时所提出的,"法官们在适用侵入计算机的法律时往往举棋不定,因为互联网尚处于成长期,其行为规范尚未确定。在规范形成的过渡期内,司法应当从政策制定的角度发现并适用最佳规则,过渡期内司法所确立的规则可以形塑长期行为规范"[3]。故在成熟社会观念形成之前,有必要从促进信息创造和共享的政策视角,以法律规制为信息控制事实界定恰当保护范围,引导社会观念形成从而建立网络空间信息传播的健康秩序。笔者以下将以比较法上对信息控制事实保护的制度模式为起点,归纳认定占有成立的基本要素,在此基础上结合政策目标构建信息占有保护制度。

一、信息控制保护比较法研究

(一)美国法

普通法上,依据财产客体为动产或不动产而可以适用不同形式的占有

[1] 参见[美]小奥利弗·温德尔·霍姆斯:《普通法》,冉昊、姚中秋译,中国政法大学出版社2006年版,第207页。

[2] 参见刘智慧:《占有制度原理》,中国人民大学出版社2007年版,第233页。

[3] Orin S. Kerr, *Norms of Computer Trespass*, 116 Columbia Law Review 1143 (2016).

保护。如前所述,美国法上计算机系统可以类比于土地,计算机系统内的数据信息可以作为计算机系统的一部分类比适用侵入土地制度。除此之外,信息本身等无体财产还可以作为动产获得普通法上的占有保护。普通法对私人动产的故意侵害主要通过两种形式保护:侵害动产和侵占之诉。[1] 前者主要指他人故意以法定可感知的方式侵害原告对于动产的占有的行为,包括干扰原告对其动产的接触和使用等;[2]后者指他人故意对他人动产进行实质控制严重损害原告占有权利的行为。[3] 由于二者事实上均是对动产占有权利的保护,尤其对于侵占而言,其需要侵权人剥夺原权利人的占有而建立实质上的控制,根据传统的普通法规则其客体均应限于有形财产,但随着信息时代财产形式的不断扩展,"侵占行为适用于任何可以被私人所有的财产"(an action for conversion lies for every species of personal property which is the subject of private ownership)。[4] 美国法上,在建立一定权利外观的前提下,有形财产和无形财产均适用侵占规则,为信息占有制度的构建

---

〔1〕《侵权法重述(第二次)》第217节"侵犯动产的方式"规定,对动产的侵犯可以如下方式作出:(a)故意剥夺他人对动产的占有,或(b)故意使用或乱动他人所占有的动产。参见[美]爱伦·M.芭波里克选编:《侵权法重述纲要》(第3版),许传玺等译,法律出版社2016年版,第47页。

〔2〕《侵权法重述(第二次)》第218节"对占有人的责任"规定,侵犯动产者在并且只在以下情形中对动产的占有人承担责任:(a)他剥夺了该他人对该动产的占有,或(b)该动产在其状况、质量或价值方面受到了破坏,或(c)该占有人在实质长时间内剥夺了对该动产的使用,或(d)他给该占有人或给该占有人对其享有某一受法律保护权益的某人或某物造成了人身伤害或损害。参见[美]爱伦·M.芭波里克选编:《侵权法重述纲要》(第3版),许传玺等译,法律出版社2016年版,第48~49页。

〔3〕美国《侵权法重述(第二次)》第222a节"非法占有由何构成"规定:(1)非法占有是对一动产故意施行统辖或控制,该统辖或控制如此严重地干涉了他人控制该动产的权利,以致行为人可以被正当地要求向该他人赔偿该动产的全部价值。(2)在确定该干涉的严重性和要求行为人赔偿该动产全部价值的正当性时,应考虑以下重要因素:①行为人施行统辖或控制的范围和持续时间;②行为人主张与该他人的控制权在事实上相抵触的某一权利的意图;③行为人的善意;④所造成的对该他人控制权的干涉的范围和持续时间;⑤给动产造成的损害;⑥给该他人造成的不便和花费。参见[美]爱伦·M.芭波里克选编:《侵权法重述纲要》(第3版),许传玺等译,法律出版社2016年版,第51~52页。

〔4〕See e.g., Kremen v. Cohen, 337 F.3d 1024, 1033 (9th Cir. 2003) (quoting Payne v. Elliot, 54 Cal. 339, 341(1880)).

提供了思路借鉴。

1. 侵占之诉的历史

侵占最早起源自 11 世纪诺曼征服时期,当时没有对于刑事案件的公诉,公民对于盗用动产的侵权或犯罪行为仅可提起私人诉讼救济,一般分为两种形式:如果盗贼在持有赃物时被捕,其将不经审讯直接被处以死刑;在其他情况下,对于财产的合法所有权将通过“决斗断讼法”(wager of battle)解决,即由受害者与盗贼之间进行决斗。[1] 到 12 世纪末期,国家力量介入,盗贼被捕后一般直接由王权进行处罚,盗窃财产被国王没收而不是返还所有人。[2] 直到亨利三世时代(1252 年开始),作为所有人或受托人的占有权利人的占有被无权第三人干涉或剥夺时,权利人可提起侵害他人财物之诉(trespass *de bonis asportatis*)。但在侵害之诉下,原告仍然被视为动产的所有人,被告将动产返还时其必须接受,其只能向被告追偿由于丧失占有、动产损害而导致的损失,这通常远低于其实际价值。[3] 针对合法取得占有的受托人拒不返还占有财产,权利人可以提起返还扣留物之诉(action of detinue),而被告可以选择返还原物或支付全额赔偿。由于返还扣留物之诉与侵害之诉有不同性质,当受托人选择返还动产但同时对动产造成损害时,由于该诉与侵占之诉具有不同属性,权利人不能就损害主张赔偿而无法获得充分救济。[4] 15 世纪后期,普通法上发展出了追索侵占物诉讼(action of trover)弥补二者之间的断层。其最早适用情形为,被告发现了原告的财产而拒绝返还,将其转换为自己所需要的形式(包括自己保留、改装以及出售后保留金钱等形式),原告因此有权在动产返还时拒绝接受并要求被告赔偿在

---

〔1〕 See Jame Bar Ames, *The History of Trover*, 11 Harvard Law Review 277, 279 (1897).

〔2〕 See Courtney W. Franks, *Analyzing the Urge to Merge: Conversion of Intangible Property and the Merger Doctrine in the Wake of Kremen v. Cohen*, 42 Houston Law Review 489 (2005).

〔3〕 See William L. Prosser, *The Nature of Conversion*, 42 The Cornell Law Quarterly 168 (1957).

〔4〕 See Dan B. Dobbs, Paul T. Hayden & Ellen M. Bublick, *Hornbook on Torts*, West Academic Publishing, 2016, p. 191.

转换当时、当地动产的全部价值,如同被告从原告处购买了该财产。[1] 其既非侵害也非扣留动产,原则上未丧失占有或间接占有的权利人并不能主张追索侵占物诉讼,但由于证明责任上原告仅仅主张被告发现动产也不需要实际证明,为该诉留有了广阔的适用空间。其相较于传统诉讼形式救济更为充分,适用范围已扩大到包括盗窃在内的其他盗用行为。[2] 到 19 世纪,侵占之诉由于其救济的全面性由追索侵占物诉讼发展为一种独立的侵权责任形式,此后很快为美国法上所接受。1965 年美国《侵权法重述(第二次)》第 222a 节"侵占由何构成"规定为:"侵占是对一动产故意行使支配或控制,该支配或控制如此严重地干涉了他人占有该动产的权利,以致行为人可以被正当地要求向该他人赔偿该动产的全部价值。"侵占之诉的一般构成要件包括:[3]第一,其客体为动产,一般只包括有形物而不包括无形物,因为一般认为针对无形财产难以在物理上被占有、夺取和发现。[4] 第二,原告对于该动产具有占有的权利。第三,严重干涉(serious interference)。区别于侵害之诉,侵占之诉的核心要素是对动产的控制,其不仅要剥夺原告对于动产的占有,而且要达到足够严重程度以使其脱离原告的控制。第四,主观要件上要求被告对于动产的控制有足够认知。第五,责任形式上,除非原告接受动产的返还,否则被告应当向原告支付动产的全部价值,接受该动产的强制出售。

2. 侵占客体由有形物向无形财产的扩张

在现代社会,随着无形财产的出现以及其在社会财富中占据更为重要的地位,美国法上侵占之诉中动产的概念由传统的有体物向无体财产扩张,

---

[1] See Dan B. Dobbs, Paul T. Hayden & Ellen M. Bublick, *Hornbook on Torts*, West Academic Publishing, 2016, p. 191.

[2] See William L. Prosser, *The Nature of Conversion*, 42 The Cornell Law Quarterly 168 (1957).

[3] See Dan B. Dobbs, Paul T. Hayden & Ellen M. Bublick, *Hornbook on Torts*, West Academic Publishing, 2016, p. 194.

[4] See Courtney W. Franks, *Analyzing the Urge to Merge: Conversion of Intangible Property and the Merger Doctrine in the Wake of Kremen v. Cohen*, 42 Houston Law Review 489 (2005).

可分为四个阶段。[1]

第一阶段,自追索侵占物诉讼产生起,遵循该诉讼中财产丧失和发现的传统要件,其对象只能针对有体物。

第二阶段,无体物的有体化拟制,遵循合并原则,对于附着于有形载体体现的无体物,如果该有形载体被侵占将构成侵占侵权。合并原则要求对有形载体的占有视同于对无体财产本身的占有,如支票、债权、提单等。但是,对于账簿、保单等,其本身仅作为权利存在的证据而不能代表对该权利的实际占有,不符合合并原则。有的法院则认为,应当聚焦于侵害的实质而不必将其完全等同于有体物,认为只要对有形载体的侵占为侵害该无形财产的手段即符合合并原则,在此情形下契据、保单、账簿也属于侵占的客体。但仍然遵循遗失和发现的有形要求,对于该有形载体未被侵占但无体财产权利被侵害的,将不视为侵占。

第三阶段,以美国《侵权法重述(第二次)》为标志,其第 242 节"对文件与无形权利的非法占有"规定:"(1)当文件为无形权利所附着时,对非法占有该文件的损害赔偿包括该无形权利的价值;(2)即使文件本身并未被非法占有,但当行为人有效地阻止通常附着于其上的无形权利行使时,应承担与非法占有文件类似的责任。"[2]第 2 款对于侵占客体的有形性要求作出了变通,即有形载体虽然未被侵占,但符合合并原则的无形权利行使被侵害的,也将视为侵占。

第四阶段,侵占之诉的客体向所有无形财产类型的扩张。该扩张目前正在进行中,包括以下方面内容。

---

〔1〕 See Lawrence H. Hill, *A New Found Haliday: The Conversion of Intangible Property—Reexamination of the Action of Trover and Tort of Conversion*, Utah Law Review 511 (1972).

〔2〕 虽然《侵权法重述(第二次)》并未明确其仅针对有形的文件,但基于历史上侵占之诉"夺取和发现"(taking and finding)的要求,被侵占的文件或客体仍认为必须是有形的。参见美国法律研究院:《侵权法重述第二版:条文部分》,许传玺等译,法律出版社 2012 年版,第 99 页。

（1）侵占之诉的客体范围

1965 年美国《侵权法重述（第二次）》主要涉及的是转让与不可转让的期票、债券、股票、汇票、保单、存折等财产权利，但随着信息技术的出现，更加多样化的无形客体形式产生，商业构思[1]、音乐表演[2]、商誉[3]、计算机程序[4]、消费者保密信息[5]、电视节目信号[6]、治疗计划[7]、行政特许[8]、域名[9]、数据文件[10]等在各州司法实践中成为侵占之诉的客体。通过客体类型逐个确定侵占之诉的范围导致不同法院之间裁判观点冲突，并且其只能依靠遵循先例提供保护，既无法充分保护不断产生的新兴无形财产形式，也难以向所有权人确立是否提供保护的稳定预期。[11] 在佩恩诉艾略特案中，加利福尼亚州最高法院曾明确，侵占之诉保护各种个人财产，无论其有形或无形。[12]

---

〔1〕 See Evans v. American Stores Co., 3 Pa. D. & C. 2d 160 (1955); Hartford Acc. & Indem. Co. v. Walston & Co. 21 N. Y. 2d 219 (1967); Astroworks, Inc. v. Astroexhibit, Inc., 257 F. Supp. 2d 609 (S. D. N. Y. 2003).

〔2〕 See A. & M. Records, Inc. v. Heilman, 75 Cal. App. 3d 554 (1977).

〔3〕 See In re Estate of Corbin, 391 So. 2d 731 (Fla. Dist. Ct. App. 1980).

〔4〕 See National Sur. Corp. v. Applied Sys., Inc., 418 So. 2d 847 (Ala. 1982).

〔5〕 See Blue Cross & Blue Shield of Conn., Inc. v. DiMartino, 1991 Ct. Sup. 5948 (Conn. Super. Ct. 1991).

〔6〕 See Quincy Cablesystems, Inc. v. Sully's Bar, Inc., 650 F. Supp. 838 (D, Mass. 1986).

〔7〕 See Charter Hosp. of Mobile v. Weinberg, 558 So. 2d 909 (Ala. 1990).

〔8〕 See G. S. Rasmussen & Associates v. Kalitta Flying Services, 958 F. 2d 896 (9th Cir. 1992).

〔9〕 See Kremen v. Cohen Network Solution, Inc., 337 F. 3d 1024 (9th Cir. 2003).

〔10〕 See Shmueli v. Corcoran Group, 9 Misc. 3d 589 (N. Y. Sup. Ct. 2005).

〔11〕 See Courtney W. Franks, *Analyzing the Urge to Merge: Conversion of Intangible Property and the Merger Doctrine in the Wake of Kremen v. Cohen*, 42 Houston Law Review 489 (2005).

〔12〕 See Payne v. Elliot, 54 Cal. 339, 341 (1880) ("But the fiction on which the action of trover was founded, namely, that a defendant had found the property of another, which was lost, has become, in the progress of law, an unmeaning thing, which has been by most courts discarded; so that the action no longer exists as it did at common law, but has been developed into a remedy for the conversion of every species of personal property").

在拉斯姆森诉卡利塔航空公司案[1]中，就拉斯姆森公司向联邦航空管理局申请的补充型号合格证能否作为财产而被侵占，美国第九巡回上诉法院基于现有的无形财产形式进一步提炼出法律上承认的财产权的三个标准：其一，能够被精确界定的利益，该要件要求权利可以在某物中被界定，显示在某地、某人认可其权利主张；其二，该利益必须能够被排他性控制；其三，推定的所有者必须对建立该排他性存在合法基础，即其投资程度必须足够达到援引财产法保护的水平，[2]确保只有有限且具有独特的信息才可以得到保护。符合该三项要件并存在有形文件的客体即属于侵占之诉保护的客体，这极大地扩展了侵占之诉的保护范围。

(2)载体的有形化要求

信息技术的出现改变着无体物的体现形式和交易形式，关于合并原则中载体的有形要求也发生了改变。在加利福尼亚州，美国第九巡回上诉法院在克里门诉柯恒案[3]中，对载体的有形性要求作出了扩张。在该案中，美国国家科学基金会(National Science Foundation)授权网络方案有限公司(Network Solutions Inc，NSI)向全国提供域名注册，原告克里门(Kremen)注册了“sex. com”的域名，此后NSI根据虚假文件将域名转让给了柯恒(Cohen)，由于柯恒已经离开美国，原告难以向其主张救济，因此原告以侵占之诉等起诉NSI承担赔偿责任。加利福尼亚州北区法院遵循传统的侵占之

[1] 根据相关规定，对任何已有安全认证型号的飞机进行改装，必须向联邦航空管理局(FAA)提供拟议改装的适航性的方案和安全测试数据，经审核批准后FAA将颁发补充型号合格证(STC)，生产商方可获得改装。在该案中，原告拉斯姆森向FAA申请获得了STC，被告卡利塔依据拉斯姆森的改造方案及STC向FAA申请了适航性审批并对其飞机进行了改造，拉斯姆森因此起诉被告对其STC构成侵占。See G. S. Rasmussen & Associates v. Kalitta Flying Services, 958 F. 2d 896 (9th Cir. 1992).

[2] 特区巡回法院也继受了该理性基础，即认为“当信息以一定的成本收集和整理并作为商品在市场上出售时，应当得到适当的财产保护。当思想是由劳动和发明才提出的……他们应当受到保护……培育他们的人可以在法律的保护下收获自己的成果”。See Pearson v. Dodd, 410 F. 2d 701, 707 - 08 (D. C. Cir. 1969).

[3] See Kremen v. Cohen, 99 F. Supp. 2d 1168 (N. D. Cal. 2000).

诉的要件,认为域名属于无形物,其并未与文件或其他有形物合并或标识在一起,而不能作为侵占之诉保护的客体。美国第九巡回上诉法院认为,克里门对其域名所拥有的权利可以在域名系统(Domain Name System,DNS)的注册数据库中得到证明,DNS以电子形式而非墨水和纸张存储这一事实并不重要,因为侵权法重述并不需要文件是有形的。即只要存在相应文件(无论是有形还是无形,纸质还是电子)以证明其占有侵占的财产权,合并原则即认为已经满足。在纽约州,美国第三巡回上诉法院在蒂罗夫诉全美互惠保险公司案[1]中也采取了类似观点。在该案中,蒂罗夫(Thyroff)是全美互惠保险公司(Nationwide Mutual Insurance Company)的代理商,代理期间蒂罗夫租用了全美互惠保险公司的计算机硬件及办公软件用于记录客户数据以及电子邮件等个人数据存储。在双方解除代理协议后,全美互惠保险公司收回了其计算机及办公软件,蒂罗夫因此无法访问其客户数据及个人数据,因此向法院提起侵占之诉。地区法院认为,由于办公软件归全美互惠保险公司所有,且蒂罗夫并未证明全美互惠保险公司排除了蒂罗夫对其数据的独占而建立控制。该案上诉到美国第二巡回上诉法院后,美国第二巡回上诉法院认为,"合并原则反映了这样一种理念,即无形财产权益只能通过对代表该权益的纸质文件进行支配才能转换",但所有权交易甚至盗窃他人财产都以电子化形式进行;无论其存储格式是有形还是无形的,文件内保存的信息价值不受影响,其可以轻易地由无形的电子文件打印成为有形的纸质文件。因此,侵占之诉的内涵应当与计算机的广泛应用相同步,打印文件与电子记录在侵占之诉中不存在差异。但法院并未在该案中讨论其他存储形式是否符合合并原则。一般认为,在纽约州主张对于无形客体的侵占之诉必须满足四个要件:第一,原告必须拥有被侵占客体;第二,无形客体必须以数字或虚拟形式保存并与纸质或物理形式无异;第三,原告对于客体的控制必须被非法剥夺;第四,存

---

〔1〕 See Thyroff v. Nationwide Mutual Insurance Co. , 2007 N. Y. Slip Op. 2442 (N. Y. 2007).

在实际损害。

(3)支配或控制要求

在传统侵占之诉中,被告对于动产的支配或控制要求足以达到在“所有时间以及所有地点”利用该动产的程度,以剥夺权利人对于财产的一般性利用,而非仅仅损害其独占性利益。[1] 该要求是对于传统有体物而言的,但是对于电子文件载体以及信息、信号等无体财产,其本身具有非独占、非排他的特性,他人侵害行为一般并不排除权利人对无形财产及其载体的利用,大多数法院在实践中一般并不恪守该要件。例如,在纽约赛车协会诉拿骚场外投注公司案[2]中,纽约赛车协会(New York Racing Association, NYRA)起诉拿骚场外投注公司(Nassau OTB)在其网站上未经授权转播了其比赛视听信号,该行为构成对其财产的侵占。拿骚法院认为,根据蒂罗夫诉全美互惠保险公司案先例,对于电子数据的盗用将构成侵占,其保护的是计算机内存储信息的“内在价值”(intrinsic value)而非物理形式,即使被告电子数据传输行为并未排除原告对其数据的访问仍将构成侵占。[3]

3. 侵占原则对于无形财产的更宽泛保护

侵占之诉最早源于追索侵占物诉讼,将其扩张至无形物,理论上存在无形物无法丧失和发现、无形物并非财产、无形物无法占有、无形物缺乏价值、

---

[1] 例如,在约翰逊诉魏德曼案(Jhonson v. Weedman)中,被告未经授权将原告的马骑出15英里,但对马匹未造成任何损害,法院认为其不构成侵占,因为尚不足以构成支配。See Johnson v. Weedman, 5 Ill. 494, 4 Scam. 494 (1843); Val D. Ricks, *The Conversion of Intangible Property: Bursting the Ancient Trover Bottle with New Wine*, 4 BYU Law Review 1681(1991).

[2] See New York Racing Association v. Nassau OTB, 29 Misc. 3d 539 (N.Y. Sup. Ct. 2010).

[3] 但也有少数法院仍遵循该要件。例如,在琼斯集团诉扎玛拉案(The Jones Group Inc. v. Zamarra)中,原告诉其三位前员工及其员工新雇主盗用其商业保密信息,纽约地方法院认为泰罗夫(Thyroff)案中美国第三巡回上诉法院并未废除“排除”要件的适用,原告并未证明被告剥夺了其对保密信息的占有而不构成盗用。See the Jones Group Inc. v. Zamarra, 2014 NY Slip Op. 31448 (U). 在美国职业棒球大联盟高级传媒公司诉大联盟分析公司案(MLB Advanced Media, L.P. v. Big League Analysis)中,纽约地方法院认为美国第三巡回上诉法院并未废除该规则,即“被告虽然对货物进行保管,但并没有排除所有人行使其权利的将不承担侵占责任”。See MLB Advanced Media, L.P. v. Big League Analysis, LLC, 2017 NY Slip Op. 32617(U).

无形物缺乏侵占的体现形式(specificity)、侵占必须具有符号特征等挑战。合并原则则通过将无形财产与有形载体相合并完成有形物的拟制而解决这些适用上的困难。同时,有学者评论,如果有形拟制是合并原则存在的唯一正当性基础,则是时候跳出这一限制了。[1] 侵占之诉已经从历史上的追索侵占物诉讼中完全独立出来,发展为侵害任何形式个人财产的一种救济形式,而不必遵循"丧失"与"发现"的历史桎梏。但随着信息等无形财产的出现,其盗用形式已经不再限于对其有形载体的侵害,侵占之诉救济的范围应当不再受限于其形式,而是对一切侵害财产权的行为提供救济(无论是有形还是无形),[2] 在既有知识产权保护体系之外,作为新生知识产权权利的确认和保护机制,可扩展到其他知识产权法保护之外的无形财产。例如,由于缺乏独创性或可专利性而不受版权法、专利法保护的计算机软件,不符合法定货币形式的"电子货币",电信服务,有价值信息及商业秘密等。[3] 在司法实践中,为了使无形财产获得更大范围的保护,[4] 美国有的州并不要求其与有形载体合并,将商誉等无形财产纳入保护范围;有的州则对于合并原则有"有形载体作为无体财产权利体现"的要求,仅要求载体与无形财产之间

---

[1] See Lawrence H. Hill, *A New Found Haliday: The Conversion of Intangible Property—Reexamination of the Action of Trover and Tort of Conversion*, Utah Law Review 511 (1972).

[2] See Lawrence H. Hill, *A New Found Haliday: The Conversion of Intangible Property—Reexamination of the Action of Trover and Tort of Conversion*, Utah Law Review 511 (1972).

[3] See Courtney W. Franks, *Analyzing the Urge to Merge: Conversion of Intangible Property and the Merger Doctrine in the Wake of Kremen v. Cohen*, 42 Houston Law Review 489 (2005).

[4] 关于无形财产侵占,美国各州裁判立场存在明显不同,可分为以下几类:(1)不承认对无形财产的侵占,如田纳西州等极少数州。(2)承认无形财产侵占,但不要求合并原则,即整体性对所有类型的个人财产进行保护,而无论其形式。(3)遵循合并原则,又可分为以下几种类型:第一,要求无形财产权利必须附着于载体体现,但不要求该载体必须是有形形式;第二,对于合并原则作宽泛理解,只要求无形财产与其载体之间存在模糊的联系,该载体仅作为该权利存在的证据即已足够,不必体现该财产权利;第三,严格遵循侵权法重述规定,仅认可体现权利的有形文件作为侵占的客体;第四,仅认可体现权利的有形文件作为侵占的客体,同时要求该有形文件实际被侵占。See Courtney W. Franks, *Analyzing the Urge to Merge: Conversion of Intangible Property and the Merger Doctrine in the Wake of Kremen v. Cohen*, 42 Houston Law Review 489 (2005).

存在模糊关联,作为其无形财产权利存在的证据即可。[1]

即使作为一种新的无形财产确认和保护的形式,合并原则也有其特殊意义。因为侵占属于严格责任而与他人意图无关,即使符合财产利益可精确界定、排他控制的能力、利益归属的合法性基础的财产权实质要件,也必须向潜在的侵占责任者公示其权利边界。与传统有体财产不同的是,信息等无形资产具有非竞争、非排他、非易耗的公共物品特征,占有往往与所有相分离,无体财产的侵占的支配与控制并不要求排除原权利人的占有和利用,因此必须提供明确的权利公示机制,明确潜在侵占者的责任边界。类比于有形财产登记和占有的公示机制,法定化的知识产权实际上是以登记机制公示其权利,但除此之外对于无形的信息难以存在一般的公示机制,合并原则实际上是通过将权利附着于有形载体而实现无体财产的有体化拟制,[2]通过权利人对于有形载体的占有而发挥其产权公示功能。因此,虽然有的州已经明确放弃合并原则要求,但应当将权利公示因素纳入考量。美国第九巡回上诉法院在克里门诉柯恒案中提出,只要存在相应文件以证明其占有侵占的财产权,合并原则即已经满足。基于此,合并原则新的适用条件为,该无形财产存在相关的媒介或载体,向潜在侵占者提供占有权利的公示及证据,表明占有人有超出其他所有主张的优先权。[3] 如果并不要求以有形载体为前提,且不存在法定知识产权的登记机制,对于接触的符合前述"财产"三要件保护的信息,相对人很难了解其是否获得法律保护及其权利来源,负有较高的注意义务,则仍然有必要遵循合并原则,即载体作为其权利行使的前提和体现。换言之,其信息财产的传播范围必须局限于其控制的载体的范围。

(二)德国法

德意志法系中,物仅限于有体物,原则上信息无法成为占有保护的客

---

〔1〕 See Res. Ventures, Inc. v. Res. Mgmt. Int'l, Inc., 42 F. Supp. 2d 423, 431 (D. Del. 1999).

〔2〕 See Pierpoint v. Hoyt, 260 N. Y. 26 (N. Y. 1932).

〔3〕 See Courtney W. Franks, *Analyzing the Urge to Merge: Conversion of Intangible Property and the Merger Doctrine in the Wake of Kremen v. Cohen*, 42 Houston Law Review 489 (2005).

体,故无法对信息控制的事实状态提供保护。但类似于美国法上的思路,部分德国和瑞士学者主张对于大数据建立占有制度。在《瑞士民法典》中,并未对占有的客体——“物”作明确界定。通说认为,物是独立的有体物,可以在事实及法律上加以控制。有学者认为,[1]首先,物的有体性并非外在对象是否可成为客体的严格标准,像传统的声、光、电等自然力虽然无体,但根据社会观念即可以作为物,像电子文件随着社会观念的发展也应当纳入物的范畴,对于数据以数位和字节的形式存储于电子文件之上,即认为应当符合有体性要求;其次,就物的可控性要求而言,数据以二进制代码形式存储于存储介质之上而可以被人类控制和支配,刑法典上持有(Gewahrsam)概念与民法上占有支配的概念接近,刑法上认可对于数据的物理上持有并禁止未经授权的数据获取和破坏数据完整性的行为,因此可以证明数据的可控性。故数据可以作为物进行占有及所有。在德国法上,虽然《德国民法典》第90条规定物仅限于有体物,但有学者认为对数据可以进行占有保护。[2] 首先,缺乏有体性并不必然排除占有规定的适用,而应当对有体性要件进行广泛解释;其次,数据具有可控性,其依据同样参考了刑法上对数据持有(Dateninhaberschaft)的认可,《德国刑法典》第303a条禁止对他人持有数据的删除、限制而使数据不可用或变更,其保护的前提是他人对数据的事实控制,即证明了数据的可控性。

目前,通过占有保护作为信息的数据仍然仅停留在理论层面,面对不断凸显的信息控制事实的保护需求,德国法实践中将信息作为不动产用益置于“家宅权”(Hausrecht)下加以保护。家宅权旨在排除他人对住宅的非法侵害以保护房屋内部的安宁利益。对住宅安宁的保护具有深厚的历史渊源,

---

〔1〕 Vgl. Eckert Martin, Digitale Daten als Wirtschaftsgut: digitale Daten als Sache, SJZ 112 (2016), S. 245 ff.; Eckert Martin, Digitale Daten als Wirtschaftsgut: Besitz und Eigentum an digitalen Daten, SJZ 112 (2016), S. 265 ff.

〔2〕 Vgl. Thomas Hoeren, Datenbesitz statt Dateneigentum-Erste Ansätze zur Neuausrichtung der Diskussion um die Zuordnung von Daten, MMR 1 (2019), S. 5 ff.

最早可以追溯到古希腊时代。罗马法中,虽然对于住宅安宁保护的时间存在争议,但相对明确的是,公元前 81 年颁布的《科尔内利亚侵权法》(*Lex Cornelia de Iniuriis*)将侵犯住宅纳入公犯范围,通过刑法加以保护。[1] 同时,家庭作为罗马时代最小的政治单元,家父对于其家庭所有成员和财富具有支配权,可以排除他人对其家庭成员和财产的不法侵害,也被视为保障其住宅安宁的一部分。在早期日耳曼部落中,由于不同家庭之间相隔较远,而形成了一个个相对独立的单元,住宅内提供食物和取暖,成为最基本的避难和安全场所,因此住宅成为其社会生活和政治生活的核心,家庭领主权(Hausherrschaft)则成为确保住宅安宁的基本制度。在其住宅范围内,领主可以作为规则的制定者,保护房屋内部家庭成员、雇工以及陌生人不受外来侵犯,制定行为规范,以及自由处分其家宅内部财产。因此,在日耳曼法上,领主权的核心不仅仅在于对财产的所有权,而是对于整个住宅空间的绝对支配。[2] 在中世纪,家宅权进一步得到了发展,许多市民权利中都包含家宅权的内容以保护住宅安宁秩序,针对不同场所(如酒馆、谷仓、汽车、轮船、修道院等)都建立了特殊利用规则。[3]

在现代立法中,随着人人平等观念的传播,家宅权下对于家庭成员人身支配的内涵已经逐渐被历史抛弃,但对房屋内安宁秩序的保障却延续了下来。《德国基本法》第 13 条第 1 款规定了“住宅不受侵犯”,构成了对于住宅安宁保护的基础,《德国刑法典》第 123 条“破坏居住和平”为保护住宅安宁提供了刑法保护。在民事立法中,《德国民法典》并未直接规定独立的家宅权,旨在通过对房屋所有者财产权的保护而建立对其住宅空间的支配,对住

---

〔1〕 参见丁玫:《罗马法私犯之债及其种类》,载丁玫主编:《中国法学文档》第 8 辑,台北,元照出版有限公司 2011 年版。

〔2〕 Vgl. Gabriella Piras, Virtuelles Hausrecht?: Kritik am Versuch der Beschränkung der Internetfreiheit, 1. Aufl. 2016, S. 23 f.

〔3〕 Vgl. Paul Jauer, Der Hausfrieden und seine besondere Berücksichtigung im geltenden Schuldrecht, 1. Aufl. 1931, S. 23.

宅的侵入即构成对其民事权利的侵犯。[1] 但在司法实践中，法院基于《德国基本法》第 13 条“住宅不受侵犯”[2]、第 14 条财产权和第 2 条人格自由的保障，[3]不断地适用家宅权以及房屋禁令(Hausverbot)的概念。即认为房屋的所有者及占有人，对其所控制的空间有进行使用和获得收益的权利，房屋所有者可自由决定何者进入其房屋，以及拒绝他人未经允许的进入。在物理世界中，德国联邦最高法院在判例中分别认可了零售商店[4]、超市[5]、机场[6]、体育场[7]、酒店[8]、博物馆[9]等运营者的家宅权，案件类型涉及相邻关系中家宅权的行使和限制规则、紧急避险对侵害家宅的违法性阻却规则、房屋租赁关系中出租人与承租人就家宅权产生的权利和义务规则、权利人对其所控制空间内他人行为的约束规则、权利人对其所控制的空间进行商业性开发规则。[10] 在过去十几年间，其不断将家宅权由有形财产保护扩展到对家宅内部信息的保护以及虚拟空间的保护，为事实上控制信息的保护提供了基础。[11] 现就德国民法上家宅权的法教义学基础、权利内容、其在信息领域的适用以及限制探讨如下。

---

[1] 在德国民法典编纂中，第一草案物权编的起草人约霍夫认为：“由于刑法上侵入住宅罪的客体，即家宅安宁，在私法上可以通过物权所有人和占有人对建筑物及其附属空间的支配完成，故其在民法典中没有必要以独立的法条存在。” Vgl. Götz Schulze, Das private Hausrecht Schutzrecht für die Gebrauchsnutzung von Räumen, JZ 8 (2015), S. 381.

[2] 例如，在足球赛事广播获酬案中，汉堡高等法院认为，《德国基本法》第 13 条“住宅不受侵犯”的基本权利不仅包括是否允许访问的权利，还包括访问的目的，家宅权就是该基本权利在民事领域的体现。Vgl. OLG Hamburg NJW-RR 2003, 1485.

[3] Vgl. BGH NJW 2012, 1725.

[4] Vgl. BGH NJW 1966, 1558; BGH NJW 1980, 700.

[5] Vgl. BGH NJW 1994, 188.

[6] Vgl. BGH NJW 2006, 1054.

[7] Vgl. BGH NJW 2006, 377; BGH NJW 2010, 534; BGH MMR 2011, 379.

[8] Vgl. BGH NJW 2012, 1725.

[9] Vgl. BGH GRUR 2019, 284.

[10] 参见李陶：《体育赛事举办者转播权的私法保护》，载《清华法学》2020 年第 5 期。

[11] Vgl. Götz Schulze, Das private Hausrecht Schutzrecht für die Gebrauchsnutzung von Räumen, JZ 8 (2015), S. 381 ff.; Philipp Maume, Bestehen und Grenzen des virtuellen Hausrechts, MMR 10 (2007), S. 620.

1. 家宅权的性质与内容

虽然家宅权在司法实践中不断被援引和使用,但一直缺乏对于其教义学基础和权利内容的体系化构造。关于家宅权的属性,主要存在两种观点:[1]一种观点认为,家宅权是既有民法体系中关于不动产保护权能的集合。关于其教义学基础,主要存在三种学说:其一,家宅权仅基于《德国民法典》第903条所有权而产生,[2]并在财产移转的情况下根据其使用目的转让给新的占有人,理由是所有权是民法中最全面的支配权能,所有权人可以根据《德国民法典》第903条排除他人一切干涉,以及根据第1004条行使妨害排除和妨害防止请求权,其赋予了家宅权相关权能。其二,家宅权仅基于对财产实际控制的占有而产生,理由是所有权并不以对于物事实上的控制为前提,但如果缺乏事实上的控制家宅权将难以成立,而根据《德国民法典》第858条占有人也可排除他人对房屋的侵害。[3] 其三,家宅权可基于占有或所有而产生。所有权是最全面的支配权能,同时占有在民法体系中具有独立于所有权的独特功能,占有人可以排除不法侵害而不论是否合法占有,仅将占有或所有作为家宅权产生的基础均存在不足。[4] 故有观点认为,家宅权产生的基础既包括占有也包括所有,其并非一项独立的权利,而是既有占有和所有权关于不动产保护权能的集合。另一种观点则认为,家宅权并不仅仅是既有不动产保护权能的集合,其不仅包括使财产权不受侵害的消极防御,还包括对财产利用的积极控制,权利人有权决定其房屋由谁以及以何种方式利用的利益。[5]

---

[1] Vgl. Gabriella Piras, Virtuelles Hausrecht?: Kritik am Versuch der Beschränkung der Internetfreiheit, 1. Aufl. 2016, S. 34.

[2] Vgl. OLG Frankfurt NJW-RR 1993, 788.

[3] Vgl. Wilbert Engeln, Das Hausrecht und die Berechtigung zu seiner Ausübung, 1. Aufl. 1989, S. 43 ff.

[4] Vgl. André Schmidt, Virtuelles Hausrecht und Webrobots, 1. Aufl. 2011, S. 170 f.

[5] Vgl. Gabriella Piras, Virtuelles Hausrecht?: Kritik am Versuch der Beschränkung der Internetfreiheit, 1. Aufl. 2016, S. 34 f.

2006年,德国联邦最高法院在机场案中明确了家宅权的教义基础和权利内容。其认为根据《德国民法典》第858条及之后规定的占有保护,以及第903、1004条的所有权保护,房屋的所有者和占有者可行使其家宅权,即自由决定允许或拒绝何者进入其房屋,包括仅基于特定目的允许他人进入以及通过房屋禁令实现该目的的权利。家宅权的目的是维持家宅权所及的场所或建筑内部秩序,确保实现所有者指定的预期用途。[1] 其主要包括两个方面权能:第一,积极利用权能,权利人可自己或允许他人进入及利用其空间,设定特定空间的访问条件、使用目的、行为规则等;第二,消极防御权能,权利人可积极排除对其家宅空间的不法侵害。这两方面权能相互关联,对于积极权能的侵害也主要通过排除侵害(房屋禁令)的方式获得救济。[2]

2. 家宅权保护向信息的扩张

如果单纯从物理世界房屋进入与排除来看,家宅权的权能似乎已经完全被民法中既有的所有权保护和占有保护权能所覆盖,缺乏独立存在的意义,反而存在将问题复杂化和引入冗余概念之嫌。[3] 但司法实践将家宅权保护逐渐扩张到信息领域,使家宅权的概念超出了传统物权的范围,而具有了独立的内涵。

如前所述,家宅权包括消极防御和积极利用两方面的权能,德国司法实践将家宅范围内部的信息内容解释到其积极利用权能之下,在知识产权制度之外对其内部事实控制信息的保护,包括体育赛事节目、建筑、摄影作品等。例如,就体育赛事而言,德国法上体育赛事组织者对于体育赛事节目本身不具有著作权、邻接权或其他排他性权利,家宅权可以成为其对体育赛事节目电视、广播、网络转播等商业化利用的权利基础。在体育赛事广播案

[1] Vgl. BGH NJW 2006, 1054.

[2] Vgl. Gabriella Piras, Virtuelles Hausrecht?: Kritik am Versuch der Beschränkung der Internetfreiheit, 1. Aufl. 2016, S. 35 ff.

[3] Vgl. Christian Baldus, Das private Hausrecht: ein Phantom, JZ 9 (2016), S. 449 ff.

(Sportübertragungen)中,德国联邦最高法院最早明确,作为赛事场所的占有人或所有人,其可以向未经允许广播、录制其体育赛事节目者行使其家宅权(依据《德国民法典》第858、1004条)。[1] 在法律意义上,组织者授权他人转播并非权利的转移,毋宁说是对于其房屋排他权利侵害或限制的同意。[2] 在广播权案(Hörfunkrechten)中,德国联邦最高法院认为,家宅权基于所有权或占有而产生,致力于维持其所及的建筑或区域内部的秩序,其允许所有者一般性地决定何者可以被允许或拒绝进入,以及基于合法有效前提(如付费)而进入。依据其家宅权,体育赛事组织者可要求电台广播者以付费为前提进入其体育场广播播报。[3] 在泰戈尔城堡案(Schloß Tegel)[4]中,该城堡本身作为建筑作品已过保护期而进入公有领域,一位摄影师未经所有权人允许在城堡内部拍摄照片并制作成明信片销售,城堡所有权人对此申请禁令救济。德国联邦最高法院认为,虽然摄影本身不会对《德国民法典》第903、1004条规定的建筑物所有权产生不利影响,但如果将该摄影通过制作、发行明信片等方式进行商业化利用则有所不同。原则上,所有权人可以对财产进行商业性利用,如果可以通过销售明信片等方式对建筑形象进行商业化利用,显然应当将这一权利赋予建造或维护该建筑的所有者,未经所有人明确同意,他人不得在建筑物内部摄影并进行商业化利用。

除了物理世界中的家宅权,在网络环境中,德国司法实践将家宅权概念类比适用而产生了虚拟家宅权(virtuellen Hausrechts)。[5] 在网络环境普遍开放的条件下,仅依靠运营商与用户之间订立合同调整难以为运营商提供全面保护,虚拟家宅权为网络运营商对于其网络虚拟财产的管理和利用提

---

[1] Vgl. BGH GRUR 1990, 702.

[2] Vgl. BGH GRUR 1990, 702.

[3] Vgl. BGH NJW 2006, 377.

[4] Vgl. BGH NJW 1975, 778.

[5] Vgl. Götz Schulze, Das private Hausrecht Schutzrecht für die Gebrauchsnutzung von Räumen, JZ 8 (2015), S. 381 ff.

供了支配权基础。[1] 德国波恩地方法院是第一个确认存在“虚拟家宅权”的法院,在网络聊天室(Internet-Chatroom)案[2]中,波恩地方法院类比于现实房屋而将家宅权应用到网络领域,援引《德国民法典》第903条,确认了虚拟家宅权的存在。在该案中,原告通过在网上提供即时通信软件向第三人提供聊天服务,他人可以在其网站主页注册用户名昵称进行聊天。被告自1999年开始使用该服务,但是其在聊天的过程中与其他用户存在言语冲突,故原告通过技术措施屏蔽其用户名、IP地址,禁止其参与聊天。后被告通过其他电脑、用户名进入聊天,原告依据《德国民法典》第823条第2款向法院请求禁令。波恩地方法院认为,根据《德国民法典》第903条的规定,所有人原则上可以随意处置其个人事务而排除他人的一切干涉,但不得与第三人权利相冲突。就进入建筑物而言,所有人原则上可以自由决定何者进入其不动产,[3]原告基于对其聊天软件的所有权具有“虚拟家宅权”。但在该案中,波恩法院仅仅与先例进行了简单类比,并未进行教义学上的严格构造。[4] 随后,科隆高等法院在上诉中进一步确认了该虚拟家宅权的存在,但同样并未详细论述其产生的基础。[5] 此后,慕尼黑第一地区法院参照科隆高等法院判决对虚拟家宅权进行了建构,其明确网络论坛的运营商拥有虚拟家宅权。一方面,其基于运营商的财产权,如果论坛运营商对于存储用户

---

[1] Vgl. Philipp Maume, Bestehen und Grenzen des virtuellen Hausrechts, MMR 10 (2007), S. 620 ff.

[2] Vgl. LG Bonn MMR 2000, 109.

[3] 在该案中,法院认为,当其住宅用于不同目的时其权利保护有所不同。依据《德国民法典》第242条的规定,债务人应当依据诚实信用原则不得为相反行为。依据在先判例,当家宅权人在从事面向一般公众的经营活动时,表达了其向任一消费者提供服务的意愿,便认为其给予了他人访问的一般许可而放弃任意搜查的权利,在消费者不干扰其正常运营的情况下,权利人的家宅权也应受到该授权约束,以避免其滥用其家宅权。该案也存在类似情形,原告向互联网的所有用户发出了免费使用其聊天软件的邀约,并未作出进一步的访问控制和限制条件,而目前其主张的行为规则并不在其服务条件内,原告无法任意行使其“虚拟房屋权利”向被告收回授权。被告可以根据《德国民法典》第242条禁止原告的矛盾行为。Vgl. LG Bonn MMR 2000, 109.

[4] Vgl. Philipp Maume, Bestehen und Grenzen des virtuellen Hausrechts, MMR 10 (2007), S. 620 ff.

[5] Vgl. OLG Köln MMR 2001, 52.

内容的服务器具有所有权,根据《德国民法典》第 903、1004 条的规定,其可以排除任何人对于其服务器的利用;如果其服务器是出租的,其可以根据《德国民法典》第 858、862 条排除他人对其占有的妨碍。另一方面,论坛运营商还面临着对其用户发布内容承担责任的风险,因此应有权删除相关内容或排除访问。[1] 此后,虚拟家宅权在德国地方司法实践中被广泛认可和应用,[2]但德国联邦最高法院仍就是否认可该权利持开放态度。[3]

学理上认为,对于网络虚拟空间而言可以类推适用民法上的所有和占有规定。类推适用的前提在于法律规制体系中存在明显的法律漏洞并且将该法律规制标准适用于类似情形。19 世纪产生的民法典的概念体系中对于网络虚拟空间的保护存在空白,该空白并非故意为之,而是随着信息通信技术这一新技术现象而产生,直到近年来才成为法律适用中关注的焦点,因此可以确认目前立法中存在一定的法律漏洞。就二者之间是否具有可比性而言,首先,网络虚拟空间需要具备《德国民法典》第 90 条规定的有形物的特性,其中最重要的是可界定性(Abgrenzung),如果物本身难以被界定,但若

---

〔1〕 Vgl. LG München Ⅰ ZUM-RD 2007, 261.

〔2〕 目前,承认和使用虚拟家宅权的主要案例及法院有:LG Bonn MMR 2000, 109; OLG Köln MMR 2001, 52; LG München Ⅰ ZUM-RD 2007, 261; OLG München MMR 2007, 659; LG Hamburg MMR 2007, 197; OLG Hamburg NJW 2007, 3361; BSG, MMR 2013, 675; LG Ulm MMR 2016, 31; LG Offenburg MMR 2018, 848; LG Mosbach BeckRs 2018, 20323; OLG Brandenburg BeckRS 2018, 42493; OLG Dresden NJW 2018, 3111; OLG München NJW 2018, 3115; LG Nürnberg-Fürth MMR 2019, 541; OLG München GRUR-RR 2020, 174; OLG Oldenburg MMR 2020, 41; OLG Karlsruhe MMR 2020, 52。此外,也存在个别法院拒绝适用虚拟家宅权。例如,法兰克福高等法院即拒绝承认虚拟家宅权,其认为物理上的排他性空间与在线网络缺乏可比的利益,在土地或房屋上的家宅权权能不能转化到网站中,家宅权的基础在于权利人对于特定区域的所有或占有权利而保护其对世权。与之形成对比的是,对于网站而言并没有绝对性的法律保护,反而允许第三方自由访问成为其原则。网站运营者可以通过技术措施以及事先订立合同实现其内容访问控制,如果网站没有采取类似措施,仅仅单方面的声明或者用户使用条款并不产生任何效力。Vgl. OLG Frankfurt/M MMR 2009, 400.

〔3〕 例如,在广告拦截器反垄断案(Kartellrechtliche Ansprüche gegen Werbeblocker im Internet)中,德国联邦最高法院认为,"上诉法院正确地驳回了原告侵犯'虚拟家宅权'的主张,不管是否或在何种程度上认可该权利,在该案中都不涉及对其侵犯,因为如上诉法院所查明,原告并未明确地声明对于广告拦截器的禁止以及基于合同或技术措施对其网站访问的限制"。Vgl. BGH MMR 2020, 391.

通过容器等实现对其控制和界定,物的所有权也可以被确定。就技术上而言,网络聊天室事实上就是网站主页,其可以通过统一资源定位系统(Uniform Resource Locator,URL)以及域名与其他网页划定界限,类似于有体物,通过网页可以清晰地判定其主页上所包含的内容。其次,物本身必须具有可感知性,即使其必须通过特殊技术手段(如煤气表)感知也符合该要件,这对于网站主页也同样适用,数据或者服务器空间虽然无法被人类直接感知,但是其可通过计算机软件的可视化再造实现感知。因此,网站主页具有民法典规定的物的可界定性与可感知性。最后,网站和运营商的关系与物和所有者之间的关系应当具有可比性,虽然民法典上对于所有权并未明确定义,但是其是对物最全面的法律支配权,事实上,运营商对于其网站也具有事实上管理和改变内容的权利并为此承担责任,具有功能上的可比性。因此,网站同样应当具有可界定性,所有者对物的所有权与运营商对网站主页的权利具有可比性,可以类推适用《德国民法典》第903、1004条。

与家宅权的权能类似,虚拟家宅权的权能主要包括权利人允许或拒绝他人访问,以及符合特定条件、目的访问其网站、论坛等虚拟空间的权利。目前实践中,其主要用于调整网站运营商与其用户之间的关系。"网站运营商可以使用户在运营商提供的技术框架内发布自己的内容或信息,该网站运营商具有所谓的'虚拟家宅权'。"[1] 当用户与平台之间尚未达成使用合同,或者难以确定用户承诺的法律效力时,基于虚拟家宅权,平台可以通过网站使用条款界定其虚拟房屋权利的范围,如果用户超出其授权范围,所有人有权排除其利用(如网站屏蔽用户IP地址、删除用户发帖等)。[2] 但其家宅权的行使也应当受《德国民法典》第242条不得为自相矛盾行为、《一般平等待遇法》第19条禁止民事关系中的歧视行为以及宪法赋予公民基本权利

---

[1] BSG, MMR 2013, 675; LG Ulm MMR 2016, 31.

[2] Vgl. Specht-Riemenschneider, in: Röhricht/Graf von Westphalen/Haas (Hrsg.), HGB, 5. Aufl. 2019, Plattformnutzungsverträge.

的限制。[1]

除此之外，虚拟家宅权还可适用于排除竞争对手对于其网站访问及相关信息抓取行为。但由于互联网领域存在“网络假定开放”的前提，虚拟家宅权在排除竞争者访问时遵循特定限制。首先，对于采取技术措施限制而并非普遍开放的网络空间，网站所有者可以行使其家宅权排除他人访问；[2]其次，对普遍开放的网络空间，网站所有者仅可排除访问异于一般消费者并存在损害其运营风险的竞争者访问。根据德国联邦最高法院在先判例，[3]经营者如果向一般公众营业和发出要约，则其必须容忍一般消费者和竞争者在正常行为范围内对其产生的影响。在互联网环境下，应当考虑基于网络介质特殊性而产生的产品购买、服务使用的特殊情况，网店经营者必须忍受来自竞争者的测试购买、观察，以便竞争对手可以在其网站上发现违反竞争或合同的行为，如果经营者通过屏蔽竞争者 IP 地址或者其他技术措施限制竞争者访问，则应当构成《德国反不正当竞争法》第 4 条第 10 项规定的损害竞争。同时，如果竞争者有异于普通消费者的行为，从而存在损害其营业的风险，则可以禁止其访问或采取反制措施。例如，当竞争者通过网络爬虫对于他人网站连续访问而存在导致故障风险时，竞争者可以屏蔽其访问以防止过度页面访问。[4]

3. 家宅权保护信息内容的局限和困境

虽然从所有权、占有保护演绎出的家宅权和虚拟家宅权可以通过房屋禁令排除他人未经许可进入以及信息获取行为，从而实现对其内部控制信息的保护，但这种保护仅仅局限于事前损害未发生时的保护。由于其内部控制信息的属性不明确，仅通过家宅权无法实现对于信息内容侵害的充分

---

〔1〕 Vgl. Schneider, in: Schneider, Handbuch EDV-Recht, 5. Aufl. 2017, A. Datenschutz und IT-Management.

〔2〕 Vgl. BGH GRUR 2014, 785.

〔3〕 Vgl. BGH NJW 1966, 1558; BGH NJW 1980, 700; BGH NJW 1981, 2752.

〔4〕 Vgl. OLG Hamburg NJW 2007, 3361.

救济。例如,在前述体育赛事转播的情境下,他人未经允许冲入封闭的体育场馆对体育赛事进行录播并上传到互联网上,由于家宅权的请求权基础在于“家宅”即房屋的所有权或占有,对他人未经允许或超出授权范围进入其房屋,其仅能够依据《德国民法典》第 903、1004 条要求其排除妨害而停止录播行为。其录播体育赛事并上传网站的行为对房屋本身的物理价值并未造成损害,无法依据所有权保护和占有保护要求停止侵权及损害赔偿。但是,如果该体育赛事节目在互联网上自由传播,而且无法制止及获得损害赔偿,则其之前通过家宅权的保护本身意义有限。因此,德国法院不得不在家宅权保护的基础上进一步对其内部信息控制事实的法律属性进行界定并提供保护,根据德国联邦最高法院判决,目前存在三种观点:

(1)《德国民法典》第 823 条的营业权

在 1990 年体育赛事广播案中,德国联邦最高法院最早明确,作为赛场的占有人或所有人的体育赛事举办者,针对未经许可的录制和转播行为,可主张家宅权,对于体育赛事举办者的经济利益保护,可依据《德国民法典》第 823 条第 1 款(其他权利)、第 826 条(诚信原则)或《德国反不正当竞争法》第 1 条(一般条款)。[1] 此后在硬地球场英雄案(Hartplatzhelden)中,德国联邦最高法院进一步明确,依据《德国民法典》第 823 条的营业权(Recht am eingerichteten und ausgeübten Gewerbebetrieb,已建立且在运营中的营业权)[2]、第 1004 条的家宅权,体育赛事组织者可依据其家宅权保护其在特定区域内已建立和运营的商业利益。[3]

(2)《德国民法典》第 99 条第 3 款的孳息

在普鲁士城堡花园案(Preußischen Schlössern)[4]中,德国联邦最高法

---

〔1〕 Vgl. BGH GRUR 1990, 702.

〔2〕 关于营业权演进及相关内容,可参见朱晓峰:《论德国法上的营业权规则及其对我国的启示》,载《政治与法律》2016 年第 6 期。

〔3〕 Vgl. BGH MMR 2011, 379;OLG Stuttgart MMR 2009, 395.

〔4〕 Vgl. BGH GRUR 2011, 323.

院认为,一般而言,对于公共开放空间的建筑等进行拍照并不侵犯财产权。但是,如果不是在公共可访问的空间,应取决于所有权人的意思,所有权人并非只能完全地允许或拒绝他人访问其私人空间,其可以仅提供有限程度的开放,如保留对其财产进行拍照以及对照片进行利用的权利。未经他人允许,在他人财产内部进行拍照将构成对于他人财产权的侵犯。根据《德国民法典》第 99 条第 3 款的规定,“物或权利基于某一法律关系而产生的受益,也是孳息”。租赁城堡作为电影背景而获得的收益,对城堡进行拍摄以及利用照片而产生的收益,都可以被视为孳息的一部分而归所有权人行使。虽然并未造成对于财产物理上的直接损害,但其未经允许对他人财产进行利用本身即产生损害,对未经授权拍摄的照片的利用会进一步扩大损害,他人使用该照片可以仅由拍摄者同意而不经所有权人同意。因此,在救济方式上,除了排除他人对其不动产空间的进入,还包括摄影本身造成损害的救济:第一,排除对其所有权的妨害,虽然其并未对房屋造成物理上的损害,但如果未经允许拍摄照片则会构成对他人所有权利用的妨害,权利人可请求禁令救济,要求其停止利用该照片、禁止在网络上发布等;第二,损害赔偿救济,对于未经允许对财产利用造成的损害,可参照版权法的原则计算损害赔偿获得救济。

(3)合同权利

在博物馆照片案(Museumsfotos)[1]中,原告在其经营的博物馆中展览其拍摄的一些画作和摄影作品,该画作和摄影作品已经超过著作权保护期而处于公有领域,被告作为游览者在访问该博物馆时对该照片进行了扫描并上传到网络上。原告认为,第一,被告侵犯了《德国著作权法》第 72 条对照片保护的相关权利;第二,违反了双方之间订立的游览合同;第三,侵害了其对于艺术品的所有权,因此请求被告停止向公众传播该照片。但德国联

---

[1] Vgl. BGH NJW 2019, 757.

邦最高法院认为，首先，原告对处于公有领域作品的拍摄满足最低限度的个人智力创作要求，而属于《德国著作权法》第72条保护的照片，因此原告可依据《德国著作权法》第97条第1款要求被告消除损害；其次，民法上依据占有或所有而产生对其不动产的家宅权，赋权其自由决定允许或拒绝何者进入其区域，包括仅基于特定目的或条件（如付费）而进入，家宅权还包括权利人授权他人录制广播、电影、照片的权利。参观者购买门票进入博物馆，二者之间即订立了游览合同，博物馆标明了禁止拍照的标牌，并制定了禁止拍照的规定，参观者能够认识到只有在满足相关条件的情况下，才能正常进入博物馆。被告违反二者的游览合同而拍照，应当承担违约责任，停止向公众传播该照片。

以上对房屋内容信息控制事实属性的认定方式均存在不足。首先，适用《德国民法典》第823条的"营业权"本身是一种值得保护的法益，但是将其内部信息控制界定为一种法益则其保护边界具有较强的模糊性，在相对关系中虽然可以主张侵权人停止侵权和损害赔偿，但无法明确侵权人在互联网上公开传播之后对第三人的效力问题；其次，合同权利理论劣势更为明显，其无法解释在侵权人与家宅权人未签订合同时的请求权基础问题；最后，将他人未经授权对信息的获取解释为一种"孳息"，无疑赋予了家宅权人在该信息之上的绝对效力。批评观点认为，在传统物权观念中，拍照本身不会导致财产的价值受损，该判决模糊了版权与所有权之间的界限，创设了一项对物的形象权（Recht am Bild der eigenen Sache），但即使在版权法中，也只有具有独创性的外观才可以得到保护。此外，未经许可的进入虽然的确可以对财产造成损害，但是如果此后任何与此相关的行为（如摄影师在家中打印照片）都被视为对不动产的损害，将导致损害的边界难以确定。当进入的不动产与拍摄动产分属不同所有者时，也难以解释为何该收益应当属于不动产所有者而无法归属于动产所有者。[1]

德国联邦最高法院在后续案件中进一步澄清,所有权不仅具有消极防御权能,还具有积极利用权能,其有决定何者进入其财产以及以何种条件进入其财产的权利,如果所有权人仅仅允许以特定条件进入其财产,则任何超出授权的内容都可以视为对其的损害。其虽然产生了对于信息的特定权利,但这是由损害的特殊性导致的。这并不是一种类似于版权或其他知识产权的拍摄、利用该照片的独占性权利,仅仅在必须以利用其财产才能拍摄的前提下才具有拍摄和利用的权利,本身并未超出所有权范畴而成为一项独立的权利,而恰恰是以对物的独占性利用为前提。[2] 但这一方面可以说明套用传统有体财产权利保护信息存在局限性,另一方面释明了该权利保护的本质,即由于权利人对信息的独占性控制而产生了保护的基础。根据之前的探讨,应当独立地承认对信息的占有保护,该理论困境也可以在信息占有下得到解释,他人未经允许入侵家宅获取信息破坏了对信息的占有,权利人可以对侵权人主张停止侵害,即从网站上下架并销毁相关信息内容,以及就信息传播导致权利人损失进行损害赔偿;对于在互联网上获取该信息的第三人,权利人依据占有制度对恶意取得、利用者要求停止侵权和损害赔偿,对善意第三人则可进行通知要求停止进一步传播,但保护其善意获得和利用行为。

二、信息占有保护的解释论建构

依据民法占有制度一般原理,借鉴比较法上关于信息控制事实保护的相关制度模式,就信息占有保护讨论如下。

(一)信息占有保护客体要件

民法上占有客体须为物,民法典并未对物的内涵进行直接定义,民法通

---

〔1〕 Vgl. BGH GRUR 2011, 323.

〔2〕 Vgl. BGH GRUR 2013, 623.

说认为,“民法上的物,作为权利客体之一,是指存在于人身之外,能够满足人们的社会需要而又能为人所实际控制或支配的物质客体”[1],即满足人身之外、价值性和可支配性三个要件。基于可支配性要件,传统民法对物及占有客体的理解仅限于有体物而将信息等无体物排除在外。但随着科技的发展,人类可利用和控制对象的范围在不断扩大,物的范围也随之不断扩张。[2] 如前所述,信息虽然无法直接被感知并控制,但通过附着于特定载体仍然可以满足物之支配或控制的要求,故不能以无体将信息排除在占有制度之外。但并非一切可控制信息都能成为占有保护的对象,其还应当满足独立于人身之外和价值性两个要件。信息一般具有独立于人身之外的特点,除此之外,占有所保护信息还应当要求具有价值性,这才具有法律上保护的意义。一方面,要求信息具有实用性,可以用于生产经营活动之中为占有人带来经济利益。例如,随机生成的数列信息没有商业上的应用价值而不存在法律上保护之必要。根据商业秘密制度中对信息价值认定的发展,其既应包括积极信息也应包括消极信息,经济价值包括直接现实的价值也包括未来潜在的价值。另一方面,只有具有稀缺性的信息才可产生经济上的交易价值,由于信息具有非竞争、非排他的特性,对于能够从公开渠道直接获取的信息,他人可直接获取、利用,而不具有法律上专门保护之必要。例如,商业秘密保护中要求信息具有商业价值性,其包含了使用价值和交换价值,不具有新颖性或者说已经被公知的信息,虽然其使用价值仍然存在,但其已经变成了人人可自由利用的客体,不再具备交换的价值而丧失了商业价值性内涵,故不再具有法律上保护的必要性。[3] 因此,TRIPs 第 39 条

---

[1] 魏振瀛主编:《民法》,北京大学出版社、高等教育出版社 2000 年版,第 118 页。民法典编纂后,最高人民法院民法典贯彻实施工作领导小组主编的民法典释义中也采用了类似定义:“作为物权客体的物,必须是存在于人身之外,能够为人力所支配,具有一定价值,能够满足人类一定生产生活需要的特定的物。”参见最高人民法院民法典贯彻实施工作领导小组主编:《中华人民共和国民法典总则编理解与适用》(下),人民法院出版社 2020 年版,第 577 页。

[2] 参见黄薇主编:《中华人民共和国民法典总则编释义》,法律出版社 2020 年版,第 302 页。

[3] 参见孔祥俊主编:《商业秘密司法保护实务》,中国法制出版社 2012 年版,第 150 页。

将商业秘密保护的价值性前提界定为“由于秘密而具有商业价值”。

从信息占有保护的公共政策目标出发，占有保护的信息也仅应当及于与公有领域有所区分，不为公众所知悉的信息。传统罗马法上，物即分为能够作为私权之标的的交易物(*res in commercio*)和不能作为私权之标的的非交易物(*res extra commercium*)。其中非交易物又包括庙宇、神像、祭坛等属于神的所有物的“神法物”(*res divini iuris*)，空气、海洋等不易由个人获取或管理而由所有人共同使用的“共用物”(*res communes omnium*)，公共河流、港口、公共道路等虽然易于获取和控制但出于公共福利目的由实证法保留给公民普遍使用的“公有物”(*res publicus*)。[1] 从占有保护的功利主义目标来看，占有保护目的主要在于非公知信息的生产激励和促进流动，已处于公有领域的信息类似于“公有物”，由于信息具有非竞争、非排他的特性，无限制地允许所有人同时进行占有和使用可以实现社会福利的最大化。在既有的知识产权制度经验中，任何公有领域的信息都属于人人可得而享的公共财富，不能由任何人独占使用，否则会阻碍经济技术的发展进步。商业秘密制度同样如此，对于处于公有领域的信息，若因他人秘密管理或者事实控制而给予其法律上的保护，则会使行业内的普通知识受到不当保护，导致诉讼泛滥，使商业信息正常交流受到阻碍，影响正常的生产、经营活动。[2] 例如，当秘密信息披露给企业雇员后，如果该雇员跳槽时不能利用已经被公众知晓的“商业秘密”，极有可能剥夺该雇员选择工作的自由。商业秘密的不当取得者，即使是恶意或具有重大过失的商业秘密取得者，如果不能利用已经为公众所知悉且所有人自由利用的“商业秘密”信息，也将对自由竞争造成

[1] 参见[德]马克斯·卡泽尔、[德]罗尔夫·克努特尔：《罗马私法》，田士永译，法律出版社2018年版，第200～201页。

[2] 参见张玉瑞：《商业秘密法学》，中国法制出版社1999年版，第205页；孔祥俊：《商业秘密保护法原理》，中国法制出版社1999年版，第32页。

过度妨害。[1] 不过,与传统知识产权制度人为地选择具有一定创造性的客体授予法定垄断不同,信息占有保护并不绝对排除他人同时占有和利用,不对其创造性或价值高低作进一步要求,只要具有“最低限度的新颖性”和“并非微不足道”的价值即可获得保护。[2]

因此,就信息占有保护客体而言,其必须是不为公众所知悉,且具有一定商业价值的信息。

(二)信息占有取得与丧失

关于占有取得要件,我国《民法典》并未直接规定,理论通说认为,占有系对物事实上的控制与支配,在主观上占有人应当具有占有的自然意思,在客观上需要形成对物的控制。[3] 在主观层面,占有人要具有占有的自然意思,即意识到自己正在占有某物。对此,信息和传统有体物并无实际不同,信息控制者一般能够意识到其对物的控制状态,可直接适用有体物占有的认定规则,在此不再赘述。在客观层面,占有人需要形成对物的控制,即对物的管领,需要借助自然或者法律的控制力与物发生某种接触。如前所述,随着社会的进步、科学的发达以及社会的需求变化,事实上的管领已日趋抽象化,成为观念的产物。因此,占有不再以某人与标的物有身体上的接触为限,且不以实际能够排除他人干涉为限,只要依一般社会观念足以认定一定的物已具有某人事实支配力之下的客观关系,[4] 即只要有一种与排除他人意图相同范围的力量外显关系,[5] 便可谓有事实上的管领力。一般而言,需

[1] 参见[日]田村善之:《日本知识产权法》,周超、李雨峰、李希同译,知识产权出版社 2011 年版,第 38 页。

[2] 参见孔祥俊:《商业秘密保护法原理》,中国法制出版社 1999 年版,第 33 页;张玉瑞:《商业秘密法学》,中国法制出版社 1999 年版,第 160 页。

[3] 参见黄薇主编:《中华人民共和国民法典物权编释义》,法律出版社 2020 年版,第 626 页;最高人民法院民法典贯彻实施工作领导小组主编:《中华人民共和国民法典物权编理解与适用》(下),人民法院出版社 2020 年版,第 1326 页。

[4] 参见刘智慧:《占有制度原理》,中国人民大学出版社 2007 年版,第 225～226 页。

[5] 参见[美]小奥利弗·温德尔·霍姆斯:《普通法》,冉昊、姚中秋译,中国政法大学出版社 2006 年版,第 207 页。

要考虑三方面的因素:[1]一是空间因素,即考虑人与物在场所上具有一定的结合关系,通过人与物的接触,来判断某人是否对物形成事实上的控制,对于动产可以通过对物的直接物理把握,也可以将其置于其不动产空间内而表明其实际支配力;二是时间因素,即考虑人和物在时间上的关系,在时间上具有一定的持续性和连续性;三是法律关系因素,即考虑人与物的结合关系是否已经形成一种法律关系。在以上三个因素之中,信息与有体物在后两个因素上并无明显不同,主要在第一个因素方面存在明显不同而难以认定,这也是占有所成立最主要的前提。因为信息具有无体性而难以直接为他人所认知而彰显其支配力,但借鉴比较法上的经验,信息可以附着于载体而被感知,在虚拟空间中也同样存在类似于物理世界的空间关系,可依此认定事实支配力存在。

第一,信息可以附着于载体作为动产。虽然信息本身具有无体性而难以被直接感知、控制,有学者认为信息可以无限复制而不具有物的特定性,[2]但依附于载体,信息即可以被人类感知、理解、控制、利用,一旦依附于特定载体无限复制的信息即被特定化。参照“合并原则”,当信息附着于特定载体而存在时,即认定其为“动产”。但该载体是否应当适应既有动产的定义而仅限于有体物?如前所述,物的定义核心在于其可控性,应当随着技术的发展、社会观念的变化而变化,有体性已并非划分客体的严格标准,像传统的声、光、电等自然力虽然无体但根据社会观念即可以作为物,社会生活和交易观念中一般认可电子文件的可控性,故应将其纳入物的范畴。由于我国民法典并未对物的概念作出明确限定,为顺应技术发展需求,可将一切独立存在而落入感官的认定为物。在网络环境下,附着于特定电子文件

---

〔1〕参见最高人民法院民法典贯彻实施工作领导小组主编:《中华人民共和国民法典物权编理解与适用》(下),人民法院出版社2020年版,第1326页;刘智慧:《占有制度原理》,中国人民大学出版社2007年版,第226~227页。

〔2〕参见梅夏英:《数据的法律属性及其民法定位》,载《中国社会科学》2016年第9期。

而存在的信息可以作为动产在其上成立事实支配力，虽然对其无法进行物理上的持有，但可以通过加密等手段实现控制。例如，在完全开放的网络环境中，占有人可以对特定文件进行加密而体现现实支配力。

第二，虚拟空间可以类比于传统不动产空间。对于传统有体物而言，可通过将动产置于其占有或所有的不动产空间而彰显其事实支配力。在德国法和美国法上均将网络虚拟空间类比于不动产，参照其类推适用逻辑，在我国法上，也可将网络虚拟空间类比为不动产加以处理。19 世纪产生的民法概念体系中对于网络虚拟空间的保护存在空白，但该空白并非故意为之，而是随着技术发展出现的不可预见情形，即可确认目前对于网络空间的规制缺失为法律漏洞。传统民法上的物一般要求其具有可感知性和可支配性。首先，物本身必须具有可感知性，即使其必须通过特殊技术手段（如煤气通过煤气表界定）感知也符合该要件。这对于网站也同样适用，其服务器空间虽然无法被人类直接感知，但是其可以通过 URL（统一资源定位系统）以及域名加以界定，通过计算机软件的可视化再造实现感知。其次，物必须具有可支配性，在可以被感知的前提下，所有者可以通过代码措施设定他人能否访问以及以何种方式访问网络空间，这与传统不动产并不存在本质的区别。因此，网站和运营商的关系与物和所有者之间的关系应具有可比性，对其应当也可以适用民法占有及所有的保护。

随着信息传播形式由传统的商品范式转向服务范式，代码空间成为信息传播的核心场域，社会公众对信息获取一般也是以代码空间为核心，[1] 企业对信息的事实支配力可以通过对其存在的虚拟空间进行支配加以体现。

---

〔1〕 吴伟光教授认为，“企业通过代码技术形成代码空间，将自己的商品、服务、劳动、智慧以及创意等综合在一起形成新的社会供给而不断和实时地提供给社会，代码空间已经成为社会成员相互组织和配合的重要媒介”。参见吴伟光：《构建网络经济中的民事新权利：代码空间权》，载《政治与法律》2018 年第 4 期。

如前所述,企业对其网络空间的支配可分为如下情形:[1]一是一般功能范式,在自由访问的网络空间中,企业拥有对网络域名、网址(统一资源定位符)或者服务器的所有权,但并不限制他人访问其网络空间并获取其上内容,可依据其访问受众、预期功能推定访问限制存在;二是政策范式,即网站所有者并不限制他人对其网络空间访问,但根据单方的用户政策决定其网络空间的行为规范和可获取内容;三是合同范式,区别于政策范式,是指在他人访问其网络空间之前,网站所有者与用户首先订立合同约定网络空间的行为规范和可获取内容;四是代码范式,以技术措施确定用户行为边界和可获取内容,包括仅允许特定主体(如通过人机识别限制仅允许人工访问),按特定条件(如要求用户注册账号或者付费访问),以特定方式(如禁止复制的版权保护措施),访问特定内容(如对内容进行加密)。

在物理世界中,一般认为,不动产的所有者以及占有者对其不动产空间内的物具有事实支配力即成立占有,如其房屋内陈设的家具、屋檐下摆放的器具及物品等。[2] 如果依此,则应认为网络虚拟空间的所有者及占有者对其内部信息具有事实上的支配力。德国家宅权保护即采取此立场,一方面,其以家宅权和虚拟家宅权承认权利人对其内部信息的一般支配力;另一方面,其依据其空间的开放程度对其保护作出限制。对于完全自由访问的网络空间而言,视为权利人作出了对一般公众访问其空间并获取相关信息的阻却侵权违法性的"同意",依据《德国民法典》第 242 条的"诚实信用原则",[3]

---

[1] See Patricia L. Bellia, *A Code-Based Approach to Unauthorized Access Under the Computer Fraud Abuse Act*, 84 George Washington Law Review 1442 (2016).

[2] 参见刘智慧:《占有制度原理》,中国人民大学出版社 2007 年版,第 226 页。

[3] 《德国民法典》第 242 条规定,债务人应当按照诚实信用原则并考虑交易习惯的要求来提供给付。虽然该规定涉及的是债务履行方式,但自 1900 年颁布以来其适用已经越来越多地超出其文义,依据不同功能范围由判例和学说形成了特定案例类型,其中之一即不得为自相矛盾的行为,即权利人通过其先前的行为制造了一个信赖事实,他方当事人基于事实已经作出了准备工作或允许作出的安排,若权利人因行使权利与之前的行为相抵触,则权利人也违反了不得以不允许的方式行使权利的禁令。参见[德]迪尔克·罗歇尔德斯:《德国债法总论》(第 7 版),沈小军、张金海译,中国人民大学出版社 2014 年版,第 32 ~ 34 页。

权利人不得随意为相反行为撤回同意而排除他人访问。[1] 但这并不意味着权利人放弃了事实控制,其仅同意一般公众进行访问,如果超出一般公众的范畴,如以非正常手段进行访问或者存在导致故障的风险,则权利人仍然有权利排除他人访问。[2] 美国法虽然同样将虚拟空间作为不动产加以处理,各州法院在不同时期的司法实践中针对以上四种情形均曾禁止他人未经允许访问,即承认权利人的事实支配力存在,包括超出一般功能范式、政策范式、合同范式和代码范式,但近期判例从保障网络空间的信息传播自由出发,认为网络本质上是开放的,默认地允许任何人发布信息、其他任何人可不经授权自由访问相关信息,在开放的互联网中只有建立起一个明确的封闭空间才需要进入授权。[3] 按此观点,仅在代码限制的封闭空间内才成立事实支配力。

笔者认为,不能直接类比物理空间而直接认可虚拟空间占有者或所有者对其上内容的事实支配力,物理世界的不动产空间天然地具有封闭性和排他性。但如美国第三巡回上诉法院在 hiQ 实验室诉领英案中所确定的,自产生之日起,互联网空间的默认规则就是开放性,其更接近于物理世界中开放的公共广场而非封闭的私人空间。[4] 按照德国法院模式,直接认可虚拟空间所有者对其上内容的事实支配力将以“网络默认封闭”破坏“网络默认开放”的假设,即使其可以通过“同意”以及诚实信用原则限制网站所有者支配力的滥用,但何种情况下为其“同意”访问的一般公众和预期功能具有不确定性,有必要对其施加进一步义务明确其排他性范围的边界。通过代码限制从互联网的架构本身直接限制用户可访问的范围无疑具有更强的可预期性和确定性,但以技术构建壁垒为保护前提,必然会导致企业广泛地设置

[1] Vgl. Philipp Maume, Bestehen und Grenzen des virtuellen Hausrechts, MMR 10 (2007), S. 620.
[2] Vgl. BGH NJW 2006, 1054.
[3] See hiQ Labs, Inc. v. LinkedIn Corp, 938 F. 3d 985 (9th Cir. 2019).
[4] See hiQ Labs, Inc. v. LinkedIn Corp, 938 F. 3d 985 (9th Cir. 2019).

技术措施,反而会导致开放的网络空间进一步走向封闭,同时也存在更强的权利界定成本。如前所述,占有事实支配力成立不以实际能够排除他人干涉为限,只要依据一般社会观念足以认定一定的物已具有某人事实支配力之下的客观关系即可。故对于完全开放而不加限制的网络空间,依据"网络默认开放"假设不具有任何事实支配力,只有以一定条件为访问前提的虚拟空间才具有事实支配力。[1] 但该条件并非只能以物理上排除他人干涉的方式为限,因为其依据对网络空间的占有和所有而在法律上已经具备排除他人进入的可能,只要以社会公众能理解的方式表现出其排他性意思即可,故更宜采用政策范式。也就是说,在他人访问网络空间之前,权利人清晰、明确告知限制性条件作为访问前提,否则将排除其访问(按照条件设定对象不同,该通知可以以人类可读语言文字的形式,或以机器可读信息的形式,如爬虫协议),即可以认定权利人对其网络空间及其上信息具有事实上的支配力。这样可以在符合社会观念的前提下,以法律之力降低私人保护的成本,也同时最大限度维持网络空间的开放性。

以上是在信息直接控制的方式下占有的直接和原始取得,在此基础上,占有人可以通过转让、许可等方式产生继受取得。在占有人对其占有信息对第三人进行许可的情况下,根据法律上的媒介关系,占有人对其自身同时创设间接占有,可适用间接占有的规定行使占有保护请求权。当占有人失去对信息的事实管领力时,占有人即丧失其占有。在相关方面,信息占有与传统有体物不存在明显区别,故不再赘述。

(三)信息占有法律效力

在传统民法中,占有具有多重效力,包括占有的保护效力、占有的推定效力、占有的取得效力、占有人对占有物的使用和收益权以及占有人的有关

---

〔1〕 所有权人并非只有完全地拒绝他人访问其私人空间才能体现其事实支配,其支配力还包括对该空间提供有限程度的开放,对他人其他行为作出侵权违法性阻却的"同意",如仅保留对其财产进行拍照以及对照片进行利用的权利。

费用返还请求权等。[1] 除占有保护外，其他效力多集中于占有与所有关系。如前所述，由于信息是不能被某个人单独占有的，占有客体的行为多数无法稳定地起到向社会传递占有人与占有客体之间存在固定法律关系的作用，也就无法起到权利表征的作用，故而无法适用先占取得、时效取得、所有权推定等制度，而只能适用知识产权制度所确立的独立权利体系。故以下主要探讨占有保护效力在信息领域的适用问题。

我国《民法典》第 462 条第 1 款规定了占有受到侵害时的返还原物请求权、排除妨害请求权、消除危险请求权和损害赔偿请求权，即当占有人对物的事实支配力受到侵害时，其有权恢复圆满状态。学理上，其可以分为物权法的保护方法，即占有受到实际侵害时的占有返还请求权和具有损害之虞时的排除妨碍、消除危险请求权；债权法的保护方法，即当损害实际发生时，占有人可以依据规定享有损害赔偿请求权。除此之外，学理上认为，占有人还可依据《民法典》合同编第三分编“准合同”对他人主张不当得利请求权。除法律规定的请求权之外，学理上一般认为还应当承认占有人的私力防御权。[2] 由于信息与传统有体物在侵害形式以及适用救济方面存在不同，现主要围绕这两方面进行讨论。

1. 信息占有的侵害形式

由于信息具有非竞争、非排他的特性，某人对于信息的占有实际上不能排除其他时空内他人对于信息的占有，如他人对技术秘密的独立发现、对数据的重新收集等。所以有学者反对占有保护并担忧可能存在荒谬的结果。以一般知识产权客体为例，其可能被多个主体同时占有，如果他人侵犯了该知识产权，则会导致所有占有人同时可以对侵权人主张停止侵害和赔偿损

[1] 参见刘智慧：《占有制度原理》，中国人民大学出版社 2007 年版，第 279 页。

[2] 参见陈华彬：《我国民法典物权编占有规则立法研究》，载《现代法学》2018 年第 1 期；王洪亮：《占有法律制度重构》，载《国家检察官学院学报》2017 年第 4 期。

失，占有人之间可以相互提起诉讼，要求停止侵权和赔偿损失。[1]

首先，需要澄清的是占有保护功能在于防止法律所禁止的私力，故而信息的占有保护仅应当及于占有人事实控制之下的信息。如前所述，信息必然依附于载体而可感知、可控制和特定化，信息占有保护可理解为保护该特定化信息之上的事实支配力。如德国联邦最高法院在普鲁士城堡花园案中所澄清的，对于信息控制的事实保护虽然产生了对信息的特定权利，但这并非创设了一种类似于知识产权的"所有物之上的形象权"，而是以其排他性为前提，对公共开放空间的建筑等进行拍照并不侵犯财产权，只有在他人所有或占有的空间内拍摄即信息获取才构成对权利的侵犯。[2] 故在占有人事实控制范围之外，他人从其他来源获知、利用相关信息的情形，不在占有保护的范围之内。

其次，占有保护请求权的行使要求存在侵占行为以及侵占行为正在进行或即将发生。对于传统有体物而言，一般不仅要求对占有的管领力造成损害，而且要求侵占行为的结果导致原占有人丧失占有。[3] 但该要求是对于传统有体物而言的，虽然附着于有形载体、电子文件而存在的信息与有体物在感官以及控制形式上存在近似性，但占有保护的是其信息的内在价值而非载体本身，由于信息本身具有非独占、非排他的特性，他人侵害行为一般并不排除权利人对信息内容及其载体的利用。在普通法上的传统侵占之诉同样要求，被告对于动产的支配或控制足以达到在"所有时间以及所有地点"利用该动产的程度，以剥夺权利人对于财产的一般性利用。美国法上在无形财产侵占之诉中的处理方式值得借鉴。故对于信息的侵占而言，并不要求完全排除原占有人的占有，只要侵权人获取有实际价值信息的部分或

---

〔1〕 参见刘家瑞：《论知识产权与占有制度》，载《法学》2003 年第 10 期。

〔2〕 Vgl. BGH GRUR 2011, 323.

〔3〕 参见最高人民法院民法典贯彻实施工作领导小组主编：《中华人民共和国民法典物权编理解与适用》（下），人民法院出版社 2020 年版，第 1354 页。

全部即已足够。

2. 占有保护请求权

(1)占有的物权法保护方式

对占有的侵害是对物事实支配状态的破坏,是一个对旧支配事实的侵害到新事实支配的确定过程,通常均经过旧事实支配受扰期、旧事实支配衰弱期和新事实支配稳定期三个阶段。占有的物权法保护方式也可以从这三个阶段来理解。在旧事实支配受扰期,因该事实支配正在受扰中,为维护原有的社会秩序,物权法上一般允许占有人进行私力救济,以积极排除侵害,立即恢复原有的事实支配。经过这一阶段后,原有的事实支配进入衰弱期。与此相反,新的事实支配则逐渐进入稳定期,此时物权法上一般不再允许原占有人以自力救济手段恢复占有,以免危害社会秩序。但此时,原有的事实支配尚未消灭,故物权法对此加以保护,赋予占有人误伤保护请求权,允许占有人依靠公权力手段恢复其占有。[1] 对于网络空间的信息占有而言,在旧事实支配受扰期,占有人可以私力救济的方式(如屏蔽访问者的 IP 地址)维护其事实控制状态;在新的事实支配状态成立之前,占有人可以主张消除危险请求权、妨害防止请求权,请求公权力禁止他人对其虚拟空间未经允许的访问、对其访问控制技术措施等。在他人已经取得信息而成立新的事实支配力之后,占有人可主张占有返还请求权。但由于信息无体性的特征,信息占有返还请求的行使应当具有一定特殊性。

首先,如前所述,由于信息的非竞争、非排他特性,信息的占有侵害并不一定要求排除原占有人对信息的占有,只要侵权人获取相关信息即已足够,故占有返还请求权的行使不在于向原占有人返还,而主要在于排除占有人对该信息的占有,从而恢复原占有人对该信息控制的圆满状态。因此,其首先应当要求侵权人销毁或向占有人返还一切存储该信息的相关载体文件。

---

〔1〕 参见谢在全:《民法物权论》(下),中国政法大学出版社 2011 年版,第 1005 页。

但由于信息传播依靠人类理解而不仅仅是载体，有学者即认为，“信息传播具有单向性与扩散性，尤其是当人脑吸收以后，除非对人进行‘洗脑’，否则无法进行返还”[1]，在客观无法返还或者排除其占有的情况下，只能依靠法律之力，禁止其对占有信息的进一步利用及传播行为。

其次，关于占有返还请求权的义务人，我国《民法典》并未明确规定。一般认为，如果侵夺人获得以后继续占有，则侵夺人就为占有返还请求权的义务人；如果由他人继受取得而占有，则占有返还请求权的义务人为占有的继受人；对于侵夺人的概括继承人一般当然地作为占有返还请求权的义务人；对于以交易方式等取得的特定继受人，则占有返还请求权的义务人应以恶意的特定的继受人为限，善意的特定继受人不属于占有返还请求权的义务人。[2] 对于信息而言，由于其非排他性特点，侵占人在对信息进行后续转让时可能仍然保留其占有，在此情形下占有返还请求权的义务人应当既包括侵夺人也包括其后续继受人。对于通过交易等方式取得信息的特定继受人，从保护交易安全的角度而言，该占有返还请求权应当不及于善意占有人而仅限于恶意占有人；同时，对于有体物而言，继受人的后续行为一般不会对占有人产生进一步的不利影响，由于信息具有可以无限复制的特点，继受人之后对信息的利用可能损害原占有人的利益，故应当考虑善意占有转化为恶意占有的情形。在继受人不知占有侵夺事实之前，占有人对其获取、利用相关行为不具有请求权，但在其获知该事实之后即由善意转化为恶意，则应禁止其对信息的进一步传播行为。这也为占有人提供了避免损害进一步扩大的救济机会，其可以向善意占有人通知相关侵权事实，允许其在原有范围内占有、使用相关信息，但不得为进一步的传播行为。

---

〔1〕 董涛：《知识产权还需要占有制度吗？——知识产权给占有制度带来的困惑与重构》，载《浙江大学学报（人文社会科学版）》2009 年第 4 期。

〔2〕 参见吴香香：《〈物权法〉第 245 条评注》，载《法学家》2016 年第 4 期。

(2)占有的债法保护方式

除以物权法的方式恢复对物支配的圆满状态外，占有人还可以通过债法的方式获得经济利益的补偿。

首先，其可以根据我国《民法典》第462条主张损害赔偿请求权，要求侵占人、概括继受人以及恶意特定继受人对其损害进行损害赔偿。[1] 对于有体物的损害赔偿主要包括：①占有使用收益的损害，即占有人不能使用收益占有物而生的损害；②支出费用的损害，即占有人对占有物的支出费用；③责任损害，即占有人因物被第三人侵夺发生损毁灭失的损害。[2] 对于信息占有而言，可能存在以下不同：①就占有使用收益损害而言，如前所述，其占有侵害并不一定排除原占有人对信息的占有，而是侵权人获得占有信息而破坏了原占有人对该信息控制的圆满状态，故损害赔偿不在于占有人不能使用收益占有物而生的损害，而应当为侵占人及其继受者对相关信息竞争性使用而对其市场利益产生的损害；②就责任损害而言，一般情况下信息不会灭失，但如果侵占人对信息侵占之后，导致信息完全处于公开可获取状态，则导致占有人完全失去其占有而无法恢复可以视为占有物的毁损灭失，在此情况下，占有人可以主张侵权人赔偿所支配信息的全部价值。

其次，虽然现行占有制度中并未明确规定，但一般认为占有人还可以依据我国《民法典》合同编第二十九章“不当得利”的规定向侵占人主张不当得利。[3] 对于侵害他人占有而取得利益，可能构成非给付不当得利，占有人可以主张侵夺人返还相关利益。在占有物为信息的情况下也同样可适用该规定，占有人可以主张侵夺人返还其利用相关信息所获得的受益。故类似于知识产权法中的损害赔偿制度，占有人对于信息占有的侵夺可以按照其实

---

〔1〕 参见吴香香：《论侵害占有的损害赔偿》，载《中外法学》2013年第3期。

〔2〕 参见最高人民法院民法典贯彻实施工作领导小组主编：《中华人民共和国民法典物权编理解与适用》(下)，人民法院出版社2020年版，第1356~1357页。

〔3〕 参见刘智慧：《占有制度原理》，中国人民大学出版社2007年版，第348页。

际损失主张损害赔偿请求权，同时可以按照侵权人所得利益主张不当得利返还。

此外，还需要注意的是，在两种请求权基础竞合的情况下能否同时主张？在我国法上，一般认为在二者发生竞合时，债权人可以择一行使，当其中一项请求权已经达到目的，其他请求权则归于消灭，否则，债权人仍然可以行使其他请求权。例如，在当事人主张不当得利返还不足以填补损失的情形下，受害人还可以行使损害赔偿请求权以填补其损害。[1]

---

〔1〕 参见邹海林：《不当得利请求权与其他请求权的竞合》，载《法商研究（中南政法学院学报）》2000 年第 1 期。

第五章
大数据保护法律秩序建构

第一节　大数据保护法律制度

一、大数据保护法律制度定位

在信息网络环境下，企业对其数据集合一般进行事实上的控制，并以此为基础通过合同意思自治构建起数据利用、共享、交易秩序。如前所述，相对于法定设权方式，以企业对数据事实控制为基础，法律提供一种支撑型激励机制而恢复市场的自治功能，是更为理性和富有效率的选择。数据作为"机器可读信息"，是网络环境下信息的体现形式，根据前述探讨，对于事实控制之下的信息，可以从知识产权法和民法不同层面进行定位和保护，故大数据保护制度构建可存在以下两种制度选择：

第一，在民法层面，占有保护客体应不限于有体物，信息等无体物也应当属于占有保护制度的范畴。数据作为"机器可读信息"，可以直接通过法律解释在既有民法占有一般制度下加以保护。

第二,在知识产权法层面,对企业私力控制信息的法律保护主要包括商业秘密制度和著作权法技术措施制度。现行商业秘密制度客体虽然仅限于具有秘密性、价值性、保密性的技术信息和经营信息,但其正当性基础在于因信息占有而取得的事实财产权保护,随着企业对信息事实控制能力和范围的扩张,可参照民法占有保护制度扩张反不正当竞争法下对信息控制保护的范围,对著作权接触控制措施的保护即属此类。〔1〕

因此,大数据保护存在直接适用民法占有制度(以下简称民法路径)或者类推占有保护原理而在反不正当竞争法上构建一种类商业秘密制度(以下简称反法路径)两种路径。大数据保护制度的恰当体系定位是进行具体制度构建的前提,现就民法路径与反法路径在理论和实践应用层面的区别或优势探讨如下。

首先,从理论层面来看,反不正当竞争法与民法关系密切,反不正当竞争法作为保护经营者免受竞争者侵害的民事侵权特别法而产生。“不正当竞争”这一概念最早即由 19 世纪法国法院为规制企业竞争行为而根据《法国民法典》第 1382 条的侵权责任一般条款发展而来,至今法国法上也不存在独立的“反不正当竞争法”,而是主要依靠侵权责任一般条款通过判例法发展出了“民法上的不正当竞争之诉”,对混淆、模仿、贬损、寄生竞争等不正当商业行为加以调整。〔2〕 1986 年《德国反不正当竞争法》是世界上最早的

〔1〕 如前所述,虽然对于接触控制措施我国通过著作权法加以保护,但著作权法对接触控制措施保护并非基于著作权权利保护,而是基于保护私力措施的正当利益,故李琛教授评价技术措施保护纳入著作权法是一种面对技术发展带来急迫问题的“非理性方案”。参见李琛:《论知识产权法的体系化》,北京大学出版社 2005 年版,第 96 页。例如,《日本著作权法》仅对阻止著作权侵权行为的版权技术措施提供保护,将接触控制措施保护定位于《日本不正当竞争防止法》,不限于作品还包括非作品内容而提供一种一般性的保护。接触控制措施的正当性可以通过民法占有制度得到解释,其保护的对象不仅包括具有独创性的作品,包含非独创性的内容的技术措施也应当得到保护,继续将其定位于《日本著作权法》存在体系上的错位,应当将其理解为信息网络环境下较早的“类商业秘密制度”形式。

〔2〕 参见[德]弗诺克·亨宁·博德维希主编:《全球反不正当竞争法指引》,黄武双等译,法律出版社 2015 年版,第 256 页。

调整不正当竞争行为的专门法，其同样衍生自《德国民法典》第823条的侵权责任一般条款，反不正当竞争法的一般条款即以《德国民法典》第826条"违反善良风俗的故意侵害"为模本，反不正当竞争法与民法典之间属于一般法与特别法的关系，前者应有限适用，没有规定的可适用民法一般条款加以调整。[1] 在国际条约层面，1883年《巴黎公约》最早与专利、商标等工业产权一同规定了"制止不正当竞争"保护。在国际立法影响下，我国采取了专门立法模式，1993年通过了专门的《反不正当竞争法》。在反不正当竞争法与民法所调整的关系中，相同之处在于，二者都是调整平等民事主体之间的关系；不同之处在于，民法所调整的是一切平等主体之间的人身和财产关系，[2] 反不正当竞争法类似于商法针对特定主体"商人"规定了特别行为，是针对经营者提出特别行为要求的侵权行为法，其制度目的在于维护市场竞争的商业道德而保护"诚实企业主"，故其调整对象是存在竞争关系的经营者之间的法律关系，而并不调整除此之外非竞争经营主体之间的行为。故在理论层面，两种路径的根本区别在于，是否有必要将信息控制通过民法占有保护而适用于所有平等民事主体，或限定于生产经营活动之中的特别保护。

然而，这种区别却并不适用于商业秘密领域，商业秘密保护的正当性基础经历了合同理论、财产权理论、商业道德再向财产权理论的过渡，由于受商业道德理论的影响，商业秘密制度被定位于反不正当竞争法上的保护而限于调整经营者之间的关系。但如前所述，从现代经济学理论来看，其保护正当性基础在于其价值性而与商业道德不存在必然关联，应当将其解释为一种基于占有产生的事实财产权。因此，其秘密价值性前提在于信息保密，即使并非具有竞争关系的经营者，任何损害其价值的行为都应当视为侵权

---

[1] 参见范长军：《德国反不正当竞争法研究》，法律出版社2010年版，第25~26页。

[2] 我国《民法典》第2条规定："民法调整平等主体的自然人、法人和非法人组织之间的人身关系和财产关系。"

(如员工不以经营为目的将其信息公之于众)。事实上,全球商业秘密保护立法也存在脱离反不正当竞争法框架而专门立法保护的趋势,[1]并体现了财产权保护的特点,侵害商业秘密主体不限于有竞争关系的经营者而是一切民事主体。2016 年欧盟专门的《商业秘密保护指令》第 2 条规定:"'侵害人'是指任何实施了非法获取、使用或披露商业秘密行为的自然人或法人。"美国统一州法委员会 1985 年修订的《统一商业秘密法》以及 DTSA 都规定侵权主体不限于经营者,可以是自然人、法人以及其他任何法律或商务实体。[2] 2019 年我国修改《反不正当竞争法》,在商业秘密制度中突破了"经营者"的一般限制而规定:"经营者以外的其他自然人、法人和非法人组织实施前款所列违法行为的,视为侵犯商业秘密。"因此,商业秘密制度的调整范围是一切民事主体,置于民法或反不正当竞争法框架下已不存在实质性区别,目前全球范围内商业秘密专门立法活动也体现出了商业秘密独立于反不正当竞争规制体系,而成为一类独立的信息之上事实财产权的法律保护体系。

其次,从实践应用的角度来看,民法路径存在法律标准上的模糊性和不确定性。如前所述,占有制度在我国一直遭遇冷遇,《物权法》出台以前,我国民法上并未规定占有制度,直到 2007 年《物权法》颁布后,占有才被作为一项独立的法律制度得到实证法的肯认,现行《民法典》对于占有制度仅仅规定了 5 个条文,其中前 4 条都是调整占有人与所有人关系,真正属于占有本身的规定只有第 462 条的占有保护请求权,对于占有客体、取得和丧失的要件、类型等均未作规定。由于对无体物的占有在理论观念上尚存在一定阻碍,如前所述,对于无体物的占有保护与有体物也存在一定区别,仅仅依

---

[1] 参见郑友德、钱向阳:《论我国商业秘密保护专门法的制定》,载《电子知识产权》2018 年第 10 期。

[2] See Sharon K. Sandeen & Elizabeth A. Rowe, *Trade Secret Law including the Defend Trade Secrets Act of* 2016 *in a Nutshell*, West Academic Publishing, 2018, p. 33.

靠《民法典》第 462 条的占有保护规则进行解释和使用在现实中存在不确定性。而随着大数据在数字经济中的价值不断凸显，关于数据归属、利用、保护的纠纷不断增多，有必要对占有保护理论进行演绎而对大数据保护规则作出专门具体规定，从而实现法律的确定性价值，促进数字经济发展。商业秘密是对信息私力控制法律保护最为典型和成熟的法律实践，其就信息控制的法律保护抽象出了秘密性、价值性、保密性的构成要件，规定了对他人控制信息不当获取、利用、披露三种侵害形式，以及对于信息财产侵害的救济方式。参照此，可以针对大数据作出更为具体、更具可操作性的制度构建，如就其保护要件而言，可以根据占有保护原理在商业秘密保护构成要件基础上作适应性扩张；就侵害行为、救济方式而言，其与对商业秘密的侵害并不存在实质性区别，可以直接适用相关制度。对于其他不确定性问题，也可以类推商业秘密制度进行适用。

综上所述，笔者认为，虽然民法路径与反法路径在其基础理论和调整对象上并不存在实质性区别，但从实践适用的角度来看，反法路径更加具有确定性和实践可操作性。因此，关于大数据保护，可构建一种类商业秘密制度。从短期来看，可在现行《反不正当竞争法》第 9 条商业秘密保护条款之后，增加一条“他人合法控制数据的保护”；从长远来看，商业秘密保护有脱离《反不正当竞争法》框架而专门立法的趋势，2021 年中共中央、国务院印发的《知识产权强国建设纲要（2021—2035 年）》明确要“制定修改强化商业秘密保护方面的法律法规”，若未来对商业秘密保护进行专门立法，则应当在“商业秘密保护法”中规定对这一类商业秘密制度的保护。

二、大数据保护立法建构

尽管支撑型激励机制在理论探讨中较少受到关注，但在立法实践中已受到了有关部门的接纳。在新一轮《反不正当竞争法》修改中，2022 年 11 月市场监管总局公布的《中华人民共和国反不正当竞争法（修订草案征求意见稿）》（以下简称《征求意见稿》）第 18 条构建了“商业数据”保护制度，规定经营者对“依法收集、具有商业价值并采取相应技术管理措施的数据”，有权排除他人的不当获取和使用。[1]《征求意见稿》体现了立法机关在数据保护中对支撑型激励机制的接纳，其试图在商业秘密制度之外承认并保护经营者对数据的事实控制，这也与本研究观点不谋而合。然而，现有制度设计却体现出了一定的要素缺失和逻辑混乱：首先，就商业数据获得保护的条件，《征求意见稿》规定了依法收集、具有商业价值、采取相应技术管理措施三项要件，“技术管理措施”应达到什么程度或实现何种目标则未具体规定（如传统商业秘密要求采取措施使信息保持秘密，日本限定提供数据则要求采取电磁管理措施确保数据向有限主体提供），而是采取了例外式的限定方式，即“获取、使用或者披露与公众可以无偿利用的信息相同的数据”不在保护之内，除此之外的数据似乎都可获得保护。然而，该规定却又落入了商业公开/秘密二分的桎梏，如前所述，信息可由公众自由利用并不意味着代码信息即数据进入公有领域，也并不能成为区分数据保护与否的条件。其次，针对不法侵害行为，传统商业秘密保护主要禁止他人未经授权的获取、利用和披露三类行为，日本“限定提供数据”制度也继续沿用了此三类不正当行为的界定，《征求意见稿》除此之外增加了多项限定条件：（1）不正当获取行为除破坏技术措施，应以“不合理地增加其他经营者的运营成本、影响其他

[1]《征求意见稿》第 18 条规定：“经营者不得实施下列行为，不正当获取或者使用其他经营者的商业数据，损害其他经营者和消费者的合法权益，扰乱市场公平竞争秩序：（一）以盗窃、胁迫、欺诈、电子侵入等方式，破坏技术管理措施，不正当获取其他经营者的商业数据，不合理地增加其他经营者的运营成本、影响其他经营者的正常经营；（二）违反约定或者合理、正当的数据抓取协议，获取和使用他人商业数据，并足以实质性替代其他经营者提供的相关产品或者服务；（三）披露、转让或者使用以不正当手段获取的其他经营者的商业数据，并足以实质性替代其他经营者提供的相关产品或者服务；（四）以违反诚实信用和商业道德的其他方式不正当获取和使用他人商业数据，严重损害其他经营者和消费者的合法权益，扰乱市场公平竞争秩序。本法所称商业数据，是指经营者依法收集、具有商业价值并采取相应技术管理措施的数据。获取、使用或者披露与公众可以无偿利用的信息相同的数据，不属于本条第一款所称不正当获取或者使用其他经营者商业数据。”

经营者的正常经营”为限;(2)违反约定获取数据以及进一步使用、披露数据,应以“实质性替代其他经营者提供的相关产品或者服务”为限。该规定体现了不同法律逻辑的杂糅,除借鉴商业秘密制度,还吸收了动产侵占之诉、信息盗用侵权等不同的制度逻辑。然而,这却与支撑型激励机制的基本逻辑并不相容,因为其旨在保护权利人对信息控制的圆满状态,一旦不正当获取、披露、使用行为发生后即会导致信息失控的风险,故破坏技术措施并盗用有价值数据本身应当具有不正当性,而不问其是否对权利人的业务构成实质性替代或不合理地增加其他经营者的运营成本。

从征求意见稿到正式立法仍然存在较大的完善空间,应当立基于信息私力控制法律保护的基本理论进行制度建构。现有信息控制保护的主要制度——商业秘密制度仅限于对具有秘密性、价值性、保密性的信息加以保护,从民法占有制度原理出发,任何他人合法控制信息都应受法律保护而排除他人私力侵害。针对当前大数据保护现实问题,应适应数字环境下信息传播的特点,对相关保护要件作出扩张而构建一类商业秘密制度,确立对“合法控制数据”的保护,任何人不得违背他人意思以法律所禁止的私力而获取以及进一步利用、公开其数据。就具体制度构造可探讨如下。

(一)保护客体

民法上作为占有客体的物,要求独立于人身之外、具有价值性和可控性。因此,并非所有数据均可成为保护的客体。如前所述,虽然数据具有独立性和可控性特征,但其同时必须具备价值性才能获得保护。价值性包括使用价值和交换价值。首先,数据要具备使用价值,在大数据分析中,一般认为单条或者少量的数据并不具备分析意义,根据《日本不正当竞争防止法》上“有限提供数据”的要求,其必须有“相当累积性”,即通过具有相当数量的累积而产生独立的分析和利用价值;其次,数据要具备交换价值,只有具有稀缺性的数据才可产生经济上的交易价值,持有人控制之外他人能够从公开渠道直接获得的数据不具备法律上保护之必要。同时,对于处于公有领域的数据,若因他人事实控制而给予法律上的保护,则会导致商业信息正常交流受到阻碍和诉讼泛滥,影响正常的生产、经营活动。故借鉴商业秘密制度,保护数据应当具有一定"新颖性",即限于在数据持有人控制之外,他人无法根据一般常识、行业惯例、公开出版物或者其他公开渠道直接获得该数据的情形。但这种新颖性应认为是最低限度的新颖性,其可能只是某种信息的汇编,即同行业的其他人只要付出劳动进行收集整理就可以得到相同或近似的结果,其他人没做而经营者这样做了也可获得保护。〔1〕

(二)数据合法控制的取得与丧失

民法上占有系占有人对物的事实控制与支配,在主观上占有人应当具有占有的自然意思,在客观上需要形成对物的控制。〔2〕因此,对数据合法控制取得要求控制人必须对外表现出一定排他性意思和客观行为,包括完全排除他人对数据的获取以及附条件地排除他人对数据的获取(包括仅允许特定人以及以特定条件获取数据),对于完全无条件向所有人开放的数据并不加以保护。虽然数据具有无体性特点而难以被直接感知、控制,但其可以依附于特定载体而被感知和控制。具体而言:首先,数据可以依附于电子文件或者有形载体作为动产被直接控制。例如,控制人可以直接对数据文件进行加密或者排除他人对数据文件的实际接触而建立其事实支配力。其次,可以依据空间关系建立对数据的事实控制。网络虚拟空间可类比于传统不动产空间,数据一般存储和呈现于特定网络空间,可通过对虚拟空间的控制而间接地建立对其内部数据的事实支配力。如前所述,为了维护互联网空间的默认开放性,同时避免企业广泛设置技术措施导致互联网走向封闭,可将"政策范式"作为网络空间支配力成立的认定条件,即作为访问前

〔1〕参见孔祥俊:《商业秘密保护法原理》,中国法制出版社1999年版,第33页。

〔2〕参见黄薇主编:《中华人民共和国民法典物权编释义》,法律出版社2020年版,第626页;最高人民法院民法典贯彻实施工作领导小组主编:《中华人民共和国民法典物权编理解与适用》(下),人民法院出版社2020年版,第1326页。

提,网络空间所有者或占有者以第三方可识别的方式明确告知访问的限制性条件的,即认为成立对数据的事实控制。该限制性条件包括可访问主体、可访问内容以及可访问条件等。例如,有的网站仅允许特定用户群体访问,通过爬虫协议告知禁止爬取内容,以及通过人机识别措施禁止爬虫机器人访问等。

就前述大数据纠纷的三种典型情形,即互联网公开数据纠纷、开放平台数据纠纷以及衍生数据产品纠纷而言,数据呈现且纠纷发生于网络空间内部。就后两者而言,数据控制者对其网络空间建立了访问控制措施,并通过用户认证和访问权限设置控制访问,一般认为其应当具有占有的意思和事实支配力。对于互联网公开数据而言,有的通过用户访问政策、爬虫协议或者人机识别措施限制他人对其网站数据的爬取,应当认为保护条件成立;有的则未采取任何限制措施,在明确对他人事实控制数据保护及其控制措施法律效力的情形下,可引导企业建立相应的保护措施,对未施加任何限制的则不予保护。

最后,与民法占有制度相似,对数据控制的法律保护以存在数据控制的事实为前提,当他人在数据之上的事实管领力不复存在时,如当数据处于他人完全无条件自由访问时,其即丧失对数据的合法控制而不再受到法律保护。

(三)保护效力

在占有制度中,非基于占有人的意思而排除其对物的事实管领力构成侵占,[1]占有人可以主张民法上的占有保护请求权。对于数据保护而言,数据控制人可针对任何未经允许破坏其合法控制获取数据以及后续利用、公开数据的行为请求法律保护。

首先,从保护客体上,由于数据具有非竞争、非排他的特性,对于同一数

---

〔1〕 参见王泽鉴:《用益物权·占有》,中国政法大学出版社2003年版,第382页。

据内容可能互不排斥地被多人占有,其保护仅及于事实控制之下的特定数据,他人通过其他来源获知并利用数据的情形,如他人独立收集的大数据集合,并不在保护范围之内。

其次,从侵害的方式上,数据保护的是数据的内在价值,其并不要求排除原控制人对其数据的占有,只要侵占人获取到了有价值的数据而破坏了控制人对其数据的排他性利用状态即构成不正当获取。但与保护客体的“相当累积性”要求相似,侵占人必须获得了他人数据集合全部或有分析价值的实质性部分侵占才能成立。

此外,还应当确定侵权的民事责任,从而允许数据合法控制者及时排除侵害和获得救济。民法占有保护的救济包括消除危险请求权、妨害防止请求权、占有返还请求权等在内的物权法上的请求权,以及损害赔偿、不当得利返还等债权法上的请求权。对于大数据的保护也应当从这两个方面进行构建。

在侵权行为成立之前,数据控制人可以主张消除危险请求权、妨害防止请求权,对于他人已经实际获取的数据,数据作为无体物难以进行类似于有体物的直接适用占有返还请求权,数据控制人可主张停止侵权,排除侵占人对该数据的占有和利用,从而恢复控制人对该数据控制的圆满状态。具体而言,控制人可以要求侵占人销毁一切存储该数据的相关载体文件,并以法律之力要求侵占人停止一切利用、传播该数据的行为。该请求权主张的义务人,不仅包括侵占人,还将对作为继受人的第三人产生效力。对于侵占人的概括继承人一般当然地可主张占有返还请求权。对于以交易等方式取得数据的特定继受人,则应根据其主观状态区别讨论:对于明知或应知数据是以不正当手段取得的恶意继受人,控制人可对其主张请求权;对于善意的特定继受人,则从保障交易安全的角度考量不属于该请求权的义务人。此外,如前所述,对于有体物而言,继受人的后续行为一般不会对控制人产生进一步的不利影响,由于数据具有可以无限复制的特点,继受人之后对数据的利用可能损害原控制人的利益,故应当考虑善意占有转化为恶意占有的情形。

在继受人不知不当侵夺事实之前,控制人对其获取、利用数据相关行为不具有请求权,但在其获知该事实之后,即由善意转化为恶意,则应禁止其对数据的进一步传播行为。这也为控制人提供了避免损害进一步扩大的救济机会,其可以向善意占有人通知相关侵权事实,允许其在原有范围内占有、使用相关数据,但不得为进一步的传播行为。

对于侵占人给数据控制人造成的实际损失,控制人在理论上可以主张损害赔偿请求权和不当得利请求权。但为了保障法律确定性和降低当事人维权成本,可以借鉴反不正当竞争法中对于商业秘密损害赔偿的规定,直接规定可以当事人实际损失或实际获益来计算损害赔偿。即控制人可以主张损害赔偿请求权,要求侵占人、概括继受人以及恶意特定继受人对其占有使用收益损失、占有标的灭失以及支出费用进行损害赔偿。控制人使用收益损失可以结合数据使用的合理许可费进行判断,当数据完全进入公有领域时可视为标的物灭失,控制人可主张按照数据集合的全部进行赔偿;当实际损失难以计算时,应当允许控制人要求侵占人返还数据利用的收益以填补损害。此外,当控制人因被侵权所受到的实际损失、侵权人因侵权所获得的利益难以确定的,可借鉴反不正当竞争法上侵害商业秘密法定赔偿的形式,由人民法院根据侵权行为的情节判决给予其500万元以下的赔偿。

因此,笔者建议,基于民法占有保护原理,可在《反不正当竞争法》或未来"商业秘密保护法"专门立法中增加对他人合法控制数据的保护的规定,以防止他人未经允许的私力侵害行为。

任何组织或个人不得违反他人意志以不正当手段获取、利用和披露他人合法控制数据。

前款所称数据,应限于采取技术措施加以控制、无法从数据控制人之外的公开渠道直接获得,并具有相当数量的累积而产生独立分析和利用价值的数据。

对数据的合法控制，可通过限制他人对数据内容接触或限制他人对数据存储空间访问等方式进行，依一般社会观念可排除他人获取时而成立。

第一款所称的不正当手段获取和利用行为包括：

（一）违反他人意志，通过窃取、欺诈、强迫等不正当手段获取数据的行为，以及使用、披露通过不当获取行为所取得的数据的行为；

（二）违反合同或者法律规定的义务，使用、披露其所掌握的合法控制数据；

（三）明知是他人通过不当获取行为取得的数据，或者他人违反合同或法定义务使用、披露数据，仍然获取、使用、披露数据的行为。

此外，在“法律责任”一章应增加民事责任条款：

违反本法规定，以不正当手段获取、利用、披露合法控制数据的，数据控制人可以要求排除妨害、消除危险和停止侵害。

侵权行为造成数据控制人损失的，按照其所受损失或者侵权人因此所获利益承担赔偿责任；数据控制人因被侵权所受到的实际损失、侵权人因侵权所获得的利益难以确定的，由人民法院根据侵权行为的情节判决给予其五百万元以下的赔偿。

第二节　大数据保护例外与限制

如前所述，在大数据生成、利用、流转的过程中，涉及数据生成者、数据收集和控制者、数据获取利益相关者以及数据再利用者四类主体,[1]法律保护秩序不仅要保护数据收集和控制者的投资,而且要实现不同主体之间的平衡,旨在实现四方面的目标:(1)促进数据投资、利用和创新;(2)建立良好运作和竞争性的市场;(3)保护消费者利益、用户个人信息;(4)维护必要的公共利益。[2] 通过对企业合法控制数据的保护,企业可以其私力控制自行界定大数据的保护、利用、分享和流转秩序。这解决了数据的初始产权界定以及数据收集者与竞争者之间数据共享、交易中的产权保障问题,即促进大数据投资和创新的问题。但如何保障消费者权益、维护公共利益以及维持竞争性市场,仍需在此基础上进一步识别相关正当利益并设置保护例外和限制。

有学者反对从事实路径出发而主张设定法定权利的原因在于,从公共政策的角度来看,权利人过度依赖技术措施保护,会显著降低数据的流动性和可及性,使原本不受法律保护的数据获得保护,使网络空间向更加封闭的纵向一体化发展,这限制了公众接触数据的范围并压缩了公共领域空间。[3] 如前所述,在互联网空间公权力执法困难的前提下,企业倾向于信息财产保护的前置化,采取技术措施限制或者互联网走向封闭是不可避免的结果。即使采取有限权利保护并设置合理使用例外的模式,[4]仍然不能排除企业采取技术措施对其数据进行保护,反而由于缺乏法律保障企业可能进一步增强其技术措施而限制公众对数据的接触。在法律上承认企业对其数据的

[1] See European Commission, *Study on Emerging Issues of Data Ownership, Interoperability, (Re-) Usability and Access to Data, and Liability* (April 2018), http://ec.europa.eu/newsroom/dae/document.cfm?doc_id=51486.

[2] See Josef Drexl, *Data Access and Control in the Era of Connected Devices: Study on Behalf of the European Consumer Organisation BEUC* (Dec. 2018), https://www.beuc.eu/publications/beuc-x-2018-121_data_access_and_control_in_the_area_of_connected_devices.pdf.

[3] 参见崔国斌:《大数据有限排他权的基础理论》,载《法学研究》2019 年第 5 期。

[4] 如本书第二章第一节欧盟法讨论中,有的欧洲学者主张通过数据库特别权利对大数据集合提供保护,同时通过设置美国版权法上合理使用的一般条款以及增设单一来源数据等扩张权利保护例外来实现数据保护与共享的利益平衡。

事实支配力,并对企业合法控制数据提供法律保护,一方面,这一定程度上可以替代和减少企业技术措施的作用,在确保企业回收投资的前提下最大限度地向公众开放其数据访问;[1]另一方面,其以侵入性更弱的方式保护企业产权,可以促进企业通过合同方式将数据商业化流通共享,在竞争良好的市场下可实现数据价值的最大化。[2]

然而,对他人合法控制数据的保护仅能解决部分数据流动和共享问题,由于绝大多数数据处于企业事实控制之下,其仍然无法完全实现维护竞争秩序、保护消费者利益、维护必要公共利益三个目标。因此,欲促进公众对数据获取和流通共享,就不能仅遵循传统法定设权范式下按照"权利—例外"的模式划定法律上保护与否的界限,要将企业私力保护考虑在内,在必要情形下以法律之力排除企业私力而保障他人对信息的获取。例如,在版权领域,技术措施在有效保护版权的同时,超越版权保护限制公众接触作品内容,对公众对作品的合理使用等构成限制,被认为不断蚕食公众获取信息的空间,因此版权法规定了规避技术措施相应例外。[3] 专业网络平台与一般用户之间的技术鸿沟不断扩大,用户缺乏足够技术手段和能力绕开该技术措施而接触作品,法律上的合理使用例外将在事实上成为具文。因此,有的国家或法域同时要求权利人有保障用户接触的义务。例如,加拿大最高法院将合理使用不仅仅理解为一项违法性阻却事由,还理解为一项"使用者权利",版权人具有保障其实现的义务;[4]欧盟《信息社会版权指令》第6条第4项规定,各成员国有义务保证权利人采取技术措施的同时,必须采取合

---

〔1〕参见郑重:《版权保护技术措施的危害及其规制》,载《知识产权》2014年第11期。

〔2〕根据科斯定理,在市场交易成本为零的条件下,只要产权明确,无论产权如何初始分配,市场均衡的最终结果都是有效率的,可以实现资源配置的帕雷托最优。See Ronald H. Coase, *The Problem of Social Cost*, 3 The Journal of Law and Economics 1 (1960).

〔3〕参见郑重:《版权保护技术措施的危害及其规制》,载《知识产权》2014年第11期。

〔4〕Vgl. CCH Canadian Limited v. Law Society of Upper Canada, [2004] 1 S. C. R. 339, 2004 SCC 13, para. 48.

理措施保障权利例外实现。[1] 有学者意识到,通过技术措施建立的私人创制(private ordering)正在替代知识产权制度,保障信息获取新的挑战是如何排除企业私力建立的事实排他性,除了在知识产权法上规定技术措施保护例外,还应当考虑其他补救措施:(1)限制单方面采取技术措施的行为;(2)限制合同自由以保护弱势群体利益,如消费者权益保护法上对消费者利益的保护;(3)反垄断执法;(4)推动行业内的自我监管(self-regulation)。[2]

对数据保护加以限制而构建平衡的利益框架,需要更为准确地识别数据生成者、数据获取相关主体、数据再利用相关主体等相关利益。由于此议题事实上并非探讨核心且笔者能力有限,本节在此并不致力于具体的制度设计,而是旨在回应设权理论的质疑,说明区别于传统"权利—例外"模式,基于控制事实建构的权利被有效限制的基本路径、方式,为解决大数据保护的实践问题提供平衡制度框架。

一、大数据保护冲突利益识别

如前所述,大数据法律秩序的构建需要实现四方面的利益互动与平衡:促进数据投资、利用和创新,建立良好运作和竞争性的市场,保护消费者利益和用户个人信息,维护必要的公共利益。从保护数据投资与促进数据利用和创新上来看,有必要对经营者合法控制下的数据提供法律保护,排除竞争者对数据的盗用或侵占。但除此之外,还存在两类情形有必要对数据控制者的权利进行限制以实现利益平衡:一是数据控制者与数据生成者之间的利益冲突;二是数据控制者与数据获取主体之间的利益冲突。现具体分

---

〔1〕 欧盟《信息社会版权指令》第6条第4项规定了限制技术措施的"两步法":首先,指令要求成员国推动权利人,为了实现权利的例外和限制所要达到的目的,采取"自愿措施"让社会公众得以享受相关好处;其次,如果权利人没有采取,或者权利人与其他利益集团在合理的期间内未达成协议,成员国就应当介入并采取适当的措施,以确保权利人提供权利例外和限制所带来的好处。参见李明德等:《欧盟知识产权法》,法律出版社2010年版,第304页。

〔2〕 See Reto M. Hilty, *Intellectual Property and Private Ordering*, in R. Dreyfuss & J. Pila eds., The Oxford Handbook of Intellectual Property Law, Oxford University Press, 2018, p. 898.

析如下。

(一)数据控制者与数据生成者之间的利益冲突

在数据生成者即用户与数据控制者之间的现实互动中,企业向用户提供数字服务,用户主动向企业提供数字内容,用户痕迹借助浏览记录、传感器等被数字化,由企业存储而形成用户数据。用户数据除可识别个人信息外,还兼具财产价值,绝大多数互联网免费商业模式以用户全面同意其收集和使用其数据为条件,数据在交易中承担起类似于货币的"对价"功能,尤其是随着大数据分析广泛地应用于经济生活,用户数据成为数字环境下用户享受个性化服务乃至参与基本经济活动的前提,实践中用户数据甚至可直接成为市场交易的对象而实现其货币价值。[1] 但企业所收集和存储的用户数据的经济价值应当如何分配?用户自身以及用户能否授权其他经营者获取相关数据?

现行立法和司法保护实践对此存在空白。从人格权保护出发,由《民法典》《全国人民代表大会常务委员会关于加强网络信息保护的决定》《中华人民共和国电子商务法》《中华人民共和国网络安全法》构成的规范体系建立起了我国个人信息收集的"知情同意"制度框架,对用户数据中可识别个人信息的部分提供防御性保护,赋予了数据主体查询、更正、删除其个人信息的权利;就用户数据中体现的财产价值而言,在私法自治原则下,企业可依法征得用户同意而双方订立合同就数据收集、存储、利用作出安排,[2] 进而取得对用户数据的合法占有并可获得法律上的保护。但立法并未明确用户对其生成数据是否有积极占有、使用、处分、收益权能,现实中这成为数据平台与用户交往、平台竞争中不可回避的问题。例如,在字节跳动公司旗下抖音、多闪与腾讯公司旗下微信数据争议中,腾讯公司与字节跳动公司通过开

---

〔1〕 参见郑观:《个人信息对价化及其基本制度构建》,载《中外法学》2019 年第 2 期。

〔2〕 参见王叶刚:《论网络隐私政策的效力——以个人信息保护为中心》,载《比较法研究》2020 年第 1 期。

放平台合作,向抖音产品提供微信/QQ账户授权登录服务,在征得用户同意却未经腾讯授权的情况下,抖音、多闪在微信数据库调取用户数据,腾讯公司主张抖音、多闪构成侵权,抖音、多闪则认为用户对其数据具有正当处分权限。[1] 该案凸显了用户与企业在数据财产价值分配中的二元对立,企业对其事实控制之下的数据可主张占有保护,但用户授权其他经营者大量获取其数据是否构成侵权,以及企业在法律上是否具有提供的义务?现行法律仅基于人格权对个人信息提供保护,在未明确用户数据法律属性、保护机制的前提下,将数据收集、利用、处分完全交由用户与企业之间自主合同安排,在用户与企业实力严重不对等的情况下将造成对用户经济自由的不当限制。绝大多数互联网免费商业模式中,由于信息不对称用户很难预期其提供个人数据的未来用途和后果,用户同意的意思自治模式很大程度上被"虚化";[2]同时由于数字市场具有较强的网络效应而体现出高度集中的特点,少数互联网巨头掌控着服务供应和数据收集的有限端口且互不兼容,用户仅能在少数网络平台之间进行选择,其一旦向平台完成授权便事实上失去了对其数据的控制而被企业数据财产利益所吸纳,导致用户在以数据为"通货"的数字市场难以向其他产品服务转换,被数据平台"锁定"而限制了其在数字市场的选择自由。因此,有必要在大数据保护中实现数据控制者与数据生成者之间的利益平衡。

(二)数据控制者与数据获取主体之间的利益冲突

在充分市场竞争条件下,大数据集合原则上可以实现边际产品价值最大化流动和再利用,如果数据控制者拒绝许可或者进行过高定价,数据获取利益主体可能转向其他替代性数据或者独立进行收集,从而实现数据市场

---

[1] 参见腾讯诉抖音、多闪不正当竞争案,天津市滨海新区人民法院(2019)津0116民初2091号民事裁定书。

[2] 参见张新宝:《"普遍免费+个别付费":个人信息保护的一个新思维》,载《比较法研究》2018年第5期。

的动态平衡。但现实环境下,不仅完全竞争难以实现,大数据市场本身存在高度集中和易于垄断的风险,基于控制事实对大数据集合提供保护的同时,必须构建相应利益平衡机制避免数据控制者滥用权利排除相关利益主体对数据的获取。

首先,由于互联网经济兼具规模经济和网络经济的特性,数字市场体现出高度集中的特点。在传统产业中,随着生产规模的递增,企业边际成本先递减后递增;大数据具有高容量、高速度、多类型的特点,前期必须进行较高的固定成本投资建立网络和累积一定数据规模才能产生实质性竞争力,而一旦产品研发成功投入市场之后,便以较低的边际成本向用户提供服务,随着用户规模的扩大,报酬不断递增而平均成本不断降低。[1] 此外,数字市场存在网络效应加剧市场向少数主体倾斜:[2] (1)由于传统网络效应,消费者从特定产品或服务获得的效用随着其他消费者对该产品或服务的使用的增加而增加;(2)由于数据规模产生的"做中学"效应,拥有大量用户的公司能够收集更多数据提升服务质量,通过提供更好的服务质量获得新用户,实现"用户反馈循环";(3)溢出效应,网络环境中数据规模和种类较少受物理限制,在数据具有多用途的情况下,持有大量数据的公司可以将其数据优势扩展到各个领域。基于以上原因,数字市场中取得先发优势的平台往往会率先建立正反馈过程,导致市场向少数企业集中,从而形成寡头垄断或"赢者通吃"的市场均衡结构。以国内常用互联网服务为例,百度占据80%以上搜索引擎市场份额,腾讯占据90%以上即时通信领域的市场份额,阿里巴巴占据中国电商市场的80%以上的市场份额,各大互联网巨头共同掌握着数据

---

〔1〕 参见叶明:《互联网行业市场支配地位的认定困境及其破解路径》,载《法商研究》2014年第1期。

〔2〕 See Maurice E. Stucke & Allen P. Grunes, *Big Data and Competition Policy*, Oxford University Press, 2016, p. 162 – 248.

控制的入口。[1] 同时,各互联网巨头不断实现纵向一体化,通过兼并收购向互联网的各个领域渗透,数字经济中的竞争越来越成为数字生态系统之间的竞争。2019 年上半年,腾讯、字节跳动、百度、阿里巴巴四家公司旗下应用占据整个移动互联网用户在线时长的 70%。在高度集中的市场结构下,大数据可能仅存在少数支配性平台的有限供给,数据交易的充分竞争难以实现,实践中存在通过拒绝交易、差别待遇、杠杆传导等排除和限制竞争的情形。[2]

其次,随着传统产业的数字化转型,数据成为产品制造、销售、服务提供的关键生产要素,虽然特定数据控制者不具有规模或者市场份额上的优势,但可能掌握特定产品制造或服务提供所必需的单一来源数据,通过拒绝或者限制数据交易而排除市场竞争。在物联网领域,连接设备不仅是独立的产品,而且要与其他设备相连接以特定的"相关数据"一起向用户提供服务。例如,在联网汽车中,汽车设备制造商通过安装传感器产生许多不同类型的数据,如用户驾驶行为、设备数据、交通路况、位置数据等,其由设备实际制造商所实际控制,未经其同意用户以及其他互补产品和服务的提供商都无法获得相关数据进而提供服务。[3] 在"酷米客"诉"车来了"案中,"酷米客"公司与深圳市交通公司独家签订《GPS 设备安装协议》,在公交车上安装 GPS 设备获取公交车运行线路、到站时间等数据,成为深圳市公交运行数据的唯一来源。"车来了"作为公交车互补服务(提供公交车运行信息)提供商

---

〔1〕 参见时建中:《互联网市场垄断已见端倪亟须规制》,载《经济参考报》2016 年 8 月 17 日,第 6 版。

〔2〕 See Joshua Gans, *Enhancing Competition with Data and Identity Portability* (Jun. 2018), http://www.hamiltonproject.org/papers/enhancing_competition_with_data_and_identity_portability.

〔3〕 See Wolfgang Kerber, *Data Governance in Connected Cars: The Problem of Access to In-Vehicle Data*, 9 Journal of Intellectual Property, Information Technology and Electronic Commerce Law 310(2019); Josef Drexl, *Data Access and Control in the Era of Connected Devices: Study on Behalf of the European Consumer Organisation BEUC* (Dec. 2018), https://www.beuc.eu/publications/beuc-x-2018-121_data_access_and_control_in_the_area_of_connected_devices.pdf.

其服务提供必然以获取相关数据为前提,但“车来了”向“酷米客”协商购买数据未果,遂利用网络爬虫软件大量爬取“酷米客”实时数据,深圳市中级人民法院审理认定其构成不正当竞争。[1] 但该案中,应予以考虑的是,对于单一来源的事实性数据,如果赋予数据占有者完全的排他性权利,则可能造成对相关市场竞争的损害,应当考虑限制对该数据集合的保护。数据很大一部分是对客观世界信息的电子转化,其对于特定生产经营活动往往具有不可或缺性,因此版权法为避免造成垄断,仅保护独创性内容而对作为客观事实的数据不予保护。欧盟数据库特别权利为保护数据库制作投资而对数据内容进行保护,但为了避免数据库制作者对“单一来源数据”的垄断,其明确仅对已有数据获取、订正以及展示过程中的投资予以保护,而不保护数据创造过程中产生的投资。在 1992 年《数据库保护指令》草案中,欧盟委员会就已经考虑到对事实性数据的保护可能涉及对二级市场的限制,因此其草案第 8 条规定了“向公众提供的数据库中所包含的作品或材料无法独立地创建、搜集或者从其他来源获得”的数据库应以“公平和无歧视”的条款进行强制许可,并规定了仲裁机制。在对大数据集合进行保护的情形下,将同样涉及对单一来源的事实性数据的保护,故而有必要保障相关产品或服务提供者对于数据的获取。

二、数据保护例外与限制的法律构造

如前所述,由于大数据集合通常处于企业事实控制之下,实现用户及竞争者数据获取利益的保障,不仅需要消极地划定权利保护之界限与例外,同时需要在法律上保障相关利益主体对数据的实际获取。故而,有必要探讨二者利益保护的正当性并建立相应的分析和保护框架。目前,主要存在设权模式和竞争法模式两种路径。前者主要调整数据生成者与数据控制者之

---

〔1〕 参见深圳谷米公司诉武汉元光公司不正当竞争纠纷案,广东省深圳市中级人民法院(2017)粤 03 民初 822 号民事判决书。

间的利益冲突,即认为用户对其数据具有正当利益,故应当设定用户数据财产权、数据可携带权或数据访问权以对抗企业对数据的实际控制;后者主要从识别和纠正市场失灵角度,规制企业拒绝或者限制数据交易而损害竞争的行为,保障竞争者的正当利益。以既有理论为基础,就如何实现相关主体之间利益平衡,现分别探讨如下。

(一)数据获取的设权路径

设权模式探讨主要集中于用户数据获取利益的保障。在数据收集、利用以及再利用过程中,由于用户个人与网络服务商或数据处理者之间谈判力量悬殊,为了避免完全的意思自治导致用户与企业在数据财产价值分配中的利益失衡,在大数据集合保护之外,当前学说、立法建议主张以立法赋权对处于相对弱势一方的用户给予倾斜性保护,从而纠正这一利益失衡状态。〔1〕其主要通过两种模式将用户数据处分利益“绝对权化”:其一,将用户数据或个人信息类比于传统物权法上的所有权客体而设立“财产权”,使用户对其数据或个人信息有占有、使用、收益、处分的权能;〔2〕其二,作为人格权保护,其主张将个人信息作为一项民事权利,其中包含数据可携带的积极权能,〔3〕或者直接创设用户对其数据的“可携带权”,〔4〕体现为用户有权将其个人数据从一个服务商无障碍和便携地转移到另一个服务商。

以上两种方案均旨在增强用户与经营者博弈时的议价能力,但核心区别在于对用户数据中的人格利益考量程度不同。财产权模式侧重于使用户在数据经济中分享收益,人格权或者数据可携带权模式则选择了对用户拘

---

〔1〕参见吕炳斌:《个人信息权作为民事权利之证成:以知识产权为参照》,载《中国法学》2019年第4期。

〔2〕参见刘德良:《个人信息的财产权保护》,载《法学研究》2007年第3期。

〔3〕参见叶名怡:《论个人信息权的基本范畴》,载《清华法学》2018年第5期。

〔4〕参见吕炳斌:《论网络用户对“数据”的权利——兼论网络法中的产业政策和利益衡量》,载《法律科学(西北政法大学学报)》2018年第6期。

束力最小的“权利人可以随时撤回之同意”[1]模式，最大化保障在数字经济活动中对其数据的控制力。从当前实践问题出发，完全类比于物权构造设立用户财产权局限性明显。在大数据时代，单独个人数据本身价值有限，且用户在提供数据时通过免费服务等方式获得补偿，并不需要额外的财产权激励用户生成数据，市场失灵、“公地悲剧”等传统知识财产授权的正当性事由难以成立，使用户分享收益也并非用户数据处分权构造的主要目标。此外，在数据市场高度集中、数据企业与用户实力不对等的背景下，数据企业向用户提供的往往只有接受与否两个选项，用户一般只能被迫接受，[2]按财产权模式构建用户对其数据的经济权利难以实质改变用户的议价能力，反而将导致经营者对用户数据的完全所有和进一步牢固锁定。较之前者，人格权模式弱化个人数据处分中的经济利益考量，允许用户向数据控制者获取其数据并在不同平台间转移，以最大限度地保障个人在参与网络经济活动中的自由，是相对更为合理的选择。以欧盟 GDPR 规定的“数据可携带权”(right to data portability)为典型，其规定了数据主体有权从数据处理者处获取其个人数据，并将其数据由一个控制者传输给另一个控制者，[3]这一

[1] 对于具有人格利益的财产性权利，立法根据对主体拘束程度的依次递减，在行权模式上可分为可脱离本人的设权让与、交易双方之间的债权性许可合同以及权利人可随时撤回之同意。Vgl. Ansgar Ohly, „Volenti non fit iniuria“: die Einwilligung im Privatrecht, 1. Aufl. 2002, S. 65.

[2] 参见程啸：《论大数据时代的个人数据权利》，载《中国社会科学》2018 年第 3 期。

[3] 欧盟 GDPR 第 20 条规定：“1. 当存在如下情形时，数据主体有权获得其提供给控制者的相关个人数据，且其获得个人数据应当是经过整理的、普遍使用的和机器可读的，数据主体有权无障碍地将此类数据从其提供给的控制者那里传输给另一个控制者：(a)处理是建立在第 6(1)条(a)点或第 9(2)条(a)点所规定的同意，或者第 6(1)条所规定的合同的基础上的；(b)处理是通过自动化方式的。2. 在行使第 1 段所规定的携带权时，如果技术可行，数据主体应当有权将个人数据直接从一个控制者传输到另一个控制者。3. 行使第 1 段所规定的权利，不能影响第 17 条的规定。对于控制者为了公共利益，或者为了行使其被授权的官方权威而进行的必要处理，这种权利不适用。4. 第 1 段所规定的权利不能对他人的权利或自由产生负面影响。”

模式在国际上也被誉为“开启了未来数据立法的新范式”。[1]

在我国法上，也一直存在设立数据可携带权的建议。2017 年《中华人民共和国个人信息保护法（草案）》第 16 条规定了与 GDPR 内容基本一致的“信息可携带权”；2018 年实施的非强制性国家标准《信息安全技术 个人信息安全规范》第 8.6 条规定了个人信息主体获取个人信息副本的权利，被视为引入欧盟数据可携带权的雏形。[2] 2021 年，《中华人民共和国个人信息保护法》（以下简称《个人信息保护法》）正式颁布，其中第 45 条正式引入了用户对其个人信息的“可携带权”：“个人请求将个人信息转移至其指定的个人信息处理者，符合国家网信部门规定条件的，个人信息处理者应当提供转移的途径。”因此，用户可携带权应当是以设权模式保护用户财产利益的最成熟模式和主要制度实践，但其能否以及如何保障用户数据获取利益，在实践中仍然存在争议和疑问。

1. 欧盟“数据可携带权”的制度初衷与现实问题

欧盟 GDPR 第 20 条最早规定了数据主体对其个人数据的“数据可携带权”，包括数据获取和传输两方面的权能：第一，数据主体有权从控制者处以结构化、通用、机器可读的形式获取其个人数据；第二，在技术上可行的条件下，数据主体有权将个人数据以结构化、通用、机器可读的形式由数据控制者传输给另一个控制者。

根据 GDPR 关于数据可携带权的立法说明（recital）第 68 条的规定，GDPR 第 20 条立法目的在于“加强对个人数据的控制”，权利基础源于《欧盟基本权利宪章》第 8 条规定的“每个人都有权获得个人数据保护”，其内涵最早源于德国联邦宪法法院在“人口普查法案”中所确立的“信息自决权”，

---

〔1〕 See Josef Drexl, *Data Access and Control in the Era of Connected Devices: Study on Behalf of the European Consumer Organisation BEUC* (Dec. 2018), https://www.beuc.eu/publications/beuc-x-2018-121_data_access_and_control_in_the_area_of_connected_devices.pdf.

〔2〕 参见谢琳、曾俊森：《数据可携权之审视》，载《电子知识产权》2019 年第 1 期。

信息主体有决定其个人信息能否被他人获知以及知悉的方式、范围的基本权利。根据欧盟委员会 GDPR 立法前评估,[1]该制度主要致力于解决用户对其个人数据控制的以下不足:用户个人很难在应用程序服务中提取其个人数据或实现个人数据在不同平台之间的传输,随着在线服务越来越多,所积累的个人数据也越来越多,在缺乏有效数据迁移机制的情况下,用户转换服务平台即意味着失去其个人信息且重置成本高昂,这有可能导致用户被平台锁定而无法接受其他更好的服务。面对现实环境的发展变化,仅基于个人信息隐私的保障已无法满足广泛的人格发展的需要,用户积极利用和处分其数据的自由被纳入了“个人数据保护”的基本权利内涵。借鉴商业实践中“数据可携带项目”以及电信法的“号码携带权”,[2]数据可携带权被纳入 GDPR 以解决数字经济中的用户“锁定”问题,以私法赋权进一步平衡数据主体与数据控制者之间的关系,间接地实现促进竞争的效果。GDPR 第 29 条工作组因此评价其不仅是“数据保护权”,更是一项经济权利,“允许数据主体/消费者可直接通过可携带、用户友好、机器可读的方式获取数据,以缓解大公司与数据主体/消费者之间的经济不平衡性,使得个人(与平台)共享大数据产生的财富,并激励开发者向用户提供更优质的功能和程序”。[3]

虽然用户对其数据的个人控制和自由处分发展为个人信息自决权的重要内容,但将该基本权利价值转化为一般民事权利,需要对“个人数据”范围作出实质性扩张并对权利实施的有效性提出较高要求。首先,个人数据是指与自然人相关的已识别或可识别信息,但这是从个人隐私消极防御角度作出的相对宽泛而模糊的界定,企业依此在进行数据迁移时往往难以清晰

---

〔1〕 See Inge Graef et al., *Data Portability and Data Control*: *Lessons for an Emerging Concept in EU Law*, 19 German Law Journal 1388 (2018).

〔2〕 参见丁晓东:《论数据携带权的属性、影响与中国应用》,载《法商研究》2020 年第 1 期。

〔3〕 WP 29, *Guidelines on the Right to Data Portability* (Oct. 2017), https://ec.europa.eu/newsroom/article29/item-detail.cfm?item_id=611233.

界定个人数据与非个人数据,在数据流动层面缺乏现实指导意义和法律确定性;[1]但从解除用户锁定、实现数字人格的自由发展而言,大量个人数据、非个人数据的合并,共同构成了个人人格在数字世界的延续,也是用户接受其他产品或服务的前提,因此数据迁移赋权应当由个人数据实现向用户产生所有数据的扩张。其次,在用户与经营者实力严重不对等的现实环境下,欲实现用户数据自由流动的目标,不仅需要为用户确立概括的权利,更加需要对网络平台设定具体实施义务以保障权利兑现。锁定效应本质上源于网络经济中不同用户网络的互不兼容,用户数据自由移动需要在不同网络之间建立互操作性(interoperability)以保障权利行使,[2]只有不同网络之间解除技术措施、开放应用程序接口、就数据存储格式达成一致标准,用户才能实现数据实时迁移和不同网络之间的自由选择。因此,欧盟委员会在最初的 GDPR 建议稿中赋予了数据可携带权广泛的权能,规定数据主体有权将个人数据以及其向数据控制者提供并存留的其他任何数据向其他控制者进行传输,并由欧盟委员会制定企业间开放网络传输用户数据的技术标准、方式和程序。[3]

然而,将数据迁移价值绝对化不可避免地导致其与其他基本权利价值以及具体民事权利的冲突。强制向他人开放用户网络,实现数据存储、传输的强制标准化,无疑将构成对他人财产权和经营自由的限制,间接地导致市场支配企业与中小企业的市场竞争扭曲并阻碍创新:对于谷歌、脸书等大企

---

〔1〕 See Josef Drexl, *Legal Challenges of the Changing Role of Personal and Non-Personal Data in the Data Economy*, Max Planck Institute for Innovation and Competition Research Paper No. 18 – 23.

〔2〕 数据可携带权源自电信网络中用户“号码可携带权”的类比,但电话号码可携带性实施以不同电信网络之间的互联义务为前提。根据“数据可携带项目”共同创始人克里斯·萨阿德(Chris Saad)解释,“(数据)互操作性意味着无论谁提供或接收数据,都应以社区商定的方式提供,以便实施一致,无论参与交易的各方如何”。See Paul De Hert et al., *The Right to Data Portability in the GDPR: Towards User-Centric Interoperability of Digital Services*, 34 Computer Law Security Review 193 (2018).

〔3〕 See European Commission, *Proposal for the General Data Protection Regulation* (Jan. 2012) https://eur-lex.europa.eu/LexUriServ/LexUriServ.do?uri=COM:2012:0011:FIN:EN:PDF.

业而言,编写数据可携带权实现的“导入—导出”模块可能并非难事,但对于中小企业而言将会产生较高合规成本;用户数据资源是数据企业竞争力来源,但普遍强制网络开放将导致用户更容易由中小企业流向已建立起网络正反馈效应的大企业,竞争中大企业可以通过模仿中小企业创新商业模式并借助其网络规模优势赢得竞争,致使中小企业在数字市场很难有创新竞争的空间。[1] 此外,用户数据可能不仅涉及个人内容,还涉及他人数据、知识产权、商业秘密等内容,无限制地允许数据传输将构成对他人权利的侵犯。

因此,GDPR 建议稿在欧盟议会和理事会审查阶段遭遇强烈批评,而不得不进一步限缩其个人控制的内涵,平衡多方利益。在欧盟议会阶段,数据迁移对象由数据控制者掌握的与用户相关所有数据限缩为已提供的个人数据,删除了由欧盟委员会制定数据传输标准、方式、程序的规定,并明确仅在“技术上可行”的情况下可直接迁移个人数据;欧盟理事会进一步将数据传输格式由电子、结构化、常用格式限定为低限度的“机器可读”格式,并为平衡其他利益规定数据可携带权行使“不得对他人的权利和自由产生不利影响”。不同网络之间互操作性的要求完全被取消,立法说明第 68 条明确,“数据主体传输或接收与其有关的个人数据的权利不应使控制者有义务采用或维护技术上兼容的处理系统”,仅“鼓励数据控制者开发互操作的格式以实现数据的可移植性”。

由于与其他基本权利价值存在潜在冲突,数据可携带权权能被大大削弱,名义上其虽然作为一般民事权利,但因义务主体不同而权利内容不同,这导致其与消除用户锁定、促进数据再利用的制度目标存在现实鸿沟。首先,个人数据与非个人数据的二分结构本身并非从数据流动角度的科学考量,而是依托于个人数据保护立法下路径依赖的结果,但受限于 GDPR 个人

[1] 参见丁晓东:《论数据携带权的属性、影响与中国应用》,载《法商研究》2020 年第 1 期。

数据保护立法目的,数据迁移仅限于用户已向数据控制者提供的“个人数据”而非全部数据,难以实现在经济生活中解除用户锁定的目的;其次,用户不同平台之间的数据传输仅以“技术上可行的情况下”为前提,但何为技术上可行以及何者有义务保障实现技术可行并无定论。[1] 即使可实现跨平台之间的用户数据迁移,GDPR 所赋予的数据可携带权也仅是一种非实时、非持续性的数据传输,更接近于 GDPR 第 15 条数据访问权的延伸,其功能主要在于增加企业数据收集的透明度,使数据主体可更好地了解哪些数据被收集,但难以实现用户在不同服务之间的自由切换和解决网络效应带来的锁定问题。[2]

由于数据可携带权行使条件的不确定性,欧盟 GDPR 实施以来,实证调研结果显示,几乎没有平台提供直接的用户数据迁移服务,实践中也缺乏用户向数据处理者主张数据可携带权的案例。只有约 1/4 的平台提供数据获取服务,即用户有权以结构化、常用和机器可读的格式接收其向控制者提供的与其相关的个人数据。[3] 因此,有学者评价,数据可携带权仍然是监管者的创意,而并未真正为用户所认识和使用。

2. 用户数据赋权模式之局限性

随着数字技术的发展,个人在虚拟世界中通信、娱乐、购物等数字痕迹的合并构成了个人人格在数字世界中延续和参与经济社会生活的前提,故《欧盟基本权利宪章》中“个人数据保护”基本权利的内容从消极防御向保障个人数据积极处分扩张,构成了其“数据可携带权”的基本权利基础。

《中华人民共和国宪法》(以下简称《宪法》)虽然并未明确将数据保护纳入基本权利范畴,但个人信息自决根本上派生于宪法上人格自由发展和

---

〔1〕 参见卓力雄:《数据携带权:基本概念、问题与中国应对》,载《行政法学研究》2019 年第 6 期。

〔2〕 See Joshua Gans, *Enhancing Competition with Data and Identity Portability* (Jun. 2018), http://www.hamiltonproject.org/papers/enhancing_competition_with_data_and_identity_portability.

〔3〕 See Sophie Kuebler-Wachendorff et al., *The Right to Data Portability: Conception, Status Quo, and Future Directions*, 44 Informatik Spektrum 264 (2021).

人格尊严不受侵犯的基本原则，我国《宪法》规定“国家实行社会主义市场经济”，间接地承认了公民的经济自由权。随着数字技术在人类生存和发展中逐渐不可或缺，自然人对其数据的积极利用和处分应当是个人经济自由的应有之义，在基本权利价值层面，我国与欧盟立法存在利益一致性。

基于此，我国《个人信息保护法》第 45 条第 3 款确立了“个人信息可携带权”，其规定：“个人请求将个人信息转移至其指定的个人信息处理者，符合国家网信部门规定条件的，个人信息处理者应当提供转移的途径。”虽然个人对其数据的处分利益可为基本权利所涵摄，但这仅仅为该利益保护寻得了正当性根源，并不必然要赋予用户对其数据的绝对处分权，因为如果将用户对数据的处分利益权利化，该权利的实现必然要以企业间普遍建立互操作性为前提，可能构成对他人营业自由和财产利益的过度限制，造成“保护一种基本权利，就是剥夺另一种基本权利”的困境。[1] 因此，我国《个人信息保护法》也为用户个人信息迁移施加了一定的限定条件。首先，并不是所有个人生成的信息都可以进行迁移，受限于个人信息保护的立法目的，可携带内容仅包括已识别或可识别的自然信息。其次，个人信息迁移附有一定条件，即并非所有的个人信息都可以进行迁移。欧盟规定在技术上可行的条件下，用户可以要求在数据控制者之间以结构化、通用、机器可读的形式传输其个人数据，何为“技术上可行”仍然并未确定；我国“个人信息可携带权”行使则以“符合国家网信部门规定条件的”为前提。在当前数据处理主体彼此之间互不联通的现实条件下，数据是企业的核心竞争力，同时实现数据互操作性也需要一定成本，立法很难“一刀切”地在不同企业之间强制建立数据互操作性。因此，欧盟将数据可携带权的实现寄希望于未来信息技术的发展和平台壁垒的消除，我国《个人信息保护法》则将该条件的实现交由国家网信部门加以把握，授权国家网信部门根据我国

---

〔1〕 参见于飞：《基本权利与民事权利的区分及宪法对民法的影响》，载《法学研究》2008 年第 5 期。

信息技术发展、行业惯例等合理因素来灵活设定相应条件，在个人信息主体和信息处理者之间进行审慎的利益平衡。[1]

因此，我国“个人信息可携带权”与欧盟“数据可携带权”面临同样的困境。在民法上，一项民事权利需要满足归属内容确定性、社会典型公开性、普遍排除效能三项要件。[2] 普遍排除效能要求权利人可以对世性地排除他人对客体的相关行为，但个人信息可携带权并非一项用户可以向个人信息处理者直接和普遍主张的权利，而是一项附条件或者形式上的“权利”，因为其仅由立法对用户数据处分权益进行了宣示和肯认，却未规定该利益实现的机制或方式，故有学者直接称之为“虚假的承诺”。[3] 因此，《个人信息保护法》对个人信息可携带权的规定，并非用户数据锁定问题的终结，而仅仅为立法上解决该问题提供了开端。解决该问题的核心在于，如何推动建立用户数据迁移的现实条件，即在不同数据平台之间建立数据互操作性的问题。

（二）数据获取的竞争法路径

除设权路径外，市场竞争作为保障相关利益主体获取数据的有效方式，可以通过竞争法维护市场运行而促进数据流通和共享。首先，在数据控制者与数据获取相关主体之间，因市场高度集中而导致数据交易的充分竞争难以实现，以及因特定数据控制者持有单一来源的行业关键数据，可置于反垄断法下进行分析而要求数据控制者强制许可或开放其数据。其次，对于数据控制者与用户之间的关系，虽然竞争法不直接调整企业与消费者之间的交易，而是维护企业间竞争不被扭曲，但它可以间接地通过促进竞争为消

---

〔1〕 参见龙卫球主编：《中华人民共和国个人信息保护法释义》，中国法制出版社 2021 年版，第 206 页。

〔2〕 参见于飞：《侵权法中权利与利益的区分方法》，载《法学研究》2011 年第 4 期。

〔3〕 参见卓力雄：《数据携带权：基本概念、问题与中国应对》，载《行政法学研究》2019 年第 6 期。

费者赋权而保障其数据处分权益。[1] 具体而言,由于数字时代个人数据逐渐呈现对价属性,数据保护成为互联网服务商之间的重要非价格竞争要素,用户对其数据的控制力、平台对数据交换安全性的保障构成了互联网产品或服务质量的重要组成部分。为了吸引足够多的消费者,企业有动力为不同偏好的消费者提供不同数据保护选项,平台之间建立互操作性并保障用户数据的自由携转也将成为平台间竞争的主要内容。[2] 在网络平台争夺用户的市场竞争中,建立互操作性保障用户数据自由流动成本与受益并存,企业可自由采取不同策略决定不同产品、服务间的互操作性:[3]一方面,企业可以选择开放技术标准和平台,通过生产和服务的模块化建立网络,促进互补产品和服务的创新,迅速形成网络效应而扩大网络和用户规模。其缺陷在于,采取完全的互操作性或开放策略,平台创新价值无法完全实现内部化,同时难以对互补产品的质量和安全性进行监控,可能导致网络可靠性和安全性风险。另一方面,企业可能希望开发更多的创新产品和服务,根据创新的特定要求其可能倾向于控制整个价值网络,确保其服务的特定质量和功能,强制建立完全互操作性和开放性可能危及其商业模式,因此其更加倾向于采取封闭策略。在信息充分且自由选择的情况下,用户可根据其自身偏好选择不同平台服务:有的用户可能更偏好封闭系统下更为稳定、可靠的网络服务,同时承受潜在的网络锁定等问题;有的用户可能更加重视平台的开放性和灵活性,而承受存在的可靠性和安全性风险。在完全竞争的理想图景下,企业有动力根据用户偏好提供数据保护选项和互操作性设计,就不同的商业模型和不同程度的互操作性展开竞争,借助市场的力量可满足不

---

〔1〕 Francisco Costa-Cabral & Orlando Lynskey, *Family Ties: The Intersection between Data Protection and Competition in EU Law*, 54 Common Market Law Review 11(2017).

〔2〕 参见申耘宇:《个人信息竞争视角下互联网行业的反垄断问题研究》,对外经济贸易大学2016年博士学位论文,第69页。

〔3〕 See Wolfgang Kerber & Heike Schweitzer, *Interoperability in the Digital Economy*, 8 Journal of Intellectual Property, Information Technology and Electronic Commerce Law 43 (2017).

同的用户偏好而保障完全的个人自决,不必要通过立法赋权调整。但理想与现实存在显著差距,现实中企业很少在平台开放性层面展开竞争,其主要原因在于,高度集中的市场结构下,面对支配性平台的有限供给,用户没有选择或只能选择有限的服务,而且用户在选择时通常并不知晓何者在获取其何种数据以及未来以何种方式被应用,[1]一旦选择之后即被锁定而面临着较高的转换成本,导致市场实际上处于"失常均衡"的局面,[2]消费者面临着被数字平台过度盘剥以及其通过数据优势排除限制竞争而间接损害消费者利益的风险。[3] 因此,有必要通过竞争法进行强制调整以保护用户权利和构建公平竞争环境。

1. 反垄断法保障数据获取的可能与局限

竞争为消费者福利保障的最有效方式,数字市场高度集中而缺乏有效竞争的背景下,反垄断法对于垄断导致的市场失灵提供了一般性救济机制。企业有选择交易对象和处置其财产的自由,但如果数据控制者拒绝分享其数据导致限制、排除市场竞争,则可通过滥用市场支配地位制度进行规制。《中华人民共和国反垄断法》(以下简称《反垄断法》)第 22 条第 1 款第 3 项规定,"没有正当理由,拒绝与交易相对人进行交易"的行为将构成滥用市场

---

〔1〕 参见林洹民:《个人信息保护中知情同意原则的困境与出路》,载《北京航空航天大学学报(社会科学版)》2018 年第 3 期。

〔2〕 See Joseph Frarrel, *Can Privacy Be Just Another Good?*, 10 Journal on Telecommunications & High Technology Law 251 (2010).

〔3〕 具体而言,消费者面临两方面的潜在风险:首先,市场支配企业对于消费者信息的过度盘剥。在网络市场中,互联网平台在为用户提供免费产品服务的同时收集用户数据,平台之间的竞争已经从价格竞争转移到数据竞争,在数据保护服务供给不足且用户被锁定的情况下,可能存在平台过度收集和独占个人数据,并进一步利用数据优势进行剥削定价、价格歧视而盘剥消费者的风险。其次,数据已成为智能在线服务、人工智能发展的关键生产要素,利用其数据垄断优势,企业可能通过独家交易阻碍竞争对手获取数据而进入市场,间接地限制消费者选择竞争性及互补性服务的空间。参见吴汉东:《人工智能的数据垄断与反垄断法的时代使命》,载《光明日报》2018 年 7 月 23 日,第 11 版。

支配地位,主要包括拒绝继续交易和拒绝分享必要设施两种情形。[1] 在大数据利用、共享的实践中,首先,在数据控制者与竞争者及下游数据分析主体之间,如果数据控制者具有市场支配地位,缺乏正当理由而拒绝继续交易,或者拒绝共享作为"必要设施"的大数据集合从而实现排除或者限制竞争的目的,竞争者可以要求进行强制许可而直接获取相关数据。其次,反垄断法可以保障用户数据自由迁移而间接促进数据流动。用户数据处分或迁移利益虽然由于比例原则限制难以成为一项普遍适用的民事权利,但在反垄断法视角下,如果用户提出数据携转的请求,或第三方服务商请求建立数据互操作性以保障用户数据携转,互联网服务商直接拒绝或施加限制则有可能构成对于其他竞争者的封锁效应,故可通过反垄断法强制建立数据可移植性环境以恢复市场竞争。相对于民法赋权路径,其并非从狭义的个人信息保护出发,而是保障用户在数字市场的自由选择权,辐射范围超出了个人数据的限制,可扩展到所有用户生成数据;以纠正市场失灵为目标,其并不对一般经营者施加限制,而是以对竞争构成严重限制的市场支配地位经营者为规制对象,并可施以强有力的救济措施以开放市场,并使企业间在用户数据保护层面维持适度竞争,也更加符合比例原则一般要求。

反垄断法调整优势在于,其可以适用于当前正经历数字化转型的所有经济领域,以市场失灵的分析框架为前提,可以防止政府对市场的不当干预。但同时,反垄断法判断标准具有较强的模糊性,以静态、价格竞争为核心的分析框架适用于动态、非价格竞争的数字市场中存在较强局限性,数据控制者拒绝开放数据、限制用户数据转移、采取互操作性限制等措施是否构

---

〔1〕《禁止滥用市场支配地位行为规定》(2023 年 3 月 10 日国家市场监督管理总局令第 66 号)第 16 条第 1 款规定:"禁止具有市场支配地位的经营者没有正当理由,通过下列方式拒绝与交易相对人进行交易:(一)实质性削减与交易相对人的现有交易数量;(二)拖延、中断与交易相对人的现有交易;(三)拒绝与交易相对人进行新的交易;(四)通过设置交易相对人难以接受的价格、向交易相对人回购商品、与交易相对人进行其他交易等限制性条件,使交易相对人难以与其进行交易;(五)拒绝交易相对人在生产经营活动中,以合理条件使用其必需设施。"

成垄断行为具有较强不确定性。现就数据控制者拒绝共享相关数据的反垄断法规制可能分析如下。

(1)相关市场及市场支配地位界定

数据控制者拒绝共享相关数据构成垄断需以具备市场支配地位为前提。在传统行业,存在三种方式认定构成市场支配地位:第一,市场结果标准,即根据企业在市场上的盈利程度来认定;第二,市场行为标准,即根据企业的市场行为是否受竞争对手市场行为的影响来认定;第三,市场结构标准,即依据企业在相关市场的市场份额大小来认定。由于市场结果标准和市场行为标准在现实中的可操作性不强,以市场占有率来推定市场支配地位成立是最通常的方式。[1] 但是在大数据领域,当前大数据交易不成熟导致相关市场界定以及市场支配地位认定困难。目前,大多数控制大数据的企业通常将数据用于自身产品改进,并不存在集中和广泛的数据交易,且由于数据种类繁杂,不同类型数据之间的可替代性很难评估,故很难直接界定整体或不同类型的数据产品市场。例如,在脸书收购瓦次艾普(WhatsApp)案中,欧盟委员会拒绝为大数据界定一个相关市场,因为当事人没有一家企业向第三方提供数据,[2]在此情形下也很难直接认定拥有海量数据的企业在相关数据市场中占据市场支配地位。[3]

(2)拒绝继续交易

在经营者具有市场支配地位的前提下,依据国家市场监督管理总局《禁止滥用市场支配地位行为规定》第16条的规定,经营者没有正当理由,实质性削减与交易相对人的现有交易数量,拖延、中断与交易相对人的现有交易将构成滥用市场支配地位。该规定类似于美国法上阿斯彭滑雪案所确立的

---

〔1〕 参见叶明:《互联网行业市场支配地位的认定困境及其破解路径》,载《法商研究》2014年第1期。

〔2〕 See Case No. M.7217 – Facebook/WhatsApp.

〔3〕 参见曾雄:《数据垄断相关问题的反垄断法分析思路》,载《竞争政策研究》2017年第6期。

拒绝继续交易原则。[1] 一般而言,私人交易者可以自由地决定交易相对方,特定情形下拒绝交易将证明市场支配者存在垄断意图而构成垄断,这包括以下要件:此前双方必须存在交易关系;市场支配一方终止先前交易且有损短期利益;牺牲短期利润将带来更高的长期利润但损害其他竞争者和消费者利益;缺乏为拒绝交易提供合理的商业理由。参照该原则,虽然可以证明支配企业拒绝向竞争对手、下游企业开放其数据库或建立数据互操作性而允许用户自由携转将造成对竞争者的封锁效应并损害消费者利益,但难以满足其他要件:首先,其仅适用于双方存在在先交易且支配方单方面终止其盈利的情况。如前所述,腾讯诉抖音、多闪案中双方存在在先数据共享交易,但大多数平台之间不存在数据共享交易或未建立互操作性。例如,在在线宇宙诉聚友网案[2]中,用户最初可以将其在原告在线宇宙(LiveUniverse)网站上的内容嵌入聚友网(MySpace),但随后聚友网采取不兼容措施阻止用户迁移行为,故原告起诉聚友网构成垄断。美国第九巡回上诉法院认为,原告与聚友网之间不存在在先交易,即使存在,原告也不能证明其在先交易有利可图而拒绝交易有悖于聚友网的利益。因此,聚友网阻止用户访问原告网站的行为并不构成垄断。其次,关于拒绝交易的合理商业理由,如上所述,数据共享、网络互操作性建立虽然具有促进竞争的价值,但同样存在抑制创新、降低个人信息保护水平的风险,故经营者往往以此作正当性抗辩。反垄断执法机关一般难以在促进竞争与产品创新、消费者信息保护等不同价值之间做出衡量,其以不干预为原则倾向于认定该抗辩成立。

(3)必要设施原则

根据必要设施原则,当某一设施为竞争不可或缺时,设施的拥有者方负有以合理条件分享该设施的义务。该原则主要应用于铁路、码头等物理基

---

〔1〕 See Aspen Skiing Co. v. Aspen Highlands Skiing Corp., 472 U. S. 585 (1985).

〔2〕 See LiveUniverse, Inc. v. MySpace, Inc., No. 07-56604, 2008 WL 5341843 (9th Cir. Dec. 22, 2008).

础设施的开放,应满足四个要件:其一,垄断者控制了必要设施;其二,竞争者难以实际或合理地重置该必要设施;其三,拒绝竞争者使用该必要设施;其四,提供该必要设施的可行性。[1] 但自"多林克"(Trinko)后该原则已较少被援引适用。[2] 欧盟竞争法上引入该原则并发展成为判断拒绝交易构成滥用市场支配地位的基准,进一步适用到知识产权等信息产品中。欧盟法院在判例中明确了该原则适用的以下要件:[3]其一,拒绝交易涉及在相关市场开展特定业务不可或缺的产品或服务;其二,拒绝交易排除了在相关市场的有效竞争;其三,拒绝交易阻碍了符合消费者需求的新产品出现;其四,拒绝交易缺乏正当性理由。国家市场监督管理总局在《禁止滥用市场支配地位行为规定》中规定,认定是否构成必要设施时"应当综合考虑以合理的投入另行投资建设或者另行开发建造该设施的可行性、交易相对人有效开展生产经营活动对该设施的依赖程度、该经营者提供该设施的可能性以及对自身生产经营活动造成的影响等因素"[4]。也就是说,应当从该设施的不可或缺性、是否会消除相关市场竞争、提供必要设施的可行性及合理性三个方面进行考量。按照相关要件并参照比较法实践中认定标准,企业收集数据集合能否作为"必要设施"具有模糊性和不确定性。

第一,数据需具有不可或缺性。根据欧盟法院的解释,[5]不可或缺是指存在"技术、法律及经济阻碍使资源重置变得不可能或存在不合理的困难",

---

[1] See MCI Commc'ns Corp. v. AT&T Co., 708 F. 2d 1081. 1132 – 33 (7th Cir. 1982).

[2] See Verizon Commc'ns Inc. v. Law Offices of Curtis V. Trinko, LLP, 540 U. S. 398 (2004).

[3] See Case C – 241/91 P and C – 242/91 P, RTE and ITP v. Commission, [1995] ECR Ⅰ – 743 (ECLI:EU:C:1995:98); Case C – 7/97m Oscar Bronner v. Mediaprint, [1998] ECR Ⅰ – 7791 (ECLI:EU:C:1998:569); Case C – 418/01, IMS Health GmbH & Co. OHG v. NDC Health GmbH & Co. KG, [2004] ECR. Ⅰ – 5039 (ECLI: EU: C: 2004: 257); Case T – 201/04, Microsoft v. Commission, [2007] ECR. Ⅱ – 3601 (ECLI:EU:T:2007:289).

[4] 《禁止滥用市场支配地位行为规定》(2023 年 3 月 10 日国家市场监督管理总局令第 66 号)第 16 条第 2 款。

[5] See Case C – 7/97m Oscar Bronner v. Mediaprint, [1998] ECR Ⅰ – 7791 (ECLI:EU:C:1998:569).

经济上阻碍取决于如果申请人付出与市场支配地位企业相当规模的投资，重置是否具有可能性。相较于铁路、港口等传统必要设施或知识产权而言，企业收集的数据具有非竞争性，其不同于物理设施一旦建立之后可实现排他性占有，也不具备知识产权的法定排他性，理论上一个企业获取数据后并不排斥其他企业建立类似网络获得同样数据。虽然因网络效应、规模经济特征而提升了数字市场进入的壁垒，数据锁定使用户在不同网络之间转换存在较高迁移成本，这些都对数据的非竞争性和重置用户网络的实然可能提出了挑战，但这些因素在多大程度上影响竞争性网络的重置在反垄断的框架下难以进行量化的评估。

第二，拒绝开放用户数据是否会消除相关市场的有效竞争。必要设施原则的适用以杠杆原理为基础，主要避免经营者将某一市场的垄断力量传导到另一市场。该判断主要涉及数据能否成为下游市场进入的基础，而不存在其他可替代的数据。不同于传统意义上的铁路、港口等必要设施（物理意义上的特征与使用方式均是明确的，判断其对于特定市场进入是否必要也是明确的），数据仅仅是通过用户客观行为收集的原始素材，通过用户数据可以提取出不同信息，用户在不同平台之间实现“多归属”（multihoming）的情况下，在不同平台提供的数据具有一定替代性。例如，既可以从用户在电子商务平台的浏览记录中分析用户的购买习惯，也可以从用户在搜索引擎上的搜索记录中提取信息。除了特定类型的稀缺性数据，不同市场数据对于市场进入的差别意义在于数据关联性、规模、类型的差别，而非全有或全无的区别，故很难直观地判断在某类市场拒绝开放用户数据会消除在相关市场的有效竞争。

第三，拒绝开放数据缺乏正当性理由。虽然开放用户数据具有技术上的可能性，但选择平台开放或封闭各具优劣，实现用户数据的自由迁移虽然赋予了用户更多的选择自由，但同时存在隐私保护、知识产权侵权、抑制创新的隐忧。如前所述，数据开放存在促进竞争与隐私保护、激励创新等不同价值冲突,反垄断机构往往难以在不同价值之间直接进行衡量,救济方式上也只是禁止企业做什么而难以指导企业做什么,无法统筹地规划网络开放后的替代性机制以实现不同价值之间的兼容,往往以不干预为原则而依赖市场自我调节。

因此,反垄断法虽然在限制数据保护、促进数据流动共享中具有普遍适用的优势,但其劣势在于反垄断执法并不总是非黑即白的判断,其面临着市场竞争中的诸多"模糊地带",不得不进行执法错误成本的衡量,对于不确定之处反垄断法一般采取遵循谦抑性原则而选择不干预。〔1〕 这一法政策立场根植于反垄断执法错误成本的一般假设:反垄断法诞生早期,受哈佛学派的影响,反垄断执法遵循"结构—行为—绩效"的分析范式,认为市场结构很大程度上决定市场行为,而市场行为决定资源配置绩效,故以强有力的执法手段维护原子化的市场结构和保障竞争过程。20 世纪七八十年代以来,芝加哥学派取代哈佛学派成为主流,将消费者福利而非竞争结构作为反垄断法唯一目标,并质疑结构主义下的单向因果关系,在错误成本分析框架下实现了由结构主义向严格的行为主义过渡。其核心观点认为,〔2〕反垄断执法不可避免地存在两类错误:把促进竞争的商业行为认定成反竞争行为(假阳性错误,false positives),或把反竞争行为认定成促进竞争行为(假阴性错误,false negatives)。在假阴性错误中,垄断带来的高额利润会吸引潜在竞争者进入而自我修复市场失灵,但在假阳性错误中其却会扼杀市场创新的积极性,故反垄断中的假阳性大于假阴性风险。在错误成本最小化的考量下,只有经济学证据有力地证明某个行为存在且缺乏合理辩护理由时,才具有干预的合理性,反之则应交给市场处理。〔3〕

---

〔1〕 参见孙晋:《谦抑理念下互联网服务行业经营者集中救济调适》,载《中国法学》2018 年第 6 期。

〔2〕 See Frank H. Easterbrook, *Limits of Antitrust*, 63 Texas Law Review 1 (1984).

〔3〕 参见[美]赫伯特·霍温坎普:《联邦反托拉斯政策》,许光耀、江山、王晨译,法律出版社 2009 年版,第 70 页。

因此,针对数字市场出现的垄断“模糊地带”,全球反垄断执法普遍更倾向于市场有效运行的假定。例如,在谷歌收购双击(DoubleClick)公司案中,欧盟委员会及美国司法部均认为,无论是谷歌还是双击公司的数据都不是不可或缺的,相关数据既可以从其竞争对手中获得,也可以从微软、雅虎等不同类型平台中获取而展开竞争。在国内“3Q 大战”中,最高人民法院认定“即时通信领域的竞争呈现出创新竞争、动态竞争的显著特征”,因此,即使腾讯 QQ 在即时通信服务市场具有超过 80% 的市场份额,也未被认定为具备市场支配地位。[1] 因此,基于“谦抑性”的法政策选择,拒绝继续交易、必要设施原则的传统分析框架在数字市场的调整情形相对有限,有必要适应数字市场的特点在反垄断法一般分析框架下构建补充性机制。

2. 数据获取的事前管制机制

从比较和历史的视野来看,国家维护和调整市场秩序的方式并非止于反垄断法之一尊,而是基于行业的特殊性存在例外和补充机制。在传统市场竞争环境下,因企业策略性行为而导致市场集中和垄断,可置于反垄断法的一般框架下加以识别,通过结构分离和行为救济以恢复市场竞争水平。但在铁路、电力、电信等自然垄断特殊行业中,由单一企业供给可以更低成本满足市场需求,故在政府接受垄断效率优势的前提下,发达国家多以政府管制方式直接以公权力构建经济秩序,模拟市场完全竞争水平规定行业最优产出和价格,以政府命令替代竞争。[2] 随着行业管制理念、工具的发展,竞争执法也迎来了调整范式的扩容。伴随经济和技术进步,传统具有自然垄断性质的行业逐渐失去其自然垄断特性而重新回归可竞争领域,发达国家大规模放松管制,反垄断法逐渐将管制行业纳入审查范围,进一步实现了

〔1〕 参见奇虎公司与腾讯公司垄断纠纷上诉案,最高人民法院(2013)民三终字第4号民事判决书。

〔2〕 See Louis B. Schwartz, *Legal Restriction of Competition in the Regulated Industries*, 67 Harvard Law Review 436 (1954).

反垄断与市场管制的融合。即反垄断权力行使引入事前管制工具,政府依据竞争法原则重构管制制度,管制法成为弥补反垄断法在特定行业调整不足、促进竞争的重要竞争政策选择。[1]

但我国法学界关于管制的研究集中于如何将反垄断法适用于垄断行业、破除行政垄断,[2]反垄断与管制法的互补与融合却较少被论及。该局限的原因在于,发达国家特殊行业管制是基于自由市场中的市场失灵情形逐步发现和确立的,从而可以容易地打通市场管制与反垄断之间的界限,我国面临的主要问题则是如何逐步从计划(管制)经济中释放自由市场。虽然我国也存在法定垄断行业,但政府管制的基础并非"市场失灵",而是公有制经济形式对"国民经济命脉和关键领域"控制的必要性,[3]本质上源于计划经济的惯性。[4] 基于此,现有研究集中于以反垄断法的实施限制政府权力。但随着新一轮技术革命的到来,经济社会赖以运行的基础设施供给主体和结构正发生重大变化,数字化新型基础设施出现并由私人企业所掌握,仅依靠事后反垄断模式具有较强的局限性,源自计划经济、以公有制为基础的政府管制也难以将其纳入规制框架。

(1)特殊行业管制理论基础

政府管制市场的正当性理由最早源于自然垄断。在绝大多数情况下,竞争作为一种发现的过程可实现市场资源配置的最优化,但根据经济学原理,如果特定行业具有成本的可次加性(subadditivity),即由一家企业供给的

---

〔1〕 参见张江莉:《反垄断制度与政府管制》,北京师范大学出版社 2011 年版,第 50 页。

〔2〕 主要相关研究可参见张江莉:《反垄断制度与政府管制》,北京师范大学出版社 2011 年版;肖竹:《竞争政策与政府规制——关系、协调及竞争法的制度构建》,中国法制出版社 2009 年版;方小敏:《论反垄断法对国有经济的适用性——兼论我国〈反垄断法〉第 7 条的理解和适用》,载《南京大学法律评论》2009 年第 1 期;王先林:《垄断行业监管与反垄断执法之协调》,载《法学》2014 年第 2 期。

〔3〕 参见方小敏:《论反垄断法对国有经济的适用性——兼论我国〈反垄断法〉第 7 条的理解和适用》,载《南京大学法律评论》2009 年第 1 期。

〔4〕 参见张江莉:《反垄断制度与政府管制》,北京师范大学出版社 2011 年版,第 268 页。

成本要低于若干家企业供给,就体现出自然垄断的特性,竞争将导致重复投资、生产过剩、价格战等恶性后果。因此,自然垄断行业存在两方面管制需求:第一,由于存在重复投资和规模经济损失,多家企业进入市场将导致效率低下;第二,在缺乏监管的情况下,垄断厂商基于利益驱动将减少产量、提升价格,进而损害消费者福利。因此,19 世纪末进入垄断资本主义阶段后,西方各国政府接受自然垄断行业易于垄断的事实并发挥其效率优势,通过模拟完全竞争市场下的最佳价格和产出水平,从市场准入、价格水平以及服务质量等入手对市场进行管制以保障消费者福利,反垄断制度与管制制度自此依行业不同"划界而治"。[1]

但行业的自然垄断特性并非一成不变,20 世纪 70 年代前后,技术的进步以及随之带来的消费者偏好改变使自然垄断边界发生变化,一些全行业的自然垄断逐步转变为部分环节自然垄断,有的甚至不再具备自然垄断性质。政府管制在服务审批、产品定价等方面也存在低效率,以斯蒂格勒(Stigler)[2]、佩尔茨曼(Peltzman)[3]为代表的芝加哥学派提出了管制俘获论,认为政府在管制中存在信息不对称劣势,且管制者会为企业所俘获而出现"政府失灵";鲍莫尔(Baumol)提出了"可竞争市场理论",提供了垄断市场下存在动态竞争的可能性:即使是寡头垄断或独家垄断,在进入退出自由、沉没成本较低的市场中,如果垄断者试图超出竞争价格获取垄断利润,也将导致潜在竞争者采取"打了就跑"(hit and run)策略,有利可图时进入市

---

〔1〕 以美国为代表,其一方面通过 1890 年《谢尔曼法》在一般行业实施反垄断机制;另一方面以 1887 年《州际贸易法》为开端,先后在铁路、民航、通信、电力等各领域建立管制体系。第二次世界大战以后,欧洲各国也积极引入政府管制干预经济。参见张江莉:《反垄断制度与政府管制》,北京师范大学出版社 2011 年版,第 45 ~52 页。

〔2〕 See George J. Stigler, *The Theory of Economic Regulation*, 2 The Bell Journal of Economics and Management Science 3 (1971).

〔3〕 See Sam Peltzman, *Toward a More General Theory of Regulation*, 19 The Journal of Law & Economics 211 (1976).

场,价格下降到竞争水平时退出市场,使市场处于完全竞争水平。[1] 在此背景下,各国逐渐实行放松管制和去管制化。[2]

以通信技术进步带来的电信行业变革最为典型,欧盟在电信市场管制逐步实现了事前管制与事后反垄断相互配合、彼此渗透的治理体系,开启了政府管制市场的全新范式。1980 年以前,因固定电话网络需要大规模铺设线路、交换机等产生高额固定成本,电信行业在欧洲一直被视为自然垄断,大多数成员国内由国有垄断企业占据市场并严格管制行业准入。无线传输和交换技术的进步使电信网络建设和运营成本大大降低,成本可次加性和避免重复投资的规制依据受到挑战。1983 年,英国率先启动了电信市场自由化改革,欧洲经济共同体也重新审视了电信行业管制的必要性,于 1987 年发布了《通往欧洲动态经济:关于发展电信服务和电信设备共同市场的绿皮书》,正式确定开放电信市场竞争,[3] 以三方面改革推动电信自由化:其一,消除法定垄断,逐步实现电信市场的全部开放;其二,将反垄断机制适用于电信市场;其三,建立新的事前管制框架以促进市场竞争。其中最具备范式革新意义的是,随着市场由法定垄断向完全开放竞争转变,政府管制并非不再必要,而是实现了由维持垄断向促进竞争的制度模式转变:1987 ~ 1998 年,欧共体(1993 年后为欧盟)逐步实现了欧洲电信市场完全开放,基于对原有自然垄断领域难以充分竞争的担忧,其先后于 1998 年、2002 年建构起了电子通信行业的管制框架,借助竞争法原则建立了特殊行业管制机制,就沉没成本较高的网络设施为显著市场力量者设定事前管制义务,以减少市场

---

〔1〕 See William J. Baumol, *Contestable Markets: An Uprising in the Theory of Industry Structure*, 72 The American Economic Review 491 (1983).

〔2〕 例如,在美国,尼克松政府采纳了芝加哥学派的观点,对自然垄断行业实行去管制化和放松管制策略;撒切尔夫人在英国实施综合化自由政策,对自然垄断行业进行了大幅度私有化和管制措施改革。

〔3〕 See European Commission, *Towards a Dynamic European Economy: Green Paper on the Development of the Common Market for Telecommunications Services and Equipment* (Jun. 1987), https://eur-lex.europa.eu/legal-content/EN/ALL/?uri=CELEX%3A51987DC0290.

进入成本和避免市场支配地位滥用。其特殊行业管制相对于传统自然垄断管制模式,实现了正当性基础、制度目标、适用领域、管制手段的全方位转变,也实现了与反垄断执法的衔接与融合。

根据可竞争市场理论,在完全进入退出自由的市场中,由于潜在竞争压力,即使是寡头或独家垄断市场结构也将处于完全竞争状态。但网络行业中,由于沉没成本存在,潜在竞争者难以"打了就跑"与原有厂商进行竞争,仅仅允许理论上的自由进出难以实现向完全竞争的过渡。开放后的通信市场初始结构以纵向整合的多产品垄断为特征,现有厂商相对于潜在竞争者具有先发优势,可能跨不同服务领域进行交叉补贴,存在较高的滥用市场支配地位的风险。虽然理论上可以事后反垄断执法规制市场支配地位的滥用,但欧盟委员会认为事后反垄断不具有预防作用并可能对竞争者产生难以弥补的损害,为了构建可竞争市场,有必要降低现有厂商先发优势或沉没成本的影响,使潜在的竞争者以合理价格获得沉没设备,或将沉没部分与可竞争部分分离,给予竞争者更大的自由。其通过事前管制的方式,针对网络瓶颈设施等垄断高风险领域设定一系列行为和结构性管制措施,以预防竞争损害。[1] 因此,在可竞争市场中,政府管制的正当性基础由自然垄断转向了网络经济中市场力量滥用的高风险性,政府管制不再是"用政府命令取代竞争,以取得良好的经济效率"[2],而是将竞争作为消费者福利最大化的方式,以事前管制手段来促进市场的可竞争性。

在开放市场中,传统反垄断及兼并控制即具备保障竞争不被扭曲的目标,特殊行业管制在何种情形下必要以及二者如何区别适用? 海威格

〔1〕 See Martin F. Hellwig, *Competition Policy and Sector-Specific Regulation for Network Industries*, in X. Vives ed., Competition Policy in EU: Fifty Years on from the Treaty of Rome, Oxford University Press, 2009, p. 230.

〔2〕 [美]丹尼尔·F. 史普博:《管制与市场》,余晖等译,上海三联书店、上海人民出版社 1999 年版,第 28 页。

(Hellwig)提出,二者区分在于其不同的工具性价值,[1]反垄断法往往禁止企业做什么而并不指导做什么,其侧重于事后零散且孤立的救济措施,尤其是其在涉及网络经济时,往往决定某个网络应当无歧视地向市场开放,但难以确定开放条件以及考量其在网络行业治理体系中的总体意义,并且反垄断执法程序冗长且具有滞后性。通过特殊行业管制,可以持续获得产业信息,系统地制定行业管制政策,并克服反垄断执法框架下的程序性困难,更加具备法律确定性,但其劣势在于可能限制市场发展方向和竞争空间。

因此,虽以保障市场竞争为共同原则,但二者核心不同在于在不同领域事前预设与事后施加救济手段的相对效率优势,在可自我修复的市场中将反垄断法作为一般救济机制,但在垄断风险较高的网络行业中,系统地施加的事前管制措施更富有效率。故在制度设计中,欧盟委员会一方面将反垄断法作为市场治理的一般性工具,将反垄断执法适用于各个领域;另一方面将事前管制的适用严格限定在需要持续、系统性干预的垄断高风险行业,以共通的竞争法原则为基础,引入相关市场界定、市场支配地位[2]作为分析

---

[1] See Martin F. Hellwig, *Competition Policy and Sector-Specific Regulation for Network Industries*, in X. Vives ed., Competition Policy in EU: Fifty Years on from the Treaty of Rome, Oxford University Press, 2009, p. 230.

[2] 网络行业中由于原有企业存在固定成本、网络优势等长期积累而产生市场进入壁垒,原有企业与新进入者之间存在不平等性,因此欧盟委员会引入了"显著市场力量"这一工具实施不对称管制。其认定与反垄断法上的"市场支配地位"认定逐渐趋同:在1998年框架下,当企业占有市场份额超过25%时则认定具有"显著市场力量"而应强制分享其网络设施。欧盟委员会当时认为,传统竞争法原则并不足以解决电信市场中存在的垄断问题,因此并未直接采用市场支配地位的概念,而采用了更低市场份额来界定"显著市场力量"。但随着电信市场自由化逐步深入,继续沿用之前的僵化认定标准可能阻碍市场发展,因此在"新电子通信管制框架"中,欧盟规定"如果企业具有相当于市场支配地位的位置,使其在相当程度上具有独立于竞争者、消费者和最终消费者而行事的能力,则应当被视为拥有显著市场力量"。新框架采用了欧盟判例法中对于市场支配地位的定义,使"显著市场力量"与市场支配地位的界定标准保持一致。See Ian Walden, *Telecommunications Law and Regulation*, Oxford University Press, 2018, p. 174.

工具,将相关市场垄断风险类型化、预先设定救济措施,[1]对市场支配地位者实行不对称管制。为将事前管制限定在“竞争法失灵”的情形,事前管制义务的施加需要遵循三个步骤:第一,欧盟委员会根据竞争法原则界定相关市场,根据市场竞争情况论证施加事前管制的正当性并提出建议。第二,国内管制机构进一步界定相关市场,尤其是国内地域市场,并分析确定是否存在有效竞争。第三,如果相关市场竞争充分,则不得施加任何管制义务;如果相关市场缺乏有效竞争,则进一步判断是否存在显著市场地位者,从管制工具中适应性施加管制义务。在判断相关市场是否需要管制时欧盟委员会遵循三个标准:一是静态标准,检验是否存在“高而持续性的市场进入壁垒”,包括结构性壁垒和法律监管壁垒。其中,结构性壁垒是指因技术、相关成本结构、需求水平等综合因素,市场上既有企业与新进入者之间存在不对称的竞争状态。二是动态标准,判断市场是否“欠缺有效竞争的动态趋势”,即短期内市场能否自我恢复而克服进入壁垒的限制。三是判断“竞争法的有效性”,即确保事前管制的相对效率优势,当且仅当反垄断法不足以解决产生的持续性市场失灵问题时,应当引入事前管制作为反垄断法的必要补充。[2] 遵循以上分析框架,欧盟委员会及成员国管制机构可酌情对不同市场、不同主体施加管制措施并定期对相关市场竞争状况进行评估,随着行业内竞争逐步强化,管制义务将逐步消除并向完全适用竞争法过渡。[3]

---

〔1〕 通过类型化的方式,欧盟分析了电信行业各相关市场27个潜在竞争问题,进一步分为纵向传导、横向传导、单一市场支配地位、终端市场四种类型的滥用行为,对应性提出公开透明、无歧视待遇、会计分离、强制访问和价格控制五种事前救济措施。See European Regulators Group, *ERG Common Position on the Approach to Appropriate Remedies in the New Regulatory Framework* (Apr. 2004), http://berec.europa.eu/doc/meeting/erg_06_33_remedies_common_position_june_06.pdf.

〔2〕 See Alexandre de Streel, *The Integration of Competition Principles in the New European Regulatory Framework for Electronic Communications*, 26 World Competition 494 (2003).

〔3〕 2003年以来,随着相关市场竞争逐步完善,欧盟适用特别行业管制的市场已由18个减少到4个。

（2）事前管制与事后反垄断的功能分担

欧盟电信行业管制走在了全球管制法制的最前沿，其制度目标实现了由规制自然垄断向促进竞争的转型，借助竞争法原则提供了相对于事后反垄断更具预防性和明确性的事前机制，政府管制与竞争法制不再局限于传统的彼此独立，而呈现相互配合、彼此渗透的趋势，特殊行业管制广义上已经属于竞争政策的一环。这种革新不仅仅局限于电信行业内部，还从调整范式上为弥补反垄断法行为主义的不足提供了有效补充，应当具有普遍适用意义。

如前所述，遵循芝加哥学派市场自我矫正和假阳性大于假阴性成本的一般假设，反垄断执法一般遵循谦抑性原则。但该假设并非普遍成立，美国反垄断法研究近年来也不断质疑该假设，贝克尔认为该假设成立的关键在于，“至少能够证明在反垄断法最为关切的寡头垄断情境下存在足够的频率、程度和速度的市场进入抵御市场支配力，使得假阳性错误成本系统性地低于假阴性错误”〔1〕。现实却并非普遍如此，在以电信市场为代表的网络行业中，规模经济、范围经济、网络效应的存在导致结构性市场失灵，网络瓶颈设施的所有者与潜在竞争者具有不对称竞争优势，存在较高的滥用市场支配地位风险，而市场又难以在短期内自我矫正。在此情形下，事后反垄断调整发生假阴性错误的概率和损失可能高于假阳性，因此有必要通过事前机制进行持续、全面的调整，这在一定程度上是高垄断风险的特定行业向结构主义的回归以及对行为主义的必要补充。

基于共通的竞争法原则和规制工具，事前管制与事后反垄断均致力于避免市场力量滥用和促进有效市场竞争，由于在不同市场中垄断发生的可能性不同，两种规制方式在不同市场也具有不同的相对效率优势（如表5－1所示）。竞争法的优势在于其能够广泛地适用于所有领域，假定市场运行有

〔1〕 Jonathan B. Baker, *Taking the Error Out of "Error Cost" Analysis: What's Wrong with Antitrust's Right*, 80 Antitrust Law Journal 9 (2015).

效的前提下,只有在出现明显的竞争损害时方加以干预,避免执法错误对新兴市场发展形成过度限制。但其劣势在于,对于竞争损害的界定边界往往是模糊的,在反垄断干预时竞争执法机构或竞争者负有较高的举证义务,由于信息不对称等原因难以实现对所有损害竞争行为的有效识别,事后反垄断执法程序冗长且具有滞后性,难以实现对竞争损害的及时恢复。在救济方式上,反垄断法往往禁止企业做什么而并不指导企业做什么,侧重于零散且孤立的救济措施,难以在网络市场等系统地确定开放条件。[1] 事前管制可以前瞻性地提供市场竞争规则,并持续性地监督市场运行。但其面临着过度干预和限制市场发展方向的风险,限于市场存在结构性失灵以及垄断风险较高而需要持续、及时干预的情形,因此在选定监管市场时政府应负有较高的举证责任,一旦确定介入后举证责任相对较低,从而实现对市场的持续、高效干预,对于事后反垄断调整形成有效补充。根据执法错误成本框架分析,在事前管制模式下,政府可以实现对市场持续、高效的监督,但错误谴责合法行为(假阳性)风险较高;在事后反垄断模式下,政府可以弹性因应产业结构变化作出调整,避免对市场运行的过度干预,但错误赦免反竞争行为(假阴性)风险较高。从错误成本最小化角度出发,基于实践中反竞争行为出现概率、反竞争行为产生损害及带来收益、执法错误的可能性因素不同,事前管制与事后反垄断执法均存在必要性,作为一般情形,反垄断机制具有普遍适用性;但对于类似于电信行业等存在结构性市场失灵的市场,特殊行业管制更具有效率优势,在电信行业之外的其他市场也存在类推适用的空间。

---

〔1〕 See Martin F. Hellwig, *Competition Policy and Sector-Specific Regulation for Network Industries*, in X. Vives ed., Competition Policy in EU: Fifty Years on from the Treaty of Rome, Oxford University Press, 2009, p. 230.

表 5－1　事后反垄断与事前管制之比较

项目		事后反垄断	事前管制
制度目的		促进有效竞争	促进有效竞争
适用范围		所有行业领域及市场结构	反垄断法调整低效率的特定行业
实施程序		选择干预市场时不需要承担举证义务，对具体行为的干预反垄断执法机构负有较高的举证义务（存在垄断协议、滥用市场支配地位等情形）	选择管制市场时，管制机关负有较高的举证义务（证明市场具有高而持续的市场进入障碍、欠缺有效竞争的动态趋势和欠缺竞争法的有效性），但对选定市场的干预负有较低的举证义务
救济方式		仅针对特定反竞争行为进行纠正	根据市场运行情况，系统性制定管制政策
相对优劣	优点	可以弹性因应产业结构变化，避免对市场运行的过度干预	前瞻性地为行业竞争设立明晰的竞争规则；行业管制机构可获得市场充分信息，持续性地对市场运行进行监督
	缺点	执法标准模糊，举证义务较高，难以实现对所有损害竞争行为的有效识别；程序冗长且具有滞后性，难以实现对竞争损害的及时恢复	有过度干预、阻碍产业结构变化之虞

（3）数字行业建立事前管制之必要性

数字市场虽然具有自然垄断的规模经济、范围经济的特性，但与电信行业相似，技术创新使构建用户虚拟网络的固定成本急剧下降，且与能源、电力等传统物理网络的单一用途不同。用户虚拟网络可用于开发多种用途而不能被简单地视为沉没成本，“单一公司可以比两个或更多的公司以更低的成本提供整个市场需求”的自然垄断管制理由难以在数字行业直接适用，因而难以直接类推自然垄断的管制模式。但数字市场集中的市场结构和网络特征却与开放后的电信行业具有相似性，可考虑以特殊行业管制模式促进竞争而保障用户数据处分利益。从欧盟电信行业的管制经验来看，事前管制与事后反垄断适用的根本区别在于不同行业执法假阳性与假阴性错误成本不同，其受到错误发生概率和相对重要性的影响，[1]结构性市场失灵的行业具有垄断的高风险性，遵循反垄断的谦抑性假设必然会导致假阴性错误的高概率，进而有可能限制下游市场的创新发展。基于此，笔者将首先分析数字市场垄断的高风险性，以初步证明事前管制的正当性；结合数字市场竞争的具体问题及发展需求，进一步分析假阳性错误与假阴性错误在数字市场的相对成本，从而佐证事前管制的相对效率优势，以证立数字行业在反垄断法框架之外建立特殊行业管制之必要性。

欧盟选择管制市场的三个累积性标准可作为检验数字市场管制必要性之前提，关于反垄断法适用局限性前文已进行探讨，现主要就另外两个标准在数字市场的适用性分析如下：

第一，存在高而持续的市场进入壁垒。该要件在经济层面主要包括结构性壁垒，根据德·斯特雷尔的分类，[2]进入壁垒可分为因企业策略性行为而导致的壁垒和结构性壁垒。前者是指因企业过度投资、纵向传导等策略性方式而导致竞争者进入市场困难，具有偶发性和特殊性；后者是指由于市场供需状况而导致其本身趋于集中，并在原有企业和新进入者之间造成了不对称条件而影响市场进入，包括规模经济、范围经济、网络效应等情形。如前所述，数字市场本身具有规模经济、范围经济和网络效应特征，导致其在搜索引擎、电子商务、即时通信等领域产生寡头垄断的市场结构，由于存在锁定效应，用户难以在不同服务商的数据网络之间自由转换，潜在竞争者难以进入而导致市场处于"失常均衡"，故数字市场应满足该静态标准。

第二，欠缺有效竞争的动态趋势。该要件要求管制机关根据行业态势，预判在一定期限内市场克服进入壁垒而转向有效竞争的可能性。相对于传

---

〔1〕 See Jonathan B. Baker, *Taking the Error Out of "Error Cost" Analysis: What's Wrong with Antitrust's Right*, 80 Antitrust Law Journal 9 (2015).

〔2〕 See Alexandre de Streel, *The Relationship between Competition Law and Sector Specific Regulation: The Case of Electronic Communications*, 1 Reflets et perspectives de la vie économique 55(2008).

统产业,以信息产业为代表的“新经济”具有高创新速率、快速进入和频繁退出的特征。根据熊彼特的创新理论,竞争并不仅仅是短期、静态的价格竞争,而是长周期、动态的替代性过程,现有垄断者会被破坏性创新带来的新技术、新产品所替代,企业间并非“在市场中竞争”而是“为市场而竞争”,潜在的竞争威胁将使得市场接近于完全竞争状态。[1] 创新市场具有的快速进入、频繁退出的动态特征也是目前排斥政府积极干预市场运行的主要理由。波斯纳认为,“埋藏的宝藏越有价值被发现得越快”,垄断利润会吸引更多竞争者进入市场创新而推翻垄断,市场面对垄断本身具有自我修复功能。[2]

动态竞争理论要求在分析时不能仅依靠市场结构、份额等静态因素,但动态竞争的理论可能性也绝不意味着不存在市场失灵或放任等待,其有效性取决于潜在竞争者能否进入市场进行“破坏性创新”,网络外部性、用户锁定等因素都有可能阻碍后续公司的创新而使行业陷入“路径依赖”。在动态竞争市场分析中,可依据竞争者在相关市场整合创新资源的能力界定市场竞争水平。[3] 依此视角,数据作为数字行业创新的最重要生产要素,其在搜索引擎、电子商务、社交媒体等领域由百度、阿里巴巴、腾讯等互联网巨头所控制,使潜在竞争者很难获得有效数据规模而参与竞争。例如,在搜索引擎市场中,虽然其转换成本相对较低,搜索者同时使用多个搜索引擎相对容易,但其较强的规模经济特征要求市场进入以高额固定成本为前提,同时由于间接网络效应,市场先行者可以较早地建立用户反馈循环和货币化反馈循环,后来竞争者均很难与百度形成有效竞争。在社交媒体、电子商务等平台中,由于网络外部性的存在,其会随着用户规模增加而不断实现网络价值的递增;由于存在较高的用户数据锁定和转换成本,潜在竞争者难以获得必

---

〔1〕 参见[美]约瑟夫·熊彼特:《经济发展理论》,何畏等译,商务印书馆1990年版,第64~105页。

〔2〕 See Richard A. Posner, *Antitrust in the New Economy*, 68 Antitrust Law Journal 925 (2001).

〔3〕 See Gregory J. Sidak & David J. Teece, *Dynamic Competition in Antitrust Law*, 5 Journal of Competition Law & Economics 581(2009).

要数据资源。

此外,可以从行业演化周期分析市场动态趋势。一般而言,在创新行业发展早期,公司规模往往较小,市场进入容易;但随着市场上主流产品的出现,产业规模化趋势显现,进入成本上升;而历经产业震荡后,市场进入一个相对稳定的结构,直到更优技术的出现推翻这种稳定结构。[1] 我国互联网行业已历经百花齐放的创业时代,过去曾体现出快速进入、频繁退出的特征,但经历相互兼并整合后目前已进入寡头垄断的相对稳定期,行业内部体现出“头部固化”趋势,由百度、阿里巴巴、腾讯领衔的技术巨头奠定互联网行业头部格局后几乎再未出现撼动力量。[2] 在缺乏有效政府干预的情况下,垄断平台通过策略性行为使得市场进入壁垒在不断扩大而非减小:首先,策略性并购可能引发排除、限制竞争效果。近年来,互联网平台加速并购整合,通过横向和垂直一体化整合不断扩大其网络生态圈“闭环”,将其数据优势不断向其他市场扩张,其中不乏互联网巨头大肆收购潜在竞争者,将以中小企业为代表的创新竞争力量扼杀于摇篮之中。[3] 其次,支配性平台可能存在市场支配地位滥用排除竞争者。例如,京东、天猫逼迫商家进行“二选一”,微信拒绝用户将其数据向抖音、多闪迁移等。在缺乏政府有效干预和重大科技创新改变政府供给的情况下,数据市场的寡头垄断现状将具有持续性。

通过欧盟事前管制适用的三个累积性标准,应当认为数字市场同样存在结构性市场失灵而具垄断高风险性,故可考虑借鉴电信行业,对既有企业数据网络等行业进入的瓶颈设施利用进行事前管制以防范垄断风险。

除了错误发生概率,执法假阴性和假阳性错误衡量很大程度上取决于

---

〔1〕 See Gregory J. Sidak & David J. Teece, *Dynamic Competition in Antitrust Law*, 5 Journal of Competition Law & Economics 581(2009).

〔2〕 参见樊鹏:《新技术时代国家治理的新方向》,载《人民论坛》2020 年第 1 期。

〔3〕 参见时建中:《互联网市场垄断已见端倪亟须规制》,载《经济参考报》2016 年 8 月 17 日,第 6 版。

二者的相对成本和价值,结合当前数字行业发展阶段和前景,也可佐证对数字行业基础设施进行管制具有相对效率优势。数字市场竞争执法要求垄断者强制开放其网络设施面临着两方面利益衡量:其一,合理开放瓶颈设施可以有效激活同市场和下游市场竞争;其二,其减少了网络的现有价值而削弱了企业投资建立新的网络的积极性。采取事前管制,优势在于可以更好地开放市场,但假阳性即错误执法抑制企业建立网络投资的风险较高;采取事后反垄断,优势在于可更好地保障企业投资前景,但因较高举证责任、执法滞后性存在较高的假阴性风险,垄断者滥用市场支配地位排除相同市场和下游市场风险较高。

竞争政策的实施应当与产业政策相协调、服务于产业政策实施,[1] 从产业发展阶段来看,开放下游市场应具有更高的政策优先性。目前,产业界认为我国互联网产业正由人与人之间互联的上半场转向万物互联的下半场。[2] 我国互联网产业的上半场主要是"人"的互联网,中国 14 亿多人口、超过 10 亿网民的体量带来了巨大的商业价值,互联网企业通过巨大的用户规模建立起网络效应,确立起竞争优势;但随着人口红利逐渐消失、数据流量到达天花板,互联网的下半场转向"物"的互联网,进入虚拟和物理世界融合的新形态,从计算机互联进入与数字对象互通新功能。因此,国务院先后发布《关于积极推进"互联网 +"行动的指导意见》《关于深化制造业与互联网融合发展的指导意见》等,推动互联网和制造业融合发展。数字基础设施是连接物理世界和虚拟世界的载体,是推动互联网跨界融合的关键。因此,国务院《促进大数据发展行动纲要》提出利用大数据推动信息化和工业化深入融合,推动不同行业的大数据融合,鼓励企业利用数据开放资源,充分释放数据红利,激发大众创业、万众创新活力;工业和信息化部《大数据产业发

---

〔1〕 参见王先林、丁国峰:《反垄断法实施中对竞争政策与产业政策的协调》,载《法学》2010 年第 9 期。

〔2〕 参见《马化腾:互联网的下半场属于产业互联网》,载《电子技术与软件工程》2019 年第 5 期。

展规划(2016—2020年)》明确了"促进跨行业大数据融合创新""加快大数据产业主体培育"的重点任务,要求培育一批大数据龙头企业和创新型中小企业,支持中小企业深耕细分市场,加快服务模式创新和商业模式创新。在互联网行业发展逐步趋于稳定而产业融合成为数字驱动产业前景的情况下,开放下游市场理应具有更高的创新价值和政策优先性,需要建立清晰而明确的市场准入框架,使更多主体进入市场分享数据红利,进行多元化的市场创新。如果继续依赖反垄断法模糊而滞后的调整框架,可预期的是互联网巨头将其已经建立的数据规模优势不断向实体经济传导,导致产业融合成为垄断者瓜分市场的盛宴。因此,斯图克(Stucke)和格鲁内斯(Grunes)认为,数字市场对于假阳性错误应当更具有包容性,"即便失败的反垄断执法也能开启竞争门户"。[1] 因此,针对数字市场的垄断"模糊地带",不能仅仅是等待市场自愈,而需要以确定、清晰的事前规则消除市场进入壁垒,竞争门户开放之后才是动态竞争来临,故有必要在数字市场的关键垄断环节建立事前管制机制。

(4)数字行业事前管制机制构建

根据可竞争市场理论,即使是寡头或独家垄断结构,如果竞争者可快速进入、快速退出,潜在竞争威胁也将使市场处于完全竞争水平。然而,由于数字行业与电信行业存在共同的网络经济特征,市场进入的高成本抑制了潜在竞争的有效性。具体而言,网络平台可分为平台层和应用层。平台层提供通用介质,利用技术标准及接口将海量用户端点连接起来构成数据的收集和传输网络;应用程序搭载在平台之上直接向用户提供服务,平台往往通过免费服务建立有效的用户网络规模并通过不同应用间的交叉补贴实现

---

〔1〕 See Maurice E. Stucke & Allen P. Grunes, *Big Data and Competition Policy*, Oxford University Press, 2016, p. 283.

盈利。[1] 由于网络效应、用户锁定的存在，潜在竞争者事实上难以重置平台层的用户数据网络而及时进入市场，平台所有者一方面可能拒绝用户转移或他人获取平台数据而限制、排除市场进入，另一方面利用其平台层优势而过度收集用户数据、歧视性定价、过度定价等滥用市场支配地位。在数字行业符合特殊行业管制条件的前提下，可基于竞争法原则构建事前管制机制，为企业设定数据开放、保障用户数据自由携转的事前管制义务，建立起网络基础设施（平台收集用户数据）的合理分享机制，给予潜在竞争者更大的进入自由，从而保障消费者在数字市场的自由选择权利。

数字市场实施特殊行业管制首先要建立专门的行业管制机构，由其持续获得市场信息和专门监督市场运行。党的十八大以来，国务院成立了专门的国家互联网信息办公室，负责全国互联网信息内容管理工作和监督执法，具有专业知识和技术人员的优势，可进一步承接该竞争监管职能。由于数据驱动市场具有多样性、发展迅速的特征，无法“一刀切”地为不同领域确定统一的管制义务，监管机构应定期分析市场竞争状况确定管制之必要，根据市场的不同施加不同管制措施，参照电信市场实践可确立以下实施框架：其一，界定数据领域相关市场，定期根据“高而持续的市场进入障碍”“欠缺有效竞争的动态趋势”“竞争法的有效性”三个累积性标准判断相关市场是否存在有效竞争。其二，如果相关市场竞争充分，则不采取或取消管制措施；如果相关市场缺乏有效竞争，参考反垄断法中市场支配地位标准认定显著市场地位者。其三，对于显著市场地位者，应当对其施加公平、合理、无歧视条件强制开放其数据的义务，[2] 根据数据获取利益主体不同可采取不同

---

〔1〕 参见张江莉：《互联网平台竞争与反垄断规制　以3Q反垄断诉讼为视角》，载《中外法学》2015年第1期。

〔2〕 其义务内容类似于标准必要专利许可的公平、合理、无歧视许可义务（FRAND义务），除在标准必要专利领域使用外，FRAND义务已经广泛适用于电子通信、公共部门信息、金融支付服务等关键基础设施的强制共享，成为一种灵活而实用的工具。See Mathew Heim & Igor Nikolic, *A FRAND Regime for Dominant Digital Platforms*, 10 Journal of Intellectual Property, Information Technology and Electronic Commerce Law 38 (2019).

开放措施。对于数据分析主体,可以通过数据脱敏、匿名化,在不侵犯用户个人数据权利和知识产权的前提下,一次性进行许可和共享;对于竞争或者补充服务提供者而言,可参照欧洲开放银行和实践中“数据传输计划”构建数据互操作性的框架,要求“显著市场地位者”无歧视地向竞争者开放应用程序编程接口,协调制定数据存储、传输的通用标准并强制实施相关标准,允许竞争者在用户授权同意的前提下访问用户数据,以实现用户在不同网络间的数据自由携转。

3. 滥用相对优势地位的竞争规制

在传统工业经济行业,对于垄断者可依据现有的滥用市场支配地位理论加以规制,遵循“划定相关市场—认定市场支配地位—行为类型化分析”的具体逻辑范式,对疑似垄断的行为加以判断;对于存在结构性市场失灵的特殊行业,可以建立市场管制机制,由政府事前统一界定相关市场和市场支配地位,对必要设施进行强制共享,从而防范市场支配地位滥用和使市场回归竞争水平。除此之外,在一定情形下虽然并未达到反垄断法所要调整的市场支配地位,但因双方交易地位上的不平等,一方可能利用自身优势地位而在交易中损害另一方利益,在实质上影响了市场竞争水平,同上存在竞争规制的必要性。[1] 在数字经济中,由于市场具有较强的网络效应,绝大多数用户服务都集中于有限数字平台之上,平台与平台内经营者已经不再是单纯的上下游关系或交易关系,双方在交易地位上的不平等性更加明显,通过经营平台不断积累经营数据与消费者数据,获取最大利润;而平台内经营者需要借助平台进行宣传及商品销售,从而形成对平台的依赖。数据形成了平台与经营者之间联系的纽带,经营者商品或者服务的提供往往以平台掌握数据为前提。例如,在联网汽车中,用户驾驶行为、设备数据、位置数据等相关数据集合,由设备实际制造商所实际控制,未经其同意用户以及其他互

---

〔1〕 参见杨东:《论反垄断法的重构:应对数字经济的挑战》,载《中国法学》2020 年第 3 期。

补产品和服务的提供商都无法获得相关数据进而提供服务。在此情况下,平台可能利用依赖关系对平台内经营者设定不合理的限制、附加不合理的交易条件、收取不合理的费用,甚至直接拒绝交易而损害竞争。

因此,德国《限制竞争防止法》第 20 条对于滥用"相对优势地位"进行了规制,规定具有相对优势地位的企业不得向对其具有依赖性的中小企业滥用其市场力量,因为该中小企业被该相对优势地位的企业锁定后将无法合理地转向其他企业。[1] 具体应结合企业市场份额、财务能力、进入采购或交易市场渠道、与其他企业的关联、与其他企业进入市场的事实或法律上的限制、来自其他企业的事实或潜在竞争、将其供给或需求转换为其他商品或服务的能力,以及交易相对人转换到其他企业的可能性。[2] 在此前我国反垄断法修改中,有学者主张引入滥用相对优势地位制度,当经营者的市场力量未达到支配地位的程度,但又确有依据自身交易优势而损害交易相对人利益时,可以考虑使用滥用相对优势地位规制条款加以调整。[3] 该制度最终并未被纳入《反垄断法》,反而出现在了《反不正当竞争法》修改之中,2022 年 11 月国家市场监管总局公布的《征求意见稿》正式纳入了滥用相对优势地位制度。[4] 如果该制度得以确立,在大数据共享中,对于具有单一来源的事实性数据,当数据控制者市场支配地位难以证明时,可考虑根据依赖性原

[1] See Wolfgang Kerber, *Data-Sharing in IoT Ecosystems from a Competition Law Perspective: The Example of Connected Cars*, 15 Journal of Competition Law & Economics 381(2019).

[2] 参见刘孔中:《解构知识产权法及其与竞争法的冲突与调和》,中国法制出版社 2015 年版,第 111～112 页。

[3] 参见杨东:《论反垄断法的重构:应对数字经济的挑战》,载《中国法学》2020 年第 3 期;时建中主编:《〈中华人民共和国反垄断法〉专家修改建议稿及详细说明》,中国政法大学出版社 2020 年版,第 87 页。

[4] 《征求意见稿》第 13 条规定:"具有相对优势地位的经营者无正当理由不得实施下列行为,对交易相对方的经营活动进行不合理限制或者附加不合理条件,影响公平交易,扰乱市场公平竞争秩序:(一)强迫交易相对方签订排他性协议;(二)不合理限定交易相对方的交易对象或者交易条件;(三)提供商品时强制搭配其他商品;(四)不合理限定商品的价格、销售对象、销售区域、销售时间或者参与促销推广活动;(五)不合理设定扣取保证金,削减补贴、优惠和流量资源等限制;(六)通过影响用户选择、限流、屏蔽、搜索降权、商品下架等方式,干扰正常交易;(七)其他进行不合理限制或者附加不合理条件,影响公平交易的行为。"

理适用滥用相对优势地位条款加以规制,要求相对优势地位企业以公平、合理、无歧视条件共享其大数据集合,从而维护市场公平竞争。

三、小结

对企业合法控制数据提供法律保护,可以为企业数据收集投资提供保护并促进数据流动,为数据市场正常运行提供基本的法律保障。对于数据控制者与数据生成者以及数据获取主体之间的利益冲突,可以通过竞争法加以协调:首先,可以通过反垄断法提供一般规制,禁止市场支配地位企业拒绝继续交易或拒绝共享必要设施而排除或限制竞争;其次,由于数字市场结构本身具有垄断的高风险性,应当由行业监管部门建立特殊行业管制机制,实现界定相关市场、分析市场竞争性,为市场支配企业设置公平、合理、无歧视的数据共享义务和数据互操作性义务;最后,对于相对优势地位企业,可通过滥用相对优势地位条款加以规制,强制其向依赖性企业以公平、合理、无歧视条件共享其数据。

结　论

无论是从保护人格的自然权利理论出发，还是从鼓励创新、物尽其用的功利主义理论出发，都有必要对他人智力创造成果赋予产权保护。由于信息的无体性以及非竞争、非排他、非易耗的公共物品特点，法律较少采取类似于有体物的方式通过对信息的排他性控制来保障利益实现，而是采取"客体共享、利益排他"的方式在信息之上配置知识产权，将信息占有与收益、使用、处分权能相分离，允许信息在全社会共享，同时根据信息的商业化利用形式设定排他性权能，形成组合形式的"权利束"。随着科学技术、文化意识和商业贸易的发展，新的信息客体及利用方式不断涌现，传统知识产权法定框架也面临着冲击和挑战。

在数字经济中，最为突出的问题是如何对大数据进行定位和保护。在传统知识产权框架下，专利权保护客体为技术方案，商标法的客体为承载商誉的标识符号，它们都难以对数据信息提供直接保护；与大数据保护最为接近的著作权法上对汇编作品的保护中，大数据集合一般难以满足独创性要求，而汇编作品的保护也难以延及大数据内容。司法实践主要通过反不正当竞争法一般条款对大数据集合提供保护，但面临着司法裁判标准不一致、不可预见、缺乏利益平衡设计的缺陷。故有必要在既有制度体系外为大数据保护提供系统设计。在我国理论界,设立“数据财产权”或新类型知识产权的观点不断涌现。因此,本书以大数据保护为视角,致力于探讨信息财产保护中企业对信息私力控制与法律保护、法定知识产权授权之间的关系,以及对信息控制事实如何定位并适应性地构建法律保护体系。

第一,通过信息传播第一性的社会现实考察,提出在信息网络环境下,传统信息一经公开便“不胫而走”的特质发生了实质性改变,信息直接传递主体由人转向机器,信息传递内容由语义、语用信息转向句法信息,信息传播与物理载体相脱离,信息传播形式由商品范式转向服务范式。这使企业可以通过私力控制建立起信息传播的私人秩序,法律仅需在企业事实控制基础之上提供补充性保护即可维持市场正常运行。这一路径已在版权法技术保护措施立法中得到证明,按照传统有体物方式建立对信息的事实排他性,在传统知识产权制度模式之外为信息财产保护提供了一种新的可能,并在信息网络环境下存在广泛适用空间。

第二,从经济分析理论出发,探讨了企业对信息私力控制与法定知识产权授权之间的关系,进而确定大数据的立法保护路径。在经济学视角下,信息生产的高成本、复制的低成本、非排他性占有特点,导致如果在完全自由市场条件下会存在信息利用的“搭便车”和外部性问题,从而导致信息生产的市场失灵,因此有必要界定产权而恢复市场运行实现创新资源配置的最优。但这种产权应当是经济学意义上的广义产权,概括地包括个人以直接或间接形式获取商品剩余价值的能力,不仅包括国家权力承认和保护的权利(法定产权),而且包括个人通过私人力量、合同等保护其资产的能力(事实产权)。从知识产权法避免市场失灵的功利主义目标出发,在信息财产保护中,要求构建一种既容纳事实产权也容纳法定产权的“广义知识产权”框架进行体系化考量,即在知识产权设立以及保护的过程中必须将企业事实层面的保护机制纳入考量。知识产权模式并非信息财产保护的唯一路径,当市场通过自我调节机制能够正常运行以及会有适度的创新成果开发时，法律可不予介入；当市场中存在事实层面保护机制，但可能被破坏时，法律可介入维护该事实层面的保护机制，从而恢复市场的自律性作用；当事实层面激励机制缺失时，有必要人为地设定知识产权；当存在事实保护与知识产权保护的不同制度可能性时，可从有效生产激励、最大化成果流动和最小化社会成本三个层面综合考量并作出路径选择。实践中，大数据一般处于企业事实控制之下，法律并不必然地要在大数据之上设定新类型的知识产权，基于企业事实控制而提供补充性法律保护既可维持市场正常运行，也是相对效率更优的选择。

第三，通过知识产权法以及民法上检讨，完成了信息控制事实的法律定位和保护制度构建，并应用于建构大数据保护秩序。

在知识产权法上，对信息私力控制的保护制度主要是商业秘密制度和版权法上技术措施制度，商业秘密制度严格地限定于具有秘密性、价值性、保密性的商业秘密信息，版权法上的技术措施保护仅延及著作权法意义上的作品保护，而无法直接适应和调整大数据等新的技术现象和问题。因此，笔者回归商业秘密及版权法技术措施保护的制度正当性基础探讨制度完善之可能。回归商业秘密制度历史及其正当性理论，商业秘密应被定位为一种事实财产权，其财产权取得基于财产法上的“占有”，故在商业秘密信息之外信息控制事实能否获得保护，应取决于其是否能够满足民法上占有保护之前提；技术措施保护的正当性基于对信息私力保护产生的利益，民法占有制度对私力之禁止为其提供了一种解释可能。

因此，有必要回归传统民法，探讨信息能否被占有以及保护要件和内容。虽然民法占有客体一般仅限于有体物，而较少对无体物能否进行占有加以讨论，但笔者通过追溯民法上占有制度的生成史和比较法模式，明确占有制度是区别于所有权制度而对物之支配和利用关系保护的独立制度，其功能定位与规范要件并非一成不变，而是随着社会进步不断扩展占有观念、扩大对事实支配范围的保护。从民法占有保护原因出发,其正当性基础在于按照社会共同意志认可方式体现的意志不受侵犯,对信息占有保护同样符合占有的正当性目的;从规范要件来看,占有取得并不以物理持有和绝对支配为必要,只要根据一般社会观念,其人对该物已处于可排除他人干涉的状态即可构成占有,信息由于其无体性必须依附于特定载体而被感知,可以附着于载体之上被控制而排除他人干涉,从而成立事实支配力,可以适用民法占有保护制度。

因此,除商业秘密、版权法上技术措施保护外,对信息控制事实可通过民法占有制度加以保护。参考传统民法占有制度,信息占有保护客体应当仅及于与公有领域有所区分,不为公众所知悉而具有一定商业价值的信息;关于占有取得,根据一般社会观念可认为信息已处于可排除他人干涉的状态,即成立占有。在网络环境下,信息占有成立可包括两种方式:其一,信息可附着于特定电子文件载体作为动产,占有人可以通过对电子文件进行加密等方式体现其事实支配力而成立占有;其二,对于信息的事实支配力可以通过对其附着的虚拟空间支配加以体现,若网络空间所有者或占有者明确以限制性条件作为访问前提,即可以认定其对网络空间具有事实支配力而占有成立。对于占有信息的盗用行为,依据物权法保护方式,占有人可进行私力救济排除他人访问,主张返还原物请求权、妨害防止请求权、消除危险请求权。依据返还原物请求权,占有人可以主张侵占人及其概括继受人、恶意继受人销毁信息备份、停止使用相关信息,并禁止进一步的信息公开和传播。依据债权法保护方式,占有人可以主张损害赔偿请求权,要求对其占有使用收益损失、占有标的灭失以及支出费用进行损害赔偿;还可主张不当得利返还请求权,要求侵占人返还信息利用的收益。

针对大数据保护纠纷,理论上可以通过解释论方法将民法占有制度直接适用而构建其大数据保护的法律秩序。但在实践层面,由于占有制度在我国民法制度体系中仅规定了占有保护请求权,对无体物的占有保护观念上存在障碍,与有体物保护存在一定区别,在法律解释和使用中存在较强的不确定性。随着大数据保护的重要性不断凸显,为实现法律确定性价值,有必要对占有保护理论进行演绎而对大数据保护规则作出专门具体规定。因此,建议在我国《反不正当竞争法》或未来“商业秘密保护法”专门立法中建立类似于商业秘密保护的“合法控制数据”制度,即对采取技术措施加以控制、无法从数据控制人之外的公开渠道直接获得、具有相当数量的累积而产生独立分析和利用价值的数据,禁止他人的不正当获取、利用和公开行为。

为实现数据控制者与数据生成者以及数据获取主体之间的利益平衡,可以在竞争法框架下对数据保护作出限制。首先,可以通过反垄断法提供一般规制,禁止市场支配地位企业拒绝继续交易或拒绝共享必要设施而排除或限制竞争;其次,由于数字市场结构本身具有垄断的高风险性,应当由行业监管部门建立特殊行业管制机制,实现界定相关市场、分析市场竞争性,为市场支配企业设置公平、合理、无歧视的数据共享义务和数据互操作性义务;最后,对于相对优势地位企业,可通过滥用相对优势地位条款加以规制,强制其向依赖性企业以公平、合理、无歧视条件共享其数据,从而实现大数据保护的利益平衡。

参考文献

一、中文著作

1. 陈华彬：《物权法原理》，国家行政学院出版社 1998 年版。

2. 崔建远：《物权：规范与学说》(上册)，清华大学出版社 2011 年版。

3. 董慧娟：《版权法视野下的技术措施制度研究》，知识产权出版社 2014 年版。

4. 范长军：《德国反不正当竞争法研究》，法律出版社 2010 年版。

5. 高富平：《信息财产——数字内容产业的法律基础》，法律出版社 2009 年版。

6. 胡雪梅：《英国侵权法》，中国政法大学出版社 2008 年版。

7. 黄薇主编：《中华人民共和国民法典物权编释义》，法律出版社 2020 年版。

8. 孔祥俊：《商标与反不正当竞争法：原理和判例》，法律出版社 2009 年版。

9. 孔祥俊:《商业秘密保护法原理》,中国法制出版社 1999 年版。

10. 孔祥俊主编:《商业秘密司法保护实务》,中国法制出版社 2012 年版。

11. 李琛:《论知识产权法的体系化》,北京大学出版社 2005 年版。

12. 李明德:《美国知识产权法》(第 2 版),法律出版社 2014 年版。

13. 李明德等:《欧盟知识产权法》,法律出版社 2010 年版。

14. 李锡鹤:《民法哲学论稿》(第 2 版),复旦大学出版社 2009 年版。

15. 李宜琛:《日耳曼法概说》,中国政法大学出版社 2003 年版。

16. 梁慧星主编:《中国民法典草案建议稿附理由:物权编》,法律出版社 2004 年版。

17. 刘得宽:《民法诸问题与新展望》,中国政法大学出版社 2002 年版。

18. 刘智慧:《占有制度原理》,中国人民大学出版社 2007 年版。

19. 全国人大常委会法制工作委员会民法室编:《中华人民共和国物权法条文说明、立法理由及相关规定》,北京大学出版社 2007 年版。

20. 时建中主编:《〈中华人民共和国反垄断法〉专家修改建议稿及详细说明》,中国政法大学出版社 2020 年版。

21. 史尚宽:《物权法论》,中国政法大学出版社 2000 年版。

22. 孙宪忠:《物权法》,社会科学文献出版社 2005 年版。

23. 王利明等撰稿:《中国民法典学者建议稿及立法理由:物权编》,法律出版社 2005 年版。

24. 王迁:《版权法对技术措施的保护与规制研究》,中国人民大学出版社 2018 年版。

25. 王先林:《竞争法学》,中国人民大学出版社 2009 年版。

26. 王泽鉴:《民法物权》,北京大学出版社 2010 年版。

27. 王泽鉴:《用益物权 · 占有》,中国政法大学出版社 2003 年版。

28. 魏振瀛主编:《民法》,北京大学出版社、高等教育出版社 2000 年版。

29. 吴汉东、胡开忠等:《走向知识经济时代的知识产权法》,法律出版社

2002 年版。

30. 肖竹:《竞争政策与政府规制——关系、协调及竞争法的制度构建》,中国法制出版社 2009 年版。

31. 谢在全:《民法物权论》,中国政法大学出版社 2011 年版。

32. 徐涤宇译注:《最新阿根廷共和国民法典》,法律出版社 2007 年版。

33. 徐子沛:《数据之巅:大数据革命,历史、现实与未来》,中信出版社 2014 年版。

34. 尹田:《法国物权法》(第 2 版),法律出版社 2009 年版。

35. 由嵘:《日耳曼法简介》,法律出版社 1987 年版。

36. 张建华主编:《信息网络传播权保护条例释义》,中国法制出版社 2006 年版。

37. 张江莉:《反垄断制度与政府管制》,北京师范大学出版社 2011 年版。

38. 郑璇玉:《商业秘密的法律保护》,中国政法大学出版社 2009 年版。

39. 张玉瑞:《商业秘密法学》,中国法制出版社 1999 年版。

40. 张玉瑞:《商业秘密商业贿赂:法律风险与对策》,法律出版社 2005 年版。

41. 种明钊主编:《竞争法》,法律出版社 2008 年版。

42. 周枏:《罗马法原论》(上册),商务印书馆 2014 年版。

43. 最高人民法院民法典贯彻实施工作领导小组主编:《中华人民共和国民法典物权编理解与适用》,人民法院出版社 2020 年版。

44. 最高人民法院物权法研究小组编著:《〈中华人民共和国物权法〉条文理解与适用》,人民法院出版社 2007 年版。

二、中文论文

1. 卜元石:《德国专利间接侵权制度与判决解析》,载《知识产权》2018 年第 10 期。

2. 陈华彬:《我国民法典物权编占有规则立法研究》,载《现代法学》2018年第1期。

3. 陈景辉:《比例原则的普遍化与基本权利的性质》,载《中国法学》2017年第5期。

4. 程啸:《论大数据时代的个人数据权利》,载《中国社会科学》2018年第3期。

5. 崔国斌:《大数据有限排他权的基础理论》,载《法学研究》2019年第5期。

6. 崔国斌:《知识产权法官造法批判》,载《中国法学》2006年第1期。

7. 丁玫:《罗马法私犯之债及其种类》,载丁玫主编:《中国法学文档》第8辑,台北,元照出版有限公司2011年版。

8. 丁晓东:《论企业数据权益的法律保护——基于数据法律性质的分析》,载《法律科学(西北政法大学学报)》2020年第2期。

9. 董涛:《知识产权还需要占有制度吗?——知识产权给占有制度带来的困惑与重构》,载《浙江大学学报(人文社会科学版)》2009年第4期。

10. 樊鹏:《新技术时代国家治理的新方向》,载《人民论坛》2020年第1期。

11. 方小敏:《论反垄断法对国有经济的适用性——兼论我国〈反垄断法〉第7条的理解和适用》,载《南京大学法律评论》2009年第1期。

12. 高富平:《个人信息保护:从个人控制到社会控制》,载《法学研究》2018年第3期。

13. 郭禾:《规避技术措施行为的法律属性辩析》,载《电子知识产权》2004年第10期。

14. 郝思洋:《知识产权视角下数据财产的制度选项》,载《知识产权》2019年第9期。

15. 何隽:《大数据知识产权保护与立法:挑战与应对》,载《中国发明与专利》2018 年第 3 期。

16. 纪海龙:《数据的私法定位与保护》,载《法学研究》2018 年第 6 期。

17. 季境:《占有制度溯源与现代民法之借鉴》,载《国家检察官学院学报》2012 年第 5 期。

18. 蒋舸:《关于竞争行为正当性评判泛道德化之反思》,载《现代法学》2013 年第 6 期。

19. 金可可:《持有、向物权(ius ad rem)与不动产负担——论中世纪日耳曼法对债权物权区分论的贡献》,载《比较法研究》2008 年第 6 期。

20. 金可可:《对人权与对物权的区分理论的历史渊源——从罗马法的复兴到自然法学派》,载《私法研究》2004 年第 1 期。

21. 金可可:《私法体系中的债权物权区分说——萨维尼的理论贡献》,载《中国社会科学》2006 年第 2 期。

22. 柯伟才:《论占有保护之原因——以耶林的观点为中心》,载《私法研究》2011 年第 2 期。

23. 李琛:《法的第二性原理与知识产权概念》,载《中国人民大学学报》2004 年第 1 期。

24. 李琛:《知识产权法基本功能之重解》,载《知识产权》2014 年第 7 期。

25. 李琛:《论中国民法典设立知识产权编的必要性》,载《苏州大学学报(法学版)》2015 年第 4 期。

26. 李明德:《两大法系背景下的作品保护制度》,载《知识产权》2020 年第 7 期。

27. 李陶:《体育赛事举办者转播权的私法保护》,载《清华法学》2020 年第 5 期。

28. 李扬:《简论技术措施和著作权的关系》,载《电子知识产权》2003 年第 9 期。

29. 李扬:《知识产权法定主义及其适用——兼与梁慧星、易继明教授商榷》,载《法学研究》2006 年第 2 期。

30. 林华:《大数据的法律保护》,载《电子知识产权》2014 年第 8 期。

31. 林洹民:《个人信息保护中知情同意原则的困境与出路》,载《北京航空航天大学学报(社会科学版)》2018 年第 3 期。

32. 林秀芹:《商业秘密知识产权化的理论基础》,载《甘肃社会科学》2020 年第 2 期。

33. 刘春田:《知识财产权解析》,载《中国社会科学》2003 年第 4 期。

34. 刘德良:《个人信息的财产权保护》,载《法学研究》2007 年第 3 期。

35. 刘继峰、曾晓梅:《论用户数据的竞争法保护路径》,载《价格理论与实践》2018 年第 3 期。

36. 刘家瑞:《论知识产权与占有制度》,载《法学》2003 年第 10 期。

37. 刘孔中:《贸易战、大数据与演算法》,载《月旦法学杂志》2020 年第 8 期。

38. 刘影、眭纪刚:《日本大数据立法增设"限定提供数据"条款及其对我国的启示》,载《知识产权》2019 年第 4 期。

39. 龙卫球:《数据新型财产权构建及其体系研究》,载《政法论坛》2017 年第 4 期。

40. 龙卫球:《再论企业数据保护的财产权化路径》,载《东方法学》2018 年第 3 期。

41. 卢纯昕:《反不正当竞争法一般条款在知识产权保护中的适用定位》,载《知识产权》2017 年第 1 期。

42. 吕炳斌:《个人信息权作为民事权利之证成:以知识产权为参照》,载《中国法学》2019 年第 4 期。

43. 吕炳斌:《论网络用户对"数据"的权利——兼论网络法中的产业政策和利益衡量》,载《法律科学(西北政法大学学报)》2018 年第 6 期。

44. 马俊驹、梅夏英:《财产制度的历史评析和现实思考》,载《中国社会科学》1999 年第 1 期。

45. 马俊驹、梅夏英:《无形财产的理论和立法问题》,载《中国法学》2001 年第 2 期。

46. 马寅翔:《占有概念的规范本质及其展开》,载《中外法学》2015 年第 3 期。

47. 梅夏英:《两大法系财产权理论和立法构造的历史考察及比较》,载《私法》2001 年第 1 期。

48. 梅夏英:《民法权利客体制度的体系价值及当代反思》,载《法学家》2016 年第 6 期。

49. 梅夏英:《数据的法律属性及其民法定位》,载《中国社会科学》2016 年第 9 期。

50. 梅夏英:《在分享和控制之间　数据保护的私法局限和公共秩序构建》,载《中外法学》2019 年第 4 期。

51. 孟勤国:《占有概念的历史发展与中国占有制度》,载《中国社会科学》1993 年第 4 期。

52. 宁立志、傅显扬:《论数据的法律规制模式选择》,载《知识产权》2019 年第 12 期。

53. 彭诚信:《占有的重新定性及其实践应用》,载《法律科学(西北政法大学学报)》2009 年第 2 期。

54. 彭诚信:《智力成果、知识产权与占有制度》,载《法商研究》2002 年第 6 期。

55. 齐爱民、盘佳:《数据权、数据主权的确立与大数据保护的基本原则》,载《苏州大学学报(哲学社会科学版)》2015 年第 1 期。

56. 冉昊:《财产权的历史变迁》,载《中外法学》2018 年第 2 期。

57. 冉昊:《对物权与对人权的区分及其实质》,载《法学研究》2005 年第

3 期。

58. 冉昊:《法经济学中的“财产权”怎么了?——一个民法学人的困惑》,载《华东政法大学学报》2015 年第 2 期。

59. 冉昊:《论两大法系财产法结构的共通性——英美法系双重所有权与大陆法系物权债权二元划分的功能类比》,载《环球法律评论》2006 年第 1 期。

60. 芮文彪等:《数据信息的知识产权保护模式探析》,载《电子知识产权》2015 年第 4 期。

61. 申卫星:《论数据用益权》,载《中国社会科学》2020 年第 11 期。

62. 石丹:《大数据时代数据权属及其保护路径研究》,载《西安交通大学学报(社会科学版)》2018 年第 3 期。

63. 孙晋:《谦抑理念下互联网服务行业经营者集中救济调适》,载《中国法学》2018 年第 6 期。

64. 孙山:《反思中前进:商业秘密保护理论基础的剖解与展望》,载《知识产权》2011 年第 8 期。

65. 王洪亮:《占有法律制度重构》,载《国家检察官学院学报》2017 年第 4 期。

66. 王利明:《数据共享与个人信息保护》,载《现代法学》2019 年第 1 期。

67. 王迁:《版权法保护技术措施的正当性》,载《法学研究》2011 年第 4 期。

68. 王迁:《论规制视频广告屏蔽行为的正当性——与“接触控制措施”的版权法保护相类比》,载《华东政法大学学报》2020 年第 3 期。

69. 王迁:《论汇编作品的著作权保护》,载《法学》2015 年第 2 期。

70. 王先林:《垄断行业监管与反垄断执法之协调》,载《法学》2014 年第 2 期。

71. 王先林、丁国峰:《反垄断法实施中对竞争政策与产业政策的协调》,载《法学》2010 年第 9 期。

72. 王学政:《中国反不正当竞争法的理论与立法经验》,载《中国工商管理研究》1998 年第 11 期。

73. 王叶刚:《论网络隐私政策的效力——以个人信息保护为中心》,载《比较法研究》2020 年第 1 期。

74. 王玉林、高富平:《大数据的财产属性研究》,载《图书与情报》2016 年第 1 期。

75. 吴汉东:《财产的非物质化革命与革命的非物质财产法》,载《中国社会科学》2003 年第 4 期。

76. 吴汉东:《无形财产的若干理论问题》,载《法学研究》1997 年第 4 期。

77. 吴峻:《反不正当竞争法一般条款的司法适用模式》,载《法学研究》2016 年第 2 期。

78. 吴伟光:《大数据技术下个人数据信息私权保护论批判》,载《政治与法律》2016 年第 7 期。

79. 吴香香:《〈物权法〉第 245 条评注》,载《法学家》2016 年第 4 期。

80. 吴香香:《论侵害占有的损害赔偿》,载《中外法学》2013 年第 3 期。

81. 吴香香:《占有保护缘由辨》,载王洪亮等主编:《中德私法研究:占有的基本理论》第 11 卷,北京大学出版社 2015 年版。

82. 谢琳、曾俊森:《数据可携权之审视》,载《电子知识产权》2019 年第 1 期。

83. 熊丙万:《实用主义能走多远? ——美国财产法学引领的私法新思维》,载《清华法学》2018 年第 1 期。

84. 熊琦:《论"接触权"——著作财产权类型化的不足与克服》,载《法律科学(西北政法大学学报)》2008 年第 5 期。

85. 徐实:《企业数据保护的知识产权路径及其突破》,载《东方法学》2018 年第 5 期。

86. 许可:《数据保护的三重进路——评新浪微博诉脉脉不正当竞争案》,载《上海大学学报(社会科学版)》2017 年第 6 期。

87. 杨翱宇:《美国法信息盗用制度的演进及其对我国数据财产权益保护的启示》,载《政治与法律》2019 年第 11 期。

88. 杨雄文、黄苑辉:《论大数据的商业秘密保护——以新浪微博诉脉脉不正当竞争案为视角》,载《重庆工商大学学报(社会科学版)》2019 年第 4 期。

89. 叶名怡:《论个人信息权的基本范畴》,载《清华法学》2018 年第 5 期。

90. 叶明:《互联网行业市场支配地位的认定困境及其破解路径》,载《法商研究》2014 年第 1 期。

91. 易继明:《论日耳曼财产法的团体主义特征》,载《比较法研究》2001 年第 3 期。

92. 尹田:《法国物权法上的占有制度》,载《现代法学》1997 年第 5 期。

93. 于飞:《基本权利与民事权利的区分及宪法对民法的影响》,载《法学研究》2008 年第 5 期。

94. 于飞:《侵权法中权利与利益的区分方法》,载《法学研究》2011 年第 4 期。

95. 曾雄:《数据垄断相关问题的反垄断法分析思路》,载《竞争政策研究》2017 年第 6 期。

96. 张江莉:《互联网平台竞争与反垄断规制 以 3Q 反垄断诉讼为视角》,载《中外法学》2015 年第 1 期。

97. 张善斌:《民法人格权和宪法人格权的独立与互动》,载《法学评论》2016 年第 6 期。

98. 张新宝:《“普遍免费+个别付费”:个人信息保护的一个新思维》,载《比较法研究》2018 年第 5 期。

99. 张阳:《数据的权利化困境与契约式规制》,载《科技与法律》2016 年第 6 期。

100. 张永健:《占有规范之法理分析》,载《台湾大学法学论丛》2013 年第 42 卷。

101. 张玉敏、易健雄:《主观与客观之间——知识产权“信息说”的重新审视》,载《现代法学》2009 年第 1 期。

102. 张占江:《论反不正当竞争法的谦抑性》,载《法学》2019 年第 3 期。

103. 章正璋:《我国民法上的占有保护——基于人民法院占有保护案例的实证分析》,载《法学研究》2014 年第 3 期。

104. 郑成思:《民法典(专家意见稿)知识产权篇第一章逐条论述》,载《环球法律评论》2002 年第 3 期。

105. 郑成思、朱谢群:《信息与知识产权》,载《西南科技大学学报(哲学社会科学版)》2006 年第 1 期。

106. 郑观:《个人信息对价化及其基本制度构建》,载《中外法学》2019 年第 2 期。

107. 郑胜利:《论知识产权法定主义》,载郑胜利主编:《北大知识产权评论》第 2 卷,法律出版社 2004 年版。

108. 郑淑凤:《美国商业秘密保护最新立法阐释及其对中国的启示》,载《电子知识产权》2016 年第 10 期。

109. 郑友德、钱向阳:《论我国商业秘密保护专门法的制定》,载《电子知识产权》2018 年第 10 期。

110. 郑重:《版权保护技术措施的危害及其规制》,载《知识产权》2014 年第 11 期。

111. 朱虎:《萨维尼的〈论占有〉及其贡献——法学、立法以及方法》,载

《比较法研究》2006 年第 6 期。

112. 朱晓峰:《论德国法上的营业权规则及其对我国的启示》,载《政治与法律》2016 年第 6 期。

113. 朱晓睿:《数字时代技术措施的保护及其限制》,载《华南理工大学学报(社会科学版)》2019 年第 3 期。

114. 朱谢群:《信息共享与知识产权专有》,载《中国社会科学》2003 年第 4 期。

115. 朱谢群、郑成思:《也论知识产权》,载《科技与法律》2003 年第 2 期。

116. 朱真真:《大数据时代数据公开与知识产权保护的冲突与协调》,载《中国科技论坛》2019 年第 3 期。

117. 邹海林:《不当得利请求权与其他请求权的竞合》,载《法商研究(中南政法学院学报)》2000 年第 1 期。

118. 姬蕾蕾:《数据权的民法保护研究》,西南政法大学 2019 年博士学位论文。

119. 刘新宇:《数据权利构建及其交易规则研究》,上海交通大学 2019 年博士学位论文。

120. 申耘宇:《个人信息竞争视角下互联网行业的反垄断问题研究》,对外经济贸易大学 2016 年博士学位论文。

121. 史宇航:《数据交易法律问题研究》,上海交通大学 2017 年博士学位论文。

122. 王德夫:《论大数据的法律保护与规制——以知识产权法为视角》,武汉大学 2016 年博士学位论文。

123. 王文敏:《知识财产法益的类型化研究》,中国人民大学 2018 年博士学位论文。

124. 吴民许:《无体财产保护的制度变迁和理论演进——以知识产权为

主要视角》,中国政法大学 2007 年博士学位论文。

125. 杨佳红:《民法占有制度研究》,西南政法大学 2006 年博士学位论文。

126. 袁波:《大数据领域的反垄断问题研究》,上海交通大学 2019 年博士学位论文。

127. [德]鲁道夫·冯·耶林:《耶林论占有》,纪海龙译,载王洪亮等主编:《中德私法研究:占有的基本理论》第 11 卷,北京大学出版社 2015 年版。

128. [德]威纳·舒伯特:《占有规定的产生历史》,王洪亮译,载王洪亮等主编:《中德私法研究:占有的基本理论》第 11 卷,北京大学出版社 2015 年版。

129. [美]威廉·费歇尔:《知识产权的理论》,黄海峰译,载刘春田主编:《中国知识产权评论》第 1 卷,商务印书馆 2002 年版。

130. [瑞]瑞托·赫尔提:《欧盟商业秘密制度的最新发展与中国比较研究》,李陶译,华中科技大学法学院"反不正当竞争法修订与商业秘密立法"研讨会会议论文,2017 年 6 月 17 日于武汉。

三、中文译著

1. [奥]卡尔·门格尔:《国民经济学原理》,刘絜敖译,上海人民出版社 2001 年版。

2. [美]约瑟夫·熊彼特:《经济发展理论》,何畏等译,商务印书馆 1990 年版。

3. [澳]马克·戴维森:《数据库的法律保护》,朱理译,北京大学出版社 2007 年版。

4. [澳]布拉德·谢尔曼、[英]莱昂内尔·本特利:《现代知识产权法的演进:英国的历程(1760—1911)》,金海军译,北京大学出版社 2012 年版。

5. [德]汉斯·布洛克斯、[德]沃尔夫·迪特里希·瓦尔克:《德国民法总论》,张艳译,中国人民大学出版社 2014 年版。

6. [德]弗诺克·亨宁·博德维希主编:《全球反不正当竞争法指引》,黄武双等译,法律出版社 2015 年版。

7. [德]黑格尔:《法哲学原理》,邓安庆译,人民出版社 2017 年版。

8. [德]马克斯·卡泽尔、[德]罗尔夫·克努特尔:《罗马私法》,田士永译,法律出版社 2018 年版。

9. [德]康德:《法的形而上学原理——权利的科学》,沈叔平译,商务印书馆 1991 年版。

10. [德]茨威格特、[德]克茨:《比较法总论》(上),潘汉典等译,中国法制出版社 2017 年版。

11. [德]卡尔·拉伦茨:《德国民法通论》(上),王晓晔等译,法律出版社 2003 年版。

12. [德]西尔克·冯·莱温斯基:《国际版权法律与政策》,万勇译,知识产权出版社 2017 年版。

13. [德]迪尔克·罗歇尔德斯:《德国债法总论》(第 7 版),沈小军、张金海译,中国人民大学出版社 2014 年版。

14. [德]弗里德里希·卡尔·冯·萨维尼:《论占有》,朱虎、刘智慧译,法律出版社 2007 年版。

15. [德]鲍尔、[德]施蒂尔纳:《德国物权法》(上册),张双根译,法律出版社 2004 年版。

16. [德]弗朗茨·维亚克尔:《近代私法史:以德意志的发展为观察重点》,陈爱娥、黄建辉译,上海三联书店 2006 年版。

17. [美]爱伦·M. 芭波里克选编:《侵权法重述纲要》(第 3 版),许传玺等译,法律出版社 2016 年版。

18. [美]威廉·W. 费舍尔:《说话算数:技术、法律以及娱乐的未来》,李旭译,上海三联书店 2013 年版。

19. [美]詹姆斯·戈德雷:《私法的基础:财产、侵权、合同和不当得利》,张家勇译,法律出版社 2007 年版。

20. [美]小奥利弗·温德尔·霍姆斯:《普通法》,冉昊、姚中秋译,中国政法大学出版社 2006 年版。

21. [美]赫伯特·霍温坎普:《联邦反托拉斯政策》,许光耀、江山、王晨译,法律出版社 2009 年版。

22. [美]劳伦斯·莱斯格:《代码 2.0:网络空间中的法律》,李旭、沈伟伟译,清华大学出版社 2009 年版。

23. [美]威廉·M. 兰德斯、[美]理查德·A. 波斯纳:《知识产权法的经济结构》(中译本第 2 版),金海军译,北京大学出版社 2016 年版。

24. [美]阿尔文·托夫勒:《第三次浪潮》,黄明坚译,中信出版社 2006 年版。

25. [美]美国法律研究院:《侵权法重述第二版:条文部分》,许传玺等译,法律出版社 2012 年版。

26. [美]莫里斯:《指号、语言和行为》,罗兰、周易译,上海人民出版社 1989 年版。

27. [美]丹尼尔·F. 史普博:《管制与市场》,余晖等译,上海三联书店、上海人民出版社 1999 年版。

28. [美]熊彼特:《熊彼特经济学:全集》,李慧泉、刘霈译,台海出版社 2018 年版。

29. [日]田村善之:《日本知识产权法》,周超、李雨峰、李希同译,知识产权出版社 2011 年版。

30. [日]田村善之:《田村善之论知识产权》,李扬等译,中国人民大学出版社 2013 年版。

31. [日]我妻荣:《新订物权法》,罗丽译,中国法制出版社 2008 年版。

32. [匈]米哈依·菲彻尔:《版权法与因特网》,郭寿康、万勇、相靖译,中国大百科全书出版社 2009 年版。

33. [以]约拉姆·巴泽尔:《产权的经济分析》(第 2 版),费方域等译,格致出版社、上海三联书店、上海人民出版社 2017 年版。

34. [意]彼得罗·彭梵得:《罗马法教科书》(2017 年校订版),黄风译,中国政法大学出版社 2018 年版。

35. [意]鲁道夫·萨科、[意]拉法埃莱·卡泰丽娜:《占有论》,贾婉婷译,中国政法大学出版社 2014 年版。

36. [英]弗雷德里克·波洛克:《普通法上的占有》,于子亮译,中国政法大学出版社 2013 年版。

37. [英]F. A. 冯·哈耶克:《个人主义与经济秩序》,邓正来译,生活·读书·新知三联书店 2003 年版。

38. [英]F. H. 劳森、[英]B. 拉登:《财产法》(第 2 版),施天涛等译,中国大百科全书出版社 1998 年版。

39. [英]约翰·洛克:《政府论》(下篇),丰俊功、张玉梅译,北京大学出版社 2014 年版。

40. [英]维克托·迈尔 – 舍恩伯格、[英]肯尼思·库克耶:《大数据时代:生活、工作与思维的大变革》,盛杨燕、周涛译,浙江人民出版社 2013 年版。

四、外文著作

1. Barta, Heinz, Zivilrecht-Grundriss und Einführung in das Rechtsdenken, 1. Aufl., 2004.

2. Cornish, William, Llewelyn, David & Aplin, Tanya, *Intellectual Property: Patents, Copyrights, Trademarks & Allied Rights*, Sweet & Maxwell Press, 2007.

3. De Filippi, Primavera, *Copyright Law in the Digital Environment: Private*

Ordering and the Regulation of Digital Works, Lambert Academic Publishing, 2012.

4. Dobbs, Dan B., Hayden, Paul T., Bublick, Ellen M., *Hornbook on Torts*, West Academic Publishing, 2016.

5. Engeln, Wilbert, Das Hausrecht und die Berechtigung zu seiner Ausübung, 1. Aufl., 1989

6. Harpwood, Vivienne, *Principles of Tort Law*, Cavendish Publishing Limited, 2000.

7. Jauer, Paul, Der Hausfrieden und seine besondere Berücksichtigung im geltenden Schuldrecht, 1. Aufl., 1931.

8. Jones, Micheal A., *Textbook on Torts*, Oxford University Press, 2002.

9. Ku, Raymond S. R., *Cyberspace Law*: *Cases and Materials*, Wolter Kluwer Press, 2016.

10. Landes, William M., Posner, Richard A., *The Economic Structure of Intellectual Property Law*, Harvard University Press, 2003.

11. Malbon, Justin, Lawson, Charles, Davison, Mark, *The WTO Agreement on Trade-Related Aspects of Intellectual Property Rights*: *A Commentary*, Edward Elgar Press, 2014.

12. Murphy, John, Witting, Christian, *Street on Torts*, Oxford University Press, 2005.

13. Müller, Therese, Besitzschutz in Europa, 1. Aufl., 2010.

14. National Research Council, *The Digital Dilemma*: *Intellectual Property in the Information Age*, The National Academies Press, 2000.

15. Ohly, Ansgar, „Volenti non fit iniuria“: die Einwilligung im Privatrecht, 1. Aufl., 2002.

16. Piras, Gabriella, Virtuelles Hausrecht?: Kritik am Versuch der

Beschränkung der Internetfreiheit, 1. Aufl. , 2016.

17. Sandeen, Sharon K. , Elizabeth A. Rowe, *Trade Secret Law including the Defend Trade Secrets Act of* 2016 *in a Nutshell*, West Academic Publishing, 2018.

18. Schmidt, André, Virtuelles Hausrecht und Webrobots, 1. Aufl. , 2011.

19. Stucke, Maurice E. , Grunes, Allen P. , *Big Data and Competition Policy*, Oxford University Press, 2016.

20. Walden, Ian, *Telecommunications Law and Regulation*, Oxford University Press, 2018.

21. Zech, Herbert, Information als Schutzgegenstand, 1. Aufl. , 2012.

五、外文论文

1. Ames, James B. , *The History of Trover*, 11 Harvard Law Review 277 (1897).

2. Arrow, Kenneth J. , *Economic Welfare and the Allocation of Resources for Invention*, in National Bureau of Economic Research ed. , The Rate and Direction of Inventive Activity: Economic and Social Factors, Princeton University Press, 1962.

3. Baker, Jonathan B. , *Taking the Error Out of "Error Cost" Analysis: What's Wrong with Antitrust's Right*, 80 Antitrust Law Journal 9 (2015).

4. Baumol, William J. , *Contestable Markets: An Uprising in the Theory of Industry Structure*, 72 The American Economic Review 491 (1983).

5. Belk, Russell, *You Are What You Can Access: Sharing and Collaborative Consumption Online*, 67 Journal of Business Research 1595 (2014).

6. Bellia, Patricia L. , *A Code-Based Approach to Unauthorized Access*

under the Computer Fraud Abuse Act, 84 George Washington Law Review 1442 (2016).

7. Besen, Stanley M., Raskind, Leo J., *An Introduction to the Law and Economics of Intellectual Property*, 5 Journal of Economic Perspectives 3 (1991).

8. Bone, Robert G., *A New Look at Trade Secret Law: Doctrine in Search of Justification*, 86 California Law Review 241 (1998).

9. Buckman, Deborah F., *Annotation, Validity, Construction, and Application of Computer Fraud and Abuse Act (18 U. S. C. A. § 1030)*, 174 American Law Reports, Federal 101(2001).

10. Burstein, Michael J., *Exchanging Information without Intellectual Property*, 91 Texas Law Review 227 (2012).

11. Coase, Ronald H., *The Problem of Social Cost*, 3 The Journal of Law and Economics 1 (1960).

12. Costa-Cabral, Francisco, Lynskey, Orlando, *Family Ties: The Intersection between Data Protection and Competition in EU Law*, 54 Common Market Law Review 11(2017).

13. David, Paul A., *Intellectual Property Institutions and the Panda's Thumb: Patents, Copyrights, and Trade Secrets in Economic Theory and History*, in M. B. Wallerstein et al. eds., Global Dimensions of Intellectual Property Rights in Science and Technology, National Academy Press, 1993.

14. De Hert, Paul et al., *The Right to Data Portability in the GDPR: Towards User-Centric Interoperability of Digital Services*, 34 Computer Law Security Review 193 (2018).

15. De Mauroet, Andrea et al., *A Formal Definition of Big Data Based on Its Essential Features*, 65 Library Review 122 (2016).

16. de Streel, Alexandre, *The Integration of Competition Principles in the New European Regulatory Framework for Electronic Communications*, 26 World Competition 494 (2003).

17. de Streel, Alexandre, *The Relationship between Competition Law and Sector Specific Regulation: The Case of Electronic Communications*, 1 Reflets et perspectives de la vie économique 55(2008).

18. Drexl, Josef et al., *Data Ownership and Access to Data-Position Statement of the Max Planck Institute for Innovation and Competition of* 16 *August* 2016 *on the Current European Debate*, Max Planck Institute for Innovation & Competition Research Paper No. 16 – 10.

19. Drexl, Josef et al., *Position Statement of the Max Planck Institute for Innovation and Competition of* 26 *April* 2017 *on the European Commission's "Public Consultation on Building the European Data Economy"*, Max Planck Institute for Innovation & Competition Research Paper No. 17 – 08.

20. Drexl, Josef, *Designing Competitive Markets for Industrial Data-Between Propertisation and Access*, 8 Journal of Intellectual Property, Information Technology and Electronic Commerce Law 257 (2017).

21. Drexl, Josef, *Legal Challenges of the Changing Role of Personal and Non-Personal Data in the Data Economy*, Max Planck Institute for Innovation and Competition Research Paper No. 18 – 23.

22. Easterbrook, Frank H., *Limits of Antitrust*, 63 Texas Law Review 1 (1984).

23. Fisk, Catherine, *Working Knowledge: Trade Secrets, Restrictive Covenants in Employment, and the Rise of Corporate Intellectual Property*, 1800 – 1920, 52 Hastings Law Journal 441 (2001).

24. Franks, Courtney W., *Analyzing the Urge to Merge: Conversion of*

Intangible Property and the Merger Doctrine in the Wake of Kremen v. Cohen, 42 Houston Law Review 489 (2005).

25. Frarrel, Joseph, *Can Privacy Be Just Another Good?*, 10 Journal on Telecommunications & High Technology Law 251 (2010).

26. Friedman, David D., Landes, William M., Posner, Richard A., *Some Economics of Trade Secret Law*, 5 Journal of Economic Perspectives 61 (1991).

27. Ghidini, Gustavo, Falce, Valeria, *Trade Secrets as Intellectual Property Rights: A Disgraceful Upgrading-Notes on an Italian Reform*, in R. C. Dreyfuss & K. J. Strandburg eds., The Law and Theory of Trade Secrecy: A Handbook of Contemporary Research, Edward Elgar Press, 2011.

28. Ginsburg, Jane C., *A Tale of Two Copyrights: Literary Property in Revolutionary France and America*, 64 Tulane Law Review 991 (1990).

29. Ginsburg, Jane C., *From Having Copies to Experiencing Works: The Development of an Access Right in U. S. Copyright Law*, 50 Journal of the Copyright Society of the USA 113(2003).

30. Graef, Inge et al., *Data Portability and Data Control: Lessons for an Emerging Concept in EU Law*, 19 German Law Journal 1388 (2018).

31. Heim, Mathew, Nikolic, Igor, *A FRAND Regime for Dominant Digital Platforms*, 10 Journal of Intellectual Property, Information Technology and Electronic Commerce Law 38 (2019).

32. Hellwig, Martin F., *Competition Policy and Sector-Specific Regulation for Network Industries*, in X. Vives ed., Competition Policy in EU: Fifty Years on from the Treaty of Rome, Oxford University Press, 2009.

33. Hill, Lawrence H., *A New Found Haliday: The Conversion of Intangible Property—Re-examination of the Action of Trover and Tort of Conversion*,

Utah Law Review 511 (1972).

34. Hilty, Reto M. , *Intellectual Property and Private Ordering*, in R. Dreyfuss & J. Pila eds. , The Oxford Handbook of Intellectual Property Law, Oxford University Press, 2018.

35. Hoeren, Thomas, Datenbesitz statt Dateneigentum-Erste Ansätze zur Neuausrichtung der Diskussion um die Zuordnung von Daten, MMR 1 (2019).

36. Hohfeld, Wesley N. , *Fundamental Legal Conceptions as Applied in Judicial Reasoning*, 26 The Yale Law Journal 710 (1917).

37. Hoppen, Peter, Sicherung von Eigentumsrechten an Daten, CR 12 (2015).

38. Hugenholtz, P. Bernt, *Against "Data Property"*, in H. Ullrich, P. Drahos & G. Ghidini eds. , Kritika: Essays on Intellectual Property, Edward Elgar Press, 2018.

39. Hugenholtz, P. Bernt, *Codes of Conduct and Copyright Enforcement in Cyberspace*, in I. A. Stamatoudi ed. , Copyright Enforcement and the Internet, Kluwer Law International, 2012.

40. Hugenholtz, P. Bernt, *Something Completely Different: Europe's Sui Generis Database Right*, in S. Frankel & D. Gervais eds. , The Internet and the Emerging Importance of New Forms of Intellectual Property, Wolters Kluwer Press, 2016.

41. Kerber, Wolfgang, Schweitzer, Heike, *Interoperability in the Digital Economy*, 8 Journal of Intellectual Property, Information Technology and Electronic Commerce Law 43 (2017).

42. Kerber, Wolfgang, *Data Governance in Connected Cars: The Problem of Access to In-Vehicle Data*, 9 Journal of Intellectual Property, Information Technology and Electronic Commerce Law 310(2019).

43. Kerber, Wolfgang, *Data-Sharing in IoT Ecosystems from a Competition Law Perspective: The Example of Connected Cars*, 15 Journal of Competition Law & Economics 381(2019).

44. Kerr, Orin S., *Cybercrime's Scope: Interpreting "Access" and "Authorization" in Computer Misuse Statutes*, 78 New York University Law Review 1596 (2003).

45. Kerr, Orin S., *Norms of Computer Trespass*, 116 Columbia Law Review 1143 (2016).

46. Kerr, Orin S., *The Limits of Computer Conversion: United States v. Collins*, 9 Harvard Journal of Law & Technology 9 (2009).

47. Kitch, Edmund W., *The Nature and Function of the Patent System*, 20 Journal of Law and Economics 265 (1977).

48. Kur, Annette et al., *First Evaluation of Directive 96/9/EC on the Legal Protection of Databases—Comments by the Max Planck Institute for Intellectual Property, Competition and Tax Law, Munich*, 37 International Review of Intellectual Property and Competition Law 551(2006).

49. Kuschel, Linda, Digitale Eigenmacht-Digitale Eingriffe in vernetzte Sachen als Herausforderung für den possessorischen Besitzschut, AcP 220 (2020).

50. Landes, William M., Posner, Richard A., *An Economic Analysis of Copyright Law*, 18 Journal of Legal Studies 325 (1989).

51. Leistner, Matthias, *Legal Protection for the Database Maker-Initial Experience from a German Point of View*, 33 International Review of Intellectual Property and Competition Law 458 (2002).

52. Leistner, Matthias, *Big Data and the EU Database Directive 96/9/EC: Current Law and Potential for Reform*, in S. Lohsse, R. Schulze & D.

Staudenmayer eds., Trading Data in the Digital Economy: Legal Concepts and Tools, Nomos Press, 2017.

53. Lemley, Mark A., *The Surprising Virtues of Treating Trade Secrets as IP Rights*, 61 Stanford Law Review 311(2008).

54. Lessig, Lawrence, *The New Chicago School*, 27 The Journal of Legal Studies 661 (1998).

55. Liccardi, Graham M., *The Computer Fraud and Abuse Act: A Vehicle for Litigating Trade Secrets in Federal Court*, 8 John Marshall Review of Intellectual Property Law 155 (2008).

56. Manion, Patrick J., *Two Steps Forward, One Step Back: The Defend Trade Secrets Act of* 2016 *and Why the Computer Fraud and Abuse Act of* 1984 *Still Matters for Trade Secret Misappropriation*, 43 Journal of Legislation 289 (2016).

57. Martin, Eckert, Digitale Daten als Wirtschaftsgut: digitale Daten als Sache, SJZ 112 (2016).

58. Martin, Eckert, Digitale Daten als Wirtschaftsgut: Besitz und Eigentum an digitalen Daten, SJZ 112 (2016).

59. Maume, Philipp, Bestehen und Grenzen des virtuellen Hausrechts, MMR 10 (2007).

60. Maurer, Stephen M., *Intellectual Property Incentives: Economics and Policy Implications*, in R. Dreyfuss & J. Pila eds., The Oxford Handbook of Intellectual Property Law, Oxford University Press, 2018.

61. Merrill, Thomas W., *Ownership and Possession*, in Y. Zhang ed., Law and Economics of Possession, Cambridge University Press, 2015.

62. Peltzman, Sam, *Toward a More General Theory of Regulation*, 19 The Journal of Law & Economics 211 (1976).

63. Posner, Richard A. ,*Antitrust in the New Economy*, 68 Antitrust Law Journal 925 (2001).

64. Posner, Richard A. ,*Savigny, Holmes, and the Law and Economics of Possession*, 86 Virginia Law Review 535 (2000).

65. Prosser, William L. ,*The Nature of Conversion*, 42 The Cornell Law Quarterly 168 (1957).

66. Reidenberg, Joel R. ,*Lex Informatica*: *The Formulation of Information Policy Rules through Technology*, 76 Texas Law Review 553 (1997).

67. Risch, Michael, *Why Do We Have Trade Secrets*?, 11 Marquette Intellectual Property Law Review 1 (2007).

68. Rose, Carol M. ,*Possession as the Origin of Property*, 52 University of Chicago Law Review 73 (1985).

69. Daniel L. Rubinfeld, Michal Gal,*Access Barriers to Big Data*, 59 Arizona Law Review 339(2017).

70. Samuelson, Pamela, *Information as Property*: *Do Ruckelshaus and Carpenter Signal a Changing Direction in Intellectual Property Law*, 38 Catholic University Law Review 365 (1989).

71. Schiller, A. Arthur, *Trade Secrets and the Roman Law*: *The Actio Servi Corrupti*, 30 Columbia Law Review 837 (1930).

72. Schulze, Götz,Das private Hausrecht: Schutzrecht für die Gebrauchsnutzung von Räumen, JZ 8 (2015).

73. Schwartz, Louis B. ,*Legal Restriction of Competition in the Regulated Industries*, 67 Harvard Law Review 436 (1954).

74. Sellars, Andrew, *Twenty Years of Web Scraping and the Computer Fraud and Abuse Act*, 24 Journal of Science & Technology Law 372 (2018).

75. Sidak, Gregory J. , Teece, David J. ,*Dynamic Competition in Antitrust*

Law, 5 Journal of Competition Law & Economics 581(2009).

76. Smith, Henry E. ,*Intellectual Property as Property: Delineating Entitlements in Information*, 116 The Yale Law Journal 1636 (2007).

77. Smith, Henry E. ,*Self-Help and the Nature of Property*, 1 Journal of Law, Economics and Policy 69 (2005).

78. Snijders, Chris et al. ,"*Big Data*": *Big Gaps of Knowledge in the Field of Internet*, 7 International Journal of Internet Science 1 (2012).

79. Stepanov, Ivan, *Introducing a Property Right over Data in the EU: the Data Producer's Right-An Evaluation*, 34 International Review of Law, Computers & Technology 65 (2020).

80. Stigler, George J. ,*The Theory of Economic Regulation*, 2 The Bell Journal of Economics and Management Science 3 (1971).

81. Varadarajan, Deepa,*Trade Secret Precautions, Possession, and Notice*, 68 Hastings Law Journal 357 (2016).

82. Wiebe, Andreas,*Protection of Industrial Sata-A New Property Right for the Digital Economy?*, 10 GRUR International 879 (2016).

83. Wu, Tim, *Blind Spot: The Attention Economy and the Law*, 82 Antitrust Law Journal 771(2019).

84. Zech, Herbert,*Data as Tradeable Commodity*, in A. De Franceschi ed. , European Contract Law and the Digital Single Market, Insentia, 2016.

85. Zech, Herbert, *Information as Property*, 6 Journal of Intellectual Property, Information Technology and Electronic Commerce Law 192 (2019).

86. Zech, Herbert, *Information as a Tradable Commodity*, in A. De Franceschi ed. , European Contract Law and the Digital Single Market, Cambridge University Press, 2016.

87. Zech, Herbert, Vom Buch zur Cloud: Die Verkehrsfähigkeit digitaler

Güter, ZGE / IPJ 5 (2013).

88. Zimmerman, Daniel, *Living without Copyright in a Digital World*, 70 Albany Law Review 1375 (2007).

89. 田村善之「限定提供データの不正利用行為に対する規制の新設について―平成30年不正競争防止法改正の検討」年報知的財産法(2018年)28頁以下。

90. 上野達弘「自動集積される大量データの法的保護」パテント70巻2号(2017年)32頁以下。

六、网络资源

1. American Law Institute, *Restatement of the Law Fourth Property* (Tentative Draft No. 1), https://www.ali.org/publications/show/property/#drafts.

2. Arbeitsgruppe, Bericht der Arbeitsgruppe „Digitaler Neustart" (Mai 2017), URL: https://www.justiz.nrw.de/JM/schwerpunkte/digitaler_neustart/zt_bericht_arbeitsgruppe/bericht_ag_dig_neustart.pdf.

3. Crémer, Jacques, de Montjoye, Yves-Alexandre, Schweitzer, Heike, *Competition Policy for the Digital Era* (May 2019), http://ec.europa.eu/competition/publications/reports/kd0419345enn.pdf.

4. Directorate-General for Internal Market, Industry, Entrepreneurship and SMEs, *Study on Trade Secrets and Confidential Business Information in the Internal mMarket* (Jul. 2013), https://ec.europa.eu/growth/content/study-trade-secrets-and-confidential-business-information-internal-market-0_en.

5. Directorate-General for Communications Networks, Content and Technology (European Commission) et al., *Study in Support of the Evaluation of Directive 96/9/EC on the Legal Protection of Databases* (May 2018), https://op.europa.eu/en/publication-detail/-/publication/5e9c7a51-597c-

11e8 - ab41 - 01aa75ed71a1.

6. Drexl, Josef, *Data Access and Control in the Era of Connected Devices: Study on Behalf of the European Consumer Organisation BEUC* (Dec. 2018), https://www.beuc.eu/publications/beuc-x-2018-121_data_access_and_control_in_the_area_of_connected_devices.pdf.

7. European Commission, *A Digital Single Market Strategy for Europe* (May 2015), https://eur-lex.europa.eu/legal-content/EN/TXT/PDF/?uri=CELEX:52015DC0192&from=EN.

8. European Commission, *Building a European Data Economy* (Jan. 2017), https://eur-lex.europa.eu/legal-content/EN/TXT/?uri=COM:2017:9:FIN.

9. European Commission, *Commission Staff Working Document on the Free Flow of Data and Emerging Issues of the European Data Economy Accompanying the Document Communication Building a European Data Economy* (Jan. 2017), https://eur-lex.europa.eu/legal-content/EN/TXT/?uri=CELEX%3A52017SC0002.

10. European Commission, *Study on Emerging Issues of Data Ownership, Interoperability, (Re-) Usability and Access to Data, and Liability* (Apr. 2018), http://ec.europa.eu/newsroom/dae/document.cfm?doc_id=51486.

11. European Commission, *Towards a Dynamic European Economy: Green Paper on the Development of the Common Market for Telecommunications Services and Equipment* (Jun. 1987), https://eur-lex.europa.eu/legal-content/EN/ALL/?uri=CELEX%3A51987DC0290.

12. European Commission, *Proposal for the General Data Protection Regulation* (Jan. 2012), https://eur-lex.europa.eu/LexUriServ/LexUriServ.

do? uri = COM:2012:0011:FIN:EN:PDF.

13. European Regulators Group, *ERG Common Position on the Approach to Appropriate Remedies in the New Regulatory Framework* (Apr. 2004), http://berec.europa.eu/doc/meeting/erg_06_33_remedies_common_position_june_06.pdf.

14. French Autorité de la concurrence, German Bundeskartellamt, *Competition Law and Data* (May 2016), https://www.bundeskartellamt.de/SharedDocs/Publikation/DE/Berichte/Big%20Data%20Papier.pdf? __blob = publicationFile&v = 2.

15. Gans, Joshua, *Enhancing Competition with Data and Identity Portability* (Jun. 2018), http://www.hamiltonproject.org/papers/enhancing_competition_with_data_and_identity_portability.

16. Hardy, I. Trotter, *The Ancient Doctrine of Trespass to Web Sites* (Dec. 1996), https://scholarship.law.wm.edu/facpubs/1198.

17. Hugenholtz, P. Bernt, *The "Spin-Off" Doctrine in the Netherlands and Elsewhere in Europe* (Apr. 2013), https://www.ivir.nl/publicaties/download/spinofffordham.pdf.

18. Information Infrastructure Task Force, Working Group on Intellectual Property Rights, *Intellectual Property and the National Information Infrastructure: A Preliminary Draft of the Report of the Working Group on Intellectual Property Rights* (Jul. 1994), https://www.calstatela.edu/main/ipwg.htm.

19. Information Infrastructure Task Force, Working Group on Intellectual Property Rights, *Intellectual Property and the National Information Infrastructure: The Report of the Working Group on Intellectual Property Rights* (Sep. 1995), https://www.eff.org/files/filenode/DMCA/ntia_dmca_white_paper.pdf.

20. Japan Fair Trade Commission, *Report of Study Group on Data and*

Competition Policy (Jun. 2017), https://www.jftc.go.jp/en/pressreleases/yearly-2017/June/170606_files/170606-4.pdf.

21. Mosing, Max W., Eigentum an Software aus zivil-und verfassungsrechtlicher Sicht (abgerufen am 15. Mai 2022), URL: http://www.it-law.at/publikation/eigentum-software-aus-zivil-und-verfassungsrechtlicher-sicht/.

22. OECD, *Big Data: Bringing Competition Policy to the Digital Era* (Nov. 2016), http://www.oecd.org/competition/big-data-bringing-competition-policy-to-the-digital-era.htm.

23. OECD, *Data-Driven Innovation Big Data for Growth and Well-Being* (Oct. 2015), http://www.keepeek.com/Digital-Asset-Management/oecd/science-and-technology/data-driven-innovation_9789264229358-en#.V65MoVuLTZ4#page1.

24. The United States Office of Management and Budget, *Federal Data Strategy* 2020 *Action Plan* (Jan. 2020), https://strategy.data.gov/assets/docs/2020-federal-data-strategy-action-plan.pdf.

25. UK Digital Competition Expert Panel, *Unlocking Digital Competition* (Mar. 2019), https://assets.publishing.service.gov.uk/government/uploads/system/uploads/attachment_data/file/785547/unlocking_digital_competition_furman_review_web.pdf.

26. Von Bar, Christian, Besitz im deutschen, englischen und französischen Recht (abgerufen am 15. Mai 2022), URL: https://www.iurastudent.de/seminararbeitenD/seminar_03_besitz.pdf.

27. WP 29, *Guidelines on the Right to Data Portability* (Oct. 2017), https://ec.europa.eu/newsroom/article29/item-detail.cfm?item_id=611233.

28. Wu, Tim, *Fixing the Worst Law in Technology* (Mar. 2013), http://

www. newyorker. com/online/blogs/newsdesk/2013/03/fixing-the-worst-law-in-technology-aaron-swartz-and-the-computer-fraud-and-abuse-act. html.

29. Zech, Herbert, *Data as a Tradeable Commodity-Implications for Contract Law* (Nov. 2017), https://ssrn. com/abstract = 3063153.

30. 経済産業省「第四次産業革命を視野 に入れた知財システムのあり方に関する検討会について」(平成 28 年 10 月発行), https://www. meti. go. jp/committee/kenkyukai/sansei/daiyoji _ sangyo _ chizai/pdf/001 _ 01 _ 00. pdf。

31. 知识产权战略本部「新たな情報財検討委員会報告書」(平成 29 年 3 月 発 行), https://www. kantei. go. jp/jp/singi/titeki2/tyousakai/kensho _ hyoka_kikaku/2017/johozai/houkokusho. pdf。

32. 経済産業省「限定提供データに関する指針」(平成 31 年 1 月発行), https://www. meti. go. jp/policy/economy/chizai/chiteki/guideline/h31pd. pdf。